HISTOIRE DU DROIT

TOUT-EN-UN
DROIT

HISTOIRE DU DROIT

Valérie Ménès-Redorat

ellipses

Retrouvez tous les livres de la collection et des extraits sur www.editions-ellipses.fr

ISBN 9782340-034044
©Ellipses Édition Marketing S.A., 2019
32, rue Bargue 75740 Paris cedex 15

www.editions-ellipses.fr

Propos liminaires

Le droit est une science possédant sa terminologie et ses méthodes propres. C'est au fil de l'histoire que cette science se forge, s'identifie comme indépendante d'autres systèmes de normes et matières connexes. C'est par la quête de son autonomie que le droit prend ses caractéristiques, trouve son identité et sa légitimité dans la société. Étudier le droit, c'est connaître sa genèse, son essence, ses principes, ses contours, ses cadres et ses définitions. L'histoire du droit est la matière qui aborde naturellement ces diverses thématiques et permet de comprendre le processus d'acquisition de l'autonomie, les confrontations et alliances avec les sciences connexes, les limites et nuances ainsi que les controverses qui jalonnent l'émergence de la science juridique. La réflexion sur l'autonomie exige de questionner les rapports entre le droit et les autres disciplines, les autres sciences et les autres systèmes de pensée et de normes.

À la recherche de la genèse du droit, l'histoire du droit s'interroge sur l'objet de son étude : origine, principes, évolutions, afin de définir et d'identifier plus précisément ce qu'est une règle de droit. Cette définition du droit, comme l'affirme Michel Tropper dans *La philosophie du droit*, légitime son application et la sanction de ses violations par l'autorité publique. La vocation de cet ouvrage est de présenter une histoire du droit de l'Antiquité à nos jours à travers l'étude de l'autonomie, et ses enjeux, de manière à éclairer sur la notion de Droit en général. Au fil des siècles le droit a cherché, et parfois atteint, une plus ou moins grande autonomie. Cette volonté, émanant des législateurs comme des légistes, vise à pouvoir mieux examiner le Droit pour le créer, le définir, le critiquer et l'améliorer. L'autonomisation de la matière l'érige au rang de science à part entière. L'objectif est également d'apporter des éléments de réflexion sur les problématiques actuelles qui peuvent se poser au sujet du droit et de ses transformations. Le droit doit-il / peut-il être autonome, la science juridique doit-elle / peut-elle se rapprocher des autres sciences au vu des avancées technologiques, médicales, sociétales ? Un autre but sera de donner des clés d'analyse pour tenter de résoudre les difficultés liées aux relations, voire aux contradictions, fréquentes entre droit et société, situations auxquelles la norme doit apporter des réponses afin de maintenir l'ordre social.

Ces « *révisions d'histoire du droit [*autour de*] L'autonomie du droit en questions* » sont voulues ici, non pas comme des fiches résumées descriptives d'histoire du droit mais comme un apprentissage global de la matière dans sa relation avec les autres matières juridiques. L'objectif est de comprendre ce qu'apporte l'histoire du droit à la science du droit, à la méthodologie, à la terminologie et à l'analyse juridique. Le but à atteindre est de pouvoir utiliser la connaissance de l'histoire du droit pour éclairer l'évolution du droit, de maîtriser les grands principes juridiques et les enjeux qui gravitent autour de la science qu'est le droit pour analyser les problèmes juridiques. Un autre objectif est de développer l'esprit critique afin de mieux conceptualiser et évaluer les données pour produire une argumentation raisonnée et objective sur un sujet déterminé.

Ainsi, l'ouvrage est envisagé de manière thématique autour de l'autonomie du droit en sept chapitres, chacun d'entre eux étant divisé, pour plus de facilités de travail, en grandes périodes chronologiques : Antiquité, Moyen Âge, Ancien Régime, Révolution et XIXe siècle, Enjeux Contemporains. Chaque chapitre commence par une fiche résumée d'une page. Il se clôt par un approfondissement, « pour aller plus loin », ainsi qu'un exercice pratique accompagné de sa méthodologie, d'une bibliographie indicative et de son corrigé.

Le premier chapitre s'intéresse aux relations nombreuses et tumultueuses entre le Droit et la Religion, du droit révélé antique aux enjeux juridiques actuels de la loi du 9 décembre 1905 de séparation de l'Église et de l'État. Le second chapitre se penche sur les rapports que le droit entretient avec la morale, des censeurs romains au Code civil et à la déontologie. Le troisième chapitre approfondit les considérations philosophiques sur le droit et les analyses juridiques sur la philosophie. Le quatrième chapitre envisage le lien ténu entre la justice et le droit et les apports de la jurisprudence sur le droit. Le cinquième chapitre s'arrête sur la nécessité pour le politique et l'État d'intervenir dans le domaine juridique, de se servir du droit pour s'affirmer et pour légitimer son action autant que d'utiliser son autorité pour légitimer et affirmer le droit. Le sixième chapitre considère le droit comme science dans ses rapports avec les autres sciences. L'histoire de l'émergence de la science juridique est complétée par les manifestations du droit dans les autres sciences pour interdire, permettre, encourager, condamner l'évolution médicale, technologique, économique, industrielle, écologique… Le septième et dernier chapitre concerne la manière dont le droit appréhende les libertés, avant et après la Révolution française.

Introduction générale au Droit

Préalablement à l'étude de l'histoire du droit, il convient de définir le Droit, de rappeler la typologie et la hiérarchie des droits qui seront étudiés, d'identifier les sujets du Droit et les matières connexes nécessaires à la compréhension des concepts juridiques à venir.

Le Droit peut-être défini globalement comme un ensemble de règles qui régit une société à un moment donné. Cette définition, très large s'adapte à toutes les périodes et toutes les formes de droit qui seront rencontrées en histoire du droit. Le droit est un système normatif parmi d'autres systèmes normatifs tels les règles de politesse, les règles de déontologie pour certaines professions ou encore les règles religieuses. Le droit est également défini dans l'antiquité romaine de diverses manières. Le philosophe romain du II siècle ap. J.-C., Celse, écrit que le droit est « *l'art du beau et du juste* ». L'empereur Justinien, dans le *Digeste*, en 533, précise que le droit peut-être considéré comme un ensemble de trois principes : vivre honnêtement, ne nuire à personne, attribuer à chacun le sien. Le droit peut être oral ou écrit, intangible ou évolutif, général ou particulier, impersonnel, il est toujours obligatoire et coercitif, nécessaire à la vie en société. Il peut être tout à la fois un droit, un devoir et une liberté. Par exemple, le droit de vote est également la liberté de voter ou non et le devoir de tout citoyen. Le droit est composé de / ou contenu dans quatre sources : la coutume, la loi, la doctrine et la jurisprudence. La coutume est un usage qui par sa répétition a pris force de loi, la loi est la règle édictée par une autorité législative compétente, la jurisprudence est l'ensemble des décisions de justice rendues par les tribunaux, la doctrine est l'ensemble des commentaires proposés par des théoriciens et des praticiens du droit sur des normes existantes (coutumes, lois ou jurisprudence).

Le Droit se subdivise en diverses catégories. Il est à la fois un droit « objectif », soit le système juridique dans son ensemble, et un droit « subjectif », soit une prérogative individuelle accordée par le Droit, dont peut se prévaloir un individu, tel le droit de propriété, le droit de vote… Le droit est public ou privé selon la *summa divisio* établie par le grand jurisconsulte romain Ulpien au IIIe siècle ap. J.-C. : « *le droit public est ce qui regarde l'intérêt de la chose publique (res publica), le droit privé est ce qui regarde l'intérêt des particuliers* ». Par exemple, le droit constitutionnel qui régit le fonctionnement de l'État entre dans le droit public, comme le droit administratif, le droit fiscal. Le droit de la famille, qui régit les relations entre deux personnes dans le mariage, entre dans le droit privé, comme le droit pénal, le droit commercial, le droit du travail. Le droit peut être aussi interne – propre à la France – ou international, patrimonial (relevant du droit de la propriété) ou extrapatrimonial (qui n'a pas de valeur en argent, incessible et imprescriptible, insaisissable et intransmissible comme l'autorité parentale, la présomption d'innocence), réel (portant sur des choses) ou personnel (portant sur des personnes), substantiel (droit et devoir entre les individus) ou processuel (procédure pour les actions en justice). Il existe aussi des droits dits « mixtes », le droit européen est public et privé, le droit pénal protège les droits individuels, sanctionne les crimes et délits et est exercé par le pouvoir judiciaire qui relève de l'État. Les droits peuvent également interagir, s'interpénétrer comme lorsque l'État intervient dans le domaine privé pour mener une politique de santé publique ou favoriser la création d'entreprise. Enfin, un droit peut entrer dans plusieurs catégories et être à la fois un droit privé, patrimonial et réel comme un contrat de vente d'une maison qui porte sur un bien (réel), entre dans le patrimoine (vente) et est de droit privé (contrat entre deux particuliers).

Cette diversité et ces interactions des normes rendent parfois difficile leur application ou le choix de la règle applicable. Pour résoudre cette difficulté, une hiérarchie des normes vient préciser, en cas de doute ou de conflits de règles, lesquelles doivent s'appliquer prioritairement. Cette hiérarchie est la suivante en droit français : Constitution et droit international et européen > loi émanant du pouvoir législatif et / ou ordonnance du gouvernement avec accord du parlement sur un domaine de la loi > règlements (du pouvoir exécutif ou des autorités administratives) > jurisprudence > usages (géographiques, professionnels) et / ou coutumes > conventions (accords individuels, contrats, conventions collectives de travail) > doctrine. Cette hiérarchie doit néanmoins être nuancée au regard des récentes évolutions du droit telles que la prééminence du droit international et européen, la place croissante des droits et libertés fondamentaux protégés par la Convention Européenne de Sauvegarde des Droits de l'Homme et des libertés fondamentales comme la place croissante prise par le juge.

Les sujets de droit, c'est-à-dire quelles sont les « personnes » concernées par le droit, sont : les personnes physiques, les personnes morales (de droit public comme les collectivités ou l'État et de droit privé comme les associations ou les entreprises), les animaux (au Moyen Âge, on faisait des procès aux animaux pour leurs fautes, la loi 16 février 2015 crée le régime des animaux, sous le régime des biens), les choses (les meubles, les immeubles, les choses communes, les choses sans maître ou *res nullius* comme les poissons dans la mer, les épaves), les choses hors du commerce comme le corps et enfin les États, la communauté internationale et l'humanité (crime contre l'humanité, patrimoine commun de l'humanité).

Le droit interagit avec la société toute entière, raison pour laquelle il doit être examiné à l'aune d'autres matières. L'économie étudie l'activité humaine pour la satisfaction des besoins matériels des hommes (production, prix, consommation, libéralisme, dirigisme...). Le droit doit examiner les phénomènes économiques pour aider la création de la règle de droit et le droit est un instrument d'économie quand il fixe les prix, les règles du droit du travail, la liberté de la concurrence. La sociologie, qui est la science des faits sociaux, révèle les phénomènes et les besoins sociaux auxquels le droit peut essayer de répondre. La pensée politique et philosophique fonde les principes juridiques et guide les choix du législateur. L'histoire du droit replace les normes dans leur contexte pour en exprimer l'esprit en plus de la lettre.

L'analyse du Droit est elle-même réglementée par une méthodologie propre qui garantit une compréhension et une interprétation des règles uniformisées pour l'égalité de tous devant le droit. Cette méthode exige la maîtrise de la terminologie juridique et exige la maîtrise de la scolastique. Celle-ci consiste en la science de la définition juridique des faits, la science de la démonstration qui permet d'aller du problème à sa solution juridique par une argumentation objective, logique et étayée, et la science des « autorités » qui exige que toute l'argumentation juridique soit fondée sur du droit existant. Le propos juridique se présente toujours sous la forme d'une introduction, un développement en deux parties, composées de deux sous-parties exigeant le parallélisme des formes et d'une conclusion ou phrase conclusive.

Chronologie détaillée

ANTIQUITÉ : de 3000 av. J.-C. (débuts de l'écriture) à 476 ap. J.-C. (chute de l'Empire romain)

- **Mésopotamie :** peuplée à partir du troisième millénaire par les sumériens, les premières cités États sont fondées vers 2500 av. J.-C. Alternance des empires Akkadiens, Assyriens, Babylonien. Au XVIe siècle av. J.-C. conquête des Hittites jusqu'à la restauration de l'empire néo-babylonien en 605 av. J.-C. Conquête des Perses en 539 av. J.-C., puis des Macédoniens en 331 av. J.-C., enfin des romains entre 115 et 165 puis 215 ap. J.-C.
- **Monde hébreux :** sémites originaires de Mésopotamie, les hébreux entrent en Basse Égypte au XVIIe siècle av. J.-C., partent vers le Sinaï au XIIIe siècle av. J.-C. Ils se sédentarisent en Canaan et se donnent un roi en 1025 av. J.-C. (Saül). En 931 av. J.-C. : constitution de deux royaumes d'Israël et de Juda. Conquêtes par les Assyriens en 722 av. J.-C., par les néo-babyloniens en 597 av. J.-C., Alexandre le Grand puis les romains en 6 ap. J.-C. L'Ancien et le Nouveau Testament contiennent les premières règles de droit qui marqueront le droit canonique postérieur.
- **Grèce :** Succession de royautés homériques vers 2000 av. J.-C. (Minos en Crète), royautés militaires (1500 à 1200 av. J.-C.), aristocraties à Spartes et Athènes au VIIIe siècle av. J.-C. À Athènes : transformation en tyrannie puis démocratie au Ve siècle av. J.-C., dit « siècle de Périclès ». 331 av. J.-C., conquête d'Alexandre le Grand et intégration dans les royautés hellénistiques jusqu'à la conquête romaine de 229 à 27 av. J.-C. La Grèce a expérimenté nombre de différents régimes politiques que ses philosophes (Palton, Aristote) ont théorisés.
- **Rome :** fondation mythique par Romulus et Remus en 753 av. J.-C. République 509 à 27 av. J.-C. et Empire : de 27 av. J.-C. à 476 ap. J.-C. pour l'empire d'Occident, à 1453 pour l'empire d'Orient. La République et l'Empire laissent une très abondante législation sur un millénaire qui est compilée par l'empereur d'Orient Justinien entre 529 et 534 ap. J.-C. (*Code, Digeste, Institutes, Novelles*).

  La Grèce et Rome initient la citoyenneté et les droits et devoirs qui y sont attachés.

MOYEN ÂGE : de 476 ap. J.-C. au xve siècle : Renaissance, Chute de Constantinople en 1453 et fin de l'Empire romain d'Orient, fin de la guerre de cent Ans (1337-1475), en 1492 : chute de Grenade, découverte de « l'Amérique » et début de la colonisation

- **Haut Moyen Âge :** Les dynasties des Mérovingiens (476-751, Clovis), puis des Carolingiens (751-987, Charlemagne) sont des monarchies dites franques ou germaniques ou barbares. Elles se caractérisent par l'hérédité et l'élection dans la famille royale pour l'accès au trône, les pouvoirs de banum (commandement) & mundium (protection militaire et judiciaire) et la patrimonialité du pouvoir. Ces régimes initient l'alliance du Trône et de l'Autel avec le baptême de Clovis (v. 496), le sacre de Pépin le Bref (751) et le couronnement impérial de Charlemagne en 800.
- **Féodalité (IXe-XIIe).** Elle émerge sous la dynastie des Carolingiens puis atteint son apogée sous la dynastie des Capétiens (987-1328, Philippe II Auguste, Saint Louis, Philippe IV le Bel). Ce régime politique est caractérisé par la dislocation territoriale (843), la vassalité (802-847), l'usurpation des prérogatives régaliennes par les seigneurs locaux (877). Pendant cette période, au XIe siècle, l'évêque de Laon, Adalbéron, théorise la tripartition de la société, divisée entre trois ordres : le clergé, la noblesse et le tiers état.
- **Bas Moyen Âge :** Les dynasties des Capétiens (987-1328) et des Valois (1328-1593, Jean II le Bon, Charles VI le fou, Louis XI) luttent contre la féodalité et reprennent sous leur contrôle direct le royaume (souveraineté) et les prérogatives régaliennes. Les rois instituent une justice déléguée et édictent des ordonnances royales générales. Le XIIe siècle connaît un essor démographique, le développement économique et celui des villes, la réforme grégorienne (1049-1122) et l'apparition des universités avec la renaissance des droits savants.

ANCIEN RÉGIME OU PÉRIODE MODERNE : 1492-1789 (Révolution française)

Cette période connaît de nombreuses guerres « européennes » (guerre de trente ans de 1608 à 1648, guerres de succession d'Espagne de 1701 à 1713, pour exemple), de grandes évolutions scientifiques (Galilée) et technologiques.

- **Monarchie tempérée sous la dynastie des Valois** (1328-1593). Ce régime politique se caractérise par le partage des prérogatives régaliennes entre le roi et ses institutions centrales (parlement pour le judiciaire, conseil pour le politique et chambre des comptes) et locales (baillis, gouverneurs de province, intendants de justice et finances). De plus, les États généraux composés des représentants des trois ordres constituent un organe consultatif qui donne lieu à l'édiction de grandes ordonnances de réformation (1539, 1560…). Les lois fondamentales (1316-1328, 1420, 1566, 1593) viennent limiter l'accès et l'exercice du pouvoir royal. La période connaît la longue guerre de cent ans de 1337 à 1475 (Traité de Picquigny).
- **Monarchie Absolue :** La dynastie des Bourbons (1593-1789, Henri IV de Navarre, Louis XIV) est dite absolutiste, ce qui signifie que le roi concentre – légalement – tous les pouvoirs, assisté de secrétaires d'État. L'administration devient bureaucratique (simple exécutrice des ordres du roi). Les opposants à l'absolutisme sont les monarchomaques (Étienne de la Boétie, Théodore de Bèze) qui prônent la déposition du

tyran ou le tyrannicide et les philosophes des Lumières (Montesquieu, Rousseau) qui proposent la séparation des pouvoirs ou la souveraineté populaire. Cette période connaît des guerres de religion aux XVIe et XVIIe siècles en raison de la réforme protestante, guerres civiles en France entre la Ligue et les protestants (1572, massacre de la Saint Barthélemy) et la première guerre européenne, la guerre de trente ans (1608-1648) qui prend fin avec le traité de Westphalie, réputé à l'origine du « droit international ».

HISTOIRE CONTEMPORAINE : 1789-nos jours

- **La Période intermédiaire :** 1789-1799 est composée de divers régimes politiques : 09.07.1789-30.09.1791 : Assemblée Nationale Constituante ; 1.10.1791-20.09.1792 : Monarchie constitutionnelle ; Sept 1792-octobre 1795 : Convention et le régime de la Terreur (mars 1793-27 juillet 1794) ; Oct. 1795-novembre 1799 : Directoire ; 1799-1804 : Consulat, institué par le coup d'État de Sieyès et Napoléon Bonaparte.

  Les États généraux réunis du 5 mai 1789 au 3 septembre 1791 élaborent la Déclaration des Droits de l'Homme et du Citoyen le 26 août 1789 et la première constitution fixant une monarchie constitutionnelle le 3 septembre 1791.

  Cette période, dite intermédiaire, a vu la chute de la monarchie, abolie le 10 août 1792, la condamnation à mort du roi Louis XVI le 21 janvier 1793 après son procès politique devant l'Assemblée, puis celle de Robespierre, chef du comité de salut public, guillotiné le 28 juillet 1794.

  Les divers régimes s'emploient à réformer l'administration locale (1789 et 1790, redécoupage des 83 départements et décentralisation), la justice (Loi des 16-24 août 1790). Des lois pénales (1792) et des lois portant sur le mariage (1792) et les successions (1790-1794) apportent des premiers éléments de réponse à la diversité coutumière du droit privé hérité de l'Ancien Régime.

- **XIXe siècle :** 1804-1814 : Le 1er Empire de Napoléon Ier ; 1814-1830 : 1re restauration monarchique de Louis XVIII et Charles X ; 1830-1848 : Monarchie de Juillet de Louis Philippe Ier ; 1848-1851 : IIe République, Louis Napoléon Bonaparte est élu le premier président de la République ; 1852-1870 : IIe Empire, Louis Napoléon Bonaparte devient Napoléon III.

  Les codes et les conquêtes de Napoléon marquent durablement l'Europe. La centralisation administrative (loi 17 février 1800) dure jusqu'à la déconcentration instituée par les lois de 1866 et 1867 de Napoléon III dans une perspective de libéralisation du second empire.

  Les deux restaurations monarchiques instituent et pérennisent le régime parlementaire, la Seconde République reconnaît le suffrage universel masculin et créée la fonction de Président de la République.

  Ce siècle est marqué par la révolution industrielle qui accentue l'exode rural, la paupérisation des ouvriers et les grandes grèves de revendications salariales et politiques (1831-1834, grèves de Canuts de Lyon, loi 1841 sur le travail des enfants) et l'apparition du mouvement féministe en Angleterre pour l'égalité des droits.

- **Les régimes républicains :** 4 septembre 1870-10 juillet 1940 : IIIe République (Mac Mahon et Jules Grévy, premiers présidents) ; 1940-1944 : Gouvernement de Vichy ; 27 octobre 1946 : IVe République ; 4 octobre 1958 : Ve République.

La montée des républicains dès les années 1860 dans les élections législatives ancre durablement la France dans le régime républicain. Le programme politique est réalisé dans les grandes lois de la IIIe République toujours en vigueur : liberté de la presse (29 juillet 1881), les lois Ferry (1880-1896) rendent l'école gratuite et obligatoire de 6 à 13 ans pour les garçons et les filles, la loi Waldeck-Rousseau (1er juillet 1901) crée la liberté d'association, la loi de séparation de l'Église et de l'État (9 décembre 1905) reconnaît la liberté de culte et la neutralité de l'État.

Les deux guerres mondiales (1914-1918 & 1939-1945) conduisent à la création de la SDN (10 janvier 1920) puis de la Communauté Européenne Économique (1950-1951) qui devient l'Union Européenne par le traité de Maastricht le 7 juillet 1992. Les conventions de Genève de 1949 et 1951 réglementent le statut des prisonniers de guerre et des réfugiés.

Sommaire

Fiche

Droit et religion

1

Mes essentiels

- Antiquité :
  - En Orient : en 1750 av. J.-C., le code Hammourabi est la rédaction des coutumes des peuples conquis. C'est un droit révélé, intangible mais séculier. Dans le Décalogue et le Pentateuque hébraïque, le droit donné par Dieu est mêlé de règles de culte et de morale.
  - En Occident : en Grèce, la dualité de l'ordre juridique distingue le droit naturel, formé des grands principes émanant des Dieux, et la loi, ou droit positif, créée et modifiée par les citoyens. En conséquence, c'est la naissance de la science politique. À Rome, la loi des XII Tables (450 av. J.-C.) est le premier grand texte juridique. La République connaît une grande variété de sources du droit (lois, coutumes, doctrine). Sous l'Empire, l'empereur devient la source exclusive de droit avec les constitutions impériales puis avec les compilations. Il faut noter l'importance de l'*auctoritas* (volontés divines) dans la production normative.
- Moyen Âge (v^{e}-xve siècles) : la royauté germanique et le pouvoir sont attachés au religieux (charisme mérovingien, sacre des Carolingiens à partir de 751, couronnement impérial de Charlemagne en 800). La justice est marquée par la religion (ordalies et pénitentiels, Inquisition). Le droit est garanti par le serment sous la féodalité et le droit canonique s'applique dans la société médiévale.
- Ancien Régime (1492-1789) : le déclin du droit canonique (1516 et 1539) et l'essor de l'humanisme juridique et du jusnaturalisme, repoussent la religion du droit avec la rationalisation et la sécularisation du droit, (lois fondamentales 1316-1328, 1420, 1566, 1593).
- Période révolutionnaire et xixe siècle : la laïcisation du droit se poursuit dans la DDHC du 26 août 1789 et le Code civil de Napoléon en 1804. La séparation de l'Église et de l'État avec la loi de 1905 finit ce processus.
- Enjeux actuels : dans quelle mesure le droit intervient-il dans le religieux ?

L'essentiel au sujet de l'autonomie entre droit et religion

Toujours recherchée mais jamais atteinte ! Cette séparation entre droit et religion est à dimension variable selon les époques mais jamais absolue. Au contraire même, la relation entre les deux matières envahit tous les champs du droit, privé et public. Les enjeux contemporains et internationaux, guerre, asile, terrorisme, médecine… soulèvent des débats nombreux sur la laïcité du droit et semblent se multiplier, comme en atteste la création d'un observatoire de la laïcité en 2007.

Selon l'expression de Jean Gaudemet le «*droit est venu des cieux*». L'Antiquité est effectivement marquée par la relation étroite entre le droit et le religieux malgré une volonté d'autonomisation du droit (I). Au Moyen Âge, la confusion entre le droit et la religion se manifeste à divers degrés dans la société (II). Sous l'Ancien Régime, les conflits politiques entre la papauté et la royauté modifient la relation entre le droit et la religion, tendant à la limiter (III). La période révolutionnaire, quant à elle, est caractérisée par son anticléricalisme et sa volonté de laïciser le droit qui atteindront leur apogée sous la IIIe République et verront leur concrétisation dans la loi du 9 décembre 1905 de séparation de l'Église et de l'État (IV). Néanmoins, l'autonomie du droit est toujours en question, l'application de la loi de 1905 montre les contraintes et les limites de la laïcisation du droit et oblige à s'interroger sur sa réalité dans le droit positif (V).

I « *Le droit venu des cieux* » dans l'Antiquité

Les origines du droit peuvent être situées, d'une part, dans l'héritage oriental de la Mésopotamie, en partie transmis par les hébreux dans la culture juridique occidentale (A), d'autre part dans le legs gréco-romain qui a durablement marqué le droit de son empreinte et ouvert la réflexion sur l'autonomie du droit (B).

A Droits et Dieux en Orient

Les droits mésopotamiens et hébraïques présentent de nombreuses caractéristiques communes dans le fond comme dans la forme. En effet, les douze tribus hébraïques nomades ont traversé la Mésopotamie avant d'être réduites en esclavage en Égypte. Cet héritage s'est ensuite partiellement transmis au travers de la religion chrétienne et constitue, de manière indirecte, une des racines de la culture juridique en Occident. Dans ces deux civilisations, le droit est réputé venir de Dieu. Le droit est révélé en Mésopotamie (1), donné par Yahvé aux Hébreux (2), ce qui caractérise un lien très étroit entre droit et religion.

1 Le droit révélé en Mésopotamie

Un million de tablettes d'argile en cunéiforme ont été découvertes en Mésopotamie parmi lesquelles des fragments de «codes», contenant des règles juridiques. Parmi eux, les «codes» d'Urukaniga (vers 2400 av. J.-C.), d'Ur-Nammu (vers 2100 av. J.-C.) et de Lipit Ishtar (vers 1934 av. J.-C.). Un seul a été retrouvé entier, il s'agit du code Hammourabi (vers 1750 av. J.-C.), visible au Louvre. Gravé sur de la pierre, en basalte noir, de forme pyramidale, il contient, à son sommet, une image du Dieu Shamash à la trompe d'éléphant tendant un stylet au roi Hammourabi pour écrire ce code, dessous un préambule, puis 282 articles.

Hammourabi, sixième roi de la dynastie amorite est le fondateur du premier empire de Babylone. Il régna quarante-trois ans, à partir de 1730 av. J.-C., et, par ses conquêtes, il domine les pays d'Akkad, de Sumer, de Mari et d'Assyrie. Pour unifier son empire, il rédige un grand code comprenant les coutumes des divers peuples soumis, les plaçant sous l'égide de leurs dieux respectifs. Cette œuvre lui est dictée par le Dieu du soleil et de la justice Shamash: «*Hammourabi, roi du droit, c'est moi auquel Shamash a fait présent des lois* […] *Sur l'injonction de Shamash, le grand juge des cieux et de la terre, puisse mon droit se manifester dans le pays à l'ordonnance de Marduk, mon seigneur* ». Ainsi droit et religion sont intimement liés dans ce code, qualifié de droit révélé par Dieu. Les règles écrites sont réputées être dictées par Shamash, qui seul pourra les modifier, elles sont donc intangibles et inviolables. Le code fut en effet appliqué près de mil ans. De plus, dans le préambule, une série de malédictions pèse sur quiconque violerait ou modifierait les règles. « *Que dans la suite des jours, tout roi qui paraîtra dans le pays observe les décrets du droit que j'ai écrit sur ma stèle, qu'il ne change pas la loi du pays que j'ai promulguée, les sentences du pays que j'ai rendues, qu'il ne contrarie pas mes desseins... Si cet homme ne prête pas attention à mes lois, dédaigne mes malédictions* [...] *qu'il soit roi, seigneur ou quiconque* [...] *que le grand Anum* [...] *le prive de la splendeur de la royauté et provoque un soulèvement [... et] sa perte dans sa demeure, qu'il lui fixe pour destin un règne de souffrance, peu de jours de vie, la destruction de sa ville, l'obscurité sans lumière, une mort soudaine, la dispersion de son peuple, l'effacement de son nom* [...] ». Cela renforce son intangibilité, tout comme le fait qu'il soit gravé sur de la pierre et non sur des tablettes d'argile. Le roi apparaît dans l'illustration comme l'intermédiaire, celui qui rédige sous la dictée du Dieu Shamash. Placer les règles sous l'autorité des dieux renforce leur valeur. De coutumes locales, ces règles acquièrent valeur de loi par le processus de rédaction par le roi, voire valeur suprême puisque réputées émaner des Dieux et protégées par les Dieux. La nature de ce texte juridique reste malgré tout sujette à débat : coutumes rédigées ? Loi / code émanant du roi ? Jurisprudence ? Car les 282 articles – ou « *dînum* », le mot babylonien, signifient à la fois article, loi ou sentence, cas ou verdict – évoquent tous des cas concrets et leur solution juridique. Formellement en effet, ce droit est dit « casuistique », au cas par cas, « si... tel litige, alors... telle sanction », comme dans l'article 229 : « *Si un architecte a construit pour un homme une maison mais n'a pas renforcé son travail, et la maison qu'il a construite s'est écroulée, et il a causé la mort du propriétaire de la maison, cet architecte sera tué* ». Cette caractéristique vient étayer l'hypothèse de la rédaction par Hammourabi de la « jurisprudence » en vigueur.

Pour aller plus loin, si l'on affine l'analyse, il apparaît que Hammourabi est plus que le scribe de Shamash, il semble être le seul rédacteur du texte. Dans le préambule, il affirme être « *le roi du droit* ». « *Pour faire droit à l'opprimé, j'ai écrit mes précieuses paroles sur ma stèle et je l'ai dressée devant ma statue de roi du Droit* ». C'est en vertu de ses pouvoirs et sa puissance qu'il est aussi législateur. Cette œuvre est politique, elle permet la pacification des peuples conquis par l'assurance que le nouveau roi est respectueux de leurs coutumes et de leurs Dieux. La religion associée au droit est au service du pouvoir. Néanmoins, les règles inscrites sont séculières, elles ne concernent pas le culte mais bien les relations entre les individus, tels les contrats matrimoniaux, les erreurs médicales, les crimes : « Art. 128 : « *Si quelqu'un a pris épouse mais ne lui a pas établi de contrat, cette femme n'est pas épouse.* Art. 196 : *Si un homme a crevé l'œil d'un homme, on crèvera son œil.* Art. 197 : *S'il a brisé l'os d'un homme, on brisera son os.* Art. 215 : *Si un médecin a opéré un homme d'une grave blessure avec une lancette de bronze et a sauvé l'œil de l'homme, il recevra 10 sicles d'argent.* Art. 220 : *S'il a ouvert avec une lancette de bronze sa tempe et a crevé son œil, il paiera en argent la moitié de son prix.* Art. 229 : *Si un architecte a construit pour un homme une maison mais n'a pas renforcé son travail, et la maison qu'il a construite s'est écroulée, et il a causé la mort du propriétaire de la maison, cet architecte sera tué.* Art. 230 : *S'il a causé la mort du fils du propriétaire de la maison, on tuera le fils de cet architecte* ».

À tout principe son exception : l'article 2 concerne la condamnation de la sorcellerie : « *Si un homme a chargé un autre homme de sorcellerie mais ne lui a pas prouvé, celui qui est chargé de sorcellerie ira au Fleuve, dans le Fleuve il plongera ; si le Fleuve le saisit, son accusateur prendra sa maison; si le Fleuve purifie cet homme et il sort ainsi sauf, celui qui l'avait chargé de sorcellerie sera tué; celui qui a plongé dans le Fleuve prendra la maison de son accusateur*». Cet article révèle aussi que la religion apparaît encore dans le système judiciaire, qui recourt à l'ordalie comme preuve en justice. L'ordalie est une preuve dite «irrationnelle». On y recourt quand la preuve rationnelle, écrit et / ou témoignage, manque. L'ordalie est une épreuve ou manifestation divine par laquelle on saura si l'accusé est coupable comme indiqué dans l'article 2 précité: «*si le Fleuve le saisit... si le Fleuve le purifie*». L'association du droit et de la religion est plus marquée encore dans le droit hébraïque.

2 Le droit donné aux hébreux

Le droit hébraïque est contenu dans la *Torah* ou *Pentateuque*, qui comprend les cinq premiers livres de l'Ancien testament, la Genèse, l'Exode, le Lévitique, Les Nombres et le Deutéronome. Il convient de préciser que ces textes, écrits vers le VIe ou Ve av. J.-C., relatent l'histoire des hébreux depuis les origines et mêlent règles de culte et règles juridiques. Il faut veiller à ne pas confondre les règles cultuelles ou spirituelles (rapports entre les individus et Dieu) et les règles temporelles (rapports des hommes entre eux).

Le document le plus connu et le plus révélateur des caractéristiques du droit hébraïque est le Décalogue, donné par Yahvé à Moïse sur le mont Sinaï vers le XIIIe av. J.-C. D'où le qualificatif de «droit donné» pour le droit hébraïque. Il s'avère que Dieu se manifeste auprès des prophètes, ou nabi, comme Moïse ou Samuel et leur donne le droit. Cela est précisé à de très nombreuses reprises, pour exemple, dans le Deutéronome, (V, 22) Yahvé «*écrivit ses prescriptions sur deux tables de pierre qu'il donna à Moïse*», dans l'Exode, (XX, 1-2) «*Dieu prononça toutes ces paroles disant...*». À la charge ensuite des prophètes de transmettre ces règles aux hébreux.

> Exode, XX, 1-21, Décalogue: «Dieu prononça toutes ces paroles, disant: Moi Yahweh, je suis ton dieu, qui t'ai fait sortir du pays d'Égypte, de la maison de servitude. Tu n'auras pas d'autres dieux en dehors de moi. Tu ne te feras pas d'image taillée, ni aucune figure de ce qui est en haut dans le ciel, ni de ce qui est en bas sur terre, ni de ce qui est dans les eaux sous la terre. Tu ne te prosterneras pas devant elles et tu ne les serviras pas car je suis [...] un Dieu jaloux qui punit l'iniquité des pères sur les enfants, sur la troisième et la quatrième génération pour ceux qui me haïssent, mais faisant miséricorde jusqu'à mille générations à ceux qui m'aiment et gardent mes commandements. Tu ne prendras pas en vain le nom de Yahweh. Souviens-toi du jour du Sabbat pour le sanctifier [...]. Honore ton père et ta mère [...]. Tu ne tueras point. Tu ne commettras point d'adultère. Tu ne voleras pas. Tu ne déposeras pas comme témoin mensonger contre ton prochain. Tu ne convoiteras pas la maison de ton prochain. Tu ne convoiteras pas la femme de ton prochain, ni son serviteur, ni sa servante, ni son bœuf, ni son âne, ni rien de ce qui appartient à ton prochain.»

Ces premières règles, à valeur générale, juridiques (tu ne voleras pas), morales (tu ne convoiteras pas) et cultuelles (tu n'auras pas d'autres dieux en dehors de moi) visent à donner un cadre aux hébreux alors qu'ils sont conduits par Moïse à travers le désert vers la terre promise. Perdus, ils croient que Dieu les a abandonnés et commettent crimes et péchés. Yahvé entend la souffrance de son peuple et appelle Moïse pour leur transmettre les premières règles essentielles pour bien vivre ensemble.

À la suite de ce texte qui initie l'alliance entre Dieu et son peuple, le code de l'Alliance régit le statut des esclaves, l'homicide, les responsabilités diverses, les droits de propriétés, puis la séduction, la bonté envers les faibles, la sainteté, la justice, la charité… Les prescriptions juridiques sont ensuite parsemées dans les divers livres et concernent le statut de la femme, le travail, les coups et blessures, le contrôle des professions sacerdotales et judiciaires, la vie collective et les droits des personnes privées. Ces normes coutumières, énoncées par Dieu, après le Décalogue, sont réputées avoir été promulguées probablement par Josué lors de l'installation en Canaan. Ces règles sont données dans des moments particuliers: éviter l'anarchie dans le désert et permettre la cohabitation en paix une fois les hommes sédentarisés.

Ainsi, comme pour les Mésopotamiens, les règles révélées, données par Dieu viennent pacifier la société. À l'identique, ce droit est intangible et ne peut être modifié que par Dieu comme cela est déjà précisé dans le Décalogue: « *Je suis un Dieu jaloux qui punit l'iniquité des pères sur les enfants, sur la troisième et quatrième génération pour ceux qui me haïssent, mais faisant miséricorde sur mille générations à ceux qui m'aiment et me gardent mes commandements* ». Dans les deux civilisations, il s'agit de règles d'origine coutumière qui sont officiellement déclarées par un Dieu. Comme les Mésopotamiens, les Hébreux pratiquent l'ordalie, dans le cas particulier de l'adultère (Deutéronome, XIX, 15-16: « *Un seul témoin ne sera pas admis contre un homme pour constater un crime ou un péché, quelque soit le péché commis. C'est sur la parole de 2 ou 3 témoins que la chose sera établie* ») pour lequel les preuves rationnelles, par témoignage principalement, sont plus difficiles à trouver. C'est l'ordalie des eaux amères, un mélange d'eau bénite, de poussière de temple et de parchemin réduit en poussière qui sera bu par la femme accusée d'adultère. Si elle tombe malade, « *son ventre enflera et son sein dépérira* », autant de preuves de sa culpabilité données par Dieu.

À la différence des Mésopotamiens, les règles hébraïques sont séculières et religieuses à la fois. Le droit hébraïque punit aussi bien les péchés « *Un seul témoin ne sera pas admis contre un homme pour constater un crime ou un péché, quelque soit le péché commis* » (Deutéronome, XIX, 15-16) ou le non-respect du culte, que les homicides et les vols. Culte et droit sont entremêlés, imbriqués. Il faut rester toutefois vigilant et ne pas confondre droit révélé par Dieu (forme) qui peut être séculier et / ou religieux dans son contenu et règles cultuelles (fond) qui régissent le dogme et la pratique du culte. Pour les Hébreux, précisément, les règles cultuelles sont dans le code sacerdotal et non dans le code de l'alliance. Néanmoins, il y a des règles de culte dans le Lévitique (rituel des sacrifices, institution des prêtres, interdiction de mariage pour parenté), comme dans le Décalogue.

Ces droits orientaux ont été appliqués un millénaire, preuve de leur intangibilité. Cette grande longévité du droit est également due à un principe selon lequel seul le législateur peut modifier la loi qu'il a énoncée. Or, quand il s'agit de Dieu, seul Dieu peut modifier la règle. Le juge est lié par la loi, il ne peut la modifier, ni l'interpréter. Cela pose le problème de la sclérose du droit, ainsi figé par l'énoncé divin, alors que la société ne cesse d'évoluer. En cas de vide juridique, les Mésopotamiens recourraient à la coutume et les Hébreux à l'esprit du texte, c'est-à-dire à l'idée générale qui a présidé à l'édiction du texte. Cette précision permet de distinguer la lettre (les mots précis du texte) de l'esprit d'un texte (l'idée générale). Leur limite est justement leur nature révélée et intangible mais également leur forme casuistique: le défaut d'abstraction, le cas particulier ne permet pas d'englober toutes les situations litigieuses possibles. De plus, il n'y a pas de réflexion sur le droit, ni de hiérarchie, de classification ou de typologie des règles. Leur nature même est tout à la fois coutumière et « législative », leur contenu séculier et/ou religieux. Le droit n'est pas autonome en ce sens.

C'est dans l'antiquité gréco-romaine que commence à se poser la question de l'autonomie du droit et de son détachement du religieux.

B Le legs gréco-romain et les prémices de l'autonomisation du droit

Dans l'antiquité grecque, la période athénienne est révélatrice des évolutions du droit, l'engageant dans les prémices de l'autonomisation (1) qui trouvera une certaine forme d'aboutissement dans le millénaire romain (2).

1 Le droit inspiré par les Dieux grecs

La démocratie athénienne se caractérise par la participation des citoyens (à l'exclusion des femmes, enfants, étrangers et esclaves) à l'élaboration de la norme. La participation politique aux pouvoirs est en effet un droit politique des citoyens, qui possèdent également les droits civiques. Les premiers citoyens à faire la loi, *nomos*, sont les tyrans (peut-être mythiques) Dracon et Solon, respectivement en 621 av. J.-C. et 594-591 av. J.-C. Nommé par les Athéniens pour réformer la cité, Dracon élabore une loi pénale pour fixer des règles égalitaires et en donner la connaissance et l'accès à tous. Composée de peines extrêmement dures, souvent la peine de mort, cette loi laisse son nom à l'adjectif « draconien » qui qualifie à l'avenir les textes juridiques particulièrement sévères. Par cet acte, il vise à la fois à briser le pouvoir des nobles qui avaient la connaissance, l'interprétation et la sanction exclusive du droit et aussi à mettre fin à la vengeance privée. L'archonte Solon, ensuite, en vertu de l'idéal d'*eunomia* (ordre et mesure), impose des lois permettant la participation de chacun en fonction de ses capacités, au gouvernement de la cité. Ainsi il crée le tribunal, l'Héliée, composée de citoyens tirés au sort et ouvre l'assemblée à toutes les classes sociales de citoyens. D'autres lois réforment le système successoral, le commerce et l'artisanat, la monnaie et le régime foncier pour établir l'égalité. Après eux, en 507 av. J.-C., Clisthène prend le pouvoir et met fin à la tyrannie. Il crée une « révolution isonomique » (isonomie signifie égalité géométrique et universelle) par des lois qui permettent une meilleure représentation politique : tirage au sort des archontes (dirigeants élus de la cité) et soumission de l'aréopage (conseil des anciens, composé des anciens archontes) et de la boulê (conseil de 500 citoyens préparant les lois soumises au vote) à l'ecclesia (assemblée démocratique de tous les citoyens qui votent les lois). Pour éviter le retour à la tyrannie, il invente la procédure d'ostracisme qui permet à l'ecclesia de condamner à l'exil (pour dix ans) un citoyen qui mettrait en danger la cité. Ces transformations politiques de la cité révèlent que ce sont désormais les hommes, tyrans ou citoyens qui font les lois, elles ne sont plus énoncées ou dictées par les Dieux.

Néanmoins, Sophocle (v. 496-406 av. J.-C.), dans son œuvre *Antigone*, fait référence à des normes supérieures, *agraphoi nomoi*. Elles sont évoquées par Antigone qui justifie l'enterrement de son frère, interdit par son oncle Créon, le roi de Thèbes, en disant avoir obéi à des « *lois non écrites, qui ne sont ni d'aujourd'hui, ni d'hier* ». « Créon : *Ainsi tu as osé passer outre ma loi* ? Antigone : « *Oui car ce n'est pas Zeus qui l'avait proclamée ! Ce n'est pas la Justice, assise aux côtés des dieux infernaux ; non, ce ne sont pas là les lois qu'ils ont jamais fixées aux hommes, et je ne pensais pas que tes défenses à toi fussent assez puissantes pour permettre à un mortel de passer outre à d'autres lois, aux lois non écrites, inébranlables, des dieux ! Elles ne datent, celles-là, ni d'aujourd'hui ni d'hier, et nul ne sait le jour où elles ont paru. Ces lois-là, pouvais-je donc, par crainte de qui que ce fût, m'exposer à leur vengeance chez les dieux ? Que je dusse mourir, ne le savais-je pas ? Et cela, quand bien même tu n'aurais rien défendu*». Créon condamne Antigone à être enterrée vivante mais lorsqu'il revient sur sa sentence, elle s'est pendue.

Sophocle prouve que, pour les Grecs, il existe d'autres règles, non écrites, intemporelles et permanentes et supérieures aux lois des hommes qui émanent des Dieux, de Zeus, de Thémis, sa femme, la déesse de la Justice et de leur fille Diké, déesse du droit. Ces dieux et déesses ne donnent pas le droit, mais l'inspirent aux hommes. Au VIIIe siècle av. J.-C., l'historien Homère, dans ses œuvres l'*Illiade* et l'*Odyssée* mentionne déjà Thémis qui inspire les thémistes, décisions des anciens monarques, et Diké, qui inspire les dikai qui sont les sentences des chefs, jugements qui créent du droit. Hésiode, poète grec du même siècle, dans sa *Théogonie* (histoire et généalogie des Dieux), évoque ces divinités et les grands principes ou règles morales et générales pour le maintien de l'ordre entre les hommes qu'elles énoncent. Socrate (469-399 av. J.-C.), Platon (v. 428-348 av. J.-C.) et Aristote (384-322 av. J.-C.) ont théorisé cette division juridique entre les grands principes émanant des Dieux, qu'ils nomment droit naturel, et les lois laïques des hommes, *nomoï*, qui doivent s'en inspirer et les respecter, qu'ils nomment le droit positif.

Ainsi apparaît chez les philosophes l'idée d'une dualité de l'ordre juridique. Le droit n'est pas détaché du religieux, mais – à la différence du droit oriental – n'est pas révélé ni donné par les Dieux mais inspiré par eux. La conséquence de cette dualité de l'ordre juridique est que le droit fait par les hommes est modifiable, contrairement aux principes émanant des Dieux intangibles, immuables, éternels. Ainsi les Grecs pouvaient proposer des nouvelles lois à l'ecclesia, modifier des lois existantes par des décrets (*pséphisma*), mettre en cause une nouvelle loi ou un décret contraire au droit existant par une action en illégalité (*graphé paranomon*), réviser les lois existantes lors de la première réunion annuelle de l'ecclesia. Les lois grecques visent à maintenir l'ordre (eunomia) et l'égalité (isonomie) dans la cité, de ce fait, tous les citoyens – membres de la cité – doivent participer à leur création (à l'ecclesia) et les respecter, voire en dénoncer et en juger (à l'héliée) les violations. La loi doit être conforme à la nature (au droit naturel), mais ne doit pas être appliquée aveuglément, elle doit conduire les hommes. De telles analyses sont formulées par les penseurs grecs, les historiens, les poètes et les philosophes qui peuvent réfléchir à la loi parce que justement elle n'est pas donnée par les Dieux. Elle est alors susceptible d'être critiquée, modifiée et améliorée pour le bien des citoyens, de l'ordre public, de la cité. Mais, pour les sophistes, tel Protagoras (490-420), la loi est un instrument au profit des gouvernants, une illusion, l'expression de l'intérêt du plus fort, comme l'écrit Calliclès : «*La loi est faite par les faibles et par le plus grand nombre dans leur intérêt, pour empêcher les plus forts de l'emporter*». Elle est en rupture avec la nature puisqu'humaine et ne peut donc pas être juste.

Cette effervescence intellectuelle autour de la loi a donné naissance à la science politique, entendue comme la science de la *polis* (la cité), dans laquelle la loi est examinée dans son rapport avec l'existence et l'organisation institutionnelle et humaine de la cité. L'homme est en effet « un animal politique » (Aristote). C'est une science parce que les philosophes recourent à des méthodes d'analyses spécifiques, l'observation et la comparaison des lois écrites entre elles (Aristote), l'observation et le respect de la nature (Socrate, Aristote), l'intelligence et la raison (Platon), la logique (Aristote), la rhétorique et le relativisme, l'examen du contexte (Sophistes). Le progressif détachement du religieux permet donc l'émergence d'un droit laïc (qui régit les rapports entre les hommes), critiquable, modifiable, perfectible, ce qui n'est pas possible quand le droit vient de Dieu.

Ce processus d'autonomisation du droit et de réflexion sur les règles trouve une autre forme chez les romains, qui officiellement détachent le *jus* (droit) du *fas* (religieux) et créent la science juridique.

2 L'autonomie juridique élaborée par les Romains

Sous la monarchie romaine, les pontifes (chefs religieux) sont les dépositaires exclusifs de la justice et de la connaissance du *mos majorum* (coutumes des ancêtres qui traduisent les volontés divines) ainsi que du calendrier des jours *fas* et *nefas* permettant de déterminer les jours favorables aux actions juridiques et judiciaires selon les volontés divines. Lors de la déposition du dernier roi étrusque, Tarquin le Superbe, par les patriciens romains, en 509 av. J.-C., ces derniers forment un régime aristocratique. Dès 494 av. J.-C., les plébéiens, citoyens plus modestes que les patriciens issus des grandes familles, demandent une participation politique. Ils l'obtiennent par la création d'un tribun de la plèbe, magistrat chargé de les représenter, et un concile de la plèbe, une assemblée représentative de plébéiens. Le régime devient une République.

En 451 av. J.-C., les plébéiens revendiquent la connaissance du droit, qu'ils obtiennent par la rédaction de la loi des XII tables. Cette rédaction marque le début de l'autonomisation du droit, car les pontifes portent ainsi à la connaissance de tous, les coutumes ancestrales, désormais écrites et exposées sur le forum. Au IIIe siècle av. J.-C., les pontifes font un pas de plus en distinguant le *fas*, ou *jus sacrum* du *jus* ou *jus civile*, droit des citoyens. Le *fas*, composé des règles fixant les rapports entre les individus et les dieux, restent de leur ressort, il revient aux pontifes de maintenir l'ordre transcendantal. Le *jus*, droit, qui régit les rapports entre les personnes, est laissé à la connaissance de tous. La *lex* (choisir), la loi, qui est l'expression du *jus*, est créée par les citoyens. Elle devient une action humaine détachée du religieux. Il appartient aux hommes de maintenir la paix entre eux par le *jus* et la *lex*. Toutefois, sous la République, les lois, proposées par un magistrat, débattues et votées par les citoyens, doivent recevoir l'*auctoritas* du sénat, c'est-à-dire que le sénat consulte les augures ou volontés des Dieux (le pouvoir d'*auctoritas* appartient aux *patres*, anciens magistrats qui composent le sénat). Si les Dieux sont favorables, la loi reçoit sa sanction ou validation, sinon elle n'est pas promulguée et n'entre pas en vigueur. L'autonomie de la loi vis-à-vis de la religion est donc ici à nuancer. Par ailleurs, en 304 av. J.-C., un scribe, Flavius, publie le calendrier des jours *fas* et *nefas*, permettant à tout citoyen d'en avoir la connaissance, jusque-là détenue secrètement par les pontifes. Puis, un pontife plébéien, Coruncanius, rend publiques ses consultations juridiques, en 254 av. J.-C. En ouvrant sa porte, il permet à tout citoyen intéressé d'écouter les solutions juridiques qu'il énonce. Cet élément s'ajoute au processus d'autonomisation et permet la formation progressive des citoyens romains à la connaissance du droit. Les meilleurs, les spécialistes en droit, deviennent jurisconsultes (consultants en droit) ou jurisprudents (sages en droit), pour conseiller, écrire les actes juridiques et assister en justice (*respondere, cavere, agere*). Ils peuvent alors aussi briguer les charges politiques sous la République : on parle du *cursus honorum*, le parcours des honneurs.

Sous l'Empire, l'*auctoritas* passe aux mains de l'empereur qui la reçoit du sénat en 27 av. J.-C. C'est désormais l'empereur qui, lorsqu'il édicte une constitution impériale, une loi, consulte directement les volontés des Dieux. Lors de la conversion de l'empereur Constantin au christianisme en 312 ap. J.-C. et lorsque le christianisme devient religion d'État par l'édit de Thessalonique en 380, l'empereur place le droit sous l'autorité de Dieu. Par exemple, la constitution *imperiatorem majestatem*, pour la publication du Digeste en 533, rend grâce à l'aide de Dieu.

Le *jus* n'est toujours pas complètement autonome, mais il est bien laïc et crée par les hommes (les citoyens ou l'empereur) et porté à leur connaissance par l'affichage au forum. Détaché du divin, il n'est plus intangible, n'est plus assorti de malédictions, en conséquence il peut être modifié, interprété lors des consultations, voire critiqué pour l'améliorer. Ainsi, le travail et la réflexion des jurisconsultes fait naître la science juridique. Pour acquérir cette compétence et le titre de jurisconsulte, sous la République, des patrons privés reçoivent gratuitement leurs élèves chez eux pour dispenser un enseignement officieux. Sous le Bas Empire, pour mieux maîtriser la formation des juristes mais aussi des futurs administrateurs, un enseignement officiel de quatre ans est dispensé dans les trois grandes écoles de Beyrouth, Constantinople et Rome par des professeurs officiels, rémunérés par un traitement officiel. Cela n'empêche pas la survivance des patrons privés jusqu'à la fin de l'empire.

Les juristes romains, qui exercent gratuitement et bénévolement leurs fonctions sous la République, voient leur statut changer sous l'Empire. À partir d'Octave Auguste, ils peuvent obtenir un brevet qui leur donne le privilège de dire le droit officiellement (*jus publice respondendi*). Les consultations bénéficiant de cette mention créent du droit pour les parties mais servent aussi de référence pour d'autres juristes ou citoyens, formant ce que les romains appellent jurisprudence. Dès Hadrien (IIe siècle ap. J.-C.), ces consultations « *ex auctoritate principis* » ont une valeur normative. Leur masse oblige la rédaction de compilations comme les *Sentences* du jurisconsulte Paul en 325 ap. J.-C. Désormais écrit et abondant, le droit civil romain formé des coutumes, lois, constitutions impériales, jurisprudence, droit prétorien, *senatus consulte*, fait l'objet d'analyses pragmatiques pour son utilisation optimale. Pour ce faire, les juristes romains se donnent des outils et des méthodes d'analyse, ainsi est née la science du droit. Le premier traité de droit civil, avec classifications, est celui de Mucius Scaevola au Ie av. J.-C. Les lexiques de termes juridiques, comme celui d'Aelius Gallus au IIe siècle ap. J.-C., les manuels d'enseignement comme les *Institutes* de Gaius vers 160 ap. J.-C., les recueils de consultation ou de cas pratiques (Paul, Papinien, Ulpien), ou encore les compilations de Justinien (compilations de constitutions impériales dans le *Codex* en 529 ou de jurisprudence dans le *Digeste* en 533), sont autant d'outils de travail. Quant aux méthodes, elles se veulent rationnelles. La méthode de l'exégèse consiste en une explication littérale et linéaire du texte afin d'en saisir le sens ; la méthode des *regulae* permet de proposer des notions générales et abstraites en partant d'un exposé basé sur des classifications par genre, espèces. La solution à un problème juridique doit passer par l'argumentation objective par comparaison des textes applicables (Cicéron), ou *a contrario* (un texte qui affirme une chose nie en principe son contraire). Il en résulte l'établissement d'une typologie et d'une classification des règles de droit entre droit naturel (propre à tous les hommes), droit des gens (droit commercial pour les relations entre citoyens et pérégrins – étrangers non citoyens), droit civil (droit des citoyens). Il en résulte aussi la fameuse *summa divisio* d'Ulpien (IIIe ap. J.-C.) entre droit public et droit privé : « *Le droit public est de qui regarde l'état de la chose romaine, le droit privé est ce qui regarde l'utilité des particuliers* ». Les romains développent le droit fiscal, le droit administratif, le droit militaire, et, en droit privé diverses réglementations sur les biens hors et dans le commerce, les choses corporelles et incorporelles, la distinction entre les personnes, les choses et les actions... La science juridique romaine, comme la science politique grecque est le résultat de l'autonomisation du droit. Détaché du religieux, le droit peut être critiqué et modifié sans encourir de sanctions divines. Toutefois, il convient de nuancer : l'existence du droit naturel grec ou des augures romains prouvent la présence permanente des Dieux dans les lois.

La chute de l'empire romain d'Occident est souvent entendue comme la disparition de la civilisation romaine et avec elle, la disparition du droit romain. Néanmoins, cette position est à réviser car, d'une part, les éléments de civilisation romaine ont été absorbés par les barbares envahisseurs (implantés depuis un voire deux siècles déjà comme peuples fédérés dans l'Empire) et parce que, d'autre part, les anciens habitants de l'Empire conservent l'usage du droit romain après 476 dans les royaumes germaniques. Pour autant, la question de l'autonomie du droit est à nouveau posée car pendant le Moyen Âge, cette autonomie connaît un net recul, si ce n'est, par certains aspects, une disparition.

II Droit et religion au Moyen Âge : le recul de l'autonomie

Sous les dynasties Mérovingienne (481-751) et Carolingienne (751-987), les droits appliqués sont le droit romain, le droit germanique et le droit canonique. Les deux premiers tendent à s'interpénétrer alors que le troisième, à destination du clergé, s'immisce de plus en plus dans le monde laïc. Ce processus brouille progressivement l'autonomie du droit vis-à-vis de la religion (A). De plus, la justice se teinte de religieux au travers du serment, des pénitentiels et des ordalies (B). Enfin, le pouvoir politique, régi par des règles qui président à l'accès au trône et à l'exercice du pouvoir, est caractérisé au Moyen Âge par l'alliance entre le Trône et l'Autel. Cette alliance a pour conséquence l'immixtion de la religion dans ce « droit royal » (C).

A Interpénétration du droit canonique et du droit laïc

Le droit privé des gallo-romains et des barbares est connu par la rédaction de grandes lois dites « personnelles » entre le ve et le vi^e^ siècle, quasiment exclusivement laïques (1). Le développement du droit canonique dans ces premiers siècles des monarchies barbares répond aux besoins du clergé (2) et progressivement à certains besoins de la société civile, réduisant ainsi l'autonomie du droit (3).

1 L'autonomie du droit romano-germanique

À la chute de l'empire romain d'Occident en 476 ap. J.-C., les clans barbares (Francs, Wisigoths, Burgondes et Alamans) s'installent en Gaule et dirigent des petits royaumes composés d'ex gallo-romains. Ces derniers sont les Gaulois soumis par Jules César lors de la conquête des Gaules (de 58 à 51 av. J.-C.) et intégrés à la République puis à l'Empire. Lors de toute conquête, Rome laisse aux peuples conquis l'usage de leurs coutumes ancestrales avec pour obligation d'être administrés par des romains et de payer le tribut (impôt) à Rome. Progressivement romanisés, les Gaulois utilisent le latin, peuvent devenir membres du sénat et bénéficient, après l'édit de Caracalla de 212, de la citoyenneté romaine. De ce fait, ils peuvent utiliser le droit civil romain et leurs coutumes gauloises. Avec les siècles, un enchevêtrement des deux régimes juridiques se produit, donnant naissance au « droit vulgaire ». L'installation des Barbares après 476 entérine ces pratiques juridiques car, à leur tour, les chefs de clans germaniques qui soumettent les Gallo-Romains, leur laissent l'usage de leurs « coutumes ancestrales », c'est-à-dire le droit vulgaire, tout en appliquant eux-mêmes leurs coutumes ancestrales et orales. Droit écrit romain et droit barbare oral cohabitent donc dans la Gaule germanique. Les rois barbares, en contact avec le droit écrit décident de faire rédiger à leur tour leurs coutumes. Ce mouvement donne naissance au *Code d'Euric* en 476 pour les Wisigoths, à la *Loi Gombette* pour les Burgondes en 502 et à la *Loi salique* des Francs (rédigée probablement avant 496, connue par sa seconde version entre 510 et 511). Celle-ci, du fait de la conquête par Clovis et ses fils du territoire gaulois, se propage dans tout le royaume et, en 802, Charlemagne édicte une *Lex salica emendata* (loi salique corrigée), preuve de la généralisation de son application. Pour les Gallo-Romains, les rois barbares décident également de faire écrire leur « droit vulgaire » : le *Bréviaire d'Alaric*, est rédigé en 506 à la demande du roi Alaric II. Il contient un abrégé des règles romaines en usage, principalement issues de la jurisprudence romaine tirée des *Sentences* de Paul de 325, et des constitutions impériales contenues dans le Code Théodosien (compilation de Constitutions impériales sous l'Empire Romain) de 438. Lorsque les Francs conquièrent les Wisigoths, en 507, Clovis décide d'utiliser le Bréviaire d'Alaric pour ses propres Gallo-Romains, car ils appliquent les mêmes règles et cela le dispense d'avoir à faire rédiger une loi romaine pour ses populations. Les Burgondes possédaient également une loi romaine, supplantée par le Bréviaire d'Alaric lors de la conquête en 534 par les fils de Clovis. Le Bréviaire d'Alaric est ainsi appliqué sur toute la Gaule pour les Gallo-Romains. Ces diverses lois, propres aux peuples (loi salique pour les Francs, loi gombette pour les Burgondes, bréviaire d'Alaric pour les Gallo-Romains...) nécessitent la mise en place d'un système spécifique pour leur application et leur usage en justice : il s'agit du système de personnalité des lois. Chaque peuple utilise sa loi. En cas de relations juridiques entre deux personnes ou groupes de personnes ayant des lois différentes, l'usage veut que la femme prenne la loi de son mari, les enfants la loi de leur père, en justice la loi du défendeur est choisie... Autour de l'an mil, la fusion des populations est avérée, ce système décline et les deux textes de références pour le droit applicable sont le bréviaire d'Alaric et la loi salique. Dans ces documents, le droit est laïc. Ces lois, barbares comme romaines, contiennent nombre d'articles concernant le règlement des litiges (« droit pénal »), d'autres sur les contrats, les successions et les relations matrimoniales. Ce droit peut être qualifié d'autonome vis-à-vis du religieux. Et, en effet, le monde religieux est régi par ses propres règles, le droit canonique, ce qui marque une réelle séparation juridique entre les sphères laïques et religieuses. Mais une certaine porosité grandissante se constate au fil des siècles au sein de ces deux grands ensembles.

2 Le droit canonique pour les clercs

Le droit canonique se développe depuis la fin de l'Empire romain, au bénéfice de l'édit de Thessalonique de 380 ap. J.-C. qui fait du christianisme la religion d'État. Des institutions pour les chrétiens peuvent désormais voir le jour officiellement. La hiérarchie du clergé est faite des prêtres, évêques, archevêques et, au sommet, l'évêque de Rome, réputé chef de l'église chrétienne, devient le pape. Ces institutions, élues par leur communauté de chrétiens, disposent d'un pouvoir normatif ou réglementaire afin de régir les chrétiens dans leur relation avec Dieu. Le droit canonique qui en découle est donc un droit qui régit les relations spirituelles entre les individus et Dieu, il s'agit bien d'un droit religieux, de règles cultuelles. Le droit canonique régit le dogme, le culte et la liturgie. Les premières règles sont énoncées dans la Bible, puis lors des conciles, réunions d'évêques à l'occasion desquelles les points de discussion sur le dogme, la liturgie... sont fixés collectivement. Un concile célèbre est celui de Nicée en 325 ap. J.-C. qui fixe la consubstantialité de l'Être (soit la réunion en une seule entité du Père, du Fils et du Saint-Esprit). Puis, à compter de 385, le pape peut édicter des décrétales, réponses à des questions précises pour l'application des textes scripturaires (Bible) ou des canons (décisions) des conciles. Le droit canonique continue à se développer en Europe après la chute de l'Empire romain et s'applique et s'impose à tous les chrétiens dans leur exercice de la foi. Au VIe siècle, une nouvelle catégorie de textes de droit canonique apparaît, il s'agit des pénitentiels, recueils de pénitences pour sanctionner les violations des règles cultuelles (sorte de droit pénal pour les crimes religieux), comme le *Pénitentiel de Saint Colomban* en 572. Interdits par un concile de 813, ces textes continuent à être utilisés jusqu'au XIe siècle et certaines dispositions se retrouvent ensuite dans les collections canoniques. Ces dernières, compilations de canons conciles et de décrétales pontificales, voient le jour dès le XIe siècle en raison de l'abondance de textes : le *Décret de Gratien* compile tous les canons en 1140 et les *Décrétales de Grégoire IX* en 1234 tous les actes pontificaux.

Ainsi, deux sphères juridiques coexistent pendant le Bas Moyen Âge, sous les dynasties germaniques, mérovingienne et carolingienne. Une sphère romano-germanique contenant du droit laïc, généralement composé de droit privé, et une sphère religieuse contenant les règles de cultes. L'autonomie du droit peut-être constatée. À la faveur de la généralisation de la christianisation, atteinte vers le VIIIe siècle dans le royaume des Francs, et en raison du développement de la féodalité, la séparation entre ces deux espaces se réduit, voire disparaît.

3 Le droit canonique dans la société civile

La féodalité, qui débute au cours du IXe siècle et qui atteint son apogée au XIIe siècle, sous la dynastie des Capétiens (987-1328), est un régime politique caractérisé par la dislocation territoriale (le royaume est divisé en multiples seigneuries ou fief à la tête desquelles se trouve un seigneur, duc ou comte ou châtelain), la vassalité (chaque homme libre doit avoir une relation personnelle et de fidélité avec le seigneur local) et l'usurpation des prérogatives régaliennes (chaque seigneur reçoit avec son fief des prérogatives régaliennes déléguées par le roi, qui en 877 deviennent héréditaires). Tout seigneur devient ainsi maître dans son fief, concédé par le roi, le duc ou le comte, avec les prérogatives régaliennes afférentes (commandement ou *banum* et protection militaire et judiciaire ou *mundium*), devenant progressivement indépendant dans son fief. Cette situation de fait plus que de droit, entraîne de nombreux conflits entre les seigneurs locaux, avides de posséder les terres de leurs voisins, ceci générant une insécurité importante. L'insécurité est également juridique car chaque seigneur peut édicter dans son fief des « banalités » (issues de son pouvoir de ban ou *banum*), de manière orale. Ces règles, non écrites sont également susceptibles d'être modifiées au gré des volontés seigneuriales, rendant le droit instable et parfois arbitraire, propre à chaque seigneurie (et, par conséquent, différent d'une seigneurie à une autre). Pour garantir le droit, les individus vont prendre l'habitude, lors de contrats oraux par exemple, contrat de vassalité, contrat de mariage, contrat de vente, de solliciter des témoins pour en faire la preuve en cas de litige. De plus, les parties au contrat s'engagent désormais à le respecter en prêtant serment devant Dieu, sur des reliques ou sur la Bible. Le religieux pénètre ainsi dans le droit jusqu'alors laïc. Par voie de conséquence, en cas de rupture du contrat, il y a rupture de serment, le litige peut être porté devant les juridictions ecclésiastiques qui vont alors appliquer le droit canonique et les pénitentiels, sur des affaires laïques à l'origine.

Par ailleurs, les sacrements régissent la vie civile, le baptême pour la naissance, le mariage pour l'officialisation de la relation matrimoniale ou encore l'extrême onction pour la mort. Les rituels du sacrement, religieux, rythment l'état civil et le réglementent (il faut attendre

1539 pour un état civil étatique pour la déclaration des baptêmes / naissance). Ainsi, le droit canonique détermine le statut juridique et les droits de succession des enfants légitimes ou illégitimes, les relations dans le mariage comme la fidélité et l'adultère, la gestion patrimoniale dans le mariage... Toute violation de ces règles de droit canonique matrimonial relève des juridictions ecclésiastiques. À titre d'exemple, un débat a agité la communauté des canonistes (juristes spécialisés en droit canonique), au XIIe siècle, au sujet de ce qui fait débuter le mariage, à savoir le consentement ou la consommation. Les barbares pratiquant le mariage par rapt, la consommation était alors considérée comme faisant commencer le mariage. Le pape Alexandre III accepte les deux, le théologien Pierre Lombard n'accepte que le consentement, le décrétiste Huguccio tranche vers 1180, en déclarant que la consommation présuppose le consentement (théorie du mariage présumé), ce qui conduit à élaborer la théorie des vices du consentement. (Aujourd'hui, c'est le consentement devant un officier d'état civil qui vaut mariage en vertu du Code civil). Les conditions du mariage (parenté, âge...) et les relations dans le mariage (autorité sur les enfants, droits et devoirs des époux) sont également fixées par le droit canonique, notamment par le concile de Latran IV en 1215.

Un autre exemple de réglementation de l'Église dans le monde des laïcs concerne plus largement le statut des personnes. La société médiévale est, à partir du XIe siècle, considérée comme tripartite, formée de trois ordres, le clergé, la noblesse et le tiers état. Cette acception a été théorisée par l'évêque de Laon, Adalbéron, dans un poème, le *Carmen ad Rodbertum regem*: «*La maison de Dieu est triple, elle qui semble une. Ici bas les uns prient, d'autres combattent et d'autres travaillent*». Il fait une transposition de la consubtantialité de l'Être sur la terre (comme la cité de Dieu et la cité des hommes à l'image de la *Cité de Dieu* (413-426) de Saint Augustin). Il faut bien préciser que cela ne modifie pas l'organisation sociale préexistante, il s'agit d'une autre conception de cette société. Néanmoins, cette vision de la société détermine le statut juridique des personnes. Le clergé est régi par le droit canonique, il est exempté d'impôt et possède des immunités. La noblesse combattante, qui protège l'ensemble de la population, est un ordre privilégié, elle ne paye pas l'impôt et n'a pas le droit de travailler. Le tiers état, quant à lui, doit travailler pour nourrir et vêtir l'ensemble de la population, il doit payer des taxes en argent et en nature. Le modèle religieux transposé impacte le droit des personnes. L'Église s'immisce un peu plus dans la réglementation de la noblesse à partir du Xe siècle au nom de la pacification de la société. Les seigneurs appartiennent à la noblesse et sont chargés de protéger leur population. Mais la période féodale est troublée par des guerres endémiques entre les seigneurs locaux pour accroître leur puissance territoriale et financière. L'Église intervient alors pour pacifier en imposant des règles de guerres aux seigneurs. Les conciles de Charroux, en 989, et du Puy, en 1020, élaborent respectivement la paix et la trêve de Dieu. Ces dernières consistent, pour la première (paix de Dieu), à ne pas combattre les personnes qui ne portent pas d'armes, savoir les clercs et les paysans, et ne pas porter atteinte à leurs biens, pour la seconde (trêve de Dieu), à ne pas combattre lors des fêtes liturgiques, lors des jeudis saints, vendredis saints, samedis et dimanches. De plus, lors de l'adoubement des chevaliers, l'Église impose une veillée de prière, la bénédiction des armes lors de leur remise au chevalier et l'engagement de combattre au service de la foi. Au nom de cet engagement, les papes, en 1063 et 1095 appellent ainsi la noblesse à combattre pour la foi contre les hérétiques, c'est le mouvement des croisades (la *reconquista* en Espagne et les croisades Outremer pour reprendre Jérusalem). En 1123, le concile de Latran I fixe le statut juridique des croisés: c'est donc l'église qui élabore le statut des nobles, laïcs, qui partent en croisade.

Au XIIe siècle, l'essor économique et urbain voit la naissance des corporations de métiers. Dans les chartes qui les régissent, les corporations sont toutes assorties d'une confrérie. Celle-ci reçoit les cotisations des membres de la corporation, leurs dons et les amendes en cas de malfaçons… Ces sommes servent à fêter annuellement le saint patron de la corporation (saint Honoré pour les pâtissiers, saint Jacques pour les bouchers…) autour d'un grand banquet, mais surtout, au nom de la charité chrétienne, elles constituent une sorte de caisse d'assistance pour les membres de la corporation, leur venant en aide en cas de maladie, invalidité, vieillesse. Cette caisse peut financer les enterrements, l'apprentissage des orphelins, voire la construction d'hôpitaux et d'hôtel-Dieu. Accusées de devenir des foyers de séditions lors des grèves ouvrières, François 1er ordonne la suppression des confréries sans succès, en 1533 et 1539. Accusées d'empêcher le libre exercice du travail, elles sont à nouveau supprimées avec les corporations, et toujours sans succès, par Turgot en 1776. Le droit du travail dans les villes est ainsi régi par un droit marqué par le dogme chrétien qui fait de la charité, une des trois vertus théologales (Saint Paul, I Corinthiens, XIII, 1-7), comme rappelé par les théologiens Bernard de Clairvaux ou Thomas d'Aquin, un corollaire du « droit du travail ».

Ainsi le droit canonique et la religion se mêlent du droit laïc romano-germanique à divers degrés. Ces interventions progressives prouvent la perte d'autonomie, accentuée encore en matière judiciaire.

B Une justice teintée de religieux

Dans la suite logique du développement précédent, toute violation des contrats passés sous serment, des règles matrimoniales, toute rupture de la paix ou de la trêve de Dieu, peut / doit être portée devant les officialités, juridictions de l'Église et à la tête desquelles se trouve la curie pontificale, le tribunal du Pape. À titre d'exemple, la réglementation du droit canonique concernant les « filles séduites » est représentative de l'immixtion du religieux dans le droit. Les fiançailles en droit canonique font commencer la relation matrimoniale et engagent les fiancés. Si, par une promesse de fiançailles ou de mariage, un homme séduit une femme, provoque sa grossesse avant le mariage et l'abandonne avant le mariage, cette femme / jeune fille peut porter plainte devant la juridiction ecclésiastique. S'applique alors cette théorie de la fille séduite du droit canonique qui permet à la femme d'obtenir que l'homme finance les frais de grossesse et d'accouchement, voire le mariage.

Les compétences *ratione materiae* des officialités sont très larges : tous les contrats, tout ce qui touche les relations matrimoniales et la filiation, les successions… De plus, l'église pratique le droit d'asile judiciaire qui existe déjà dans l'Ancien Testament. Il s'agit d'un refuge accordé à ceux qui ont commis un homicide involontaire (Deutéronome, XIX, 1-21 et Deutéronome XIX, 5, 35) car la Bible condamne tout meurtrier à la peine de mort (Exode, XXIV, 1) en vertu de la loi du talion. Cet asile régi par le droit canonique lors des conciles de 411, 511, 638… permet à une personne ayant commis un crime (homicide, vol, rapt, serf évadé, lèse-majesté…) de se réfugier dans une église, ou tout lieu de culte (extension des lieux d'asile lors des conciles de 1095 et 1139). Charlemagne, lors d'un conflit en 801-802, invoque le droit d'asile impérial romain face à son conseiller Alcuin qui invoquait pour sa part le droit d'asile des églises. Le but n'est pas d'échapper à la justice, mais d'échapper à la vengeance privée, rassembler les preuves avant le jugement, faire intercéder un clerc dans la procédure, négocier une compensation avec la famille de la victime. Tout individu, quel que soit son crime peut ainsi solliciter la justice ecclésiastique. De surcroît, tout individu, quel qu'il soit, peut la solliciter car ses compétences *ratione personae* sont toutes aussi larges : tous les clercs, incluant par exemple les étudiants et enseignants dans les universités médiévales qui ont ce statut, les membres du clergé régulier (moines et moniales des monastères et abbayes), mais aussi tous les laïcs qui sont mariés, ont des enfants, ont passé des contrats, se sont croisés…, qu'ils soient même libres ou non libres (serfs).

La justice ecclésiastique attire aussi car les règles procédurales sont fixes et écrites, sa rapidité et sa gratuité sont des avantages considérables face à une justice laïque sans procédure, orale et fondée sur des banalités seigneuriales mouvantes. De plus, la menace de sanctions par pénitence – sur la base des pénitentiels – est plus douce que les peines physiques ou amendes que peuvent prononcer les autres juridictions seigneuriales ou royales. Néanmoins, ces dernières, bien que laïques, recourent aux ordalies, ces modes de preuves irrationnelles. Ces ordalies sont variées, bilatérales quand les deux parties doivent rester les bras en croix, la première qui baisse les bras n'est pas dans son bon droit ou coupable, bilatérales encore quand les deux parties recourent au duel judiciaire, le gagnant est dans son bon droit, unilatérales quand l'accusé doit plonger son bras dans un chaudron d'huile bouillante, la rapidité de sa cicatrisation prouve son innocence, l'infection sa culpabilité. « *L'appel au sacré tente de remédier aux impasses de la justice* » écrit C. Lovisi, dans son *Introduction historique au droit.* Charlemagne, dans son capitulaire de réforme de la justice vers 811-812, interdit les ordalies au profit des preuves rationnelles. Cette interdiction des duels judiciaires est réitérée en 1260 par saint Louis, preuve que les ordalies sont toujours utilisées.

Un dernier champ du droit intègre fortement le religieux, faisant reculer l'autonomie d'un pas supplémentaire, il s'agit des règles d'accès et d'exercice du pouvoir royal.

C Alliance du trône et de l'autel

Les chefs de clan barbares étaient élus et choisis sur deux critères : leur force physique et leur appartenance à la famille possédant le charisme, c'est-à-dire élue par les Dieux. Dès les Mérovingiens, l'accès au trône est en partie régi par les choix des Dieux. Le baptême de Clovis consacre à nouveau cette alliance entre le religieux, le christianisme venant supplanter les anciennes religions polythéistes des barbares, et le pouvoir royal. Bien que l'épisode soit sujet à débats entre les sources et les chercheurs, il apparaît que vers 496, à l'occasion de la bataille de Tolbiac contre les Alamans, Clovis aurait prié le christ, ou vu en songe le Dieu des chrétiens, celui de sa femme Clothilde, princesse burgonde convertie au christianisme, lui promettre la victoire à la condition qu'il se convertisse. Clovis remporte la victoire et, avec 3000 de ses guerriers, reçoit le baptême, se convertissant avec son peuple, au christianisme. Il initie une règle qui deviendra coutumière, celle de l'obligation pour les rois de France d'être catholiques. Lorsque les Mérovingiens tombent à la suite du coup d'État de Pépin le Bref, maire du palais Carolingien, les relations avec la papauté sont renforcées.

Pour préparer le renversement du dernier roi mérovingien, Childéric III, roi fainéant, le maire du palais Pépin le Bref devait s'assurer de l'élection des grands, pour ce faire il leur offre argent et terres, parfois même des bénéfices ecclésiastiques. Il cherche également à légitimer sa prise de pouvoir en demandant au pape qui doit être roi : celui qui a le titre (Childéric III) ou celui qui exerce la réalité des fonctions politiques (lui). Le pape répond en théorie que celui qui exerce mérite le titre… Pour empêcher toute contestation, après sa prise de pouvoir, le pape lui propose un mode de légitimité incontestable : le recours au sacre. Cette tradition hébraïque remonte à Saül, choisi par Dieu pour unir les douze tribus alors menacées par les Philistins (vers 1025 av. J.-C.). Par le sacre et la cérémonie de l'onction d'huile sainte, Dieu lui-même délègue une part de son esprit au roi pour gouverner son peuple. Pépin le Bref voulait également être sûr que sa descendance soit à sa suite toujours élue sur le trône, il demande alors au pape de sacrer ses fils (Carloman et Charles) de son vivant. Ce sacre a lieu en 754, date à laquelle Pépin le Bref donne au pape les terres du Vatican, qu'il venait de reconquérir sur les Lombards, en remerciement et en dédommagement des bénéfices accordées aux grands guerriers pour son élection. Avec les Carolingiens, c'est le sacre qui fait le roi, dans le respect de l'hérédité. L'élection germanique est reléguée au rang de formalité pendant la cérémonie du sacre. Cette alliance entre le trône et l'autel modifie les règles d'accès au pouvoir mais aussi l'exercice du pouvoir lui-même car le roi, désigné par Dieu, à une mission à remplir. Dès 829, le concile de Paris se penche sur la définition de cette mission, car le roi par le sacre est le ministre de Dieu sur terre : « *Le ministère royal consiste spécialement à gouverner et à régir le peuple de Dieu dans l'équité et la justice et à veiller à procurer la paix et la concorde* ». La monarchie patrimoniale germanique cède la place au régime théocratique, le gouvernement par et pour Dieu. Cela autorise le pape à se mêler de la politique. Le pape peut même sanctionner par l'excommunication, comme il le fit avec le roi Philippe Auguste en 1200.

Ce pouvoir accru du spirituel sur le temporel atteint sa limite en 1302, lors de la crise entre Philippe IV le Bel et le pape Boniface VIII. Elle naît à l'occasion des injures contre le roi proférées par l'évêque de Pamiers vers 1298. Le roi le convoque alors devant sa justice pour rendre des comptes, ce que conteste le pape, au nom du privilège de for (un clerc ne peut être jugé que par ses pairs, d'autres clercs). Puis, en pleine guerre des Flandres, le roi veut lever un impôt de guerre exceptionnel sur l'ensemble de sa population, encore une fois le pape s'oppose à lui, invoquant le privilège d'exemption fiscale dont bénéficie les clercs depuis 318 (concession par l'empereur Constantin pour dédommager des confiscations de biens pendant les siècles de persécutions). Par deux fois atteint dans sa souveraineté, Philippe le Bel convoque une assemblée des trois ordres, pour la première fois réunie, future assemblée des États généraux, afin de demander aux trois ordres leur accord sur cet impôt. À l'ouverture de ces États généraux, il demande aux représentants leur avis sur l'immixtion du pape dans la politique et la souveraineté du roi de France : les trois ordres reconnaissent cette souveraineté et l'impossibilité pour le pape d'interdire au roi de gouverner son peuple sur les questions temporelles. Cet épisode marque le début du gallicanisme, le roi de France revendique une autorité sur le clergé de France au nom de sa souveraineté.

L'alliance du trône et l'autel est consommée, initiant un nouvel élan vers l'autonomie du droit. Sous l'Ancien Régime, les rois chercheront à sortir progressivement le droit de sa gangue religieuse.

III Les ruptures entre le droit et la religion sous l'Ancien Régime

Divers facteurs poussent les rois à dégager le droit du champ religieux. D'une part, les incursions des papes comme l'épisode de 1302, mettent en cause la souveraineté durement acquise au sortir de la féodalité par les Capétiens. D'autre part, le droit canonique n'est pas national, il vient de Rome et du pape, d'une puissance qui peut concurrencer celle du roi de France, ce qui est incompatible avec la montée de l'absolutisme sous les Bourbons. Il convient donc de limiter la pénétration du droit canonique en France au profit d'un droit national et laïc produit par le roi législateur. Le droit d'asile religieux, quant à lui, menace le pouvoir judiciaire du monarque, qui cherche également à le faire disparaître (A). La Renaissance et l'humanisme portent un courant de pensée individuel et rationnel et vantent la modernité contre le poids de la religion. Ce courant touche le droit et la pensée juridique européenne au travers du *jusnaturalisme* qui se fait l'écho de ce mouvement (B). Parallèlement, le protestantisme met en cause le sacre et oblige les penseurs politiques à trouver de nouveaux fondements juridiques au pouvoir royal. Un nouveau processus de laïcisation et d'autonomie du droit est engagé (C).

A Limitation et rejet du droit canonique

Depuis le XIIe siècle, les rois Capétiens puis Valois luttent pour imposer leur pouvoir édictal exclusif, à l'intérieur, contre les seigneurs indépendants, et à l'extérieur, contre les puissances impériales et pontificales ayant une prétention à la domination universelle. François 1er est l'instigateur, par deux grands textes, du renouveau du processus d'autonomisation du droit : en 1516, par le concordat de Bologne (1) et en 1539, par l'ordonnance de Villers-Cotterêt (2).

1 1516 : le concordat de Bologne et le droit canonique en France

En 1515, la France remporte la bataille de Marignan par laquelle elle gagne les terres du Milanais qu'elle revendiquait comme héritage depuis 1483. Le pape, et ses gardes suisses, qui s'étaient portés à la défense du duché de Milan, s'en trouvent affaiblis. François 1er est alors en position de force dans les négociations pour établir le concordat de Bologne avec le Pape Léon X. Le roi de France rappelle le gallicanisme en matière de nomination aux bénéfices ecclésiastiques. Il exige surtout que, désormais, toute la nouvelle réglementation de droit canonique soit préalablement enregistrée par le parlement de Paris, qui vérifie sa conformité avec le droit interne, avant d'être appliquée en France. Le droit canonique n'est plus d'application directe, l'autorité du pape s'en trouve nettement diminuée. Pour exemple, le décret *Tametsi* de 1563 élaboré par le concile de Trente sur le mariage, est rejeté par le Parlement de Paris, en raison des dispositions contraires aux coutumes de France qui reconnaissent les autorisations parentales comme nécessaires lors des mariages, alors que le Décret fait primer l'accord exclusif des époux. Pour autant, le droit canonique antérieur à 1516 reste d'application, il a été intégralement imprimé en 1500 dans une grande compilation, le *corpus juris canonici*. Les rois de France prennent alors le relais avec leur propre législation, nationale, comme François II en 1560, qui, par l'édit de secondes noces, replace le droit matrimonial, à l'origine canonique, dans la sphère laïque et royale.

De plus, à l'appui de cette limitation de l'application du droit canonique, les rois de France, dont les pouvoirs se renforcent avec l'absolutisme à partir d'Henri IV (1593-1610), entendent appliquer dans le royaume le droit du royaume, soit les coutumes et les ordonnances royales. Le droit canonique est considéré comme un droit extérieur et comme une volonté d'emprise du pape sur le royaume par l'intermédiaire du droit canonique, il doit être écarté. Dans ce même esprit, François 1er est gêné par les juridictions ecclésiastiques qui concurrencent frontalement son pouvoir judiciaire et l'application du droit national.

2 1539 : l'interdiction du droit d'asile des églises pour l'autonomie de la justice

Depuis le XIIIe siècle déjà, les Capétiens, rois justiciers, entendent réduire les compétences des juridictions ecclésiastiques concurrentes. Pour ce faire, ils développent des techniques juridiques pour reprendre cette compétence dans les juridictions déléguées. « L'appel comme d'abus », permet de faire appel d'un jugement des officialités devant le Parlement en cas de doute sur une application du droit canonique qui contreviendrait aux lois civiles. La théorie des cas privilégiés permet au parlement de Paris de juger les affaires concernant le roi de France. Suite au conflit de 1302, Philippe le Bel impose au pape des enquêteurs royaux lors des procédures d'Inquisition en France pour lutter contre les hérésies, au nom du trouble à l'ordre public que les hérésies constituent. Reste en suspens la question de l'asile judiciaire des églises. Depuis plusieurs siècles déjà, les papes en restreignent la portée, conscients des résistances royales. Charlemagne, déjà, y voyait une atteinte à son pouvoir judiciaire. En 779, il interdisait de ravitailler les réfugiés dans les églises et en 803, il affirmait son droit de saisir les réfugiés dans les églises. À partir du XIIe siècle, les papes réduisent eux-mêmes la portée de ce droit d'asile. Innocent III (1160-1216) en prive les serfs et les dévastateurs nocturnes des champs, puis Grégoire IX (1227-1241) en prive les juifs, hérétiques, voleurs, brigands de grand chemin, homicide, lèse majesté et faux monnayeurs. Au XIVe siècle, la liste des exclus du droit d'asile s'allonge encore pour les débiteurs, évadés de prison, coupables de rapt, blasphémateurs. Pour les autres cas, il appartient toujours à l'évêque local d'accorder ou pas l'asile judiciaire. Cela réduit, par la même occasion, les contraintes matérielles (gîte et couvert) qui pèsent sur l'Église. Les critiques contre ce droit d'asile judiciaire ne sont pas que royales, les populations y voient un moyen d'échapper à la sanction, ce qui est dénoncé dans les cahiers de doléances des États généraux. Les sergents y saisissent les personnes par tous les moyens, par la force, par les incendies des églises pour enfumer les réfugiés, ce qui est très préjudiciable pour les églises. Un débat doctrinal s'engage parallèlement sur le fondement de ce droit d'asile religieux : est-il divin ? Est-il une concession faite par les rois aux églises au nom d'un privilège, d'une immunité accordée par le pouvoir temporel au pouvoir spirituel ? Au XVIe siècle, ces contestations sont suffisamment avancées pour que François 1er puisse l'interdire dans l'ordonnance de Villers-Cotterêt en 1539. En ses articles 1 à 4, il ôte la compétence des églises pour les matières judiciaire non spirituelles, et dans l'article 166, il interdit le recours à l'asile judiciaire en matière civile et le limite considérablement en matière criminelle. En 1574, Henri II permet la saisie de tout réfugié dans les églises. Cette atteinte grave au droit canonique provoque une résistance de la papauté. En 1591, la *Constitution cum Alias* de Grégoire XIV vise à maintenir le concours de l'église lors de l'extraction du délinquant. En 1626, le pape Urbain VIII crée la congrégation de l'immunité et encore en 1869, Pie IX rappelle que la violation du droit d'asile faisait courir le risque de l'excommunication. Malgré tout, à la veille de la révolution en France, il ne subsiste plus que dans les églises de saint Germain des Prés, saint Martin des Champs, sainte Geneviève et au Temple. Les juristes du XVIIIe siècle, auteurs de *Dictionnaires de droit* comme Denisart et Ferrière rappellent l'interdiction de François 1er et constatent que l'asile religieux n'a plus court en France. Ce qui est une bonne chose pour Ferrière car, pour le citer : « *une telle immunité pourroit inviter des gens à délinquer, dans l'espérance de pouvoir, par son moyen, se soustraire aux peines qu'ils auroient méritées* ».

Si la souveraineté des rois de France se trouve ainsi renforcée par la limitation du droit canonique au profit du droit national, royal et laïc, c'est encore cette souveraineté qui est mise en cause par les courants de pensée des XVIe et XVIIe siècles, l'obligeant à reconsidérer ses fondements juridiques hors du religieux, modifiant les relations entre le droit et la religion.

B Quand les courants de pensée novateurs obligent l'évolution du droit vers l'autonomie

Les temps modernes s'ouvrent avec la Renaissance et la Réforme. Ces mouvements idéologiques bouleversent profondément la société et le droit. L'humanisme juridique et le *jusnaturalisme* placent l'individu et la raison au cœur de la réflexion juridique, écartant le religieux (A). Le protestantisme, quant à lui, fait craindre la disparition du fondement historique du pouvoir royal, le sacre, obligeant les légistes à proposer des solutions juridiques laïques, les lois fondamentales (B).

1 L'Humanisme juridique : le droit laïc fondé sur la raison

La Renaissance touche l'Europe à partir du XIVe siècle pour connaître son apogée aux XVe et XVIe siècles. Un courant appelé l'humanisme, ou l'admiration de la culture antique sous toutes ses formes, artistique, scientifique, littéraire, philosophique, diffuse une nouvelle façon, profane et critique, de voir le monde. Il est réputé être à l'origine de l'individualisme et d'une conception séculière de l'homme. Pétrarque, Dante, Boccace en sont les précurseurs, puis Érasme, More, Cervantès, Rabelais et Montaigne dans la littérature. L'architecture de Brunellesci et Palladio, les machines de Léonard de Vinci, les découvertes de Copernic et Galilée, les peintures de Michael Ange, Titien, Bosch, Botticelli couvrent l'Europe et placent les hommes et les femmes au cœur de la pensée. L'imprimerie et le goût des voyages favorisent la propagation de ces nouvelles idées, majoritairement hostiles la chrétienté. Ce courant touche les légistes, recentrant leurs réflexions sur les textes originels de science politique grecque et de droit romain, les débarrassant des scories et déformations du Moyen Âge. Ils étudient le contexte pour en comprendre le sens premier, pour en dégager les principes fondamentaux et les rendre compréhensibles par la systématisation des règles. Guillaume Budé (1467-1540) dans son grand commentaire du *Digeste* de Justinien, est un des premiers représentants de l'humanisme juridique. André Alciat, à Bourges, crée une méthode d'analyse, le *mos gallicus*, théorique, philologique et historique, qui marque durablement la pensée juridique européenne, représentée par les travaux de Jacques Cujas (1522-1590). Une méthode italienne, le *mos italicus* ou méthode Bartoliste, propose un commentaire dogmatique et pragmatique des textes antiques pour un usage pratique des solutions juridiques. Charles du Moulin, commentateur de la coutume de Paris en 1539 et Pothier, dans son *Commentaire de la coutume d'Orléans* en 1740, élaborent une doctrine coutumière basée sur des grands principes tels le consensualisme dans les contrats, la notion de responsabilité, qui marqueront le Code civil. Une troisième école, née à Salamanque est celle du *jusnaturalisme*. Elle étudie le droit naturel redécouvert, comme droit supérieur aux droits nationaux et positifs (dans l'acception grecque). Ce droit qui découle de la nature est rationnel et laïc. Grotius (1584-1645), juriste hollandais, est le grand représentant de ce courant. Ses œuvres, *Du droit de la guerre et de la paix* et le *De mare liberum* (De la mer libre) fondent le droit interétatique, le droit volontaire des nations, et visent à régir les relations internationales, en temps de paix comme en temps de guerre. Jean Domat (1625-1696), dans *Les lois civiles dans leur ordre naturel*, en 1689, expose le droit romain et les lois naturelles, éternelles et immuables. Ces principes ou vérités naturels, saisis par la raison, faciles à appréhender, doivent guider la norme positive.

L'humanisme juridique représente la systématisation et sécularisation du droit coutumier (droit privé) mais aussi, partant, du droit interétatique. L'autonomie du droit vis-à-vis du religieux est ici largement défendue et affirmée, de surcroît dans une période où la religion elle-même est troublée, en raison des guerres de religion et de la Réforme. Ce qui n'était qu'hérésie frappe violemment le politique en France car le protestantisme fait courir un risque grave au fondement du pouvoir royal qu'est le sacre. Il appartient aux légistes d'apporter une solution laïque.

2 Les lois fondamentales *versus* le sacre ?

Les théologiens Calvin (1509-1564) et Luther (1483-1546) développent une doctrine divergente de la lecture des *Saintes Écritures*, connue sous le nom de réforme ou protestantisme, combattue dans toute l'Europe comme hérésie. Pour autant, l'Angleterre, en 1534, rompt avec Rome au profit de l'Anglicanisme avec l'acte de suprématie d'Henry VIII et la Suisse, en 1536, se tourne vers le protestantisme. L'édit de Nantes de 1598 admet la tolérance religieuse en France, comme l'Allemagne en 1648. Si la papauté et le christianisme vivent un bouleversement important, le pouvoir royal est mis en danger par les guerres civiles de religion entre les protestants et la Ligue (massacre de la saint Barthélemy de 1572) et la guerre de trente ans (1608-1648) impliquant toute l'Europe sur la question. Mais le danger n'est pas que territorial et militaire, il est aussi juridique. Si les protestants l'emportaient, *quid* du sacre ? *Quid* de la légitimité divine du roi de France ? Les jurisconsultes, comme Jean de Terrevermeille, proposent des fondements juridiques et laïcs à la royauté. Ces textes, qualifiés de lois du royaume ou lois fondamentales (1575), sont considérées comme formant la « constitution coutumière du royaume ». « Constitution » car ces lois régissent l'accès au trône et l'exercice du pouvoir, s'imposant au roi et supérieures à toutes les autres lois ou coutumes, et « coutumière » car ces lois tirent leur origine d'usages ancestraux devenus coutumes à valeur obligatoire par leur répétition. Ces lois sont au nombre de quatre. Elles sont érigées et officiellement énoncées à l'occasion d'une crise politique grave et font toujours référence à une pratique coutumière et ancestrale.

En 1316-1328, en raison de l'absence de successeur direct au trône de France, la loi de masculinité ou loi salique impose que seul un homme, le descendant direct ou le plus proche collatéral mâle en degré, à l'exclusion des parents par les femmes, succède au roi de France. Le contexte est le suivant : à la mort de Philippe IV le Bel, lui succède son fils aîné, Louis X (roi de 1314 à 1316). Il décède laissant une fille et sa femme enceinte. Le conseil de régence décide d'attendre l'accouchement, un fils, Jean 1er le Posthume meurt très rapidement. Le conseil de régence décide d'écarter la succession de Jeanne, sa fille, au prétexte qu'elle ne peut recevoir le sacre, en vertu de la Bible, qu'elle ne peut pas exercer une fonction publique, en vertu du droit romain et qu'elle ne peut pas hériter des terres des ancêtres, en vertu de la loi salique. Le conseil choisit donc « le plus proche collatéral mâle », le frère de Louis X, Philippe V, comme roi (de 1316 à 1322). Il décède à son tour sans fils, le choix se porte sur le troisième frère, Charles IV (1322-1328). Celui-ci aussi décède sans descendance. Le choix se porte alors sur le plus proche collatéral mâle, le fils de leur sœur (fille de Philippe le Bel, mariée au roi d'Angleterre), futur Édouard III. Afin d'éviter que la France passe aux mains des Anglais (Édouard III réunirait les deux Couronnes s'il succédait aux deux royaumes), les légistes exposent que, puisqu'Isabelle, en tant que femme, ne dispose pas du droit de succession au trône de France, elle ne peut transmettre ce droit à ses héritiers, d'où l'expression « à l'exclusion des parents par les femmes ».

En 1419-1420, après le « honteux traité de Troyes », par lequel Charles VI abdique, exhérède son fils et cède son trône au roi d'Angleterre Henri V, la loi d'indisponibilité du pouvoir ou théorie statutaire, est énoncée par Jean de Terre Vermeille. Elle interdit au roi d'abdiquer et d'exhéréder son fils (lui interdire de succéder), au prétexte que le roi ne dispose pas de son pouvoir (en vertu du droit romain). Le traité de Troyes n'est pas appliqué, la guerre de cent ans continue. Charles VII succède à son père en 1422 et reconquiert la France aux mains des Anglais.

En 1566, l'édit de Moulins de Charles IX, fixe la règle d'inaliénabilité du royaume pour faire cesser la dispersion des terres, résultat de la patrimonialité du pouvoir germanique ancestrale. Au nom de la promesse du sacre et de la politique des Capétiens visant à reprendre toutes les terres du royaume sous leur autorité, il est désormais interdit de donner ou vendre une partie du territoire du royaume, le domaine fixe, celui que reçoit le roi lorsqu'il monte sur le trône. Seul le domaine casuel, apporté en héritage ou conquis, est disponible pour dix ans pour les apanages et les engagements.

En 1593, c'est le principe de catholicité des rois qui est imposé en France, au nom de l'ancienneté de cette catholicité, remontant au baptême de Clovis. Parce que le successeur d'Henri III ne pouvait être qu'Henri de Navarre, en vertu de la loi de masculinité, et que ce dernier était chef du parti protestant, excommunié en 1585, le risque, en pleine guerre de religion, était qu'un roi protestant monte sur le trône. De plus, il était impossible de le sacrer. Le Parlement de Paris, en juin 1593, par l'arrêt Lemaistre, affirme la nécessité de respecter la loi de masculinité et l'obligation pour le roi de respecter la religion de ses sujets (la religion catholique). Henri de Navarre abjure le protestantisme et est sacré en février 1594.

Ces lois donnent un cadre juridique à la royauté. Elles déterminent les modalités d'accès au trône (masculinité et catholicité) qui désormais ne dépendent plus du sacre, celui-ci reste symbolique et confirmatif. Charles VII est considéré comme le roi de France à la mort de son père en 1422, au nom de l'instantanéité de la succession (par les ordonnances de 1403 et 1407), « *le roi est mort, vive le roi* », alors qu'il ne sera sacré qu'en 1429. Les lois fondamentales limitent également l'exercice des prérogatives régaliennes : le roi ne peut pas disposer de son pouvoir, ni de son royaume. Les fondements séculiers et juridiques se substituent ainsi au fondement religieux du pouvoir, un « droit public ou constitutionnel » laïc, autonome, détaché du religieux, apparaît. Néanmoins, la loi fondamentale de catholicité des rois de 1593 et la théorie de la monarchie de droit divin de Bossuet viennent nuancer cette acception. Cette alliance du droit et de la religion, bien que limitée sous l'Ancien Régime, est mise en cause avec la révolution française profondément marquée et définie par son anticléricalisme.

IV L'autonomie du droit face à l'esprit révolutionnaire et républicain

Un vent de laïcité souffle sur la période révolutionnaire appelant à nouveau une réflexion sur la séparation du droit et de la religion. Les deux notions deviennent deux sœurs ennemies, inconciliables, irréconciliables. La primauté de la loi, expression de la volonté du peuple, prime pendant la période révolutionnaire (A), l'anticléricalisme, quant à lui, de plus en plus virulent chez les républicains, trouve son expression dans la loi de séparation de l'Église et de l'État du 9 décembre 1905. Cette nouvelle « neutralité à la française » modifie la conception du droit, le détachant absolument du religieux (B).

A Les principes révolutionnaires de laïcité et de légicentrisme

Les Lumières et la Révolution étaient hostiles à la monarchie absolue de droit divin et à la religion. Nombre de révolutionnaires reprochent à la religion d'être trop conservatrice face à la modernité du temps et d'être porteuse de discriminations sociales et juridiques (envers les juifs, les protestants, les enfants illégitimes, les religieux). La Déclaration des Droits de l'Homme et du Citoyen reconnaît des nouveaux droits et libertés dégagés de la gangue religieuse (1). Un autre texte essentiel est symbolique de l'autonomie du droit vis-à-vis de la religion : le Code civil de Napoléon Bonaparte (2).

1 La Déclaration des Droits de l'Homme et du Citoyen du 26 août 1789

Texte d'urgence, la DDHC (texte intégral au chapitre 7) a été rédigée en moins de dix jours pour être soumise au vote des États généraux (réunis depuis le 5 mai 1789 à la demande de Louis XVI). Dans son préambule, le texte affirme « *exposer, dans une déclaration solennelle, les droits naturels, inaliénables et sacrés de l'homme* » et les placer sous « *les auspices de l'être suprême* ». *Exit* la religion chrétienne et bienvenue au *jusnaturalisme*. Dans son texte, l'article premier reconnaît que « *les hommes naissent et demeurent libres et égaux en droit* ». *Exit* les distinctions juridiques et sociales portées par la religion et entérinées dans l'ancien droit français depuis des siècles. L'article 10 selon lequel : « *nul ne peut être inquiété pour ses opinions, même religieuses, pourvu que leur manifestation ne trouble pas l'ordre public* » met fin à des siècles de religion d'État. Le droit énoncé dans la DDHC se veut séculier.

Les lois de la période intermédiaire (1789-1799), dans le respect de la DDHC, sont marquées, elles aussi, par cette sécularisation. Pour ne citer que quelques textes, la Constitution civile du clergé du 12 juillet 1790, que le roi a été contraint de signer, place le clergé français sous l'autorité directe de l'État, et non plus du pape, le clergé doit prêter serment à la Constitution et l'État rémunère les ministres du culte. Ce texte est condamné par le pape Pie VI en avril 1791. Sous la Terreur, les prêtres réfractaires, ceux qui ne se soumettent pas à la Constitution civile du Clergé, sont inscrits comme hors la loi dans la loi du 28 mars 1793 et passibles de la justice politique. Ils peuvent être arrêtés, condamnés au bannissement à perpétuité et à la confiscation de leurs biens, voire à la peine capitale (article 77).

La première Constitution du 3 septembre 1791, fixant la monarchie constitutionnelle, établit dans son Titre II, article 7 : « *La loi ne considère le mariage que comme un contrat civil* ». Il peut être surprenant de trouver dans une Constitution, réputée réglementer le régime politique et les institutions, du droit privé matrimonial. Il semblerait que l'importance de cette mesure nécessite qu'elle soit placée dans la Constitution. La rupture est consommée avec la religion : le mariage n'est plus un sacrement, ou plutôt, si le mariage peut toujours être un sacrement, la loi, elle, ne reconnaît que le contrat civil de mariage. Le sacrement n'est plus constitutif légalement du mariage. Voltaire réclamait aussi la dissolution du mariage quand « *ce lien est pourri* ». La loi du 20 septembre 1792, relative à l'état civil, substitue les registres d'état civil aux registres des sacrements, fixe les conditions du mariage, réduit les empêchements du droit canonique (parenté, interdiction de mariage pour les religieux et les religieuses, consentement des parents) et admet le divorce comme « *une conséquence naturelle et nécessaire des droits de l'homme* » et comme un moyen d'affranchir les femmes « *du despotisme des pères et de la perfidie des maris* ».

La volonté de séculariser ne touche pas que le droit, certains révolutionnaires entendent déchristianiser la société dans son ensemble. Lors de l'abolition de la monarchie, le 10 août 1792, et la proclamation de la première république, le 22 septembre 1792, commence l'an I de l'égalité, mettant fin à l'ère chrétienne. Un nouveau calendrier républicain remplace le calendrier grégorien, les prénoms des saints sont remplacés par des noms des objets constituant la richesse nationale : coings, pomme, granit, ardoise, violette... Pendant la Terreur (septembre 1793 à juillet 1794), toutes les villes en saint- ou sainte- sont débaptisées et perdent leur saint(e) (environ 3000) et les édifices et objets chrétiens sont détruits. L'apogée de cette déchristianisation globale de la société pourrait se résumer dans la mort de Louis XVI. Le procès du roi devant l'Assemblée Nationale, du 1er octobre 1792 au 21 janvier 1793, date de son exécution, se fit en dépit de son inviolabilité constitutionnelle et de son sacre. Le roi fut guillotiné le 21 janvier 1793 à 10 h 22 sur la place de la Révolution. La décapitation du roi représente la rupture avec le monde céleste, la désacralisation de la société et la victoire de l'humanisme.

Il semblerait, au vu de tous ces facteurs, que le Droit et la Loi, soient maintenant autonomes vis-à-vis du religieux. Pourtant, le droit canonique est toujours applicable en France... Il faut attendre Napoléon pour une reconnaissance officielle de la laïcité du droit, à laquelle il parvient tout en ménageant la papauté.

2 Napoléon Bonaparte, entre laïcité juridique et enjeux politiques

La période intermédiaire a rendu les relations avec l'Église et la papauté délicates. Le premier consul, Napoléon Bonaparte, engage des négociations avec le pape Pie VII pour l'élaboration d'un concordat de trente-neuf articles, ratifié le 15 août 1801. Dans ce concordat, Napoléon met fin au gallicanisme et le pape est restauré dans son autorité sur le clergé français. Les ambitions de Napoléon Bonaparte, au travers de ce concordat sont doubles. Politiques parce qu'il ambitionnait de devenir empereur, hors seul le pape peut choisir et couronner un nouvel empereur. Juridiques, parce que cela lui permet aussi, par un effet connexe, d'abroger l'usage du droit canonique en France lorsqu'il préside aux travaux de rédaction du Code civil, pour imposer « son droit ». L'article 7 de la loi du 21 mars 1804 indique qu' « *à compter du jour où ces lois sont exécutoires, les lois romaines, les ordonnances, les coutumes générales ou locales, les statuts, les règlements cessent d'avoir force de loi générale ou particulière dans les matières qui sont l'objet desdites lois composant le présent code* ». Il en profite aussi pour consacrer le mariage civil, reléguant le sacrement de mariage à un acte de foi et non un acte de droit. Il impose le divorce, interdit par l'Église, dans le Code civil, contre l'avis des quatre rédacteurs, et limite les interdictions de parentés. Ces quelques exemples montrent qu'une grande partie des règles matrimoniales du droit canonique disparaît de la législation française et que d'autres persistent amoindries et surtout sont absorbées par le droit privé laïc.

Au dernier étage de cette construction de la sécularisation de la société et du droit se trouve la loi de séparation de l'Église et de l'État qui est la réalisation du programme des républicains sous la IIIe République.

B La IIIe République et une séparation aboutie entre droit et religion

Le programme républicain en 1869 réclamait l'enseignement laïc et la séparation de l'Église et de l'État au nom de la modernité de la société. À la chute du Second Empire et à la proclamation de la IIIe République, le 4 septembre 1870, les républicains durent attendre les lois constitutionnelles de 1875 pour pouvoir mettre en place leur programme politique. Le bloc des gauches mène alors une politique fermement anticléricale. Léon Gambetta déclare dans un discours du 4 mai 1877 : « *le cléricalisme, voilà l'ennemi* », malgré les appels à la conciliation du pape Léon XIII. Les lois de Jules Ferry dans les années 1881 à 1886, imposent l'école publique obligatoire et gratuite pour les garçons et les filles de 6 à 13 ans, et abolissent toutes les congrégations religieuses d'enseignement. La loi Waldeck-Rousseau du 1er juillet 1901 autorise toutes les associations laïques, pour mieux contrôler les associations religieuses et les placer sous la surveillance de l'État. L'article 13 oblige toute congrégation religieuse à obtenir une reconnaissance légale par décret rendu sur avis conforme du Conseil d'État. Les inquiétudes de la papauté, déjà nombreuses, sont confirmées par le projet d'une loi de séparation de l'Église et de l'État. Elle est discutée à l'Assemblée et une forme de conciliation est trouvée par la proposition de la neutralité de l'État. La loi du 9 décembre 1905, en son article 1, garantit la liberté de conscience et de culte et, en son article 2, la neutralité de l'État : « *la république ne reconnaît, ni ne salarie, ni ne subventionne aucun culte* ». Sur le plan financier, la loi a trois conséquences majeures : elle met fin à la rémunération des ministres du culte par l'État, qui ne sont désormais plus ni salariés, ni logés, ni subventionnés par l'État ou les collectivités territoriales... Ce qui occasionne une économie de quarante millions de francs. Les frais de cultes devront désormais être pris en charge par les quêtes et les collectes. Sur le plan domanial, les biens religieux, propriété de l'État ou des communes depuis 1789, le restent, l'État se réservant le droit de confier gratuitement les bâtiments de culte aux associations cultuelles (article 13). L'article 25 de la loi prévoit une police du culte, les célébrations relèvent de la surveillance du pouvoir de police des maires. Cette loi est rejetée par le Vatican, par la bulle *Gravissimo Officii Munere,* d'août 1906, d'une part en raison de la rupture unilatérale du concordat de 1801, d'autre part, en raison des nouvelles spoliations. Elle est également rejetée par une partie de la droite catholique en France au sein de l'Action Française. Cela provoque une rupture des relations diplomatiques avec le Vatican jusqu'en 1921. Une loi de compromis est édictée en 1924 sur les associations diocésaines.

Par cette loi de 1905, l'autonomisation du droit semble trouver un aboutissement. Les deux disciplines retrouvent chacune leur sphère respective et historique : le for intérieur pour la foi et le for externe pour le droit. Mais, si l'État est neutre depuis 1905, comment expliquer alors ses interventions législatives sur les questions religieuses comme la loi dite « sur le voile », la loi sur les sectes... ?

V Le droit est-il autonome ? Les enjeux actuels de la relation droit / religion

La Constitution de la ve République du 4 octobre 1958 fait de la liberté de culte un principe à valeur constitutionnelle. Pourtant, les exemples d'intervention législative ou judiciaire de l'État sur les questions religieuses sont nombreux. La loi du 12 juin 2001 sur les sectes vient limiter la liberté de conscience et de culte au nom de l'ordre public pour protéger les personnes du délit d'abus. La loi du 15 mars 2004, dite « du voile », interdit tout port de signes ou tenues manifestant une appartenance religieuse dans les écoles, collèges et lycées en application du principe de laïcité. Donc, au nom de la laïcité, de la protection des personnes, de l'ordre public, l'État neutre peut, voire doit, intervenir par la loi dans la sphère religieuse. La neutralité est un fil ténu entre intervention et non intervention. La justice administrative est également parfois saisie de questions concernant l'application de ces principes de neutralité et du respect des droits fondamentaux. Par exemple, un témoin de Jéhovah, hospitalisé, qui refuse l'administration de produits sanguins, peut-il, au nom du respect de sa volonté, engager la responsabilité de l'État quand un médecin pratique une transfusion sanguine pour lui sauver la vie ? Le Conseil d'État, le 26 octobre 2001, juge que des médecins qui ont choisi de procéder à la transfusion d'un patient en vue de tenter de le sauver, en dépit de son refus de se voir administrer des produits sanguins, ne commettent pas de faute de nature à engager la responsabilité de l'État. En avril 2007, le tribunal administratif de Marseille est saisi sur la question d'un bail de 99 ans accordé par la Mairie de Marseille à l'association cultuelle Mosquée de Marseille pour la construction et l'usage d'une nouvelle Mosquée, au nom du droit de pratiquer librement le culte. Le tribunal administratif annule ce bail au nom du principe de neutralité. La Cour de cassation a du se prononcer, le 19 mars 2013, sur le licenciement d'une employée de la crèche Baby Loup pour port du foulard alors que le règlement intérieur de l'association imposait le principe de neutralité et laïcité. Après avoir été déboutée par le conseil des prud'hommes, décision confirmée par la Cour d'appel de Versailles, la salariée se pourvoit en cassation. La Cour de cassation casse et annule l'arrêt de la Cour d'appel en estimant que le principe de laïcité vaut pour les services publics mais pas pour les employeurs de droit privé et que ce principe ne peut pas être invoqué pour priver les salariés des dispositions du code du travail. En 2016 et 2017, le Conseil d'État s'est prononcé, défavorablement, sur la possibilité d'installer des crèches de noël dans les mairies, saisi de la question de savoir s'il s'agit d'un acte culturel ou cultuel.

Un autre cas épineux est celui de la résurgence du droit d'asile des églises – mouvement américain des « *sanctuaries* » – qui accueillent des immigrants illégaux. Le 24 février 1997, le Conseil des églises chrétiennes déclare que « *l'étranger n'est pas un individu à respecter selon les normes de la loi* [...] *mais une personne qu'en conscience, nous voulons considérer comme telle, prenant en compte ses droits et devoirs inaliénables, qui ne peuvent être ni violés ni ignorés* ». Ce droit d'asile des églises est à la fois judiciaire et politique. Mais il déroge à la souveraineté de l'État et est illégal car il n'a pas de fondement juridique. Ce droit d'asile des églises disparaît en 1983 dans le nouveau code de droit canonique. Il n'est pas mentionné dans la loi de 1905, ni en droit international comme coutume. Il ne peut pas non plus se fonder sur la théorie de Grotius de l'extraterritorialité des espaces protégés en territoire étranger (extraterritorialité des églises telles des ambassades) qui justifierait un asile diplomatique. L'église ne saurait non plus arguer du droit naturel qui appartient aux individus. Aujourd'hui, l'asile religieux est une « courtoisie », une « libéralité humanitaire », une « bienveillance de l'État », c'est un acte de conscience et d'humanité. Mais quand l'église invoque cette libéralité, elle peut être accusée de faire un acte de désobéissance civile, contre la politique de l'État, contre le principe de laïcité, contre la loi (la même pour tous), contre le respect de l'ordre public et de se placer en concurrence avec l'État. Reconnaître ou admettre un droit d'asile religieux serait admettre un État dans l'État et une soustraction au territoire et à la souveraineté de l'État. En conséquence, si une église et / ou des chrétiens soutiennent l'asile religieux, ils encourent des poursuites pénales (art. 434-6 CP) et la loi du 27 décembre 1994 punit ceux qui protègent une personne dans une situation illégale sur le territoire. Il existe aussi des occupations forcées des églises par des associations humanitaires. Cela remet en cause l'affectation cultuelle des églises, permettant à l'État d'intervenir pour mettre fin à l'occupation illégale du domaine public. La neutralité n'empêche pas l'intervention de l'État au nom de l'ordre public. Elle n'empêche pas non plus des situations qui peuvent paraître paradoxales comme les fêtes religieuses chômées, les aumôneries dans les hôpitaux et les prisons, la prise en compte des interdits alimentaires religieux dans les cantines, ou encore le régime particulier de l'Alsace Moselle en vertu de la décision du Conseil Constitutionnel du 21 février 2013. Au nom de l'ordre public, du respect de l'article 10 sur la liberté de culte, de l'égalité des citoyens, de la préservation des lieux culturels… l'État – et donc le droit – doit intervenir. La séparation stricte, ou la neutralité, est un idéal vers lequel tendre mais pas un principe absolu.

Pour aller plus loin sur la loi de catholicité des rois

Deux textes de 1588 et 1593 traitent de la catholicité des rois. À cette époque, la France est en proie aux guerres de religion entre la Ligue et les protestants. Le roi Henri III n'a alors que des filles et, en vertu de la loi fondamentale de masculinité, son potentiel successeur est un de ses lointains cousins, Henri de Navarre, descendant du sixième fils de saint Louis, le plus proche parent mâle au vingt-et-unième degré. Celui-ci est protestant, chef du parti réformé de France, et excommunié par le pape en 1585. Toutefois, la loi de masculinité ne peut être contournée, il lui reviendra de monter sur le trône. Le risque est grand alors, s'il prend le pouvoir, que la France devienne, comme son futur roi, protestante. Afin d'éviter cela, la huitième guerre de religion, opposant le ligueur Henri de Lorraine, duc de Guise, et le roi, depuis 1585, se termine par une « révolution catholique ». C'est la journée des barricades, le 12 mai 1588, obligeant Henri III à quitter Paris. Pour calmer les ligueurs et rentrer à Paris, le roi accepte de signer l'édit d'Union, le 19 juillet 1588. Cet édit affirmant que le roi doit être catholique, est ratifié par les États généraux de Blois réunis à partir du 16 octobre 1588.

Édit d'Union de 1588

> *« Henri [...], Considérant l'infinie et spéciale obligation que nous avons à Dieu notre créateur, qui nous a remis en main le sceptre du plus noble royaume qui soit au monde [...]. Ce qu'ayant dès longtemps par nous été mis en considération et eu sur le tout le très bon et très prudent avis de notre conseil, avons voulu, statué et ordonnons, et nous plaît que les articles suivants soient tenus pour loi inviolable et fondamentale de notre dit royaume. 1. Et premièrement nous jurons et renouvelons le serment, par nous fait en notre sacre, de vivre, mourir en la religion catholique, apostolique et romaine [...]. 2. Voulons et ordonnons que tous nos sujets, princes, seigneurs, tant ecclésiastiques, gentilhommes, habitants des villes et plat pays qu'autres, de quelque qualité et condition qu'ils soient, s'unissent et joignent en cette cause avec nous et fassent pareil serment d'employer avec nous toutes leurs forces et moyens jusqu'à leurs propres vies, pour l'extermination desdits hérétiques. 3. [...] Ordonnons et nous plaît que les articles suivants soient tenus pour loi inviolable et fondamentale de notre royaume [...] que nos sujets unis jurent et promettent dès à présent et pour jamais après qu'il aura plu à Dieu disposer de notre vie sans nous donner des enfants, de ne recevoir à être roi, prêter obéissance à prince quelconque qui soit hérétique de fauteur d'hérésie ».*

Le 2 août 1589, Henri III meurt suite aux blessures que lui a infligées le moine ligueur Jacques Clément, la veille. Il a le temps de demander que soit reconnue la succession d'Henri de Bourbon, son légitime successeur. Henri de Bourbon devient roi de France mais sa succession n'est pas admise bien qu'il déclare respecter la religion catholique le 4 août 1589. La guerre civile reprend, Henri de Bourbon soumet Henri de Lorraine, mais n'arrive pas à reprendre Paris. Les ligueurs, en vertu de l'édit d'Union, nomment alors comme roi Charles, l'oncle catholique d'Henri de Bourbon. Ce faisant, et alors qu'ils n'ont aucun pouvoir de nomination du roi, ils violent les lois fondamentales de masculinité et d'indisponibilité de la en place pour décider de la succession de Henri III. Les ligueurs proposent alors d'appeler sur le trône une nièce d'Henri III, l'infante Claire-Isabelle d'Espagne, petite fille d'Henri II par sa mère. La loi fondamentale de masculinité, excluant les femmes et les parents par les femmes (1328) est encore une fois violée au profit du principe de catholicité tout récemment reconnu. Mais cette solution pose problème car l'infante doit se marier avec l'archiduc Ernest d'Autriche, ce qui reviendrait à faire monter sur le trône de France un prince étranger. Les États généraux réunis en février 1592, rejettent cette solution. Cela oblige le Parlement de Paris, gardien des lois fondamentales, à réaffirmer la règle de masculinité dans l'arrêt Lemaistre le 28 juin 1593, en opposition avec le Conseil de régence et les États généraux qui préféraient appliquer l'édit d'Union.

Arrêt Lemaistre, 28 juin 1593

« *La cour* [...] *n'ayant d'autre intention que de maintenir la religion catholique, apostolique et romaine de l'État et couronne de France, sous la protection d'un roi très-chrétien, catholique et français, a ordonné et ordonne* [...]. *Qu'aucun traité ne se fasse pour transférer la couronne en la main des princes et princesses étrangers ; que les lois fondamentales de ce royaume seront gardées ; et que les arrêts donnés par ladite cour pour la déclaration d'un roi catholique et français seront exécutés* [...]. *Et dès à présent a déclaré et déclare tous faits, faits et qui se feront ci-après pour l'établissement d'un prince ou princesse étrangère, nuls et de nul effet et valeur, comme fait au préjudice de la loi salique et autres lois fondamentales du royaume* ».

Arrêt de compromis, il affirme et rappelle le principe de masculinité qui s'impose en tant que loi fondamentale, et qui impose la succession d'Henri de Navarre, tout en confirmant le principe de catholicité en invoquant la volonté du peuple de rester catholique. Ce faisant, le Parlement enjoint Henri de Navarre à se convertir pour monter sur le trône de France et recevoir le sacre. Henri de Navarre, depuis 1589, s'était rapproché du parti catholique modéré qui le reconnaissait comme roi en vertu de la loi fondamentale de masculinité, et s'était fait instruire sur la religion catholique. Il se convertit donc le 25 juillet 1593 et reçoit le sacre en février 1594. Cet épisode fait des lois fondamentales de masculinité et de catholicité, les deux conditions nécessaires à l'accès au trône. La tolérance d'Henri IV vis-à-vis des protestants, comme en atteste l'édit de Nantes en 1598, et son exercice du pouvoir absolu, lui valent d'être assassiné le 14 mai 1610.

Exercice — Exercice d'application, bibliographie & corrigé

L'exercice d'application permet de vérifier si les notions juridiques sont comprises et si elles peuvent être utilisées à bon escient pour résoudre un problème, ici posé sous la forme d'une dissertation.

L'exercice est une dissertation sur le sujet : « Droit et religion ».

Méthodologie de la dissertation

Finalité de l'exercice : Analyser à l'aide des connaissances le sujet proposé et apporter, par une argumentation / démonstration juridique, une ou des solutions à la problématique du sujet.

1. Phase préparatoire de la dissertation (1 h)

La **première étape** est la **lecture attentive** de l'intitulé du sujet.

Chaque terme doit être précisément défini afin de délimiter son étendue et d'éviter le hors-sujet (attention à ne pas définir le sujet comme on le souhaiterait mais comme il se présente). Il faut également définir le cadre chronologique s'il y a lieu (si le cadre n'est pas donné par exemple).

La **seconde étape** consiste à **rechercher le matériau** permettant d'aborder le sujet.

Sur un brouillon, tous les thèmes, toutes les idées susceptibles d'entrer dans le cadre du sujet ainsi que tous les exemples utiles doivent être rassemblés. Pour ce faire, utiliser le cours, des manuels, des sources (textes de lois, jurisprudence, doctrine). Il s'agit ainsi de déterminer quels sont les problèmes soulevés par le sujet proposé et d'élaborer la problématique du sujet, c'est-à-dire la question générale que pose le sujet à laquelle il conviendra de répondre tout au long de votre devoir.

La **troisième étape** est la **construction du plan** découlant de la problématique établie auparavant. Le plan en deux parties est de rigueur avec deux sous-parties dans chaque partie. Le parallélisme des formes est obligatoire : chaque partie doit avoir la même structure que les autres. Par exemple : IAB IIAB ou IABC IIABC est correct, IAB IIABC est proscrit, incorrect. Le contenu doit également être équilibré (environ le même nombre de lignes / pages dans toutes les sous-parties).

2. Phase rédactionnelle de la dissertation (2 h)

L'introduction de la dissertation doit répondre à certaines questions qui permettent de présenter et de justifier le sujet :

- Quoi ? Quel sujet ? Définition et délimitation du sujet.
- Pourquoi ? Origines et causes du sujet.
- Pour quoi ? Dans quel but traiter ce sujet : Intérêts/enjeux du sujet
- Comment ? Comment le sujet va-t-il être traité, il s'agit de la **problématique**. Elle peut être formulée sous la forme d'une question dont la réponse permettra d'annoncer le **plan** ou bien sous la forme affirmative. Elle constitue le fil directeur de la démonstration.

L'introduction se compose de cinq éléments indispensables et à présenter dans cet ordre et en une page :

0. Élément 0 (non obligatoire) : une phrase d'accroche, à condition qu'elle soit intelligente et en rapport direct avec le sujet, peut être proposée au début de l'introduction ≈ 2-3 lignes.

1. La présentation du sujet (définition et délimitation du sujet par la présentation du cadre chronologique et géographique choisi) ≈ 3-5 lignes

2. Le contexte historique : politique et juridique, sociétal si besoin ≈ 10 lignes

3. Les intérêts/enjeux du sujet : les questions essentielles qu'il soulève ≈ 5 lignes

4. La problématique : la question générale posée par le sujet ≈ 2 lignes

5. L'introduction s'achève par l'annonce matérielle du plan (les deux grandes parties uniquement) découlant de la problématique dégagée. L'annonce doit être fluide, les formules comme : « Dans une première partie, nous traiterons… et dans une seconde partie, nous analyserons… » sont à proscrire ; il est préférable de procéder ainsi : « Le déclin avéré de l'autorité royale (I) laisse place à une nouvelle organisation politique (II) » ≈ 1-2 lignes.

Le corps de la dissertation comprend deux parties décomposées en deux sous-parties.

À la fin de l'introduction, il faut indiquer :

1. Le titre de la première partie précédé du chiffre romain I. La règle pour les titres des parties, comme pour les sous-parties, est la concision et la précision. Utilisez les mots du sujet et l'idée générale de la partie concernée. Une règle s'impose dans le choix des titres des parties : un lecteur ne connaissant pas le sujet doit être capable de retrouver l'intitulé du sujet. Il ne doit pas s'agir d'un « titre-phrase » ; aucun verbe dans une forme active ou passive ne doit figurer dans le titre. Le « titre-question » est à éviter car les questions doivent de préférence être formulées dans l'introduction pour la problématique générale. Le « titre-mot unique » est à bannir également car trop général ou vague au regard du sujet.

2. Le chapeau introductif suit le titre de la partie. Il présente et justifie les sous-parties. L'annonce matérielle du A et du B constituant les sous-parties est de rigueur. Une phrase ou deux phrases claires suffisent pour présenter A et B.

3. Le titre de la sous-partie. Les règles sont les mêmes que pour les titres de la partie.

3. Forme du plan, qui doit être apparent, impérativement

I. TITRE PREMIÈRE PARTIE

= chapeau introductif (présentation des 2 idées A et B)

A. Titre Première sous-partie

Rédaction du développement correspondant au titre. Vérifiez que le contenu et le titre correspondent bien. Vérifiez aussi que votre développement apporte un ou plusieurs éléments de réponse à la problématique.

= Transition

B. Titre Seconde sous-partie

Rédaction du développement.

= Transition entre le I et le II

II. TITRE DEUXIÈME PARTIE

= chapeau introductif

A. Titre Première sous-partie

Rédaction du développement.

= Transition

B. Titre Seconde sous-partie

Rédaction du développement.

= Conclusion: NE JAMAIS RÉSUMER LE DEVOIR. On ne se répète jamais dans un devoir juridique. La portée du sujet pour la conclusion doit être une ouverture du sujet: ce que devient le thème du sujet dans la période suivante et/ou le thème ailleurs (autre région, autre pays, autre civilisation). En une dizaine de lignes, présentez le sujet après et/ou ailleurs.

La rédaction: Le **contenu du devoir** suit le déroulement de la démonstration recherchée.

La rédaction doit être concise et logique: le style doit être clair, précis et cohérent. Utilisez le présent de l'indicatif de préférence. Pensez à la ponctuation. Passez une ligne quand vous changez d'idée, quand vous changez de partie ou sous-partie

Du point de vue formel: surveillez l'orthographe, la grammaire, la syntaxe, la ponctuation. Majuscules pour les noms propres, les pays, les grandes époques de l'histoire. Proscrivez les jugements personnels et les généralités inutiles, les mots et expressions familiers, les abréviations.

Il est interdit d'écrire « je », « je pense que… ; je crois », dans un devoir juridique. Évitez « on », préférez la forme passive « il semble », « il est possible d'affirmer que… », ou l'emploi du « nous » : « nous pouvons juger que… ». Abandonnez les « En effet » au début de chaque phrase et chaque paragraphe. Faites des phrases courtes et concises. Allez à l'essentiel. Apportez toujours un exemple précis pour étayer votre développement.

La logique juridique veut que l'on présente le fondement avant la portée ; le principe avant ses éventuelles exceptions, atténuations ou limites ; la notion générale avant l'exemple. Lorsqu'une institution ou un principe est abordé, la présentation peut suivre le schéma suivant : origine, sens, valeur et portée. Cela permet de voir d'où vient telle question, ce qu'elle signifie, ce qu'elle vaut et ce qu'elle implique.

Dans une dissertation il convient d'aller toujours du général au particulier, en « entonnoir », c'est-à-dire de donner l'idée générale avant de l'illustrer par des exemples ou contre-exemples précis.

A. Exercice & conseils préalables

Il est interdit de couper le sujet en deux et de faire un plan sous la forme I. Droit / II. Religion. La conjonction « et » oblige toujours à associer les deux mots et à les traiter ensemble dans le sujet.

Éviter autant que possible le plan chronologique au profit du plan thématique ou analytique.

Quand un sujet est très large, vous pouvez le traiter de manière très large ou le restreindre (thématiquement, chronologiquement), en justifiant en introduction la raison pour laquelle vous choisissez de le restreindre.

Rassemblez toutes les connaissances sur le sujet grâce au cours et aux manuels. Attention aux sites internet, beaucoup d'erreurs ou d'imprécisions, préférez les ouvrages papiers ou numérisés de votre bibliothèque universitaire. Les connaissances sont les définitions des notions, les exemples pour chaque période. Pensez à considérer le contexte, politique, religieux et social, qui peut influencer le sujet.

Plan détaillé : il convient de rédiger intégralement l'introduction, les chapeaux et les transitions, ainsi que la conclusion. Pour les développements à l'intérieur des parties : ne pas rédiger, noter avec des tirets toutes les idées, exemples… qui seraient développés dans un devoir intégralement rédigé.

B. Bibliographie indicative

– J.-P. ANDRIEUX, *Introduction historique au droit*, Vuibert, Paris, 2008.
– B. BASDEVANT-GAUDEMET & J.GAUDEMET, *Introduction historique au droit, XIIIe-XXe siècles*, LGDJ, Paris, 2000.
– J.-M. CARBASSE, *Introduction historique au droit*, 2e éd., PUF, « Droit fondamental », Paris, 1999.
– A. CASTALDO & Y. MAUSEN, *Introduction historique au droit*, 4e éd., Dalloz, Paris, 2013.
– C. CHENE, B. DURAND, A. LECA, *Introduction historique au droit*, Montchrestien, Paris, 2004.

– J. GAUDEMET *Les naissances du droit. Le temps, le pouvoir et la science au service du droit*, Paris, Montchrestien, 1997.
– J.-L. HAROUEL, J. BARBEY, É. BOURNAZEL et J. THIBAUT-PAYEN, *Histoire des institutions de l'Époque franque à la Révolution*, 9e éd., PUF, « Droit Fondamental », Paris, 2001.
– J. HILAIRE, *Histoire du droit*, 14e éd, Memento Dalloz, Paris, 2017.
– M. HUMBERT, *Institutions politiques et sociales de l'Antiquité*, Dalloz, 6e éd., Paris, 1997.
– C. LOVISI, *Introduction historique au droit*, Paris, « Cours Dalloz, série droit public », 5e éd., Dalloz, Paris, 2016.
– N. ROULAND, *Introduction historique au droit*, Paris, PUF, « Droit fondamental », Paris, 1998.
– S. SOLEIL, *Introduction historique aux institutions, IVe-XVIIIe siècle*, Flammarion, « Champs Université », Paris, 2002.
– J.-L. THIREAU, *Introduction historique au droit*, Flammarion « Champ Université », Paris, 2001.

C. Corrigé sous forme de plan détaillé

Introduction

0. La loi de 1905 institue la séparation entre l'État et l'Église mettant ainsi fin à la longue et étroite relation entre le droit et la religion.

1. Ces deux matières forment chacune un ensemble normatif : le droit est un ensemble de règles qui régit une société – et les relations entre les individus – à un moment donné, alors que la religion est composée d'un ensemble de règles fixant les relations entre les individus et le(s) Dieu(x).

Depuis l'Antiquité, et jusque 1905, droit et religion s'interpénètrent, se mêlent, se complètent, mais aussi parfois se détachent, voire s'opposent. Réfléchir à la relation entre ces deux matières nécessite de considérer l'ensemble de leurs rapports dans une large période qui a connu nombre de transformations, qu'elles soient politiques, sociétales et juridiques.

2. Dans l'Antiquité, les religions furent nombreuses, polythéistes sous les Mésopotamiens ou les Grecs, monothéistes dans le monde hébraïque et à la fin de l'empire romain, pour se fixer en France avec le christianisme sous les monarchies germaniques, et ce jusqu'à la fin de l'Ancien Régime. En 1598, puis en 1789, la tolérance religieuse, puis la liberté de culte, respectivement, permettent la pratique d'autres religions. Pendant cette vaste période, les régimes politiques ont varié entre monarchies (hébraïques, grecques, romaines, françaises) et régimes démocratiques (démocratie Athénienne et république romaine). Par conséquent, les législateurs ont également varié, roi, empereur ou citoyens, désignés par Dieu ou élus par leurs pairs, tout comme les législations qu'ils ont produites. De plus, les coutumes, empreintes de la culture qui leur est contemporaine, ont intégré tacitement ou non des principes religieux. Les deux sphères du droit et de la religion se rencontrent et se trouvent en interaction.

3. Traiter des relations entre droit et religion incite à réfléchir à l'origine des liens que ces deux matières entretiennent, la forme ainsi que l'évolution de ces liens dans le temps, entre Antiquité, Moyen Âge, Ancien Régime, histoire contemporaine, et les conséquences de ce lien sur la religion et sur le droit. Mais cela permet également de considérer le degré d'autonomie des deux matières – strictement liées et confondues, strictement séparées ou entremêlées – et ce qui peut influencer ce degré d'autonomie. Il sera question aussi d'examiner si les variations de régime politique influencent, et auquel cas, dans quelle mesure, la relation entre droit et religion.

4. Quelle influence la religion a-t-elle sur le droit ?

5. Il apparaît que la religion limite le droit quand elle se confond et fusionne avec lui (I). *A contrario*, le droit se complexifie quand la religion s'éloigne (II).

I. Les effets de la confusion du droit et de la religion

Droit et religion sont intimement liés depuis l'Antiquité, d'une part parce que le droit réglemente, voire limite la religion (A) et, d'autre part, quand les dieux interviennent dans la formation du droit privé comme public (B).

A. Un droit encadrant la foi

Punition des crimes religieux (Mésopotamiens, Hébreux, sorcellerie, Inquisition, crime d'hérésie et protestantisme, Terreur et condamnation des prêtres réfractaires).

L'État place l'Église sous son contrôle (gallicanisme, concordats de 1516 et de 1801, lois Ferry 1881-1885 sur l'enseignement laïc, loi 1901 sur les associations).

Règles monastiques et droit canonique pour l'encadrement des clercs, des croisés (concile de Latran en 1123) pour la pratique et le respect des règles de culte.

Chartes d'université qui régissent les droits et privilèges des membres des Universités qui ont le statut de clerc.

(Transition) : S'il est nécessaire d'encadrer la pratique de la foi pour le maintien de l'ordre public, l'interaction entre les deux disciplines se retrouve inévitablement dans la sphère juridique. Les règles de droit sont influencées, voire conditionnées, par la religion.

B. Le religieux marquant la sphère juridique

Droit révélé et intangible, code Hammourabi et Pentateuque (Antiquité Orientale).

Sacre (751) et serment des agents royaux : la foi et la liturgie influence le droit public (règles d'accès au trône).

Influences du religieux dans la justice : les ordalies comme mode de preuve, dans le serment pour garantir les actes juridiques ; les sanctions religieuses des pénitentiels dans les juridictions ecclésiastiques pour les péchés.

(Transition) : Pendant plus de deux mil ans, la religion a pénétré le droit, dans sa forme comme dans son fond. Pour autant, la volonté d'autonomisation du droit, tout aussi prégnante, a permis de libérer progressivement le droit de la gangue religieuse. Cela a eu pour conséquence de modifier le droit par une réflexion des juristes sur leur matière.

II. Quand la religion s'éloigne du droit...

La laïcisation du droit est une préoccupation des juristes gréco-romains qui réapparaît avec l'humanisme de la Renaissance et à la Révolution, permettant l'émergence et le développement de la science juridique (A). Ce mouvement a pour conséquence le recul du droit canonique au profit d'un droit français laïc qui met en avant la liberté et l'égalité (B).

A. ...la science se rapproche : Émergence des sciences juridique et politique

Science politique Grèce, science juridique à Rome (Émergence de la doctrine à la faveur de l'autonomisation du droit : apparition de la science juridique).

Ancien Régime : analyse rationnelle du droit grâce au courant humaniste et émergence de la doctrine coutumière.

Recul du religieux de la sphère politique : Démocratie, République, le pouvoir aux mains des citoyens dans l'Antiquité et sous l'Ancien Régime : monarchie fondée sur la souveraineté et le droit (les lois fondamentales).

(Transition) : Quand le droit ne vient plus de Dieu, mais des hommes, il est susceptible d'être critiqué en vue de son amélioration. Ces analyses forment la science du droit dont les spécialistes, les juristes, se servent pour améliorer et transformer les règles.

B. ...le droit se laïcise et se rationalise

Recul du droit canonique : 1516 : Concordat de Bologne ou le contrôle du parlement sur le droit canonique à venir et rejet du décret Tametsi issu du concile de Trente sur les formalités matrimoniales (1563).

Intervention du roi dans la liberté de culte en 1598 par l'édit de Nantes de tolérance religieuse jusqu'à son abrogation en 1685 : liberté de culte pour les protestants en France.

Révolution : Souveraineté nationale ou populaire, le pouvoir législatif aux citoyens élus : reconnaissance de la liberté (DDHC). La Constitution vient remplacer le sacre pour légitimer le pouvoir politique. Le Code civil de 1804 ou l'édiction du droit privé égal pour tous, dégagé du religieux : l'égalité des droits. Le droit antérieur (dont le droit canonique) n'est plus applicable à compter de la promulgation du Code civil.

Loi 1905 : séparation de l'Église et de l'État. Le pouvoir législatif dans l'État (Assemblée Nationale) est laïc, le pouvoir judiciaire est laïc.

(Conclusion) : L'autonomie du droit est acquise aujourd'hui vis-à-vis de la religion, mais malgré la loi de 1905 de séparation de l'Église et de l'État, le droit doit se mêler de la religion en interdisant le port de signes ostentatoires ou en interdisant les sectes au nom de l'ordre public. Encore en 2017, la jurisprudence est saisie de la question des crèches de Noël dans les mairies, espaces et services publics.

D. Plans alternatifs

En histoire du droit, il n'y a pas un seul plan de correction. Vous pouvez proposer diverses acceptions du sujet, diverses problématisations qui sont fonction de vos connaissances. N'oubliez pas, un devoir permet de vérifier que vous avez compris les notions et savez les utiliser pour résoudre un problème juridique. Donc un devoir n'est pas la restitution du plan du cours, mais bien plus. Et un devoir peut être bon si le plan, quel qu'il soit, est cohérent au regard du sujet et si votre argumentation est, elle aussi, cohérente et étayée par des éléments et exemples concrets.

Problématique et plan II

Il sera question plus précisément de considérer si les variations de régime politique influencent, et auquel cas dans quelle mesure, la relation entre droit et religion.

Il apparaît que lorsque le pouvoir vient de Dieu, le droit est largement influencé par le religieux également (I). Quand le pouvoir se rationalise et devient séculier, le lien entre droit et religion se distend (II).

I. Quand le pouvoir et le droit viennent de Dieu

A. Antiquité orientale / B. Moyen Âge : Sacre et droit canonique dans la société laïque

II. Sécularisation du pouvoir : vers l'autonomisation du droit

A. Démocratie et république antiques : vers l'autonomie / B. Ancien Régime et Révolution : quand le pouvoir se laïcise, le droit s'autonomise

Problématique et plan III

Puisque le droit et la religion se mêlent pendant plus de deux mil ans, et pour comprendre ce qui les lie, il est utile d'établir la comparaison entre ces deux ensembles normatifs.

L'association constante du droit et de la religion invite à comparer les deux matières afin de considérer leurs interactions (I) et leurs antagonismes (II) (plan analytique).

I. Éléments communs entre le droit et la religion

A. Édiction et respect par un législateur désigné par Dieu / B. Le droit canon : un droit pour tous émanant de l'église

II. Divergences et oppositions entre le droit et la religion

A. Des objectifs distincts (maintenir l'ordre / atteindre la perfection divine) / B. Des juridictions et des sanctions temporelles ou spirituelles : à chaque droit sa justice

Problématique et plan IV

Quelles sont les interactions réciproques entre les deux matières ? (plan analytique)

I. L'influence du droit dans la religion

A. Lorsque le droit encadre la religion / B. Lorsque le droit reconnaît la liberté de culte

II. L'empreinte de la religion dans le droit

A. Influences juridiques (serment pour garantir les actes juridiques, sacre comme fondement du pouvoir…) / B. Influences judiciaires (ordalies, pénitentiels, procédure inquisitoire…)

Problématique et plan V

Dans la période antique (Plan étroit sur une période chronologique spécifique), significative de l'évolution vers l'autonomie du droit, les relations entre le droit et la religion vont de l'alliance (I) à la séparation progressive (II). (Plan chronologique pour l'Antiquité, plus descriptif)

I. Autonomie relative ou l'alliance du droit et de la religion en Orient antique

A. Le droit révélé des Mésopotamiens / B. Le droit donné des Hébreux

II. Vers l'autonomie absolue du droit ?

A. Le droit naturel et les lois des citoyens en Grèce / B. Séparation du *fas* et du *jus* à Rome

Fiche

2 Droit et morale

Mes essentiels

- Antiquité : droit et morale sont associés dans le droit hébraïque. *A contrario*, les romains veulent scinder les deux matières : un censeur pour la morale est crée en 443 av. J.-C. Le christianisme vient replacer de la morale dans la législation sous l'Empire.
- Moyen Âge : droit et morale sont fusionnés dans le droit privé et le droit « public » au travers de la fidélité vassalique (IXe siècle), la charité dans les corporations de métier (XIIe siècle) et des vertus morales qui sont exigés des agents de l'État et du roi (Coutumiers et Miroirs au prince). Les droits savants au XIIe siècle engagent un processus d'autonomisation du droit.
- Les courants du rationalisme et de l'humanisme sous l'Ancien Régime cherchent à repousser la morale hors du droit, mais le mouvement reste théorique car dans la pratique judiciaire et dans les règles, la morale persiste.
- Le Code civil de 1804 contient, sous les notions de bonne foi, bonnes mœurs et bon père de famille, la morale.
- XXe et XXIe siècle : on en appelle à un retour en force de la morale dans l'économie et les sciences pour éviter les abus que le droit, dégagé de la morale, pourrait permettre.

L'Essentiel au sujet de l'autonomie entre droit et morale

Jamais le droit ne réussit à se dégager véritablement de la morale malgré des velléités régulières. Aujourd'hui, les juristes comme la société ont conscience du garde-fou que constitue la morale dans le droit et l'invoquent sous le nom d'éthique.

« Il faut distinguer droit et morale. Le droit peut très bien permettre une action qu'interdise la morale. Le droit, par exemple, m'autorise à disposer de mon bien de façon tout fait inconditionnelle, mais la morale contient des déterminations qui limitent ce droit de disposition. Il peut sembler que la morale permette bien des actions que le droit interdit, mais la morale n'exige pas seulement l'observation du droit à l'égard d'autrui, elle ajoute de plus au droit la disposition d'esprit qui consiste à respecter le droit pour lui-même. C'est la morale elle-même qui impose que, d'abord, le droit soit respecté, et que, là où cesse le domaine du droit, interviennent des déterminations morales ». Selon cet extrait de Hegel (*Propédeutique philosophique*, 1809-1811), il apparaît nettement que droit et morale sont deux matières distinctes et appartiennent à deux champs d'application différents. Mais il apparaît aussi nettement que ces deux sphères se rencontrent, voire se trouvent en interdépendance.

Leurs définitions respectives marquent bien leur différence : alors que le droit est un ensemble de règles qui régit une société à un moment donné, à valeur abstraite, générale, fixe, coercitive, permanente, et qui s'impose à tous ; la morale est un ensemble de règles de conduite humaine individuelles ou sociales, dictées par la conscience, relatives aux mœurs, qui caractérisent le comportement d'une personne, à valeur mouvante et subjective, personnelle ou collective. Les distinctions entre les deux disciplines sont nombreuses. Leur origine est différente : le législateur pour le droit, la conscience pour la morale. Leur objet également leur est propre : le droit s'attache à l'ordre public, l'intérêt collectif, réputé « moralement neutre », alors que la morale est une vertu, un comportement, régissant les pensées, les envies. Leur objectif est pour l'un de régler les comportements de manière à vivre ensemble, obligatoire, pour l'autre de se perfectionner en son for intérieur, tel un idéal à atteindre. Leur sanction est distincte : prévue par le droit (amende, emprisonnement…) et mise en œuvre par la puissance publique, elle est remords, opprobre familiale ou sociale, voire inexistante pour la morale.

Toutefois, les règles morales peuvent être entendues comme des habitudes qui s'imposent à un groupe social, comme des normes absolues et invariables dans le temps. En ce sens, elles rejoignent la définition de la coutume, un usage qui, par sa répétition, prend force de loi, et du droit naturel, invariable et intemporel. Droit et Morale constituent également un ensemble de règles. Ainsi, les définitions elles-mêmes peuvent perdre de leur netteté.

C'est là tout l'enjeu de la question de l'autonomie. Depuis l'Antiquité (I), le Droit entend se distinguer de la Morale, s'en détacher pour être une discipline à part entière, mais le peut-il vraiment ? Au Moyen Âge, la morale intervient tant dans le droit privé (dans le respect des conventions orales), que dans le droit « public » (dans le recrutement des agents de l'État, dans l'éducation des princes). Elle apparaît alors comme indispensable à la bonne application du droit et au bon gouvernement (II). Sous l'Ancien Régime, les philosophes et les scientifiques, comme les juristes, prônent la rationalité, écartant de fait la morale de leurs réflexions. La période connaît une « crise de la morale » qui aura pour conséquence, parmi d'autres, l'affirmation d'une séparation entre le Droit et la Morale (III). Dans le Code civil de 1804, les deux conceptions se retrouvent dans la notion de bonne foi (IV). Les XXe et XXIe siècles renouvellent le débat autour des questions d'éthique, de bioéthique, d'éthique des affaires, réclamant le retour de la morale dans le droit. Les enjeux contemporains de la relation entre Morale et Droit révèlent une confrontation entre théorie et pratique (V).

I Droit et morale dans l'Antiquité

Dès l'Antiquité, la relation entre le Droit et la Morale s'exprime. Les deux notions sont indissociables pour les Hébreux (A), alors que les Grecs et les Romains les séparent (B).

A Droit associé à la morale chez les Hébreux

Dans l'Ancien Testament, il apparaît que les Hébreux mêlent le droit et la morale à divers niveaux. Tout d'abord, le Décalogue contient des règles morales aux côtés des règles de droit : « *Tu ne convoiteras pas la femme de ton voisin* [...] », « *Honore ton père et ta mère* ». Il s'agit là de commandements moraux, qui relèvent du for intérieur, de la pensée, placés aux côtés des règles de droit « *tu ne commettras point de faux témoignage* » ; « *tu ne tueras point* ».

Une autre expression de la morale dans le droit se situe dans l'exercice de la justice par les Hébreux. L'exemple est celui du jugement de Salomon, vers 970-930 av. J.-C. D'après le *Premier livre des Rois*, V, 12, Salomon « *prononça trois mille sentences* », dont la plus célèbre est relatée dans le même Livre, (III, 16-28) : « *Alors deux femmes de mauvaise vie vinrent devant le roi et se tinrent devant lui. L'une des femmes dit : « De grâce, mon seigneur ! Moi et cette femme nous demeurions dans la même maison et j'ai accouché auprès d'elle dans la maison. Le troisième jour de mon accouchement, cette femme accoucha elle aussi. Nous étions ensemble, aucun étranger n'était avec nous dans cette maison, il n'y avait donc que nous deux dans la maison. Le fils de cette femme mourut la nuit, parce qu'elle s'était couchée sur lui. Elle s'est levée au milieu de la nuit, elle a pris mon fils d'auprès de moi pendant que la servante dormait, et elle l'a couché dans son sein; et son fils mort elle l'a couché dans mon sein. Le matin, je me suis levée pour allaiter mon fils, et voici qu'il était mort. Je l'ai regardé attentivement le matin, et voici que ce n'était pas mon fils que j'avais enfanté ». L'autre femme dit : « non ! C'est mon fils qui est vivant et ton fils qui est mort ». Et la première de dire : « Non ! Car ton fils, c'est le mort; et mon fils, c'est le vivant ». Et elles discutaient devant le roi. Alors le roi dit : « L'une dit, c'est mon fils qui est vivant, et ton fils qui est mort; et l'autre dit : Non ! C'est ton fils qui est mort et mon fils qui est vivant ». Et le roi reprit : « Apportez-moi un glaive ! ». On apporta un glaive devant le roi. Et le roi dit « coupez en deux l'enfant vivant, et donnez-en la moitié à l'une et la moitié à l'autre ». Mais la femme dont le fils était vivant s'adressa au roi, car ses entrailles étaient émues, et elle s'écria : « De grâce, mon seigneur ! Donnez-lui l'enfant vivant : non ne le tuez pas ! » L'autre au contraire dit : « Qu'il ne soit ni à moi ni à toi : partagez-le ! » Le roi reprit en ces termes : « Donnez à la première l'enfant vivant, et ne le tuez pas : c'est elle qui est sa mère ». Tout Israël apprit le jugement qu'avait prononcé le roi, et l'on craignit le roi, car on vit que la sagesse de Dieu était en lui pour rendre justice* ».

Ce récit met en scène la notion d'équité, le roi rend la justice, non en vertu d'une règle de droit, mais en vertu de sa conscience. Il a su, par l'épreuve, par la provocation, déterminer en son for intérieur que la femme qui aimait le plus l'enfant – donc la mère – préférerait l'abandonner mais le laisser vivre, plutôt que le partager, revenant à le tuer. La justice en équité est, selon G. Cornu dans son *Vocabulaire juridique*, une « *Justice fondée sur l'égalité, le devoir de rendre à chacun le sien, des atténuations apportées au droit en considération de circonstances particulières, une manière de résoudre les litiges hors du droit, selon des critères tels que la raison, l'utilité, l'amour de la paix, la morale. [C'est aussi un] Sentiment de justice, subjectif* ». Cette large définition couvre diverses acceptions de l'équité, qui peuvent former l'intime conviction du juge, qui, en son âme et conscience, fonde son appréciation. À la différence des Hébreux, les Grecs et les Romains élaborent une différenciation, plus ou moins marquée, entre la Morale et le Droit.

B Droit détaché de la morale dans le monde gréco-romain ?

Si les Grecs réfléchissent aux relations entre les deux notions (1), les Romains établissent une stricte séparation entre les deux domaines par la création d'un magistrat spécialisé pour la morale : le censeur (2).

1 Grèce : de Platon à Epictète

Platon considère que seule la philosophie permet d'accéder à la vérité et de conduire à des actions vertueuses. En conséquence, le bon gouvernement de la cité dépend des vertus et des qualités morales de chaque citoyen, appelé à édicter les lois. Ainsi droit et morale sont intimement liés. Aristote, dans *Éthique à Nicomaque*, livre de morale, s'attache à décrire les comportements moraux du point de vue, par exemple, du juste et de l'injuste. Dans le chapitre V, il écrit : « *Dans la justice sont comprises toutes les vertus.* [...] *Le juste doit donc nécessairement être un milieu, une égalité par rapport aux choses et aux personnes* ». En cas d'injustice donc, ajoute-t-il, on aura recours au juge, mais cela implique le recours au droit. Le juge, « *en quelque sorte le droit personnifié* », devra rétablir la justice, c'est-à-dire l'égalité. Pour ce faire, parfois, il pourra recourir à l'équité, la justice dans sa conscience, dans ce but. Ainsi, il autorise le juge à adapter les lois, parfois trop générales et / ou trop rigides, en prenant en compte les circonstances spéciales. L'équité compléterait ainsi avantageusement la loi pour la rendre plus juste. Cela l'amène à distinguer deux formes de justice, l'une commutative et l'autre distributive. La justice commutative suppose d'assurer une égalité arithmétique entre les biens des individus. La justice distributive suppose d'opérer une meilleure répartition des richesses. Il s'agit alors d'une égalité subjective et relative dépendant des besoins de chacun.

Toutefois, pour les stoïciens des IVe et IIIe siècles av. J.-C., sous l'autorité des rois macédoniens à la chute de la démocratie athénienne, la morale et le droit se confondent. Pour ces philosophes, tels le fondateur de la doctrine Zénon de Kition vers 301 av. J.-C., ou Epictète (50-125 ap. J.-C.), « *la vie intérieure doit être un lieu de perfectionnement moral continu pour forger une vie morale exemplaire par l'apprentissage du contrôle de soi et le détachement à l'égard de ses désirs intérieurs* » (O. NAY, *Dictionnaire de la pensée politique*). Cette vertu doit guider les gouvernants – et leurs législations – pour le bien de la cité, en suivant la raison naturelle. La loi naturelle prône le respect de la parole donnée, à ce titre, elle oblige au respect du droit, parce que le droit lui-même suit cette raison naturelle. Par conséquent, pour les stoïciens, même si les lois de la monarchie hellénistique n'étaient pas « bonnes », le citoyen se devait de les respecter au nom de la morale qui l'oblige à respecter le droit. « *La loi, disait Chrysippe, est la reine de toutes les choses divines et humaines, l'arbitre du bien et du mal, du juste et de l'injuste, la souveraine maîtresse des animaux sociables par nature. Elle commande ce qui doit être fait et défend le contraire* ». Morale, loi naturelle et droit sont confondus.

2 Rome : De Cicéron à Constantin

La philosophie grecque se retrouve à Rome dans la pensée de Cicéron, pour qui l'équité a une place importante en justice pour atténuer les rigueurs de la loi et empêcher l'injustice :

« *summum jus, summa injuria* », (l'application excessive du droit conduit à l'injustice), écrit-il dans son *Traité des devoirs (De officiis,* 44 av. J.-C.*).* Il considère également par ailleurs, au sujet du droit, qu'« *il existe une loi véritable, qui est la droite raison accordée à la nature, répandue chez tous les êtres humains, constante, éternelle, qui commande d'accomplir son devoir et détourne du mal par ses défenses...* » (*De republica,* 54 av. J.-C.). C'est Cicéron encore qui apporte une traduction grecque de la morale, faisant référence à ce qui a trait aux mœurs et aux règles de conduite.

Ces conceptions viennent guider le Droit, la Loi, la Raison. Mais les Romains sont pragmatiques. Dans la pratique, la distinction entre les deux sphères est nette : la morale est mouvante et subjective, en cela elle s'oppose au droit, fixe et objectif. La morale n'a pas le même caractère obligatoire que le droit. Cela permet l'autonomie du droit vis-à-vis de la morale, très concrètement exprimée dans une magistrature : celle du censeur. Créée en 443 av. J.-C. sous la République, cette institution, dont la fonction principale est le recensement, peut sanctionner les actes immoraux par des blâmes, des « notes censorielles (*nota censoria*) » entraînant l'ignominie et parfois l'exclusion de certaines fonctions politiques. Les deux censeurs, élus tous les cinq ans, condamnent les actes contraires à la morale comme le luxe déréglé, l'abus de divorce, l'éducation défectueuse des enfants, les fautes contre la discipline militaire. Ces actes ne relèvent pas du droit mais bien de la morale et du sentiment. Sous l'Empire, la puissance censoriale passe dans les mains de l'empereur et à certains fonctionnaires impériaux. Bien que les jurisconsultes romains affirment l'autonomie du droit au regard de la morale, la montée du christianisme associée au stoïcisme de certains empereurs, comme Marc Aurèle, permettent la réintégration de la morale chrétienne dans le droit, notamment dans le droit matrimonial. Les romains connaissent des interdictions morales et sociales dans la formation du mariage sous le nom de *conubium* ou « droit au mariage ». Il s'agit par exemple d'interdire le mariage dans la parenté, entre citoyens et non citoyens, interdiction de mariage pour les militaires et de remariage pour les femmes adultères. Mais si ce *conubium* n'est pas respecté, le mariage n'est pas annulé, le droit romain considère qu'il ne produit pas d'effet juridique. Avec le christianisme, les interdictions – jusque-là morales – de parentés sont impératives et le mariage n'aura pas lieu ou sera annulé. Jusqu'au IIᵉ siècle ap. J.-C., le *pater familias* pouvait contraindre sa fille ou son fils à se marier, ce qui est contre la liberté chrétienne et le droit romain l'interdit donc à partir du IIᵉ siècle ap. IC. Le jurisconsulte Paul consacre cette liberté du mariage dans une de ses consultations : « *Il est contraire à la morale d'obliger par la menace d'une pénalité à des mariages projetés ou déjà contractés* ». En matière de dot, le père peut, mais n'est pas obligé, constituer une dot, elle devient sous l'Empire une obligation morale dont se saisit le droit pour la rendre obligatoire, dès Dioclétien (244-311). De plus, autre influence de la morale dans le droit en matière de dot, à la mort du mari, la dot peut ne pas revenir à la femme pour inconduite, le caractère moral de la sanction est net. La femme peut aussi en être privée pour des motifs patrimoniaux si elle a soustrait des biens au mari ou reçu des donations prohibées pendant le mariage. En matière successorale, le droit romain interdit dans les testaments les clauses immorales ou illicites à peine de nullité. Les enfants illégitimes, dont le droit romain ne se souciait pas, sont placés hors de la succession officiellement avec le christianisme qui interdit et réprouve moralement les relations charnelles hors mariage. À partir de 336 ap. J.-C., Constantin interdit au *pater familias* de donner quoique ce soit, par donation ou testament, aux enfants naturels, adultérins, incestueux et issus du concubinage. Seuls les enfants légitimes ont une part de succession. L'empereur Justin (518-527, Orient), interdit même l'adoption des enfants illégitimes. La morale chrétienne laisse bien ses marques dans le droit de la famille romain.

À la chute de l'empire romain, l'autonomie relative du droit romain vis-à-vis de la morale disparaît. Le Moyen Âge associe à nouveau les deux sphères sous l'influence du christianisme.

II Morale et droit au Moyen Âge : deux notions entremêlées ?

Le millénaire médiéval a connu de nombreuses transformations politiques et économiques avec pourtant une constante, le christianisme. L'Église, au cœur de ces bouleversements, est devenue l'ancre, le repère le plus stable alors que le droit, pendant cette période peinait à répondre aux changements. Les règles de morale sont alors venues suppléer les carences des règles juridiques. Il s'agit plus précisément de la morale chrétienne qui s'instille dans toute la société médiévale pour la réglementer, réduisant ainsi considérablement l'autonomie du droit. Cette influence de la morale chrétienne est due en partie à l'influence de la réflexion des clercs, détenteurs du savoir, sur le droit. Cette mutation touche autant le droit privé (A) que le droit « public » (B). La fin du Moyen Âge, pourtant, renoue avec une volonté d'autonomisation du droit qui apparaît au sein des droits savants (C).

A Morale et droit privé

Les relations entre les guerriers, depuis les Mérovingiens, mais surtout à partir de la féodalité (IXe siècle), sont personnelles et fondées sur la fidélité qui créer un lien juridique entre les individus dans cette période qui voit le recul du droit écrit (1). Au XIIe siècle, à la faveur de l'essor économique et urbain, le statut des bourgeois, marchands et artisans des villes, est en partie déterminé par la charité chrétienne (2).

1 Fidélité et vassalité

Les leudes, les guerriers du clan barbare, doivent prêter un serment de fidélité au chef de clan en échange de sa protection et de part de butin. Ce serment est encore attesté sous les Carolingiens, celui des guerriers, et le *leudesamium*, prêté par tous les sujets. Mais il change progressivement de nature. En raison d'attentats contre lui, Charlemagne demande en 802 à ses guerriers de prêter un serment de fidélité « négative », comprenant des clauses visant à « ne pas lui nuire », à ne pas lui porter atteinte. En 847, en raison des invasions vikings, Charles II le Chauve, impose à tous les hommes libres de lui prêter serment ou à l'autorité administrative locale la plus proche. Ce serment devient le serment de vassalité qui oblige les deux parties : le roi à protéger son vassal et à lui concéder une terre (un fief), le vassal à respecter la fidélité négative, à apporter aide militaire et conseil à son seigneur. Mais ce serment est oral et pendant la féodalité, il peut être mal connu, utilisé abusivement par l'une ou l'autre des parties, voire violé. Afin de mieux en connaître la teneur et les contours, en 1020, le duc d'Aquitaine demande à Fulbert, évêque de Chartres de lui en préciser le contenu. Par une lettre, Fulbert liste les éléments constitutifs de la vassalité, déterminée principalement par des valeurs morales : « *Celui qui jure fidélité à son seigneur doit toujours avoir en mémoire ces six mots : sain et sauf, sûr, honnête, utile, facile, possible. [Détail de chaque point]. Il est juste que le vassal s'abstienne de nuire à son seigneur, mais ce n'est pas ainsi qu'il mérite son fief. Il ne suffit pas en effet de s'abstenir de faire le mal, il faut faire le bien. Il importe que sous les six aspects susdits, il fournisse fidèlement à son seigneur aide et conseil s'il veut paraître digne de son bienfait, et s'acquitter de la fidélité jurée. Le seigneur doit aussi dans tous ces domaines, rendre la pareille à celui qui lui a juré fidélité. S'il ne le faisait pas, il serait à bon droit considéré de mauvaise foi, de même que celui qui serait surpris manquant à ses devoirs par action ou par simple acquiescement serait perfide et parjure*». Il faut faire le bien, être de bonne foi, être honnête. Une charte d'hommage féodal, entre le seigneur abbé Léon de Lagrasse et son vassal, le vicomte de Carcassonne Bernard Aton, un siècle plus tard, en 1110, reprend les mêmes valeurs morales: «*je jure sur les quatre Évangiles de Dieu que je serai toujours pour toi et tes successeurs, et Notre-Dame de Lagrasse un fidèle vassal en tout ce qui touche la fidélité qu'un vassal doit à son maître; et je vous défendrai, toi, mon maître, et tous tes successeurs* [...] *Et lorsque l'abbé montera à cheval, je dois, et de même mes héritiers, vicomtes de Carcassonne, et leurs successeurs, lui tenir l'étrier pour l'honor de la seigneurie de Notre-Dame de Lagrasse* [...]. *Je te promets à toi à tes héritiers et successeurs, vicomtes de Carcassonne, sous la religion de mon ordre, que je serai un bon seigneur fidèle pour tout ce qui est ci-dessus écrit*».

La relation juridique féodale est donc fondée sur la morale, qui donne naissance à l'idéal chevaleresque. Le chevalier vertueux est ainsi décrit dans toute la littérature médiévale comme un homme de cœur, de courage, d'honneur et courtois, même si les poèmes de Rutebeuf et Marie de France au XIIIe siècle en donnent malgré tout une vision écornée. C'est dans le monde du travail urbain que la morale chrétienne s'exprime aussi fortement au travers de la notion de charité.

2 La charité dans les corporations de métiers

La réglementation du monde du travail au Moyen Âge se trouve dans les chartes de villes et de métiers à partir du XIIe siècle dans toute l'Europe. En 1268, le prévôt de Paris, Étienne Boileau, rassemble toutes ces réglementations des corporations de Paris dans un *Livre des métiers de Paris* qui illustre bien la place centrale de la charité dans les relations du travail urbain. La charité chrétienne est une vertu théologale qui consiste dans l'amour de Dieu et du prochain. Elle s'exprime par l'amour, l'altruisme, la bienfaisance, la fraternité, l'assistance, le secours, l'aumône, l'offrande. Ces vertus sont toutes présentes dans les chartes, comme une sorte «d'éthique des affaires».

Le marchand doit être honnête, sincère, prudent, fidèle. Il ne doit pas faire de malfaçons, ne doit pas produire un objet de mauvaise qualité. Il est interdit au pâtissier de cacher de la viande avariée dans ses tourtes par des oignons, par exemple. Il ne doit pas maltraiter ses apprentis, il doit leur fournir le gîte, le couvert et le vêtement. À l'identique, un maître de métier doit être honnête et loyal avec ses compagnons, c'est-à-dire les ouvriers qui travaillent pour lui. Il doit pratiquer de justes salaires. Des jurés, des maîtres de métiers élus, sont chargés de vérifier le respect des horaires de travail, des obligations des marchands, la qualité des produits et peuvent saisir les malfaçons et / ou condamner les marchands à des amendes (qui seront reversées à la confrérie de corporation). Ainsi, le travail doit être loyal d'après les statuts corporatifs et le *Livre des métiers de Paris* de 1268 d'Étienne Boileau. Encore au XVIe siècle, le statut des menuisiers, en trente-trois articles, précise que chaque objet fabriqué, de la huche à pain à la porte de château, doit être «*de bon bois vif, sec loyal et marchand*». Le travail doit aussi être juste. Le juste prix des objets fabriqués et le juste salaire de l'ouvrier relèvent de la morale chrétienne et aristotélicienne de justice commutative dans l'équilibre des prestations.

De plus, la charité est une nécessité pour le marchand. Il peut gagner de l'argent, même beaucoup d'argent, à la condition d'être charitable. Il est tenu de faire la charité aux pauvres, des donations aux églises et à la ville pour la construction d'hôpitaux. La confrérie de sa corporation de métier l'oblige à verser une cotisation qui servira en cas de maladie, veuvage, accident du travail, frais d'enterrement, frais d'apprentissage d'un orphelin pour les membres de la corporation. Par exemple, dans le statut des fourreurs de vair parisiens établi le 10 février 1319, une « assurance maladie » est prévue, chaque membre de la communauté doit payer dix sous et six deniers à l'entrée, puis un denier par semaine de cotisation. En cas de maladie, l'artisan malade touche trois sous par semaine pendant la durée de l'incapacité de travail et la semaine de convalescence.

Ces chartes marquent nettement les inspirations et aspirations chrétiennes. Elles sont déterminées par les préceptes bibliques et les écrits des pères de l'Église. La religion interdit certaines pratiques comme le travail dominical et lors des fêtes liturgiques, les chartes précisent que les corporations sanctionnent de telles violations. L'Église proscrit le prêt à intérêt. Il est interdit dans l'Ancien Testament (Deutéronome, XXIII, 19-20; Exode, XXII, 25 et Lévitique XXV, 35-37) : « *tu n'exigeras de ton frère aucun intérêt ni pour argent ni pour vivre, ni pour aucune chose qui se prête à intérêt* » et dans le Nouveau Testament (Luc, VI, 34-35) : « *prêtez sans rien espérer en retour et votre récompense sera grande* » car « *si vous ne prêtez qu'à ceux dont vous espérez restitution, quel mérite avez-vous ?* ». D'autres motifs religieux issus de la morale naturelle s'ajoutent à l'interdiction : le prêteur n'accomplit aucun travail, il ne crée rien, il exploite le travail d'un autre, or l'église ne reconnaît que le travail comme légitime source de gain. Les théologiens (comme Thomas d'Aquin) et les canonistes ont du mal à admettre que l'argent puisse engendrer de l'argent. Un autre argument est que le prêt à intérêt vend du temps, or le temps n'appartient qu'à Dieu. L'Église interdit le commerce avec les infidèles, contre lesquels elle engage les croisades. Elle interdit aussi, jusqu'en 1454, la vente d'esclave à l'islam qui constituait un des plus grands trafics des marchands chrétiens médiévaux. Ainsi toute la réglementation du travail urbain contient de la morale chrétienne, elle a nettement envahi le droit et largement les relations entre les personnes. Elle est également très visible dans la réglementation du pouvoir et des institutions.

B Morale et « droit public »

Les *Miroirs au prince* symbolisent la prégnance, voire l'importance, de la morale dans le pouvoir politique. Le roi doit être vertueux et exercer le pouvoir pour mener son peuple à Dieu et à la vertu (1). Mais ceci ne touche pas que le roi, le personnel des institutions, les agents royaux, sont également tenus au respect de la morale chrétienne qui les concerne depuis les conditions de leur recrutement jusqu'à leur sortie de charge (2).

1 Les Miroirs au Prince

Les *Miroirs au Prince* appartiennent à un genre littéraire particulier, apparu en Europe au IXe siècle. Il s'agit de traité d'éduction destiné au prince et au roi. E. M. Jonsson a mené une étude sur ce genre littéraire en 2006, dans un article intitulé « *Les Miroirs au prince sont-ils un genre littéraire ?* ». Il relève qu'à leur origine, il y aurait probablement un livre d'Alcuin qui compare les écritures saintes à un miroir, servant de « manuel de morale » adressé au roi. D'une grande diversité, ils peuvent contenir des textes religieux, la référence à des grands rois historiques (Salomon, Charlemagne...), la description des fonctions de roi. L'auteur en propose la définition suivante : « *un miroir aux princes est un traité écrit pour un prince – et en général dédié à lui – qui a pour objet principal de décrire le prince idéal, son comportement, son rôle et sa situation au monde* ». Une vingtaine de *Miroirs* sont identifiés jusqu'au XIIIe siècle, tels *Le métier de roi* Jonas d'Orléans (831), ou *Les Enseignement* de Saint Louis à son fils (1267-1268), et le genre se perpétue après le Moyen Âge, pour ne citer que *Le prince* de Machiavel (1513) pour exemple. Ces traités énumèrent les vertus du prince – dans sa vie privée comme politique – sagesse, patience, prudence, bonté, humilité, droiture, cœur, courage, honneur, justice, équité, affection, ces vertus lui servant à mener son royaume. Ce faisant, le roi devient lui-même un miroir de vertu rayonnant pour ses sujets. L'équité est peut-être cette qualité morale qui représente le mieux ces vertus. Elle détermine l'exercice de la justice par les rois, sachant que les Capétiens sont les « rois-justiciers » par excellence. Saint Louis est représenté dans l'iconographie contemporaine tel Salomon. L'équité, explique J. L. Thireau dans *Introduction historique au droit*, est « *l'esprit de bienveillance et de charité qui devait prévaloir dans l'interprétation et l'application du droit. Les canonistes ont fusionné la tradition romaine et la tradition chrétienne en définissant l'équité comme la justice tempérée par la miséricorde. Les romanistes ont exalté cette notion, les glossateurs, en reprenant la distinction de Cicéron ont opposé une équité brute, informe, sentiment intuitif et subjectif en une équité écrite constituée par le droit, identifié à l'esprit général des lois, à l'intention du législateur. Cette équité écrite peut être mise en œuvre pour atténuer la rigueur de la loi, en faisant appel à d'autres lois, à une règle spéciale, à l'esprit général d'une législation, pour corriger la loi par la loi, comme interprétation des dispositions légales* ». J. Krynen, dans l'*Empire du roi. Idées et croyances politiques en France (XIIIe-XVe siècle)*, considère que, dans ces œuvres (Les *Miroirs*), « *la réflexion politique se situe délibérément sur le plan de la morale* ». Principalement écrits par des religieux, qui instruisent les princes, ces *Miroirs* contiennent donc bien cette morale chrétienne qui forge les qualités d'âme que doit avoir le roi pour gouverner. Cette morale, teintée d'aristotélisme, vient réglementer et borner l'exercice du pouvoir, empêchant la tyrannie et empêchant de perdre le royaume. Saint Louis, dans ses *Enseignements*, recommande également à son fils de bien choisir de bons conseillers et de bons agents royaux pour l'assister dans son gouvernement. Les personnels de l'État doivent partager les mêmes valeurs morales, cela est même inscrit dans le droit coutumier et la législation royale. Droit et morale se sont rejoints.

2 La morale des agents de l'État dans la réglementation

Si le certificat de bonne moralité exigée pour les officiers de l'État n'apparaît que sous l'Ancien Régime officiellement, les qualités morales des agents de l'État sont déjà inscrites dans les textes antérieurs.

Les *Miroirs*, les chroniques et les poèmes vantent les vertus des conseillers au XIIIe siècle. Bonté (Joinville), droiture, intégrité, honnêteté, fidélité, sagesse, discrétion, diligence (Geoffroi de Beaulieu), cœur et courage (Rutebeuf) sont les principales. Saint Thomas, dans la *Somme Théologique* (1266-1273), rappelle : « *L'homme a besoin d'être guidé par Dieu pour prendre conseil, de la même façon que, dans les affaires humaines, ceux qui sont incapables de se conseiller eux-mêmes doivent chercher conseil auprès de ceux qui sont plus sages* ». Au siècle suivant, Digulleville, dans son *Pèlerinage de l'âme* (1355-1358) met l'accent sur les vertus des conseillers (V. Ménès-Redorat, « *Conseil et conseillers chez Digulleville...* »). Ils doivent être loyaux en tout premier lieu. L'auteur accole presque systématiquement conseillers et loyauté comme on peut le lire aux vers 3585, 7470 : « *bon et loial conseilleur* », puis au vers 7479 « *loial conseilleur* », ainsi qu'aux vers 7494, 7907, 7912. Presque aussi fréquent se trouve le lien entre conseillers et secret, deux termes qui sont synonymes en ancien français par ailleurs. Les conseillers ont l'obligation de taire le secret du conseil – qu'il soit politique ou personnel. Aux vers 7858 et 7859, l'auteur rappelle : « *Et tous ce sept consaux de voir / doivent toujours estre secres* », encore aux vers 7936 à 7938 : « *de celui qui ne scet taire / du seigneur le conseil secre / que doit tenir clos et ferme* ». Ce secret peut être rapproché de la discrétion des conseillers évoquée aux vers 7400 et 7834. Ensuite vient la sagesse des conseillers, mentionnée aux vers 521 à 534 et aussi au vers 8461 : « *pour ce que sont ses conseillers / et que sont sages grandement* ». L'honnêteté est exigée aux vers 7493, 7491-7496, cette honnêteté implique de ne pas être cupide, au vers 7911, et de chercher la vérité, aux vers 7894 et 7907. Pour résumer son propos, Digulleville écrit aux vers 7888 à 7894, que les conseillers doivent être comme Aaron, qui portait sur sa poitrine le "rational" où étaient écrits les mots « *Discrétion et jugement, vérité et doctrinement* ».

Les documents officiels en font également état comme condition du recrutement des agents : *Le coutumier de l'Orléanais* (vers 1260) précise qu'il est exigé des agents royaux les vertus chrétiennes, « *l'honesté de bones mors, escience convenable [mariage loyal]* ». Pierre de Fontaine, dans son *Conseil à un ami*, recueil des coutumes du Vermandois vers 1253, insiste sur la sagesse des conseillers. Ces vertus sont indispensables pour le gouvernement mais aussi pour l'entrée en fonction. L'ordonnance de 1254 portant réformation de la justice précise que les baillis, agent locaux de l'administration, doivent prêter serment et doivent rester quarante jours après leur sortie de fonction à la disposition de l'État pour répondre de leurs comptes et d'éventuelles plaintes portées contre eux. Le premier serment de conseiller écrit date de la fin du XIIIe siècle sous le règne de Philippe le Bel : « *Ci forma juramenti quod faciunt illi qui sunt de consilio regis. Nous jurons que nous serons léal au roi et le conseillerons leailement quant il demandera conseil* [...] *et son conseil en bone fois et es cause que nous avons devant lui et par sautorite nous lui garderons sa droiture et lauutrui en bone foi et se ne* [...] *pour amaour ne pour haine ne pour grace ne por autre chose et que nous ne prandron nul don, ne par nous ne par autre de bailli ne de prevost ne de autre qui ait fait le serement au roi* [...] ». Une petite traduction s'impose (autre texte de serment) : « *Vous jurez que vous serez féaux et loyaux au roi et à son fils aîné, roi de France et lui garderez son corps, ses membres et son honneur terrien. S'il vous dit son secret, vous le garderez; et s'il vous demande conseil, vous lui donnerez bon et loyal, à votre escienty. Que Dieu vous aide, et les saintes paroles* ». Ce sont bien les vertus connues de bonté, loyauté, bonne foi, droiture, secret et refus de toute forme de corruption qui sont indiquées dans ce texte officiel. La morale est bien inscrite dans le droit. Elle en est même devenue, au Moyen Âge, un élément central, « est droit ce qui est équitable et moral » (C. Lovisi, *Introduction historique au droit*). Mais, dans le même temps, la réflexion sur les droits savants par les légistes amènent à une nouvelle volonté de distinguer les deux disciplines.

C Processus d'autonomisation des droits savants

Les droits savants sont le droit romain et le droit canonique, « redécouverts » au XIIe siècle à la faveur de la réforme grégorienne (1049-1122) qui opposait le pape et l'empereur du saint empire romain germanique. Afin de prouver la suprématie pontificale, les penseurs ont retrouvé dans les bibliothèques du Vatican les compilations de droit romain composées à la demande de l'empereur Justinien entre 529 et 534, dans l'empire d'Orient (*Code, Digeste, Institutes, Novelles*). Elles contiennent mil ans de droit romain antique (celui de la République et de l'Empire). Cette redécouverte a attiré à Rome nombre de lettrés européens qui ont copié et rapporté ces textes dans leurs royaumes. Leur technicité oblige à la création de centres d'étude spécialisés : les universités et les besoins juridiques de la société en pleine mutation (fin de la féodalité, essor urbain) trouvèrent dans le droit romain des modèles et des réponses adéquates. Ces compilations, par leur forme – classifications du droit, hiérarchisation, présentations en chapitres thématiques avec présentation chronologique des textes de droit dans les chapitres, invention du *codex* (feuillets reliés par le coté d'un usage plus pratique que les feuillets cousus par le bas et roulés), connurent également un grand succès. Le droit canonique, alors composé de milliers de textes épars, y trouve un modèle formel et des clercs et des juristes entreprirent des compilations de droit canonique, le *Décret* de Gratien pour les canons de concile, en 1140, et les *Décrétales de Grégoire IX*, rédigées par le juriste espagnol Raymond de Penafort en 1234.

C'est, de manière assez paradoxale, dans le droit canonique que réapparaît une autonomie du droit vis-à-vis de la morale à la fin du Moyen Âge, explique C. Lovisi. En 1140, Gratien écrit le *Décret*, compilation de 4000 canons, et, en 1158, Pierre Lombard rédige un exposé de théologie. Ainsi le droit canonique et la théologie (dogme et foi) sont officiellement distingués l'un de l'autre. Le mouvement continue avec la séparation du droit laïc, sur le fondement du célèbre « *Rendez à César ce qui est à César et à Dieu ce qui est à Dieu* » (Saint Matthieu, XXII, 15-22). L'Église admet, au XIIe siècle, une séparation entre le droit canonique et le droit laïc romain. Leurs finalités sont distinguées : d'essence religieuse le droit canonique a pour but le salut des âmes, alors que le droit romain, crée par les hommes, réglemente le comportement des hommes entre eux. Pour exemple, le droit des pénitentiels prône l'amendement et le repentir par la pénitence, alors que le droit pénal laïc est répression. L'autonomisation du droit canonique se poursuit dans le détachement avec la morale : l'Église distingue le for intérieur du for externe. Le for est le tribunal, le for intérieur est le tribunal de la conscience, alors que le for externe est la juridiction ecclésiastique. Celui qui a péché contre les commandements moraux (Cf. le Décalogue) peut être absous par la confession, alors que celui qui a violé le droit canonique est condamné par le juge ecclésiastique. Le processus touche aussi, bien que différemment, le droit romain.

Les glossateurs (juristes en droit romain ou civilistes qui utilisent la méthode de la glose, d'où leur nom) de la fin du Moyen Âge avaient une interprétation rationnelle du droit romain, afin de le transposer dans la pratique juridique contemporaine. Au XIIIe siècle, la scolastique, méthode d'enseignement dans les universités, est une nouvelle méthode rationnelle par laquelle les textes sont appréhendés et compris : il faut qualifier juridiquement les faits, trouver le problème juridique posé et lui apporter une solution logique et argumentée, fondée sur les « autorités », soit les textes de droit et la doctrine. De plus, pour cet enseignement, des outils sont crées, qui rationalisent encore le droit, le classifiant (droit public / droit privé) et le hiérarchisant, ce qui marque durablement le droit français. Ces méthodes permettent également aux légistes de développer des notions plus abstraites et générales, formant la doctrine. Cette rationalité ou rationalisation du droit en écarte tacitement la morale. Le droit est traité par et pour le droit. Parmi les auteurs les plus fameux, Bartole (1314-1357), un post glossateur italien, s'appuyant sur la méthode scolastique, a finalisé la théorie de la « personne fictive » ou personne morale, en se fondant sur la notion de personnalité juridique, qu'il élargit de l'individu à la collectivité, *universitas* ou corporation, telle une ville ou une université, qui en a conservé la terminologie. Autre exemple, Philippe de Beaumanoir, bailli de Beauvaisis, rédige pour son usage personnel, les *Coutumes de Beauvaisis* en 1283, et y intègre des notions romaines, notamment la notion de responsabilité pour autrui, celle des parents pour leurs enfants.

Le droit romain était relativement autonome vis-à-vis de la religion et de la morale pendant l'Antiquité, comme évoqué précédemment. Encore redécouvert à la fin du Moyen Âge, avec la Renaissance, c'est également son autonomie qui est redécouverte. La Renaissance du XVe siècle, ou l'humanisme, consiste en un retour de la culture antique, artistique, littéraire, scientifique, mais aussi juridique. Elle met au cœur de la réflexion l'individu, l'humain et la raison. L'humanisme juridique qui en découle, associé au développement des sciences et à la montée de l'esprit laïc, fait reculer de manière plus générale la morale dans le Droit (tout le droit, pas uniquement les droits savants) et renoue avec la recherche de son autonomie.

III Une « crise de la morale » sous l'Ancien Régime ?

L'Ancien Régime est traversé par de grands courants intellectuels, tels l'humanisme et la philosophie des lumières, qui influencent le droit, lui apportant une rationalité nouvelle, le séparant progressivement de la morale.

Ce recul de la morale se rencontre dans les *Miroirs*, écrits désormais aussi par des penseurs laïcs, qui promeuvent les sciences dans l'éducation du prince (Christine de Pisan), aux côtés des vertus morales et religieuses. La science du politique se modernise, le chef d'État doit avoir les ressources de la raison, du savoir et de l'argent. Pour autant, l'humaniste hollandais Érasme (1469-1536), dans son *Institution du prince chrétien*, rappelle à ce dernier de gouverner selon les préceptes de tolérance et de bonté enseignés par le Christ. Ces vertus chrétiennes lui permettront d'agir pour le bien de son peuple, dans l'amour de Dieu. L'éducation morale du prince constitue un garde-fou pour échapper à la tentation de régner en maître absolu. Mais Machiavel (1469-1257), dans *Le prince*, en 1513, rompt avec la morale. L'amoralisme de l'ouvrage fait scandale à sa publication car il récuse ouvertement l'éthique chrétienne. L'auteur expose froidement les principes formels de gouvernement, fort de son expérience politique de diplomate et de ses observations. Son objectif est de répondre concrètement aux réalités et problèmes politiques, rétablir la stabilité et la pérennité du pouvoir. Son rejet de la morale est lié à son pessimisme quant à la nature humaine, naturellement mauvaise à ses yeux. Les hommes, naturellement envieux, vicieux, égoïstes, mécontents, assoiffés d'honneur, crédules, ingrats, violents, perfides, cruels, faibles, cupides et dissimulateurs obligent le pouvoir à être dominé par la force. Identique aux hommes, la politique est dominée par la passion, la lutte des clans, la ruse, la corruption. Il faut donc exercer le pouvoir en prévision de la guerre pour pouvoir maintenir la paix. Tous les moyens sont justifiés pour parvenir à cette fin, savoir user de charité, pratiquer le bien mais ne pas hésiter à « *entrer dans le mal, s'il le faut* ». Il faut savoir être cruel et négliger les principes moraux quand la nécessité l'exige. Ce cynisme politique est largement critiqué, mais reconnu pour son réalisme (il tire les leçons de l'histoire) et sa description objective, « quasi-scientifique », du politique. Ou ne serait-ce qu'une dénonciation des mœurs des politiques de son temps… ?

Dans ce même esprit, rationnel et scientifique, le courant encyclopédiste du XVIIe siècle et la philosophie des Lumières du XVIIIe siècle, se développent. La société, pour se moderniser et pour élaborer un ordre nouveau, veut – et doit – abandonner ses repères traditionnels. La morale chrétienne doit céder devant la raison et l'idéal cartésien. Le droit doit se séparer de la morale. Emmanuel Kant, dans sa *Métaphysique des mœurs* (1785), distingue nettement la loi de l'éthique, « *entre le droit et la morale il y a une frontière infranchissable* ». Il propose une distinction fondamentale : la morale, explique-t-il, relève de l'autorité de la conscience alors que le droit est l'ensemble de règles permettant de faire coexister pacifiquement les libertés individuelles, règles qui s'imposent de l'extérieur et s'appliquent par l'autorité de la puissance publique. Néanmoins, la morale peut inspirer le législateur.

Les humanistes juridiques, grands admirateurs du droit romain, et assez hostiles à la chrétienté, repoussent eux aussi la morale chrétienne hors du droit. Leur conception de l'équité se fait plus rationnelle. « *Les premiers humanistes, sous l'influence d'Érasme, ont adopté une conception très large de l'équité, comme moyen de moraliser le droit, comme antidote à l'excès de juridisme et de technicité dont on taxait les bartolistes. Mais face aux progrès conjugués de la critique historique, du volontarisme et du positivisme juridique, cette thèse n'a pas prévalu. Beaucoup de juristes humanistes* [...] *sont revenus à une conception unitaire de l'équité, simple correctif de la loi [... pour] corriger la lettre de la loi pour retrouver sa véritable signification* », écrit J.-L. Thireau. *Exit* l'équité du juge, qui peut juger hors du droit, en conscience, de ce qui est bien ou mal. Il doit désormais se référer au droit et peut utiliser l'équité seulement pour modérer la règle. Cette rupture entre droit et morale ne concerne pas seulement l'exercice de la justice, elle se retrouve dans la législation. Le droit privé laisse souvent la morale de côté. Pour exemple, deux ordonnances de 1639 et 1667 régissent les formalités matrimoniales et les droits et devoirs dans le mariage. La première s'intéresse au consentement et interdit les mariages clandestins mais ne s'intéresse pas au devoir conjugal, car il relève de la morale (chrétienne). À partir de 1667, la loi distingue le mariage légal du concubinage, mais ce dernier n'est plus puni pénalement. Il peut l'être moralement par la société. Mais en théorie, le droit n'échappe pas complètement à la morale. Les trois courants, *mos gallicus, italicus et jusnaturaliste*, (Cf. chapitre 1) qui proposent des méthodes rationnelles d'analyse du droit romain et du droit coutumier, n'écartent pas la morale. Par exemple, Domat, qui appartient à l'école humaniste du *mos italicus*, dans son œuvre *Les loix civiles dans leur ordre naturel* (1689), poursuit – au-delà de l'objectif juridique de les rendre plus faciles à comprendre et à appliquer – un dessein moraliste. Replacer les lois dans leur ordre naturel lui permet de révéler aussi leur sens chrétien, le message d'amour qu'elles renferment et, de leur respect dépend « *le perfectionnement moral, voire le salut de l'humanité déchue* » (J.-L. Thireau).

Ainsi cette « crise de la morale » peut être relativisée, mais la référence à la morale dans le droit est plus de l'ordre de la déclaration de principe et de l'idéal qu'inscrite dans les normes. Le concept d'une loi imprégnée de morale est développé par les philosophes des Lumières comme Rousseau, dans son *Contrat social* (1762), pour qui la loi doit être l'expression de la volonté générale. A priori, la morale en semble exclue. Mais pour l'auteur, cette loi sera toujours droite et tendra à l'intérêt général car elle est la voix interne de la conscience humaine, qui s'exprime par la voix de tous les citoyens, notamment les plus vertueux : revoilà la morale ! Point d'autonomie du droit ! Les principes de la philosophie des Lumières, qui ont porté la Révolution, trouvent un écho dans le droit édicté après 1789. Le légicentrisme conduit à une abondante législation pendant la période intermédiaire (1789-1799) mais sans résoudre le problème de la diversité et des iniquités juridiques car le droit privé, antérieur à la Révolution, s'applique toujours. Il faut attendre 1804 et le Code civil de Napoléon Bonaparte pour la reconnaissance officielle d'un droit privé unifié. *Quid* alors de son autonomie vis-à-vis de la morale ? Le rationalisme de l'humanisme et de la philosophie des Lumières l'a-t-il emporté sur la morale et les vertus dans le droit ?

IV La morale dans le Code civil

Réclamé par les députés des États généraux depuis 1560, la rédaction d'un grand code contenant tout le droit privé ne vit le jour qu'avec Napoléon Bonaparte en 1804. Pour en comprendre la philosophie générale, il faut rappeler que Napoléon était un admirateur du droit romain et avait déclaré lors de son coup d'État, le 18 brumaire (9 novembre 1799): «*Nous voulons la République assise sur les bases de l'égalité, de la morale, de la liberté civile et de la tolérance politique*». Son programme politique et juridique est annoncé. Au sujet du droit, il précise, alors qu'il confiait ses *Mémoires*, prisonnier à Sainte-Hélène, que «*la morale publique est le complément naturel de toutes les lois: elle est à elle toute seule tout un code*». Morale et droit ne sont pas à ses yeux antagonistes et autonomes. De plus, comme l'a déclaré Portalis dans son *Discours préliminaire* de 1801: «*le droit se fait avec le temps, on ne le crée pas*». Il entend par là rappeler que le Code civil est un compromis entre l'Ancien droit et le droit révolutionnaire, nul doute donc que l'héritage moral médiéval et de l'Ancien Régime y ait survécu. Le Code civil n'exclut pas la morale du droit, comme le prouvent divers articles.

Tout d'abord, le Code civil renoue avec l'équité. Selon l'article 4, «*Le juge qui refusera de juger sous prétexte du silence de la loi, de l'obscurité ou de l'insuffisance de la loi, pourra être poursuivi comme coupable de déni de justice*». C'est, pour J.-L. Thireau, une sorte de «*consécration tardive*» et tacite de l'équité dans la justice.

La sincérité, autre valeur morale, est présente sous les notions de bonne foi (articles 21-5, 201, 202, 220, 222, 372-2, 435, 488, 515-5, 549, 550, 555, 900-6, 1104, 1112, 1198, 1352-2 et -7, 1844-16, 1872-2, 1935, 2009, 2062, 2272, 2274, 2275), bonnes mœurs (articles 6, 21-23, 1387) et bon père de famille (articles 450, 601, 627, 1137, 1374, 1728, 1806, 1880, 1962) qui jalonnent le Code civil.

La bonne foi est la conviction ou la volonté de se conformer au droit, la conscience d'agir sans léser les droits d'autrui. Elle vient du droit romain et symbolise le respect de la parole donnée. Elle est un «*comportement loyal* [...], *absence de malveillance,* [...] *ou de malice* [...] *prudence dans l'expression de la pensée* [...] *fidélité aux engagements*», selon G. Cornu. Elle est essentielle dans le droit des contrats, formés et exécutés de bonne foi, dans le mariage et dans la prescription. «*Elle est toujours présumée, et c'est à celui qui allègue la mauvaise foi à la prouver*» (article 2274 actuel, en matière de prescription). La bonne foi permet d'apprécier le comportement des parties et permet, de ce fait, d'atténuer la sanction possible, d'échapper à la rigueur de la loi, au nom de l'absence de faute, alors que la mauvaise foi peut l'aggraver.

Les bonnes mœurs sont «*un comportement habituel conforme à la morale commune. [C'est un] ensemble de règles imposées par une certaine morale sociale, reçus en un temps et en un lieu donné, qui, en parallèle avec l'ordre public constituent une norme de référence à laquelle les comportements sont appréciés* [...] *relatif à la morale sexuelle, au respect de la personne humaine et aux gains immoraux*» (G. Cornu). Elles sont toujours placées aux côtés de l'ordre public, comme une borne morale, aux côtés de la loi, borne du droit, dont le contenu et l'étendue sont laissés à l'appréciation du juge, «*oracle des bonnes mœurs*» selon G. Cornu. Selon l'article 6 du Code civil: «*On ne peut déroger par des conventions particulières, aux lois qui intéressent l'ordre public et les bonnes mœurs*». De telles conventions contraires aux bonnes mœurs sont immorales et nulles de nullité absolue. L'article 21-23 reprend la notion au sujet de la naturalisation: «*nul ne peut être naturalisé s'il n'est pas de bonnes vies et mœurs*». Elle concerne aussi les relations matrimoniales en vertu de l'article 1387: «*La loi régit l'association conjugale, quant aux biens, et qu'à défaut de conventions spéciales les époux peuvent faire comme ils jugent à propos, pourvu qu'elles ne soient pas contraires aux bonnes mœurs...* ». Concrètement, dans le droit français, les clauses immorales dans les contrats sont illicites, contre l'intérêt particulier et l'intérêt public et occasionnent la nullité totale ou partielle du contrat, en vertu de l'article 1133 : « *la cause est illicite quand elle est prohibée par la loi, contraire aux bonnes mœurs ou à l'ordre public* ». Par exemple, en 1957, le tribunal considère comme nulle, la stipulation, en matière d'assurance, attribuant à la maîtresse d'un homme marié le bénéfice de l'assurance. En 1964, est nulle également la donation d'un homme à sa maîtresse qui l'avait quitté pour la ramener à lui, selon l'article 900 : « *dans toute donation entre vifs ou testamentaires, les conditions impossibles, celles qui seront contraires aux lois ou aux bonnes mœurs, seront réputées non écrites* ». La notion de bonnes mœurs est laissée à l'appréciation du juge en fonction du contexte spécifique de l'affaire.

Le bon père de famille, selon le *Dictionnaire juridique* de G. Cornu est « *le type d'homme normalement prudent, soigneux et diligent, auquel se réfère le Code civil pour déterminer les obligations qui pèsent sur celui qui a la conservation, l'administration ou la jouissance du bien d'autrui, en supposant chez le père de famille, érigé en modèle, la vertu moyenne d'une gestion patrimoniale avisée* ». Les vertus morales de prudence, soin, diligence, sont ici présupposées par le droit. Normalement prudent et diligent, raisonnable, attentif, soucieux des biens et/ou des intérêts qui lui sont confiés comme s'il s'agissait des siens propres, le *bon père de famille*, le bon gestionnaire, est la référence abstraite en cas de faute, simple ou lourde, causant un dommage et engageant la responsabilité de celui qui l'a commise. Au nom de la parité (loi du 4 août 2014 relative à l'égalité hommes-femmes), l'Assemblée Nationale en 2014 a supprimé cette expression « bon père de famille », pour la remplacer par les termes « raisonnables » ou « raisonnablement », qui sont plus neutres.

Le Code civil, en 1804, prévoit aussi des interdictions pour des raisons morales. Par exemple, il interdit en son article 298, le remariage de l'époux adultère avec son complice, et, dans l'article 335, la légitimation des enfants adultérins et incestueux, « *fruits honteux du crime* ». Inversement, le divorce, établi en 1792 et repris en 1804, est « moral ». Cambacérès déclarait en août 1793, pour la présentation de son projet de Code civil : « *Le divorce est le surveillant et le modérateur du mariage. Sans le divorce le mariage serait souvent un supplice cruel, une source d'immoralité et de corruption, plus féconde que le célibat* [...] *il répare l'erreur* ». Paradoxalement, dès 1795, des campagnes anti-divorce sont menées en raison de l'immoralité que les divorces entraînent. La question du divorce est ainsi au cœur de la réflexion sur la moralité, ne pas pouvoir divorcer peut entraîner l'adultère (immoral), pouvoir divorcer peut entraîner le relâchement des mœurs (immoral).

Ces quelques exemples du Code civil, en matière contractuelle et matrimoniale montrent combien la morale est présente dans le droit, mais son appréciation est variable en fonction des circonstances et aussi des époques. À titre d'exemple, la loi du 24 juillet 1889, sur la protection des enfants maltraités et moralement abandonnés, répond à une exigence de morale mais aussi de contexte car la fin du XIXe siècle, en raison de la paupérisation d'une partie de la population, connaît un nombre d'abandon d'enfants très élevé. Dans les années 1880, un mouvement international en faveur de la protection de l'enfance se développe en Europe et aux États Unis, et attire l'attention sur les enfants en danger, abandonnés, maltraités, délinquants. Cette loi crée la déchéance de la puissance paternelle dans les cas de « *crime et délit contre l'enfant, mauvais traitements compromettant la santé, la sécurité ou la moralité des enfants* ». Cela est aussi transposé dans le Code civil, dans les articles 213 : « *les époux assurent ensemble la direction morale et matérielle de la famille»* et 371-2: «*l'autorité appartient aux père et mère pour protéger l'enfant dans sa sécurité, sa santé et sa moralité. Ils ont un droit et devoir de garde, de surveillance et d'éducation*».

La morale est revendiquée en 1804, elle est appelée aujourd'hui. Le XXe siècle et surtout le XXIe siècle, en raison de grands scandales et grandes crises, comme celle des *subprimes* de 2007-2008, appellent à un retour de la morale dans le droit, sous le nom d'éthique, bioéthique, éthique des affaires ou déontologie.

V Quand le droit se réclame de la morale : quels enjeux contemporains ?

Certains philosophes du XIXe et XXe siècle, tels Hegel, Schopenhauer, et les juristes tels Kelsen se sont employés à séparer le droit de la morale. Hans Kelsen, en 1934, dans *Théorie pure du droit*, écrit: «*La différence entre le droit et la morale* [...] *apparaît dans le contenu des propositions qui les décrivent. Dans le domaine du droit, la conséquence imputée à la condition est un acte de contrainte consistant dans le retrait de biens tels que la vie, la liberté ou quelque valeur économique ou autre. Cet acte de contrainte est appelé sanction. Dans le cadre d'un droit étatique, la sanction se présente sous la forme d'une peine ou d'une exécution forcée. Elle est la réaction spécifique du droit contre les comportements humains qualifiés d'illicites ou de contraires au droit. Elle est donc la conséquence de tels comportements. Les normes de la morale ne prescrivent ni n'autorisent de sanctions à l'égard des comportements qu'elles qualifient d'immoraux. En revanche la sanction joue un rôle essentiel dans les normes religieuses. Pour les peuples primitifs la mort, la maladie, la défaite militaire, la mauvaise récolte sont des punitions infligées pour des péchés. Les religions plus évoluées enseignent que l'âme sera punie dans un autre monde pour les péchés qu'elle a commis dans celui-ci. Mais toutes ces sanctions sont d'une nature transcendante, car elles sont censées émaner d'êtres surnaturels. Les sanctions du droit sont au contraire des actes d'êtres humains et elles sont prescrites par des normes, elles-mêmes créées par des hommes. Elles constituent donc un élément de l'organisation sociale. À ce point de vue, le droit apparaît comme un ordre social basé sur la contrainte, comme un système de normes prescrivant ou autorisant des actes de contrainte sous la forme de sanctions socialement organisées*». Ce courant de l'autonomie du droit vis-à-vis de la morale est porté par le légicentrisme et par le rejet, par la République laïque, de la religion à laquelle est souvent associée la morale.

Pourtant, dans le même temps, un courant «unioniste» est illustré par les travaux de Georges Ripert. En 1925, dans *La règle morale dans les obligations civiles*, il écrit en ce sens: «*Il n'y a en réalité entre la règle morale et la règle juridique aucune différence de domaine, de nature et de but; il ne peut y en avoir, car le droit doit réaliser la justice et l'idée du juste est une idée morale.* [...] *Si le droit n'est autre chose que la collection des règles de conduite, il apparaît comme l'œuvre arbitraire des gouvernants ou le produit naturel de l'état social existant. A qui réfléchit sur les rapports du droit et de la morale se pose de nouveau, et avec plus de force après la séparation nécessaire, la question de savoir si le droit peut vivre coupé de sa racine, par la seule force de sa technique, ou si, au contraire, il ne peut se développer que par une montée continue de la sève morale*».

Union ou séparation ? L'autonomie du droit est largement débattue dans son rapport avec la morale au début du XXe siècle. Mais le courant « séparatiste » montre ses limites quand le droit, qui a perdu sa morale, conduit à des comportements graves : le recul des libertés dans la lutte contre le terrorisme, le recul de la paix et la justice dans le droit d'ingérence international, le recul du souci environnemental devant l'exigence de l'hyperconsommation et du droit à la liberté du commerce et de l'industrie, le recul de la dignité devant la recherche médicale pour le droit à la vie… La morale doit réintégrer la norme pour lui redonner équité, dignité, solidarité, sagesse et amour. En quelque sorte, le positivisme juridique doit être nuancé par le jusnaturalisme. J. Krynen écrit dans *Le droit saisi de la morale* : « *Depuis les années 1980, le retour en force partout revendiqué de l'éthique (ce mot, parce qu'il fait moins peur, est fréquemment substitué à celui de morale) a aussitôt provoqué une "moralisation saillante du droit", phénomène "indéniable et irréversible" (J. Habermas), mettant en demeure les juristes universitaires de se pencher sur les multiples interactions contemporaines entre les deux systèmes normatifs* ». La réintégration de la morale, ou éthique, dans le droit touche les règles internes comme européennes et internationales et toutes les matières juridiques sont concernées. Une présentation de quelques exemples d'une exigence d'éthique dans l'économie (A) et de rappel de la déontologie dans les métiers médicaux et judiciaires (B) vise à montrer combien l'autonomie du droit s'estompe devant la morale et aussi combien ces unions soulèvent de nouveaux débats sociétaux, voire de nouveaux paradoxes.

A Morale et éthique dans l'économie

L'économie et le monde du travail semblent relativement éloignés des considérations morales. Cette séparation ou autonomie du droit du travail et du commerce, est justement à l'origine de dysfonctionnements et d'abus qui ont obligé le législateur à intervenir pour rappeler des règles morales. Il intervient d'abord pour sanctionner le harcèlement moral au travail (1), puis, de manière plus indirecte, pour inciter les entreprises à adopter des mesures de « bonne conduite » dans leur gestion (2).

1 Harcèlement moral et droit du travail

Les lois Auroux de 1982 sont aux prémices de la réintégration de la morale dans le droit du travail. Elles garantissent la protection des salariés et de leurs droits individuels face à la toute puissance de l'employeur. Les lois du 2 novembre 1992, « sur l'abus d'autorité en matière sexuelle dans les relations du travail » et du 17 janvier 2002 sur le harcèlement (moral) et la discrimination au travail, protègent contre toute forme de harcèlement. L'article 26 de la charte sociale européenne, transposée en droit français le 4 février 2000, accorde le droit à la dignité au travail. La directive européenne de 2000 définit le harcèlement moral comme « *une forme de discrimination* […] *lorsqu'un comportement indésirable lié à l'un des motifs visés à l'article 1er se manifeste, qui a pour objet ou pour effet de porter atteinte à la dignité d'une personne et de créer un environnement intimidant, hostile, dégradant, humiliant ou offensant. Dans ce contexte, la notion de harcèlement peut être définie conformément aux législations et pratiques nationales* ». Ces textes sont encore complétés en 2012 et 2018. Le harcèlement moral se manifeste par des agissements malveillants répétés : remarques désobligeantes, intimidations, insultes… Ces agissements entraînent une forte dégradation des conditions de travail de la victime, et peuvent porter atteinte à ses droits et à sa dignité, altérer sa santé physique ou mentale, ou compromettre son avenir professionnel. C'est un délit punit jusqu'à deux ans de prison et 30 000 € d'amende en vertu de l'article 222-33 du Code pénal et des articles L 1152-1 et L1155-1 et -2 du Code du travail. Avant de porter plainte, les salariés peuvent faire un recours auprès de leur hiérarchie qui peut prendre des sanctions disciplinaires, ouvrir une procédure de médiation, saisir le défenseur des droits, alerter leurs représentants du personnel et l'inspection du travail. Les fonctionnaires sont également protégés contre le harcèlement moral. La juridicisation du harcèlement moral constitue bien une moralisation des relations du travail, mais laisse au juge la mesure de la souffrance psychologique du travailleur. Un autre dispositif ajoute de la morale plus globalement dans l'entreprise, il s'agit de la Responsabilité Sociale des Entreprises (RSE).

2 Responsabilité Sociale des Entreprises

L'idée d'une responsabilité sociale des entreprises apparaît dans des travaux de managers américains dans les années 1950, qui pensent que si les entreprises ne se consacrent pas seulement à leurs profits mais aussi à leur impact sur la société, elles pourraient en tirer un bénéfice. Par exemple, en payant mieux leurs salariés, elles augmentent leur pouvoir d'achat, avec lequel ces salariés pourraient acheter les produits de l'entreprise. En se préoccupant de l'environnement, ces entreprises pourront faire des économies à long terme en évitant de gérer des catastrophes naturelles. À la fin du XXe siècle, quand les préoccupations salariales et environnementales croissent, la notion de RSE se développe et se précise. Elle est définie comme la possibilité pour les entreprises d'intégrer des enjeux environnementaux, sociaux et éthiques dans leurs activités. Les entreprises peuvent mettre en place des pratiques de développement durable. Cet engagement est volontaire mais encadré par le droit. L'Union Européenne, en 2001, dans son livret vert de la RSE la définit comme : *« l'intégration volontaire des préoccupations sociales et écologiques des entreprises à leurs activités commerciales et leurs relations avec leurs parties prenantes. Être socialement responsable signifie non seulement satisfaire pleinement aux obligations juridiques applicables, mais aussi aller au-delà et investir « davantage » dans le capital humain, l'environnement et les relations avec les parties prenantes »*. De plus, l'*International Organisation for Standardisation* (ISO) fait du RSE la norme ISO 26000. En France, en 2004, un « label responsabilité sociale » est crée par le ministère du travail. Morale et volontaire, cette RSE s'impose progressivement dans le monde de l'entreprise pour être plus concurrentielle en montrant son investissement sur le plan environnemental et sociétal. C'est un outil de management et de communication afin d'améliorer la gestion des ressources, la productivité mais aussi l'image de l'entreprise. Morale et volontaire, la RSE devient indirectement une norme en droit français par la loi sur les nouvelles régulations économiques du 15 mai 2001 qui demande que les entreprises cotées en bourse indiquent dans leur rapport annuel des informations relatives aux conséquences sociales et environnementales de leurs activités (article 116). Elle est étendue par les lois Grenelle I et Grenelle II, en 2009 et 2010, aux entreprises non cotées. Répondant à une demande des consommateurs, des investisseurs, des ONG et des syndicats, les entreprises communiquent sur leur engagement éthique. Si l'Organisation Internationale du Travail et l'Organisation de Coopération de Développement Économique esquissent une réglementation au niveau mondial, cette RSE est complexe à mettre en œuvre : quelle éthique des affaires ? Quelle sécurité juridique et informatique ? Quelle responsabilité pour qui ? Quels contrôles ? Quelles sanctions ? De plus, l'interprétation de cette « bonne conduite » par les dirigeants est souvent à leur avantage. Le risque d'une manipulation du droit par l'éthique appelle une réglementation plus complète.

B Et si on n'oubliait pas la déontologie ?

La déontologie, ce mot crée par Bentham, est un ensemble de règles et devoirs régissant une profession libérale. Elle remonte à l'Antiquité gréco-romaine, que l'on pense au serment d'Hippocrate des grecs ou au désintéressement des jurisconsultes romains. Pourtant, elle semble reculer à l'ère contemporaine, au nom de la recherche médicale et scientifique (1), ou encore, plus trivialement, au nom de l'individualisme et du profit (2).

1 Bioéthique ? Vous avez dit bioéthique ? Les termes d'un débat

Les médecins forment une profession libérale soumise à un code de déontologie composé de 112 articles. À l'origine de cette déontologie, le serment d'Hippocrate, remontant au IVe siècle av. J.-C. Ce serment – non juridique – a aujourd'hui une valeur symbolique, tel un rite de passage. Il porte en lui les valeurs et vertus de respect, confiance, bienveillance, discrétion. Aujourd'hui, par ce serment, les futurs médecins s'engagent à respecter le Code de déontologie médicale et ses obligations légales, morales et éthiques. Il contient les obligations légales et morales de respect de la vie et de la dignité des personnes, de moralité et probité, de secret professionnel, d'indépendance, de non discrimination, d'assistance, de qualité de soins, de confraternité.

Malgré cela, l'histoire récente porte les stigmates des violations de cette déontologie, à commencer par les expérimentations nazies sur les sujets humains, condamnées lors du procès de Nuremberg. En réaction, le Code de Nuremberg de 1947 énonce les conditions pour des expérimentations médicales, au fondement desquelles il place le consentement éclairé du sujet volontaire comme préalable absolu à la conduite des recherches. Puis la déclaration d'Helsinki de 1964 fixe les principes éthiques applicables à la recherche médicale impliquant des êtres humains : respect, santé, dignité, intégrité, consentement éclairé et volontariat, confidentialité et droits des êtres humains (article 9).

Les progrès de la science à la fin du XXe siècle, conduisent les médecins à expérimenter sans limites, ni légales, ni morales pour certains. Des scandales sans précédents émaillent les actualités : celui du sang contaminé de 1980 à 1990, celui des recherches illégales sur des fœtus à l'hôpital Saint-Vincent-de-Paul, en 1994, celui des malfaçons des prothèses PIP (2000 à 2010). Par ailleurs, des pratiques médicales autorisées peuvent heurter la morale, comme les « bébés médicaments ». En 2011, en France le premier bébé médicament, dont le cordon ombilical a servi à soigner sa grande sœur, est né grâce à un procédé de sélection des embryons pour la fécondation *in vitro*. D'autres pratiques, amorales et illégales sont dénoncées comme le trafic et la vente d'organes par des mafias (avec ou sans le consentement des « donateurs » en Chine), les essais cliniques sur des populations non informées en Inde, dénoncés par la Cour suprême d'Inde en 2012. Il s'agit d'essais cliniques effectués par les médecins qui proposent un médicament expérimental gratuit aux populations les plus pauvres qui ne peuvent pas acheter le médicament officiel pour leur pathologie, sans les avertir qu'il s'agit d'un essai, et donc qu'il y a des risques pour leur santé et ce à la connaissance des laboratoires. Les populations les plus modestes, les moins instruites, les plus fragiles en sont les cibles privilégiées. La perte des considérations de dignité humaine, de non commercialisation du corps humain, du corps inviolable au profit des progrès médicaux, des avancées de la recherche et des gains potentiels, banalisent les transgressions.

L'humanité toute entière est concernée par le rappel des règles morales dans la médecine. De ce constat est née la notion de bioéthique, dans les années 1970. Elle consiste en une réflexion sur les progrès de la recherche dans les domaines de la biologie, de la médecine et de la santé. Elle s'intéresse aux questions éthiques, ou morales, posées par les avancées technologiques et scientifiques et leur impact sur l'être humain. Cette réflexion est à la croisée du droit, de la science, de la morale, de la médecine et de la philosophie et se penche sur les potentielles dérives et donc aux bornes à trouver pour empêcher ces dérives. Le Comité Consultatif National d'Éthique, crée par décret présidentiel le 23 février 1983, est une autorité administrative indépendante chargée de tenir des États généraux (depuis 2011) pour un débat public et de produire des avis sur les questions liées à la bioéthique. Les lois de bioéthiques de 1994, 2004, 2011, 2013, 2018 apportent des réponses et des limites légales et morales face aux enjeux de recherche sur l'embryon, les dons d'organes, les PMA… Mais, la morale s'est renversée récemment, les dernières réformes visent plus à mettre à disposition le matériau humain pour les recherches – le corps redevient un objet – qu'à moraliser la recherche médicale contre l'exploitation scientifique, sorte de «*perversion du droit par la bioéthique*», selon J. Krynen. Attention, avertit-il, à ce que l'éthique ne chasse pas le droit, en bouleversant, opacifiant, généralisant les règles au gré des intérêts du moment…

2 Déonto… quoi? Une nouvelle maladie judiciaire: la «déontodéficience» (V. Ménès-Redorat)?

Le premier traité de «déontologie» pour les avocats remonte à 1602, écrit par le juriste Loisel qui collationne les usages ancestraux (remontant à la création de la profession d'avocat au XIIIe siècle) dans son *Dialogue des avocats*. Cette déontologie se laïcise au XIXe siècle et au XXe siècle, les premiers manuels de déontologie d'Appleton ou Damien l'érigent en science. «*La déontologie est la science des devoirs qui s'impose à une profession. Il ne s'agit pas de règles corporatistes, ni de règles visant à protéger les avocats*» (Cf. J.-J. Taisne, *La déontologie de l'avocat* et H. Ader & A. Damien, *Règles de la profession d'avocat*). Au XXIe siècle, c'est la loi qui se saisit plus précisément encore de la déontologie comme par le décret du 12 juillet 2005. Pourtant, H. Ader et A. Damien rappellent que, depuis les origines jusqu'à la fin du XIXe siècle, «*les avocats se sont passés de déontologie*», les usages oraux et la morale chrétienne suffisaient à régir la vie professionnelle. La rupture a lieu à l'heure même de la gloire des avocats sous la IIIe République où le rejet du christianisme depuis la Révolution atteint son paroxysme, mettant à mal les principes moraux. De plus, l'État tolère de plus en plus difficilement le contre-pouvoir que les avocats représentent et les principes non écrits de l'Ancien Régime qu'ils respectent. La déontologie devient fonctionnelle, laïcisée, une «*déontologie de restriction*», de limitations. Elle est admise par les avocats à la fin du XIXe siècle comme la condition pour être libres à la barre. Aujourd'hui, constatent-ils, elle est devenue du droit positif et émerge à ses côtés, en ce début du XXIe siècle, une déontologie du juridique, morale, amenée à devenir également un droit.

Les principes essentiels de la déontologie sont ainsi faits d'usages de bienséance anciens, en tout ou partie inscrits dans les règlements intérieurs locaux des Barreaux mais aussi fixés dans les textes législatifs, et sont détaillés aux articles 1 à 5 du Règlement Intérieur National de la profession d'avocat, harmonisé en 2007, consolidé le 24 septembre 2011. «*Les principes essentiels de la profession guident le comportement de l'avocat en toutes circonstances. L'avocat exerce ses fonctions avec dignité, conscience, indépendance, probité et humanité dans les termes de son serment. Il respecte en outre, dans cet exercice, les principes d'honneur, de loyauté, de désintéressement, de confraternité, de délicatesse, de modération et de courtoisie. Il fait preuve, à l'égard de ses clients, de compétence, de dévouement, de diligence et de prudence*». Nul avocat ne peut ignorer sa propre loi puisque ces principes déontologiques sont inscrits dans le serment qu'il prête lors de son entrée dans la profession: «*Je jure comme Avocat d'exercer mes fonctions avec dignité, conscience, indépendance, probité et humanité*», tels que ces termes ont été fixés par la loi du 31 décembre 1990. Le décret du 12 juillet 2005 ajoute onze principes déontologiques à ceux du serment: «*honneur, loyauté, désintéressement, confraternité, délicatesse, modération, courtoisie, compétence, dévouement, diligence et prudence*». «*Si ces valeurs semblent revêtir une dimension plus morale que juridique, il faut néanmoins rappeler que tout manquement à ces principes constitue une faute déontologique et peut par conséquent justifier une poursuite disciplinaire*» (H. Ader & A. Damien). La profession étant autorégulée, c'est au Bâtonnier qu'il revient de sanctionner les manquements par l'admonestation, voire ouvrir une procédure disciplinaire devant le Conseil régional de la discipline pouvant faire l'objet d'un appel devant la Cour d'appel. La morale est au cœur de la profession d'avocat et elle est reconnue et sanctionnée par le droit. Aucun doute donc sur la fusion historique et actuelle des deux matières. Pourtant, des fissures apparaissent et posent la question d'une séparation volontaire, engagée par le législateur et par les avocats entre le droit et la morale. Ce mouvement qui conduirait à l'autonomie du droit est-il pour autant bénéfique?

À l'occasion d'une recherche d'une année, en 2016, menée avec les avocats du Barreau du Val d'Oise, un livre «*Le Barreau du Val d'Oise*» a été publié (V. Ménès-Redorat). Au chapitre «Déontologie», se pose la question suivante: la profession est-elle face à la «*Chronique d'une mort annoncée?*». À cette interrogation, un peu provocante, les avocats consultés (échantillon de 50 sur 450) répondent positivement. Le dérèglement de la profession a commencé. Si tous reconnaissent un esprit de dévouement et de liberté qui anime le Barreau et qui fait la fierté et l'honneur des avocats, les pratiques individuelles et les lois récentes y font des accrocs. La liberté d'expression, garantie par la loi du 15 juin 1982, n'est pas si large que cela face à la réalité économique, au mandat exercé pour la République, à la défense du client… La plaidoirie est un exercice subtil, mais elle tend à disparaître. La «fonctionnarisation» projetée d'avocats dédiés à l'aide juridictionnelle ou la création de l'avocat d'entreprise font craindre une subordination de l'avocat à l'État ou à l'entreprise et un déclin de l'indépendance financière, intellectuelle et professionnelle qui est un gage de l'État démocratique. Le secret, quant à lui, est limité par les lois contre le blanchiment d'argent et les mesures visant à lutter contre le terrorisme. L'usage d'internet est problématique en matière de secret: le Réseau Privé Virtuel des Avocats pose la question de la protection des données dématérialisées transmises. De plus, la confidentialité des correspondances est en cause dans les messageries électroniques, non ou mal protégées. Quant à la «foi du palais», ce principe de loyauté et de bonne foi entre les confrères, qui implique le respect de la parole donnée entre avocats, elle est parfois «oubliée» par les avocats, qui en «oublient» leur devoir de confraternité… jusqu'à mentir au palais… La possibilité accordée par la loi sur la consommation du 17 mars 2014 de faire de la publicité pour les cabinets autorise-t-elle à faire de la publicité mensongère? Les avocats déplorent parfois le déclin du respect des aînés, de la politesse, de la ponctualité, de la probité, de la loyauté, de la délicatesse, de la courtoisie, de l'entraide et de la solidarité, de l'honneur au final. Serait-ce une sorte de «déontodéficience» dont souffriraient certains avocats et dont le symptôme serait d'appliquer une déontologie à dimension variable? Au nom du refus des traditions, au profit de la modernité, pour l'évolution de la profession, faut-il écarter la morale du droit? Les avocats ne doivent pas oublier leur serment, socle et ADN de la profession, une garantie pour tous les citoyens, au risque de dégrader leur image dans la société. De leur avis, la morale doit rester dans le droit.

« *Il n'est plus loisible de s'acharner à répéter, contre toute réalité, que droit et morale poursuivent des objectifs différents, comme si l'un ne visait que la pacification des intérêts en conflit, l'autre l'épanouissement spirituel de l'homme, comme si le droit se souciait non de l'individu mais de la société, comme si la morale ne se souciait pas des actions concrètes. Sauf à sombrer dans un total subjectivisme qui la rendrait sans lumière, ni repère, la morale a besoin de critères objectifs, de formules communes et de sanctions juridiques. La morale irrigue le droit* [...] *et le droit vient sauver la morale aujourd'hui défaillante devant l'individualisme* », conclut J. Krynen (*Le droit saisi par la morale*).

Pour aller plus loin sur les mœurs, entre morale et coutumes

Us, mœurs, coutumes, rites, sous cette diversité terminologique se trouvent les usages de la société qui renvoient à des *corpus* de règles s'imposant à tous. Ces notions se confondent dans celle, très large, de « mœurs ». Ces dernières sont, en sociologie, des habitudes naturelles ou acquises de conduite ou manière de vivre d'un individu, d'un groupe, d'un peuple. Elles varient selon les époques et les peuples. Le droit les définit comme des habitudes, usages conformes à la moralité, à la religion et à la culture d'un pays ou d'un peuple. Elles constituent un ensemble de normes, le plus souvent coutumières, généralement non écrites, en partie formulées dans les règles de droit. De l'Antiquité au XXIe siècle, les mœurs sont dans le droit. La loi des XII tables est la rédaction du *mos majorum*, les mœurs des ancêtres. Le Code civil fait référence aux bonnes mœurs en son article 6 comme une notion juridicisée de la morale. Le Code de la fonction publique, jusqu'en 1983, mentionne la bonne moralité et les bonnes mœurs des fonctionnaires. Ainsi la frontière entre le droit et la morale s'estompe, ou se brouille, dans la notion de mœurs. Robert Jacob, dans son article *La coutume, les mœurs et le rite*, revient sur l'histoire de la coutume et son rapport aux mœurs. Faisant référence à la terminologie latine, il constate que dans l'Antiquité romaine, les termes « *consuetudo, mos et ritus étaient devenus de quasi synonymes pour désigner les façons de faire ordinaires* ». Rite s'apparente aux manières, *mos* est la norme de comportement extérieure au *jus* (droit formalisé) qui ne peut pourtant pas y être indifférent (pour preuve le censeur qui contrôle les mœurs et la morale des citoyens), *consuetudo* renvoie à habitude. L'influence de la rhétorique grecque qui distingue les lois non écrites et écrites introduit une nouvelle distinction dans le droit romain qui différencie, sous l'empire, *consuetudo* et *lex*, coutume et loi. Justinien, en 533, dans les *Institutes*, fixe cette distinction et définit la coutume, non écrite, sur un élément matériel (la répétition d'actes) et un élément moral, tacite : « *le consentement populaire qui rend l'habitude impérative* ». Ces qualifications sont reprises au Moyen Âge et leurs définitions se précisent, séparant progressivement un peu plus les notions. Au XIIe siècle, le rite, utilisé en droit canonique pour désigner la liturgie, prend une connotation religieuse (rite romain, rite anglican). La coutume, *consuetudo* ou banalité, est désormais l'ordre seigneurial, dont la répétition vaut consentement populaire sous la féodalité. Les rituels d'adoubement, d'hommage, d'investiture complètent le paysage médiéval par le recours aux symboles et rites accompagnant les usages. Mais tous sont ou deviennent progressivement des coutumes, donc du droit. Selon Robert Jacob, l'apparition du droit coutumier à la fin du Moyen Âge est une « *innovation* », un « *concept savant* », apporté par les légistes sur le fondement de leurs connaissances en droit romain. « *On manque totalement la réalité du droit coutumier médiéval si l'on ne saisit pas qu'il fut d'abord un instrument forgé pour les besoins de la régulation imposée à la société par le droit étatique* ». Désormais assimilée à du droit, la coutume médiévale s'éloigne des mœurs et des rites. Le terme latin *mores* au XIIe siècle, est adapté pour désigner les comportements usuels qui ne sont pas du droit, mais « *objet de la règle. La correction des mauvaises mœurs, la promotion des bonnes* » est l'objectif que doit poursuivre le droit. Le bailli Philippe de Beaumanoir, en atteste dans ses *Coutumes de Beauvaisis*, en 1283, quand il écrit (§ 1515) : « *Tout soit il ainsi que li rois puist fere nouveaus establissemens, il doit mout prendre garde qu'il les face par resnable cause et pour le commun pourfie et par grant conseil, et especiaument qu'il ne soient pas fet contre Dieu ne contre bonnes meurs* ». Les mœurs, manières ou morale des peuples, ne sont jamais loin du droit, ni de la coutume, ni des ordonnances. Elles le guident, le conditionnent et le limitent. Aux temps Modernes, Machiavel (*Le prince*, 1513), Spinoza (*Éthique*, 1677), Hobbes, Descartes, Montesquieu (*De l'esprit des lois*, 1748), Voltaire (*Essai sur les mœurs*, 1756), Burke, Kant (*Métaphysiques des mœurs*, 1795), réfléchissent encore aux relations complexes entre les mœurs, les coutumes et les lois, au centre desquelles la morale prend une place à dimension variable. Pour en savoir plus, consulter : F. TOTO, L. SIMONETTA & G. BOTTINI (dir.), *Entre nature et histoire. Mœurs et coutumes dans la philosophie moderne*, Classiques Garnier, 2017.

Exercice

Exercice d'application : commentaire de texte et corrigé

L'exercice est un commentaire de texte, extrait de **Hegel**, ***Propédeutique philosophique***, 1809-1811.

Méthode du commentaire de texte

Finalité de l'exercice : expliquer et analyser, à l'aide des connaissances, un texte sur un ou des problèmes d'histoire du droit précis.

Un principe à retenir : il s'agit de commenter le texte, rien que le texte, mais tout le texte.

Il faut éviter les deux écueils du commentaire : la paraphrase (recopier le texte avec d'autres termes) et la dissertation (disserter sur le thème central du texte).

1. Phase préparatoire : l'analyse et la synthèse (1 h)

La **première étape** consiste en une première lecture du texte en relevant le titre, l'auteur, la date du texte, sa nature (juridique, politique ou historique) et son thème majeur.

La **seconde étape** débute par une seconde lecture afin de souligner et de relever tous les mots et expressions appelant une définition et une explication. Il faut également relever les césures dans les textes, les paragraphes, les articulations du raisonnement de l'auteur, les divers thèmes qui apparaissent et / ou qui sont sous-jacents. Ce travail ne doit pas être négligé car il permet de confronter les thèmes et la mise en corrélation avec le contexte historique, ce qui permet de dégager la problématique du texte.

La troisième étape est consacrée à la répartition des thèmes dégagés autour de deux idées principales qui vous aideront à élaborer un plan.

Remarque : le commentaire juridique n'est pas un commentaire linéaire du texte, c'est un commentaire thématique et analytique.

Sur le fond, pour l'analyse, il faut toujours se demander : pourquoi ce texte a-t-il été écrit ? Dans quel but ? Pourquoi l'auteur défend ou dénonce le(s) point(s) abordé(s) ? Quels sont les causes et les conséquences de ce texte ? Pour le ou les auteur(s), pour la société, pour le droit, pour le politique ? Ces questions permettent de dégager les intérêts et la problématique du texte. Dites-vous qu'il y a toujours une raison pour qu'un texte soit écrit et qu'il y a toujours une raison pour qu'on soumette ce texte à votre étude. Il a probablement marqué l'histoire du droit ! À vous de trouver et démontrer pourquoi !

2. Phase rédactionnelle (2 h)

L'**introduction** comprend cinq éléments qu'il importe de lier entre eux logiquement.

0. Élément non obligatoire : la phrase d'accroche.

1. L'introduction doit présenter le texte dont il faut déterminer la nature : elle peut être juridique (charte, diplôme, contrat, coutume, ordonnance, jurisprudence, doctrine), historique (chronique, récit, biographie, mémoire, journaux) ou politique (discours, pamphlet, traité). Il faut ajouter la date du texte et présenter en une ligne/phrase le thème général abordé. Une présentation rapide de l'auteur est utile (vie, œuvre, statut, en quatre ou cinq lignes maximum).

2. Le contexte juridique et politique (environ dix lignes), éventuellement social et économique si le sujet s'y prête à la date du texte et / ou avant la date du texte (jamais après le texte).

3. Énoncer succinctement les problèmes / enjeux que soulève le document : les intérêts de son étude et les divers thèmes à analyser dans le commentaire. ATTENTION : il ne faut en aucun cas résumer le texte en intro !

4. La problématique du texte peut être formulée sous la forme d'une question ou d'une affirmation.

5. L'annonce matérielle du plan (uniquement les deux parties principales : I et II) achève l'introduction, sachant que les parties I et II sont une réponse à la problématique.

Les conseils sur la présentation formelle sont les mêmes que pour la dissertation.

La rédaction : le **corps du commentaire** est en pyramide : il doit partir du texte, on commence par une citation du texte, puis on explique et on analyse de manière générale et large. Les idées de chaque extrait cité sont expliquées juridiquement et commentées / analysées contextuellement.

Il convient de commencer chaque développement par une citation « … » représentant une idée ou une sous-idée.

Puis il faut expliquer le sens de la citation : définir les termes si nécessaire, présenter l'origine, la valeur et la portée de l'idée pour un commentaire clair et précis. Les citations du texte doivent permettre la démonstration, c'est-à-dire la réponse à la problématique de l'introduction.

Pour une bonne explication de la citation, il faut apporter des connaissances de cours (manuels…) qui servent à éclairer le propos de l'auteur. Il est recommandé d'ajouter des connaissances et recherches d'autres périodes, antérieures ou postérieures si elles servent le commentaire, si elles sont pertinentes. C'est-à-dire si elles éclairent la notion (son origine, ses évolutions), si elles sont un exemple ou un contre exemple, une application (antérieure, postérieure). Une période porte en elle le passé et détermine l'avenir.

Attention à ne pas tomber dans la paraphrase, à savoir redire en d'autres termes ce que l'auteur affirme. À la différence de la dissertation, il convient d'aller du particulier au général : de la citation du texte à son explication et son analyse. En citant souvent le texte, on évite aussi de tomber dans la dissertation et perdre le document de vue.

Tout le texte doit être exploité et commenté. On doit pouvoir « relire » l'ensemble du texte à l'aide des citations incluses dans le plan et cela permet d'avoir la certitude d'avoir traité tout le document soumis au commentaire.

A. Texte à commenter

Hegel, *Propédeutique philosophique*, 1809-1811, Introduction, § 22 et 23, Trad. M. de Gandillac, Éditions de Minuit, 1997, p. 37-38.

« Le droit ne dépend pas de l'intention qu'on a en agissant. On peut faire quelque chose avec une excellente intention, la conduite n'est pas pour autant justifiée, mais peut être, sans qu'on y prenne garde, contraire au droit. D'autre part, une conduite, par exemple l'affirmation de ma propriété, peut être juridiquement tout à fait justifiée et faire place cependant à une intention méchante, dans la mesure où il ne s'agit pas seulement pour moi de défendre mon droit, mais bien plutôt de nuire à autrui. Sur le droit comme tel cette intention n'a aucune influence. Le droit n'a rien à voir avec la conviction que ce que j'ai à faire soit juste ou injuste. Tel est particulièrement le cas en ce qui concerne la punition. On tâche sans doute de persuader le criminel qu'il est puni à bon droit. Mais qu'il en soit ou non convaincu ne change en rien au droit qu'on lui applique. Enfin le droit ne dépend non plus en rien de la disposition d'esprit dans laquelle un acte est accompli. Il arrive très souvent qu'on agisse de façon correcte par simple crainte de la punition, ou parce qu'on a peur de n'importe quelle autre conséquence désagréable, telle que perdre sa réputation ou son crédit. Il se peut aussi qu'en agissant selon le droit on songe à la récompense qu'on obtiendra ainsi dans une autre vie. Le droit comme tel est indépendant de ces dispositions d'esprit [...]. Il faut distinguer droit et morale. Le droit peut très bien permettre une action qu'interdise la morale. Le droit, par exemple, m'autorise à disposer de mon bien de façon tout fait inconditionnelle, mais la morale contient des déterminations qui limitent ce droit de disposition. Il peut sembler que la morale permette bien des actions que le droit interdit, mais la morale n'exige pas seulement l'observation du droit à l'égard d'autrui, elle ajoute de plus au droit la disposition d'esprit qui consiste à respecter le droit pour lui-même. C'est la morale elle-même qui impose que, d'abord, le droit soit respecté, et que, là où cesse le domaine du droit, interviennent des déterminations morales. Pour qu'une conduite ait une valeur morale, il est nécessaire de discerner si cette conduite est juste ou injuste, bonne ou méchante ».

Préparation

Le commentaire de texte est un exercice difficile, il nécessite de se départir des habitudes antérieures pour acquérir la nouvelle méthodologie juridique et il nécessite également plusieurs entraînements pour s'améliorer dans cet exercice. Il n'y a pas de plan-types, à l'instar de la dissertation, car il y a toujours plusieurs façons d'appréhender le texte, donc plusieurs approches possibles. Attention, vous ne devez pas donner votre avis personnel sur le texte mais l'analyser juridiquement. Ne pas oublier que vous devez utiliser vos connaissances de ce chapitre sur l'histoire de la relation entre droit et morale dans une recherche d'autonomie.

- Identifiez l'auteur, la date, le titre du texte, son thème et sa nature : Hegel, un philosophe du XIXe siècle, écrit, entre 1809 et 1811, un ouvrage de nature philosophique intitulé *Propédeutique philosophique*. Dans cet extrait, l'auteur présente une distinction entre le droit et la morale (thème général).

– Identifiez le contexte du début du XIXe siècle : Révolution, Code civil, contexte idéologique : rationalisme, modernisme, capitalisme et libéralisme.
– Recherchez les connaissances qui se rapportent au texte dans le cours et la bibliographie.
– Relevez les termes importants dans le texte à commenter et associez les connaissances
– Déterminez les intérêts de l'étude de ce texte : pourquoi l'auteur écrit-il ce texte ? Il veut monter la distinction entre le droit et la morale. Pourquoi ? Dans le contexte de rationalité, de laïcisation du droit et de Révolution du début du XIXe siècle, Hegel participe au mouvement de séparation du droit des autres matières et plus largement au mouvement général de rationalisation de la société moderne post révolutionnaire. Quelles sont les origines et les conséquences de cette volonté ? Quel sont les autres courants, semblables ou distincts ?
– Préparation du plan : rassembler entre elles les notions qui sont cohérentes en deux groupes qui correspondront aux deux parties, noter les notions principales et ajouter les connaissances.

B. Bibliographie indicative

– J. KRYNEN (dir.), *Le droit saisi par la morale*, éd. IFR, Presses Universitaires de Toulouse, 2005.
– O. NAY, *Histoire des idées politiques*, Armand Colin, Paris, 2004.
– O. NAY, J. MICHEL, A. ROGER, *Dictionnaire de la pensée politique. Idées, doctrines et philosophes*, Armand Colin, Dalloz, Paris, 2005.
– B. OPPETIT, *Philosophie du droit*, Précis Dalloz, Paris, 1999.
– O. PFERSMANN, « Morale et Droit », *Dictionnaire de la culture juridique*, D. ALLAND et S. RIALS dir., PUF, 2003, p. 1040-1046.
– M. VILLEY, *Philosophie du droit*, Paris, Dalloz, 1978-1979 ; *La formation de la pensée juridique moderne*, Paris, Montchrestien, 1975.

C. Corrigé

Introduction

0. « *La philosophie hégélienne du droit représente sans doute la plus grandiose philosophie du droit qui ait jamais été conçue* », écrit le professeur Bruno Oppetit.

1. Le texte qui est proposé à notre étude, un extrait de *Propédeutique philosophique*, est un reflet de ce « génie hégélien ». L'auteur, Friedrich Hegel, philosophe allemand qui a vécu de 1770 à 1831, a fortement marqué son siècle et le suivant. Cet ouvrage posthume est constitué par les cours qu'il dispensait entre 1809 et 1811 au lycée de Nuremberg. Il s'agit d'une initiation pour les jeunes élèves à la pensée philosophique. Il propose ici une réflexion sur les rapports entre le droit et la morale. Ce thème a été souvent traité par les philosophes depuis l'Antiquité.

2. Alors que les Hébreux ne faisaient pas la distinction entre la morale et le droit, associant les deux dans le *Décalogue* ou dans le procès de Salomon, par exemple, les philosophes grecs, pour leur part, distinguent les lois, le droit naturel et les vertus morales des hommes. Néanmoins, comme les romains, ils considèrent que les vertus doivent guider le législateur. Le droit doit être emprunt de morale et la justice doit être équitable car l'un comme l'autre déterminent ce qui est bien ou mal. La montée du christianisme à la fin de l'empire romain appelle à plus de morale dans le droit. Ce mouvement persiste, voire s'accroît, après la chute de l'empire en 476. La morale détermine les qualités et les modes du gouvernement du roi comme de ses agents et se décline dans les sources du droit. Pourtant une séparation est initiée par les droits savants pour une approche technique du droit, distinction qui se poursuit sous l'Ancien Régime à la faveur de la raison et des Lumières. Cette séparation est le fait des juristes comme des philosophes.

3. Hegel, dans la tradition kantienne, propose une démonstration très claire visant à permettre de bien différencier le droit et la morale. Il expose la nature, la mise en pratique par les individus, les finalités et les sanctions de ces deux univers normatifs.

4. La réflexion de Hegel sur les rapports entre le droit et la morale résulte d'une tradition historique tout en marquant un tournant conceptuel à l'aube du XIXe siècle. Elle s'inscrit dans une volonté d'autonomisation du droit.

5. Pour ce faire, il montre que leurs nombreuses différences (I) permettent de reconnaître l'autonomie du droit vis-à-vis de la morale (II).

I. Des différences entre droit et morale…

Hegel montre combien l'action et l'intention divergent lorsqu'il est question de l'application du droit ou du respect de la morale (A). En conséquence, les sanctions de leurs violations sont également très différentes (B), ce qui empêche tout rapprochement entre les deux disciplines.

A. Distinction entre action et intention

Le philosophe s'attache à démontrer que l'action prescrite par le droit diffère de l'intention qui relève de la morale. Les divergences entre le droit et l'intention (1), prouvent que cette dernière relève bien de la morale (2).

1. Différences entre le droit et l'intention

Le droit est par définition, le même pour tous et obligatoire pour tous. Il détermine les actions des individus sans considération des motivations – personnelles et conceptuelles – qui vont pousser cet individu à appliquer ou pas le droit. Il s'impose par lui-même. Le droit ne relève pas d'un choix individuel, moral, d'une intention ou d'un état d'esprit. Le droit est une contrainte : « *Le droit m'autorise… le droit justifie… le droit qu'on lui applique… respecter le droit… que le droit soit respecté* ». Ainsi, la première distinction que propose Hegel est celle entre l'intention et le droit : « *Le droit ne dépend pas de l'intention qu'on a en agissant. On peut faire quelque chose avec une excellente intention, la conduite n'est pas pour autant justifiée, mais peut être… contraire au droit* ». Cette proposition n'est pas neuve car depuis le Moyen Âge, la séparation est établie entre for interne et for externe. Elle est réalisée par les juristes de droit canonique. En 1140, Gratien écrit le *Décret*, compilation de 4000 canons, et, en 1158, Pierre Lombard rédige un exposé de théologie. Par ces deux œuvres, le droit canonique et la théologie sont officiellement distingués l'un de l'autre. Le droit relève du for externe, de l'action dans le respect du droit, alors que la foi relève du for interne, de l'intention. Le mouvement continue avec la séparation entre droit canonique et droit laïc, sur le fondement du célèbre « *Rendez à César ce qui est à César et à Dieu ce qui est à Dieu* » (Saint Matthieu, XXII, 15-22). L'Église admet, au XIIe siècle, une séparation entre le droit canonique et le droit laïc romain. Leurs finalités sont distinguées : d'essence religieuse le droit canonique a pour but le salut des âmes, alors que le droit romain, crée par les hommes, réglemente le comportement des hommes entre eux.

Sous l'Ancien Régime, les humanistes préfèrent fonder le droit sur la raison et écartent encore la morale de ce dernier. Fruit de ce courant rationnel, la philosophie des Lumières précise encore la séparation entre les matières. Kant, dans sa *Métaphysique des mœurs* (1785), distingue nettement la loi de l'éthique, et propose une distinction fondamentale : « *entre le droit et la morale il y a une frontière infranchissable* ». La morale, explique-t-il, relève de l'autorité de la conscience alors que le droit est l'ensemble de règles permettant de faire coexister pacifiquement les libertés individuelles, règles qui s'imposent de l'extérieur et s'appliquent par l'autorité de la puissance publique. Hegel est un successeur de la pensée kantienne et va encore plus loin : il nie la possibilité pour le législateur de s'inspirer de la morale : « *Sur le droit l'intention n'a aucune influence* ». Kelsen, au XXe siècle, affirme, tout comme Hegel, qu'il « *y a une différence non négligeable entre le droit et la morale en ce qui concerne la fonction de commandement. Un ordre juridique positif commande un certain comportement en associant un acte de contrainte conçu comme sanction à un comportement contraire ; plus exactement, en posant comme obligatoire un acte de contrainte dans l'éventualité de ce comportement, dans le sens où il habilite l'édiction d'un acte de contrainte* », dans la *Théorie générale des normes* (chapitre 25, §3).

Le droit relève donc de la contrainte. Il s'impose parce qu'il émane du législateur, de l'extérieur de soi. L'application du droit peut même aller à l'encontre de l'intention ou inversement, l'intention peut être contraire au droit comme l'illustre Hegel avec l'exemple de la propriété. Si le droit de propriété est un droit naturel et imprescriptible, inviolable et sacré en vertu des articles 2 et 17 de la DDHC, il n'en reste pas moins un droit dont les personnes peuvent user abusivement comme le relève Hegel : « *D'autre part, une conduite, par exemple l'affirmation de ma propriété, peut être juridiquement tout à fait justifiée et faire place cependant à une intention méchante, dans la mesure où il ne s'agit pas seulement pour moi de défendre mon droit, mais bien plutôt de nuire à autrui* ». En ce sens, Hegel s'inscrit dans son temps qui voit la reconnaissance du libéralisme et de la propriété. Pour que cette propriété privée existe, il lui faut être reconnue par le droit. Hegel distingue ensuite l'usage que l'on en fait, qui peut être nuisible à autrui, et l'aliénation, par voie contractuelle, qui permet également d'en faire bon ou mauvais usage. Mais Hegel n'est pas un libéral, il établit que puisque le contrat fonde la propriété, ce droit n'est qu'un élément de la volonté et ne protège pas de l'injustice, il repose sur l'intérêt privé. Le contrat peut être fondé sur la force, sur un inégal partage des richesses, voire sur l'arbitraire (E. Chaput, « *Hegel, la propriété et le libéralisme* »). La raison en est que « *le droit, par exemple, m'autorise à disposer de mon bien de façon tout fait inconditionnelle, mais la morale contient des déterminations qui limitent ce droit de disposition* », précise l'auteur. Le philosophe écarte ainsi encore l'intention de l'application du droit et la relègue dans le champ de la morale.

2. Rapprochement entre intention et morale

L'intention est du domaine de «*l'état d'esprit*» et de la «*conviction*», soit d'une considération personnelle, interne, donc morale. Hegel distingue bien l'intention (la morale) et l'action ou «*conduite*» (le droit) : «*On peut faire quelque chose avec une excellente intention, la conduite n'est pas pour autant justifiée*». L'intention peut être bonne ou mauvaise rappelle-t-il : «*l'affirmation de ma propriété, peut être juridiquement tout à fait justifiée et faire place cependant à une intention méchante, dans la mesure où il ne s'agit pas seulement pour moi de défendre mon droit, mais bien plutôt de nuire à autrui.*» Méchanceté et nuisance peuvent être les moteurs de l'intention. Or le droit, à la différence de la morale, ne se soucie ni du bien, ni du mal : «*Pour qu'une conduite ait une valeur morale, il est nécessaire de discerner si cette conduite est juste ou injuste, bonne ou méchante*». Pour Hegel, le droit n'intervient pas dans ce qui est «bon ou méchant». La rupture avec la philosophie antique, grecque et romaine, est consommée. Si pour Celse, le droit est «*l'art de ce qui est bon et juste*», pour Hegel, le droit n'a pas à être un «art», ni «bon», ni «juste», mais la régulation officielle et extérieure, des rapports sociaux. Hegel met également en garde sur cette idée sous-jacente de bien ou de mal en ajoutant : «*une excellente intention... peut être contraire au droit*».

Par conséquent, si la morale, ou conviction, peut être préjudiciable à la bonne application du droit, «*le droit n'a rien à voir avec la conviction du juste et injuste*». Hegel rompt avec une tradition séculaire du juste et de l'injuste qui remonte à l'Antiquité. Le droit hébraïque précise qu'il revient au roi, nommé par Dieu, de déterminer le juste et l'injuste. Cette notion se retrouve aussi dans la justice distributive d'Aristote. Elle est centrale pendant tout le Moyen Âge car le sacre des rois de France, à compter de 751, et la promesse du sacre, établie en 869, font des rois Carolingiens et Capétiens des rois justiciers qui peuvent juger en équité. La justice distributive est une réalité dans la jurisprudence des *Olim* (arrêts du Parlement du XIIIe siècle) qui prouvent le rapprochement entre droit et morale. Robespierre déclarait encore après la Révolution que seule la morale peut réaliser la justice. Mais Hegel s'élève contre cette tradition séculaire en rappelant bien que «*le droit n'a rien à voir avec la conviction que ce que j'ai à faire soit juste ou injuste*». La question morale du juste doit être écartée du droit qui est une valeur objective, sans jugement de valeur justement. La morale relève du for intérieur et de l'idée que l'on se fait de l'action à faire ou à ne pas faire. Or, le juste et l'injuste relèvent de la croyance, de la certitude, de l'opinion que l'on se fait de quelque chose, «*de la disposition d'esprit*» alors que le droit est une règle à appliquer. Hegel rappelle que la conviction n'importe pas dans l'application du droit : «*qu'il en soit ou non convaincu ne change en rien au droit qu'on lui applique*». La morale relève de la disposition d'esprit, alors que «*le droit ne dépend non plus en rien de la disposition d'esprit* [...] *Le droit comme tel est indépendant de ces dispositions d'esprit*».

Un autre élément donné par Hegel, pour étayer sa distinction entre droit et morale, est celui de la sanction.

B. Des sanctions divergentes

Bien que la morale et le droit constituent deux ordres normatifs, les violations de ces règles sont bien différentes. Hegel reprend une distinction déjà élaborée par le droit canonique médiéval. L'Église distingue le for intérieur du for externe. Le for est le tribunal, le for intérieur est le tribunal de la conscience, alors que le for externe est la juridiction ecclésiastique. Celui qui a péché contre les commandements moraux (Cf. le *Décalogue*) peut être absous par la confession, alors que celui qui a violé le droit canonique doit être condamné par le juge ecclésiastique. Le criminel qui viole le droit est puni selon le droit (1) alors que celui qui ne respecte pas la morale encourt des sanctions elles aussi morales : intérieures, religieuses ou sociales (2).

1. Sanction de la violation du droit

La violation de la règle de droit conduit à la sanction prévue par le droit. Hegel précise ici encore que cette punition n'a pas à être ou paraître juste ou injuste : « *Le droit n'a rien à voir avec la conviction que ce que j'ai à faire soit juste ou injuste. Tel est particulièrement le cas en ce qui concerne la punition. On tâche sans doute de persuader le criminel qu'il est puni à bon droit. Mais qu'il en soit ou non convaincu ne change en rien au droit qu'on lui applique* ». Les articles 2, 7, 8 et 9 de la DDHC garantissent la sûreté, c'est-à-dire la garantie du droit pour le respect de la légalité des délits et des peines, des arrestations, ou encore la protection par l'État de la présomption d'innocence. Le texte rappelle que toute résistance à l'arrestation est contre le droit. Ainsi, la proposition de Hegel entre dans ce cadre. Le droit n'a pas à convaincre de son bien fondé, la sanction imposée par le juge en vertu du droit n'a pas à convaincre le criminel. Elle s'impose à lui parce qu'il n'a pas respecté le droit. Le rôle du juge consiste à convaincre le criminel que la sanction est nécessaire pour la société et pour lui, mais, comme le rappelle Hegel, s'il ne convainc pas le criminel, la sanction sera tout de même appliquée en vertu du droit pénal ou du droit de la responsabilité du Code civil. Dans cette ligne philosophique, un siècle plus tard, Kelsen rappelle encore, en 1934, dans sa *Théorie pure du droit*, que : « *La différence entre le droit et la morale* [...] *apparaît dans le contenu des propositions qui les décrivent. Dans le domaine du droit, la conséquence imputée à la condition est un acte de contrainte consistant dans le retrait de biens tels que la vie, la liberté ou quelque valeur économique ou autre. Cet acte de contrainte est appelé sanction. Dans le cadre d'un droit étatique, la sanction se présente sous la forme d'une peine ou d'une exécution forcée. Elle est la réaction spécifique du droit contre les comportements humains qualifiés d'illicites ou de contraires au droit. Elle est donc la conséquence de tels comportements.* [...] *Les sanctions du droit sont au contraire des actes d'êtres humains et elles sont prescrites par des normes, elles-mêmes créées par des hommes. Elles constituent donc un élément de l'organisation sociale. À ce point de vue, le droit apparaît comme un ordre social basé sur la contrainte, comme un système de normes prescrivant ou autorisant des actes de contrainte sous la forme de sanctions socialement organisées* ». Ainsi est-il établi que la sanction de la violation du droit relève des lois et des tribunaux alors que la sanction de la violation d'une norme morale relève du religieux, du social et / ou du for intérieur.

2. Sanction de la violation de la morale

Hegel précise que le respect de la morale est déterminé par la crainte de sanctions de diverses natures. Le respect de la morale dépend de « *la disposition d'esprit dans laquelle un acte est accompli. Il arrive très souvent qu'on agisse de façon correcte par simple crainte de la punition, ou parce qu'on a peur de n'importe quelle autre conséquence désagréable, telle que perdre sa réputation ou son crédit. Il se peut aussi qu'en agissant selon le droit on songe à la récompense qu'on obtiendra ainsi dans une autre vie. Le droit comme tel est indépendant de ces dispositions d'esprit* [...] ». La crainte de la punition, la peur, la perte de la réputation sociale, la croyance en une récompense dans l'au-delà sont autant de motifs moraux de respecter le droit. Alors que le droit ne doit être respecté que parce qu'il est le droit obligatoire pour tous. Alors que la violation du droit « n'est punie que » par du droit, le non-respect des valeurs morales est puni par « *n'importe quelle autre conséquence désagréable* » telles la perte de sa réputation, l'opprobre sociale ou la punition « *qu'on obtiendra ainsi dans une autre vie* ».

Déjà à Rome, le censeur, crée en 443 av. J.-C., est chargé spécialement de réprimer les actes immoraux par des blâmes. Les notes censorielles entraînent l'ignominie et parfois l'exclusion de certaines fonctions politiques. Les deux censeurs, élus tous les cinq ans, condamnent les actes contraires à la morale comme le luxe déréglé, l'abus de divorce, l'éducation défectueuse des enfants, les fautes contre la discipline militaire. Ces actes ne relèvent pas du droit et de la justice, mais bien de la morale et du sentiment. Par ailleurs, les romains connaissent des interdictions morales et sociales dans la formation du mariage sous le nom de *conubium* ou « droit au mariage ». Il s'agit par exemple d'interdire le mariage dans la parenté, entre citoyens et non citoyens, interdiction de mariage pour les militaires et de remariage pour les femmes adultères. Mais si ce *conubium* n'est pas respecté, le mariage n'est pas annulé, le droit romain considère qu'il ne produit pas d'effet juridique. Il en est de même pour les enfants illégitimes, naturels ou incestueux, le droit romain ne sanctionnait pas cette situation, il se contentait de placer les enfants illégitimes hors de la succession.

Cette conception d'une distinction de la sanction des actes immoraux et des actes en violation du droit est aussi celle de la morale chrétienne. Dans le droit canonique, les péchés (qui se rattachent à une morale chrétienne des vices et vertus) sont punis, dans les pénitentiels, à partir du VIIe siècle, par des pénitences. Il s'agit d'actes de contrition publique, des processions pour demander pardon, qui sont des actes visibles dans la société. Les sanctions peuvent aller jusqu'à l'excommunication, soit le risque de la damnation éternelle, car le chrétien est mis au ban de la société chrétienne, exclu de toute possibilité d'accès au paradis. À l'inverse, une bonne conduite, relevant des vertus, « *cette conduite* [...] *bonne ou méchante* », est la promesse de bienfaits dans l'au-delà, du paradis dans la morale chrétienne « *de récompense qu'on obtiendra ainsi dans l'autre vie* », écrit Hegel. Il est écrit dans le *Décalogue* (Exode, XX, 5) : « *Je suis un Dieu jaloux qui punit l'iniquité des pères sur les enfants, sur la troisième et sur la quatrième génération pour ceux qui me haïssent, mais faisant miséricorde sur mille générations à ceux qui m'aiment et me gardent mes commandements* ». Par exemple, la charité, au Moyen Âge, fait partie de ces bonnes actions qui permettent au marchand, peu aimé par l'Église, de gagner les faveurs divines. Comme Hegel, Kelsen rappelle encore, en 1934, dans sa *Théorie pure du droit*, que : « *Les normes de la morale ne prescrivent ni n'autorisent de sanctions à l'égard des comportements qu'elles qualifient d'immoraux. En revanche la sanction joue un rôle essentiel dans les normes religieuses. Pour les peuples primitifs la mort, la maladie, la défaite militaire, la mauvaise récolte sont des punitions infligées pour des péchés. Les religions plus évoluées enseignent que l'âme sera punie dans un autre monde pour les péchés qu'elle a commis dans celui-ci. Mais toutes ces sanctions sont d'une nature transcendante, car elles sont censées émaner d'êtres surnaturels. Les sanctions du droit sont au contraire des actes d'êtres humains et elles sont prescrites par des normes, elles-mêmes créées par des hommes* ».

Ces nombreuses différences relevées par Hegel, lui permettent de faire ce constat sans appel : « *il faut distinguer droit et morale* ». Chaque matière doit être indépendante de l'autre car leur association peut apporter plus de dangers que d'avantages.

II. ... À l'indépendance des disciplines : la rupture consommée entre droit et morale chez Hegel

Hegel s'attache à démontrer que chacune des matières s'intéresse à un champ spécifique. Par cela, il vient justifier qu'elles soient indépendantes l'une de l'autre (A), voire que le droit doit nécessairement être distinct de la morale. L'autonomie du droit est la condition même de son existence (B).

A. Le champ spécifique de la morale

Par sa définition même, la morale occupe un espace différent de celui du droit : la morale est un ensemble de règles de conduite humaine individuelles ou sociales, dictées par la conscience, relatives aux mœurs, qui caractérisent le comportement d'une personne, à valeur mouvante et subjective, personnelle ou collective. Le droit au contraire est fixe et objectif. Pour cette raison, parce qu'elle n'intervient pas dans le même espace, la morale doit être séparée du droit. Hegel explique que la morale se situe en dehors du droit, avant (1), après et à côté (2) du droit mais pas avec et/ou en même temps que le droit.

1. La morale au fondement de l'application du droit

La morale ne doit pas interférer ou « *influencer* » le droit. Elle ne doit pas être présente dans la règle de droit, mais elle joue un rôle essentiel dans son application. « *La morale oblige l'observation du droit [ses règles] et le droit pour lui-même* ». C'est une « *disposition d'esprit* », écrit Hegel. La morale oblige en conscience à appliquer le droit, alors que le droit s'applique parce que c'est la loi, parce qu'il est obligatoire. Cela fait référence à l'élément subjectif, ou moral, de la norme : la conscience qu'elle s'impose à tous. C'est l'acceptation, comme élément psychologique par lequel chaque individu se sent contraint par le droit. Cette conception renvoie aux développements des philosophes grecs selon lesquels, la loi doit être appliquée par les citoyens, puisqu'elle émane d'eux. Les stoïciens considéraient que même si les lois de la monarchie hellénistique n'étaient pas « bonnes », il convenait de les respecter au nom de la morale qui oblige à respecter le droit. Cela fait également référence à l'élément moral ou psychologique qui préside à la répétition des usages donnant naissance à la coutume. Justinien, en 533, dans les *Institutes*, définit la coutume, non écrite, sur un élément matériel (la répétition d'actes) et un élément moral, tacite : « *le consentement populaire qui rend l'habitude impérative* ». Ces qualifications sont reprises au Moyen Âge, particulièrement sous la féodalité. La coutume, *consuetudo* ou banalité, est désormais l'ordre seigneurial, dont la répétition vaut consentement populaire. C'est cette même définition de la coutume que donnent les juristes de la Renaissance, comme Loisel dans ses *Institutes coutumières* de 1607 ou encore Domat, dans son *Traité des lois*, en 1689, pour qui les coutumes « *sont établies par le consentement d'un peuple, et par une espèce de convention de les observer* ». Droit non écrit, la coutume est introduite par les usages, elle naît de la répétition par les membres d'une même communauté, d'actes publics et paisibles pendant un délai suffisamment long pour la fixer et pour emporter la conviction de sa force obligatoire, sur un territoire défini. La coutume naît de la conscience, par la communauté, de son caractère obligatoire, par un consentement tacite, par la « *conviction* ». Pour Hegel, cette même « *conviction* » ou « *disposition d'esprit* » « *oblige à l'observation du droit* ». La morale intervient également à côté et après l'application du droit.

2. La morale, hors du droit et après le droit

La morale, d'après Hegel, couvre un champ d'action distinct de celui du droit : « *il peut sembler que la morale permette bien des actions que le droit interdit* ». Il ajoute que « *là ou cesse le domaine du droit, interviennent des déterminations morales* ». La morale vient en dehors du droit pour déterminer des comportements, voire combler les vides juridiques. Elle se rapproche alors de la notion d'équité qui permet au juge de considérer les faits au-delà du droit. Cette équité, originellement d'essence religieuse, se sépare de la morale chrétienne à la Renaissance. Aux XVe et XVIe siècles, les humanistes, grands admirateurs du droit romain, assez hostiles à la chrétienté, repoussent la morale chrétienne hors du droit et font de l'équité, non plus un fondement moral du droit, mais un correctif de la loi, pour en corriger la lettre, en retrouver l'esprit. La morale permet de déterminer la règle au-delà du droit. La loi de 1790 qui réforme la justice laisse une grande place à l'arbitrage qui est dégagé du droit. Les arbitres peuvent juger en équité, en vertu de la morale, afin de trouver une solution qui convienne aux parties. Cela prend fin au cours du XIXe siècle, quand le Code civil interdit au juge d'interpréter la règle. C'est la jurisprudence qui renoue avec la morale, avec les notions de bien ou de mal quand la stricte application de la lettre conduit à des injustices. Par exemple, la théorie du risque est une création des juristes, issue des évolutions jurisprudentielles, au nom de l'équité, pour permettre la mise en cause de la responsabilité des employeurs lors des accidents du travail afin que le salarié victime obtienne une indemnisation pour son préjudice. Hegel constate dans ce même mouvement que la morale peut prendre une place aux côtés du droit, mais sans interférer avec lui. La morale vient déterminer une action «*juste ou injuste, bonne ou méchante*». Pour dévoyer la formule de Celse, «*Jus est ars boni et aequi*», ce serait désormais la morale qui serait l'art du bon et du juste.

La démonstration d'Hegel vise à placer dans deux champs distincts les deux ensembles normatifs formés par la morale et le droit afin de légitimer l'existence du droit comme une science à part entière, comme une discipline autonome.

B. L'autonomie du droit

Le droit s'impose pour régir les actions extérieures des individus (1) ce qui en fait une discipline absolument indépendante de la morale (2).

1. Le domaine d'application du droit

Le droit ne relève pas d'un choix individuel, moral, d'une intention ou d'un état d'esprit. Le droit est une contrainte: «*Le droit m'autorise... le droit justifie... le droit qu'on lui applique... respecter le droit... que le droit soit respecté*». Les normes juridiques sont fixes et générales, elles imposent à tous un même comportement. Par conséquent, le législateur met de côté les contingences morales. Par exemple, le droit privé peut être amené à laisser la morale de côté. Deux ordonnances de 1639 et 1667 régissent les formalités matrimoniales et les droits et devoirs dans le mariage. La première s'intéresse au consentement et interdit les mariages clandestins mais ne s'intéresse pas au devoir conjugal, car il relève de la morale (chrétienne). À partir de 1667, la seconde loi distingue le mariage légal du concubinage. Désormais ce dernier n'est plus puni pénalement par les officialités, mais moralement par la société. Le droit s'écarte des considérations morales.

Après la Révolution, le mouvement est accentué. Le légicentrisme réduit le droit à la loi. Celle-ci est l'expression de la volonté générale, en vertu de l'article 6 de la DDHC. En conséquence, la coutume et la jurisprudence, qui pouvaient être influencées par la morale, sont réduites. La loi est issue de la nation et de la raison, et non de la morale. Dans la continuité de l'*Aufklärung* (mouvement des Lumières allemand), Hegel veut mettre en avant la raison contre la morale et se départir de la gangue religieuse dans laquelle la morale se situe toujours au nom de la laïcité et du progrès. Les lois de l'État forgent une raison universelle distincte de la morale ou moralité subjective qui conditionne les comportements privés. Portalis critique cette position et considère que la morale doit réintégrer le droit car, écrit-il, «*ce sont les mœurs privées qui créent et soutiennent les mœurs publiques*». Il aspire à faire rentrer toutes les parties de la législation dans le sein de la morale. Mais l'air du temps, dont Hegel est le reflet, est à l'indépendance du droit.

2. L'indépendance du droit

Hegel insiste : le droit « *ne dépend pas* », « *le droit est indépendant* », « *le droit n'a rien à voir avec la conviction* », « *le droit ne dépend en rien de la disposition d'esprit dans laquelle l'acte est accompli* ». En somme, le droit est bien indépendant. Effectivement, le droit est une science juridique autonome, depuis l'Antiquité, séparé de la philosophie, de la morale, de la religion, des faits. Il fait l'objet d'un enseignement spécifique dans les universités médiévales dans lesquelles son apprentissage se fonde sur une méthodologie et une terminologie propre. Le décret de Napoléon de 1808 le reconnaît à nouveau comme une spécialité à part entière. Le courant « séparatiste » depuis Hobbes, Kant, Hegel « *n'a cessé depuis le XIX*e *siècle de dénoncer le danger que l'interpénétration des règles juridiques et des règles morales ferait courir à la rationalité et à la légitimation propres du droit* », rappelle J. Krynen. Celui-ci ajoute : « *Il ne fait aucun doute que sur la doctrine juridique française le séparatisme a longtemps fait des ravages. Défendre l'autonomie du droit en face de la morale a jusque dans les années 1920 constitué une tendance forte des professeurs, à tout le moins des civilistes. Admirateurs des codes, hermétiques à l'éclectisme d'un Gény, on les voit même afficher leurs convictions légicentristes dans les introductions de leurs manuels avertissant des rigoureuses distinctions et des barrières à établir entre droit et morale. Nonobstant les textes qui dans les codifications donnent à voir la part faite aux exigences de la morale, au travers des notions de bonnes mœurs, de bonne foi, de bon père de famille, de faute, c'est un dogme dispensé à des générations d'étudiants que le législateur et plus encore les juges doivent se garder de confondre les normes. Derrière celles de la morale pointe toujours la religion, or, la République, c'est la laïcité* ».

(Conclusion) : L'autonomie du droit légitime son enseignement comme discipline universitaire mais aussi son application contraignante dans la société. Néanmoins, les excès du positivisme juridique (la règle existe parce qu'elle est légalement énoncée, sans considération du bien ou du mal) dans les doctrines du XXe siècle (fascisme et nazisme) ont obligé les législateurs à reconsidérer la place de la morale dans le droit. « *A qui réfléchit sur les rapports du droit et de la morale se pose de nouveau, et avec plus de force après la séparation nécessaire, la question de savoir si le droit peut vivre coupé de sa racine, par la seule force de sa technique, ou si, au contraire, il ne peut se développer que par une montée continue de la sève morale* » (J. Krynen). Pour élément de réponse à cette question, le retour en force de l'éthique dans le droit, par le truchement de la déontologie, du RSE (responsabilité sociale des entreprises) ou de la bioéthique, au début du XXIe siècle tend à réconcilier droit et morale.

D. Exercice subsidiaire

Vous pouvez vous entraîner, sur le modèle de la dissertation du chapitre 1, avec une dissertation relativement semblable : « Droit et morale ».

Droit et philosophie

Mes essentiels

- Antiquité : les philosophies grecs sont les premiers à réfléchir sur le droit dans la cité (Socrate, Aristote), autour des notions de droit naturel, de justice et de rapports entre le droit et le politique. Les Romains, eux, se dégagent de la philosophie mais la pensée des stoïciens influence les juristes comme Cicéron ou Ulpien.
- Moyen Âge : les penseurs, comme le théologien Saint Thomas d'Aquin au XIIIe siècle, proposent des réflexions sur les lois, le droit, la nature mais aussi plus concrètement sur l'impôt prélevé par l'autorité publique. Cela donne naissance à des législations de droit public influencées par la philosophie médiévale. À l'inverse le droit coutumier privé reste hors de la sphère de la pensée.
- Ancien Régime : les jusnaturalistes comme Grotius au XVIIe siècle développent l'idée d'un droit supra étatique et les théoriciens qui contestent la monarchie absolue (monarchomaques et philosophes des Lumières) imaginent le constitutionnalisme et le droit de résistance à l'État pour venir borner l'exercice du pouvoir.
- Révolution : la réception des notions philosophiques de l'Ancien Régime se fait dans la DDHC, les Constitutions (1791, 1793) et le Code civil de 1804 (exemple : la notion d'équité).
- Aux XIXe et XXe siècle a lieu une rupture dans l'enseignement et la réflexion entre le droit et la philosophie. Les enjeux d'éthique et d'équité – en raison des développements technologiques, scientifiques et médicaux et de la mondialisation – obligent les juristes et les législateurs à réintégrer la philosophie dans le droit, (le droit à un procès équitable et les lois de bioéthique en exemple).

L'Essentiel sur l'autonomie du droit par rapport à la philosophie

- Il n'y a pas d'autonomie depuis l'Antiquité jusqu'à aujourd'hui, les deux disciplines sont indissociables. Même si les juristes (à Rome ou au XIXe siècle) cherchent à établir des frontières étanches entre les deux matières, le droit ne peut se passer d'une dimension philosophique. L'existence de la philosophie du droit, en est la preuve. Bien qu'au cœur des débats, elle réconcilie les deux matières et est enseignée dans le cursus juridique.

Droit versus Philosophie ou philosophie du droit ? Philosophie comme idéal du droit ou comme fondement du droit ? Un « *lien indissoluble unit la philosophie du droit, dans son essence, et la vie du droit, car la philosophie n'est pas pure spéculation et est aussi le droit positif réfléchi par la pensée spéculative* », écrit B. Oppétit dans la *Philosophie du droit*. Dans cet ouvrage, il entend « *contribuer à rétablir la liaison entre théorie et pratique du droit* ». La question de l'autonomie du droit vis-à-vis de la philosophie ne se résumerait-elle pas à cette séparation artificielle entre théorie et pratique ? L'histoire de la philosophie révèle que depuis Aristote, les philosophes s'intéressent au droit en ce qu'il détermine les rapports entre les hommes et doit trancher les contradictions entre les impératifs de morale et de justice confrontés aux conditions de la vie sociale. De plus, « *le droit a besoin d'une lumière extérieure [la philosophie] pour fixer le rôle de la loi par rapport au droit et aux valeurs qui l'inspirent dans la société contemporaine* », écrit F. Terré (cité dans B. Oppétit). Tout législateur, lorsqu'il élabore une loi, lui fixe un but. De ce fait, il doit avoir une conception qui détermine ce but, en fonction d'un jugement de valeur. Il a donc besoin de la philosophie, ou fait appel à des notions d'ordre philosophique.

Ainsi, il paraît difficile de séparer les deux disciplines, bien que les juristes, comme les philosophes, selon les époques, aient tenté de les différencier et les séparer au nom de l'autonomie des disciplines. Ce paradoxe se révèle dans toutes les grandes périodes historiques. L'Antiquité est marquée par la relation étroite entre le droit et la philosophie qui embrasse tous les domaines de la connaissance. Depuis Cicéron, la philosophie est consubtantielle au droit sans que cela n'empêche ce dernier d'être une science (I). Au Moyen Âge, la philosophie sert de fondement à l'émergence de nouveaux droits alors qu'elle est absente des droits coutumiers traditionnels (II). Sous l'Ancien Régime, le droit se nourrit des conceptions philosophiques pour produire plus de nouvelles théories juridiques (III). La période révolutionnaire, quant à elle, est caractérisée par une volonté d'utiliser la pensée des philosophes des Lumières pour construire un nouveau monde juridique et un modèle constitutionnel idéal (IV). Aux XIXe et XXe, le droit veut reprendre son autonomie alors qu'aujourd'hui, il renoue le dialogue avec la philosophie (V).

I Droit et philosophie dans l'Antiquité

Alors que les grecs ont inventé la philosophie, méthode de réflexion globale sur la société, et donc englobant la loi qui régit la *polis* (A) ; les pragmatiques romains, inventeurs de la science juridique, se sont bien gardé de spéculations inutiles sur le *jus*, dans la défense de son autonomie (B).

A Les origines grecques

Les philosophes grecs sont parmi les premiers à réfléchir sur le droit. Leurs réflexions portent sur le rapport du droit avec les hommes et les dieux (Cf. Chapitre 1), avec la cité ou encore avec la nature. Certains proposent une vision dite « positive » de la loi, d'autres une conception « négative ».

Les premiers, par l'observation de la nature, par la comparaison entre les lois, comme Anaxagore (v. 500-426 av. J.-C.), s'interrogent sur la nature du droit et débattent sur les rapports entre la nature, *physis*, et la loi, *nomos*. Socrate, Platon et Aristote examinent pour leur part les relations entre les lois et les hommes, les lois et la cité. La loi positive, élaborée par les citoyens, établit le bien et la justice. Conforme à la raison, à la nature et au droit naturel émanant des Dieux, cette loi est bonne et il convient de la respecter. Socrate (469-399), d'après ce que lui fait dire Platon dans *La république*, s'interroge sur la justice et le juste. Idéal moral, la justice ne doit pas être recherchée dans les lois, mais dans l'âme. Pour autant, il se soumet aux lois, issues de la discussion démocratique. La désobéissance aux lois est, pour Socrate, un crime majeur. Les lois, selon Platon (428-348), sont nécessaires au bon ordre de la cité et éduquent le citoyen pour le rendre meilleur. La loi est la vertu qui conduit les hommes. Aristote (384-322) reprend les conceptions de son maître en apportant une nuance, les lois peuvent être mauvaises quand elles ne respectent pas le droit naturel et il ne faut pas obéir aveuglément aux lois car elles ont un degré de généralité nécessaire pour s'adapter aux circonstances. De fait, il faut les corriger par l'équité. Pour Aristote, l'homme est « *un animal politique* » en ce sens qu'il fait les lois de la cité et leur obéit, ce qui le distingue de la bête qui ne connaît que la violence.

Toutefois, la liberté absolue n'est pas de mise, la loi peut sanctionner le philosophe dissident, celui qui menace la cité par ses réflexions. Le procès de Socrate, en 399 av. J.-C., en est le meilleur exemple. Il est relaté dans l'*Apologie de Socrate* de Platon. Le contexte en est le suivant : en 403 av. J.-C., Athènes a perdu la guerre du Péloponnèse. Affaiblie, la cité désire restaurer la démocratie, l'ordre et la paix sociale, l'équilibre et le respect des Dieux. Or, Socrate ne croit pas aux Dieux de la cité, dénonce l'usage mesquin de la prière et introduit des divinités nouvelles. En effet, après un séjour à Delphes, il se convertit au Daïmon (esprit intérieur) et à la maïeutique. Cette dernière, méthode de réflexion qui vise à « faire accoucher les esprits » par un jeu de questionnements, auxquels l'élève répond librement en vertu de la devise « *connais-toi toi-même* », est dangereuse car elle peut mettre en cause les institutions de la cité, voire la démocratie elle-même. Socrate est alors accusé par Anytos d'impiété par une action publique. L'acte d'accusation affiché au forum est le suivant : « *Socrate est coupable parce qu'il ne croit pas aux Dieux auxquels croit la cité et parce qu'il introduit des divinités nouvelles ; il est coupable également parce qu'il corrompt les jeunes. Estimation : la mort* ». Jugé par deux cents concitoyens, il est reconnu coupable et condamné à boire la cigüe (poison). Platon et d'autres disciples lui proposent de s'enfuir la veille de l'exécution. Mais Socrate refuse car ce serait reconnaître sa culpabilité, alors qu'il n'est coupable de rien. Ses derniers mots furent : « *Je suis à la disposition du pauvre comme du riche, sans distinction, pour qu'ils m'interrogent ou s'ils le préfèrent, pour que je les questionne et qu'ils écoutent ce que j'ai à dire. Après cela si quelqu'un de ceux-là tourne bien ou mal, de quel droit l'imputerait-on à mes leçons, quand je n'ai ni promis, ni donné de leçons à personne* ». Socrate, bouc émissaire de la cité, but la ciguë. Avec sa mort Athènes espérait être « lavée de ses péchés », malheureusement la mort du philosophe n'a pas empêché le déclin d'Athènes. Ici, le droit se désolidarise du philosophe pour obliger au respect de la loi dans la cité.

Une autre conception de la loi apparaît dans une seconde école, celle des sophistes. Professeurs de rhétorique, leur méthode de réflexion consiste en des techniques oratoires, en l'éloquence et en l'habileté intellectuelle. Ils enseignent comment, par la persuasion, faire triompher leurs idées aux jeunes fortunés qui aspirent à une carrière politique. Ils sont connus par les dialogues de Platon et sont représentés par Protagoras (490-420) ou Calliclès qui prônent un relativisme complet et nient l'existence de toute valeur absolue. La loi humaine ne peut être l'expression de la justice et de la vérité, les sophistes la considèrent comme une illusion. Leur appréciation est désabusée car la loi ne peut être que représentative de l'intérêt du plus fort, le gouvernement édictant toujours les lois dans son propre intérêt, selon Thrasymaque. Dans la démocratie, « *la loi est faite par les faibles et par le plus grand nombre dans leur intérêt, pour empêcher les plus forts de l'emporter* », selon Calliclès. La loi est donc l'auxiliaire de l'arbitraire des gouvernants, et partant, un instrument d'oppression, la loi est « *le tyran des hommes* » selon Hyppias. Le rhéteur Thrasymaque affirme que l'on peut violer la loi sans que cela soit répréhensible, à condition d'échapper à la vigilance de ses concitoyens. Protagoras, quant à lui, considère que l'homme qui fait la loi détermine le juste et l'injuste. Thrasymaque ou Calliclès, professent l'impuissance et l'inutilité de la justice sans la force. Enfin, dans le débat entre le droit et la nature, Protagoras écrit que la loi est une convention entre les hommes pour mettre fin à leur état de nature qui est un enchaînement de lutte et de destruction. Calliclès ajoute que la nature est celle qui reconnaît chacun selon sa force, en cela elle est opposée à la justice conventionnelle liée à la loi, qui n'est que l'expression des plus faibles. En conséquence, la loi est en rupture avec la nature. La réconciliation entre le droit, la nature et la morale vient avec les philosophes stoïciens des IVe et IIIe siècle av. J.-C.

Ce courant, fondé par Zénon en 301 av. J.-C., connaît une diffusion tardive à Rome car les romains ne se laissent pas séduire par des classifications et analyses philosophiques des grecs. Leur droit est concret, en rapport avec la société, il se suffit à lui-même.

B L'autonomie du droit à Rome ?

Il est admis que le droit romain est isolé de la philosophie grecque. Quand cette dernière se répand à Rome, au IIe av. J.-C., les jurisconsultes sont touchés, mais ils n'adoptent pas les catégories proposées par les philosophes. Ils abandonnent les spéculations aux orateurs et se concentrent sur l'autonomisation du droit afin qu'il réponde précisément aux besoins de la société. Mais bien qu'ils s'en défendent, les juristes romains philosophent ! Dans leur effort pour définir le droit, pour lui donner des outils et méthodes d'apprentissage, ils réfléchissent à son fondement et à ses buts.

Cicéron (106-43 av. J.-C.), influencé par la philosophie stoïcienne, dans le *De legibus*, rappelle que « *le droit a un fondement dans la nature même* ». Cicéron « *est le premier à formuler explicitement une distinction entre, d'un côté les lois positives, productions humaines, imparfaites, contingentes et changeantes, et de l'autre la norme suprême, universelle, permanente et incontestable, expression de la nature et de la raison divine* », écrit O. Nay. Les facultés de raisonner et de juger sont alors les ressources nécessaires pour produire les lois, que les magistrats édictent, respectent et doivent faire appliquer. Certains de ses textes, comme le *De oratore*, le rapprochent plus d'Aristote. Il place la finalité du droit dans le service de l'égalité, dans la répartition des biens et dans le règlement des litiges entre les citoyens (B. Oppétit). Le jurisconsulte Celse, au IIe s. ap. J.-C., associe le bien commun et l'équité au *jus*.

Le jurisconsulte Ulpien, au IIIe s. ap. J.-C., pour sa part, s'inspire d'Aristote quand il aborde le droit par la justice qu'il définit comme la volonté de rendre à chacun ce qui lui est dû. Dans le livre premier de ses *Institutes* (repris dans le *Digeste*), il précise encore que le droit est alors un art tendu vers la justice : « *Celui qui s'adonne au droit doit d'abord savoir d'où vient le mot droit (jus) ; il vient de justice. En effet, selon l'élégante définition de Celse, le droit est l'art de ce qui est bon et de l'équitable. C'est à bon droit que l'on qualifie de prêtres (les juristes), car nous exerçons la justice et faisons connaître ce qui est bon et équitable, séparant l'équité de l'iniquité, distinguant le licite de l'illicite, cherchant à procurer le bien, non seulement par la menace des châtiments mais aussi par la promesse des récompenses, pratiquant ce qui nous semble la vraie – et non la fausse – philosophie*». Il ajoute «*les préceptes du droit sont les suivants : vivre honnêtement, ne pas léser autrui, attribuer à chacun son dû. La jurisprudence (science des jurisconsultes) consiste dans une connaissance des choses divines et humaines, dans la science du juste et de l'injuste*».

C'est encore cette survivance de la justice distributrice aristotélicienne que l'on retrouve dans le droit médiéval. L'autonomie du droit vis-à-vis de la philosophie n'est toujours pas constatée.

II Aristotelisme médiéval *versus* banalités

Un double constat doit être fait pour la période médiévale. Dans la sphère politique et dans la réglementation de l'État, les érudits, théologiens, philosophes, juristes, marquent de leurs conceptions la norme renaissante (A). *A contrario*, le droit privé est forgé par les usages du corps social et les banalités (ordres) seigneuriales. Il est empirique, pragmatique, oral, symbolique, diversifié et changeant. Point de trace dans celui-ci de philosophie (B).

A Quand la philosophie est à l'origine du droit « public »

À la faveur de la naissance des universités depuis le XIIe siècle en Europe, la pensée connaît un nouvel élan. Aristote est la base de l'enseignement dans les facultés des arts, faisant resurgir une pensée philosophique. Deux grands courants idéologiques traversent la fin du Moyen Âge, deux courants qui se rejoignent, l'aristotélisme médiéval qui inspire le thomisme.

Pierre Abélard (1079-1142), professeur à Paris, est l'un des premiers théologiens à concilier l'héritage chrétien avec la philosophie antique dans sa *Théologie chrétienne*. Il les rapproche en montrant que les règles de vie de la cité platonicienne ou de la république romaine ont le même but que les règles de la société chrétienne, c'est-à-dire la vie en communauté et la recherche du salut commun. Au XIIIe siècle, l'aristotélisme caractérise l'influence de la pensée d'Aristote, étudié partout en Europe par l'intermédiaire des textes gréco-arabes importés de l'Espagne Maure et par les œuvres d'Averroès. Les philosophes et les théologiens comme Albert le Grand et Saint Thomas, à l'instar d'Abélard, croisent la rationalité de la pensée d'Aristote avec la révélation chrétienne, montrant la compatibilité des connaissances profanes et des vérités chrétiennes.

Saint Thomas d'Aquin (1225-1274), dans sa *Somme théologique*, renouvelle complètement la théologie en lui insufflant la philosophie grecque. Il s'inspire tout à la fois de références bibliques, des pères de l'Église, des stoïciens, d'Aristote, de Cicéron, du droit romain et du droit canonique. Il développe la notion de loi naturelle, présente en chaque homme, face à la loi divine universelle. Il en déduit une hiérarchie entre lois éternelles, naturelle et humaine, renouant avec la conception grecque d'un droit naturel inspirant les lois humaines et positives. Il humanise le droit et la justice, cette dernière entendue, comme Aristote, distributive et commutative. Le droit, quant à lui, correspond «*à l'art juridique du partage des choses*» (B. Oppetit). Ce droit, fondé sur la raison doit rechercher la conformité entre la nature humaine et le bien commun (notion romaine). «*Les lois sont justes et en raison de leur fin, à savoir quand elles sont ordonnées au bien commun ; et en raison de leur auteur, à savoir quand la loi portée n'excède pas le pouvoir de celui qui la porte ; et en raison de leur teneur, à savoir lorsque les charges imposées aux sujets selon les exigences du bien commun, le sont d'après une égalité de proportion.* [...] *Aussi bien la nature lèse-t-elle la partie pour sauver le tout. Et dès lors des lois ainsi faites, qui répartissent proportionnellement les charges, sont justes et obligent en for de conscience, et ce sont des lois légales* », écrit saint Thomas dans la *Somme théologique* (Ia, Iae, q 96, art. 4). La synthèse « philosophico-religieuse » de Saint Thomas donne naissance au courant « thomiste ».

Ces réflexions sur le droit et la loi sont contemporaines à la renaissance du pouvoir normatif du roi de France qui combat la féodalité. Son pouvoir édictal retrouvé, il entend l'utiliser pour reprendre l'exclusivité des prérogatives régaliennes, jusqu'alors partagées dans les mains des seigneurs locaux. Ses légistes, férus de savoirs universitaires, l'aident dans l'édiction des nouvelles ordonnances. Pour exemple, le roi veut retrouver son pouvoir sur la monnaie dans le royaume, une seule monnaie royale pour tout le royaume dont il pourra fixer le cours. Il désire également surveiller le prélèvement des taxes par ses agents locaux afin d'éviter les abus. Par ailleurs, réputé « vivre du sien », c'est-à-dire des revenus du domaine royal, l'extension de son territoire et la multiplication de ses agents lui coûtent cher et se pose alors la question de l'impôt : le roi peut-il prélever de l'argent sur ses sujets pour des dépenses d'utilité commune ? Oui, répond Saint Thomas d'Aquin, qui avait rendu une consultation sur ce thème pour la comtesse de Brabant : « *Il arrive que les revenus du prince soient insuffisants pour protéger ses états et assurer ce que l'on attend raisonnablement de lui. En pareil cas il est juste que les sujets contribuent à procurer l'utilité commune. De là vient que dans quelques états, en raison d'anciennes coutumes, certaines taxes sont imposées aux sujets, qui ne sont pas excessives et qui peuvent être perçues sans péché. En sorte qu'un prince, qui est établi pour l'utilité commune, peut vivre des choses communes, et gérer les affaires communes par des revenus afférents, ou si ces deniers manquent ou s'avèrent insuffisants, par ceux qui sont collectés auprès de tous. La même raison s'applique aux cas extraordinaires* [...]. *Les princes peuvent alors licitement exiger de leurs sujets, pour l'utilité commune, d'autres impôts en sus des impôts courants* » (Extrait de R. Dubreuil, *Saint Thomas d'Aquin. Petite somme politique*, Pierre Téqui éd., Paris, 1997, p. 201). La philosophie thomiste légitime la résurgence du « droit fiscal ». Entre 1295 et 1355, l'idée et la nécessité d'établir des impôts permanents se forge. Un impôt sur le sel, crée en Provence en 1259, se généralise dans le royaume en 1338 et devient permanent en 1383. En 1305, Philippe IV le Bel instaure les traites, des taxes à l'exportation de certaines marchandises. Le fouage, taxe extraordinaire payée par feu (« foyer fiscal »), crée en 1370, devient régulier en 1375 et fournit 85 % des recettes royales. La taille, créée en 1439 après consultation des États généraux sert à payer l'armée permanente pendant la guerre de cent ans, elle est à l'origine de l'impôt sur le revenu actuel. Comme l'avait écrit Saint Thomas, pour les dépenses d'utilité commune (notion romaine) – en l'espèce l'armée – le roi peut prélever de l'impôt sur ses sujets, et c'est une loi juste en vertu de sa définition.

La notion de justice distributive et de juste se retrouve encore dans d'autres législations de nature dérogatoire, comme l'est le droit fiscal. L'exemple de la réglementation de l'expropriation est probant en ce sens. Le droit de prise, ou vente forcée, est hérité du *jus mansionaticum* dont jouissaient les agents royaux à l'époque franque. Il concerne les dépossessions forcées de biens meubles ou immeubles, en cas de nécessité et contre indemnisation. Le prix, fixé dans certaines coutumes ou chartes peut être laissé à l'appréciation des prud'hommes. Les *Coutumes de Beauvaisis* de 1283 prévoient dans l'article 1511, la possibilité pour les seigneurs, en cas de pénurie, d'obliger leurs sujets à vendre la nourriture qui leur reste au prix du marché.

L'article 730 autorise l'expropriation pour refaire un chemin empiétant sur les terres de paysans. L'article 1666 prévoit aussi la dépossession immeuble pour la construction d'une forteresse en cas de guerre. Les *Établissements de saint Louis* (coutumier d'Anjou) autorisent un seigneur à déposséder le tenancier d'une terre pour construire un moulin ou la saisie d'un étang pour avoir une réserve de poissons. Néanmoins, de nombreux abus, notamment pendant les guerres féodales, obligent à réglementer. Un arrêt du parlement en 1361 constate de tels abus. En l'espèce, un chevalier apporte la preuve que la destruction de son manoir, justifié par une nécessité pour la sécurité de la ville, n'était que la satisfaction d'une vieille rancune. Des ordonnances de 1315 et 1350 y mettent de l'ordre et de l'harmonisation : le prix doit être fixé par de bonnes gens et payé par le juge du lieu sans délai. En 1390, une cédule (copie de jugement) permet de se faire indemniser par la cour des comptes. Des enquêtes préalables de proportionnalité, pour déterminer l'avantage pour l'intérêt public au regard de la perte pour la ou les personne(s), doivent être menées. Au XIVe siècle, des expropriations étaient prévues dans une ville pour un projet d'extension du parvis de l'église ; les habitants invoquent un danger plus grand que le gain, à savoir que ce parvis favoriserait la réunion d'étudiants (et donc la crainte de rixes) : le projet est abandonné. La doctrine savante se penche sur le montant de l'indemnisation en la basant sur le *Code* et le *Digeste* de Justinien, et les canonistes exigent le juste prix (justice distributive aristotélicienne). En 1407, une ordonnance royale impose que le roi doit faire « *digne recompensation à ceux dont il prendrait lesdits lieux, du loyal prix et juste valeur d'iceux lieux* ». L'influence des droits savants et de la pensée aristotélicienne est encore ici présente et laisse son influence sur le droit de l'État.

Le droit privé médiéval, pour sa part, peut être considéré comme autonome vis-à-vis de la philosophie car il est formé par les usages et ne présente pas de réflexion théorique à sa source.

B Quand le droit privé ne connaît pas la philosophie

Le droit est imperméable à la philosophie quand il vient de l'usage, c'est-à-dire des pratiques quotidiennes. Les coutumes ancestrales des clans germaniques rédigées dans les lois personnelles des barbares, telles la loi salique de Clovis de 511 (seconde version) ou la loi Gombette de 502, sont casuistiques « si… alors ». Elles contiennent principalement des règles « pénales », pour la punition des crimes, et privées sur le mariage, les contrats et les successions. Pour exemple, le titre XXVIII de la loi salique sur l'homicide des enfants : « *1. Si on tue un enfant de moins de 12 ans, dont les cheveux n'ont pas encore été coupés : 24000 deniers, qui font 600 sous. 4. Si l'on frappe une femme enceinte et qu'elle en meure : 28000 deniers qui font 700 sous. 5. Si l'enfant est mort dans le ventre de sa mère : en plus 8000 deniers (200 sous)* ». Ni vocabulaire technique juridique, ni conception savante, et encore moins de réflexion philosophique, il s'agit ici de la rédaction des usages communs.

Les coutumes féodales qui apparaissent au IXe siècle présentent des caractéristiques et une nature bien spécifiques. Ces banalités, issues du pouvoir de ban usurpé au roi par les seigneurs après 877, sont des ordres oraux émis par le seigneur local, s'imposant aux hommes « *in potestate* », sous son pouvoir. Leur répétition dans le temps leur donne une valeur contraignante et fait oublier leur origine (ordre seigneurial) pour devenir usage. Lorsque celui-ci est utilisé dans un litige en justice, il devient officiellement coutume. Le terme *consuetudines* est attesté en Orléanais et en Anjou vers 991-993. Ces coutumes sont aussi qualifiées d'exactions, car le seigneur impose par la contrainte la répétition de son ordre, comme le prouve un exemple rapporté par un chroniqueur du XIe siècle. Il expose la mauvaise coutume du

« pain de l'ours » dans la seigneurie d'Ardres (Pas de Calais) : un seigneur reçoit un ours en cadeau et propose à sa population un spectacle de combat ours/chien. Le peuple demande le renouvellement du spectacle lors des jours de fête, le dresseur de l'ours s'oppose à moins que la population ne paye le pain pour nourrir l'ours. Quand l'ours mourut, le seigneur continua à exiger la taxe au nom de la coutume instaurée... Certains auteurs évoquent l'arbitraire féodal, voire le « terrorisme » seigneurial à propos des banalités car le seigneur peut les modifier à volonté, d'où l'adage « *le serf est taillable et corvéable à merci* », « à merci » signifiant au gré des volontés seigneuriales. La limitation progressive de cet arbitraire du droit féodal vient avec la rédaction des chartes urbaines et des coutumiers à partir de la fin du XIIe siècle, puis la rédaction officielle des coutumes commanditée par la royauté en 1454 et 1498.

Le droit coutumier, privé, est hors de la philosophie par ses origines et le reste jusqu'à la rédaction du Code civil de 1804. C'est véritablement dans le domaine du droit de l'État, ou « droit public » que la philosophie trouve un écho au Moyen Âge. L'Ancien Régime, pour sa part, voit le développement d'autres notions philosophiques qui viennent inspirer le droit à la faveur de la Renaissance.

III Les conceptions philosophiques du droit sous l'Ancien Régime

La philosophie touche le droit de l'État à partir de la Renaissance dans deux champs spécifiques, celui des relations interétatiques (A) et celui de la conception du pouvoir royal (B). Néanmoins, il faut constater qu'il n'en ressort que peu, voire pas, de droit au sens strict, il s'agit plus de nouvelles idées juridiques que de législations imprégnées de philosophie.

A Réflexions sur le droit interétatique

L'école de la nature et du droit des gens, fondée à Salamanque, est représentée par le hollandais Grotius (1583-1645). Protestant, poète, philosophe, diplomate, avocat, conseiller de la Compagnie des Indes Orientales, il est penseur et homme politique. Condamné à la prison perpétuelle en 1619 pour avoir pris part aux querelles politiques en Hollande, il est incarcéré mais s'échappe et se réfugie en France. En 1634, il devient ambassadeur de Suède à la cour de France. Son œuvre, *De iure belli ac pacis*, 1625, dédiée à Louis XIII, est enseignée dans toutes les universités. Divisée en trois livres, elle explique les principes du droit de la nature et des gens, d'une part, et du droit public, d'autre part. Le principe fondamental de sa philosophie est la nature de l'homme qu'il place au cœur de son raisonnement. Cet homme a une nature sociable qui le pousse au commerce avec ses semblables. Par sa raison, il établit des conventions avec ses semblables et s'oblige à les respecter librement et volontairement. Grotius fonde l'individualisme juridique laïc : l'homme s'engage librement, et l'obligation contractuelle détermine les bases de la société civile par un contrat social.

Pris dans les querelles politiques interétatiques de son siècle (il écrit le *De mare liberum* à la demande du gouvernement hollandais pour favoriser les échanges commerciaux avec les colonies), il transpose sa conception du droit naturel dans les relations interétatiques. Le droit qui régit les relations entre les individus peut très bien régir les relations entre les États. Dans un contexte troublé par la guerre de Trente ans (1608-1648, cette guerre civile de religion dans l'empire germanique touche l'Europe entière), il entend proposer une doctrine juridique interétatique pour limiter l'usage de la force dans les rapports entre États, au profit du recours au droit. Sa réflexion prend en considération la souveraineté des États et vise à apporter de nouvelles règles dans la guerre quand les coutumes guerrières, l'ancien droit féodal de la chevalerie et les règlements ecclésiastiques des conflits (concordats) sont dépassés. Le droit naturel humain de Grotius apporte les réponses rationnelles et modernes. Pour résumer son raisonnement, Grotius commence par expliciter la nature sociable de l'homme : « *La mère du droit naturel est la nature même qui nous porterait encore à rechercher le commerce de nos semblables, quand même nous n'aurions besoin de rien* ». Cette nature est inhérente à l'homme et Dieu qui a crée l'homme ne peut rien changer au droit qui découle de la nature de sa créature. Ainsi, le droit naturel a sa propre source. Grotius rend le droit naturel indépendant du droit divin, même s'il procède de la volonté divine qui lui donne sa validité. Une fois le processus de séparation et de sécularisation du droit naturel effectué, il poursuit en démontrant que lorsque l'homme recherche la compagnie de ses semblables, paisiblement, par besoin et par bienveillance, il est apte, par sa raison, à distinguer ce qui utile ou nuisible à cette société. Il s'agit du droit naturel qui « *consiste dans certains principes de la droite raison qui nous font connaître qu'une action est moralement honnête ou déshonnête selon la convenance ou la disconvenance nécessaire qu'elle a avec une nature raisonnable ou sociable* ». C'est le point de départ de l'établissement des règles qui servent à vivre en communauté : le respect du tien et du mien, la reconnaissance de la propriété, l'accomplissement des contrats (inspiration du *jus gentium* du droit romain), l'indemnisation du préjudice causé de son fait à autrui. Grotius envisage aussi les peines pour ces infractions. Par le même mécanisme, Grotius crée le droit pour les relations interétatiques. Si l'on considère que les États souverains sont comme les hommes, eux aussi doivent vivre en société et, comme pour les hommes, les règles de droit naturel s'imposent à eux. Il ne reste plus qu'à transposer les règles de droit privé en droit public « international » : liberté, propriété, responsabilité et contrats des États. De plus, ces derniers, encore une fois comme les hommes, peuvent prendre des décisions librement consenties, des conventions (comme les contrats entre particuliers) qui les engagent et qui sont valables à l'encontre de leurs successeurs. Grotius veille ainsi à ne pas porter atteinte à la souveraineté des États. C'est seulement volontairement qu'ils peuvent établir des conventions, des traités, entre eux (à l'instar des individus). La notion de droit volontaire des nations est née. Ce droit est subordonné au respect du droit naturel et repose sur le respect du principe de la parole donnée : d'où l'adage « *pacta sunt servanda* » (les conventions doivent être respectées). Ici, Grotius emprunte à Aristote la distinction entre droit naturel et droit volontaire et en précise la portée : le droit volontaire procède de la loi, faite par un être intelligent. Le droit volontaire émane toujours d'une autorité compétente qui impose un ordre ou une interdiction. Pour autant, le droit naturel peut être lié au droit volontaire, par exemple, le droit de propriété est introduit par la volonté des hommes, mais, la règle de droit naturel transparaît dans le fait qu'on « *ne peut sans crime prendre à quelqu'un, malgré lui, ce qui lui appartient en propre* ». Grotius propose une « superlégalité » entre États.

Pourtant son œuvre, à laquelle on reproche de n'être qu'une synthèse, trop complexe et trop subjective, reste un temps lettre morte. Peut-être faut-il voir dans le traité de Westphalie en 1648, qui met fin à la guerre de trente ans, la première application de ce droit volontaire des États.

Grotius laisse dans son œuvre une autre théorie qui aura, elle aussi dans l'avenir, beaucoup de succès : il s'agit du droit de la guerre. Il s'inspire de la théorie de la guerre juste de

Saint Thomas pour élaborer son droit de la guerre. Saint Thomas, reprenant Saint Augustin, avait déjà proposé au XIIIe siècle une théorie de la guerre juste qui apparaît comme une conception morale qui doit guider les rois lorsqu'ils doivent, nécessairement, faire la guerre. Le docteur angélique impose trois conditions pour que la guerre soit juste :

> « 1. **L'autorité du prince** qui a mandat de mener la guerre. Il n'appartient pas à une personne privée de déclencher la guerre car elle peut faire valoir son droit au tribunal de son supérieur et aussi parce qu'il n'appartient pas à une personne privée de convoquer la multitude ce qui est nécessaire pour que la guerre se fasse. Puisque la charge de la chose publique a été confiée aux princes, c'est à eux qu'il appartient de veiller sur la chose publique de leur cité de leur royaume ou de leur province. Et de même qu'il est licite de la défendre par le glaive contre les perturbateurs intérieurs, quand ils punissent les malfaiteurs comme le dit l'Apôtre (épître aux Romains, 13, 4) "ce n'est pas sans raison qu'il porte le glaive : il est ministre de Dieu pour châtier dans sa colère celui qui agit mal", de même aussi il leur appartient de défendre la chose publique par le glaive contre les ennemis extérieurs. [...] St Augustin écrit (contre Faust, 22, 75) : "l'ordre naturel, appliqué à la paix des mortels, demande que l'autorité et le conseil pour déclencher la guerre relèvent des princes". 2. **Une cause juste**, à savoir que ceux qui sont attaqués méritent de l'être à cause de leur faute. C'est pourquoi St Augustin écrit (Questions du Heptateuque, 10) : "On appelle guerres justes celles qui punissent une nation ou une cité qui a négligé de punir un tort commis par les siens ou de restituer ce qui a été enlevé injustement". 3. **Une intention droite**, c'est-à-dire l'intention de promouvoir le bien ou d'éviter le mal. St Augustin écrit (Livre sur le verbe du Seigneur) : "Chez les vrais adorateurs de Dieu même les guerres sont paisibles, qui ne sont menées ni par la cupidité ni par cruauté, mais dans un souci de paix, pour punir les méchants et secourir les bons". En effet, il peut arriver que même si l'autorité de celui qui engage la guerre est légitime, et la cause juste, néanmoins la guerre soit rendue illicite en raison d'une mauvaise intention. Car St Augustin dit encore (Contre Faust, 22, 74) : "Le désir de nuire, la cruauté dans la vengeance, l'âme violente et implacable, la sauvagerie dans le combat, la volonté de puissance, et autres choses semblables sont dans les guerres blâmées par le droit." » (Saint-Thomas, *Somme Théologique*, II, II, 40, 1), Extrait de R. Dubreuil, *Saint Thomas d'Aquin. Petite somme politique*, Pierre Téqui éd., Paris, 1997, p. 177-179.

Grotius développe sur ces bases, des règles relatives à la guerre fondées sur le droit naturel. La guerre est légitime, explique-t-il, car il n'y a pas d'autorité supérieure aux États pour les départager en cas de litige (reprenant ici Saint Thomas). Pour qu'elle soit juste, elle doit répondre à une injustice définie par le droit naturel, à savoir une atteinte aux droits fondamentaux des États établis plus haut : droit à l'égalité, droit à l'indépendance, droit à la conservation, droit au respect, droit au commerce international. Toute atteinte par un État à ces droits fondamentaux ouvre le droit de légitime défense pour l'État victime. La guerre n'est pas contraire au droit, c'est une « *manière de vider les différends par la force* ». La guerre est donc un procédé de légitime défense, en cela il rompt avec la doctrine antérieure et, par conséquent, sont illégitimes les guerres de conquête. Grotius se penche aussi sur la responsabilité de ceux qui ont engagé la guerre et les conditions de rétablissement de la paix. La responsabilité est celle des auteurs de la guerre et non des exécutants (ce principe est repris par les Conventions de Genève de 1951 puis en droit pénal international). Les conditions de rétablissement de la paix sont les traités de paix qui doivent contenir des considérations humanitaires, charitables et la modération dans le traitement des prisonniers de guerre et des otages (pratique courante à son époque pour garantir la bonne application du traité de paix).

La pensée de Grotius, bien que très dense, est considérée comme à l'origine des règles de droit international. Son œuvre est une synthèse des auteurs antérieurs auquel il apporte le courant jusnaturaliste de son époque et elle nourrit ensuite ses successeurs tels Pufendorf, Leibniz ou encore Vattel (1714-1767) qui sacralise la notion de traité entre États. La formation du droit international des siècles suivants doit beaucoup – si ce n'est tout – à la philosophie de Grotius. Un constat presque identique peut être fait quant aux notions qui visent à encadrer l'État. D'abord conceptuelles, elles marqueront durablement le droit de l'État.

B La philosophie politique ou les limites juridiques du pouvoir

L'Ancien Régime est une période qui a vu le développement de nombreuses théories politiques, favorables à la royauté (1) ou contestataires (2). Cette richesse de la réflexion politique permet de constater que l'objectif toujours poursuivi par les auteurs est l'encadrement du pouvoir. Ainsi est-il possible de remarquer dans les divers courants de cette philosophie politique une farouche volonté juridique sous tendue. Philosophie et droit sont toujours mêlés, mais les influences sur la production concrète de normes restent très limitées.

1 La notion de Souveraineté : une alliance entre la philosophie politique et le droit

Au XVIe siècle, le contexte troublé des guerres de religion qui a mis en cause le sacre et poussé les penseurs politiques à trouver d'autres fondements juridiques et laïcs au pouvoir (cf. Chapitre 1) les amènent à définir plus précisément la notion de souveraineté, connue depuis le XIIIe siècle. Celle-ci, «*puissance absolue et perpétuelle d'une République*», indivisible, incommunicable, impartageable, continue et impersonnelle, selon Jean Bodin dans *Les six livres de la République* (1576), est souvent considérée comme étant à l'origine de l'absolutisme. Bodin, comme ses successeurs sur la question, Richelieu ou Bossuet, précise bien que cette souveraineté est bornée par le droit ; par les lois fondamentales, les lois de Dieu et de la nature. De plus, c'est cette même souveraineté qui donne au monarque son pouvoir législatif, limité également par les lois et coutumes existantes. Les réflexions philosophiques sur la souveraineté mènent naturellement à une analyse sur les lois et le droit. Bossuet ajoute, dans sa *Politique tirée des propres paroles de l'Écriture sainte* (1709, publication posthume) que, puisque le roi est le ministre de Dieu sur terre, le pouvoir législatif qu'il exerce ne sert qu'à faire le Bien. Les ordonnances royales, en effet, font toujours référence au bien des sujets, au bien commun.

À cette conception, il est possible d'ajouter celle de Thomas Hobbes (1588-1679) qui se penche également sur une souveraineté «sécularisée», en la nourrissant de la réflexion de Grotius, voire de la pensée machiavélienne. Il part du constat que l'homme, dans son état de nature, dépourvu de bonté, égoïste, vaniteux, jaloux et violent, sera naturellement porté au conflit, «*l'homme est un loup pour l'homme*». Seul un projet politique autoritaire peut réfréner les passions humaines. Sa conception, volontariste, consiste à proposer dans le *Léviathan* (1651) que ce pouvoir autoritaire soit exercé par un souverain institué par les hommes qui se sont associés volontairement par un contrat, pour le choisir, également par un contrat, comme entité supérieure chargée d'établir la loi. Ces lois, faites par les individus et pour eux, sont subjectives. Le droit est librement fait par les hommes et n'est plus un devoir imposé par une loi morale. «*L'État et ses lois ont pour seule raison d'être de servir les intentions et les intérêts des contractants, non de conduire les hommes vers un autre monde transcendant pour assurer leur salut ; le droit objectif n'est qu'un auxiliaire, le droit subjectif est la fin du droit*» (B. Oppétit). La fin justifie les moyens, comme l'avait déjà théorisé Machiavel. Par un pacte tous les hommes s'unissent en une seule personne, un corps politique. Par ce contrat, ils renoncent définitivement à leur pouvoir et leur force qu'ils confient, par délégation ou représentation, au pouvoir souverain, idéalement incarné par un roi, même si Hobbes envisage d'autres formes de régime, chargé de les protéger et leur garantir la sécurité. Pour ce faire, le pouvoir souverain est indivisible, illimité et irrévocable (Bodin), il n'a pas à respecter la morale, ni les lois divines, il n'est limité que par la raison et par son but : le maintien de la paix, la survie et le bien des hommes. Cette préfiguration du contrat social de Rousseau est aussi, paradoxalement pour certains, une apologie de la tyrannie.

Ainsi la notion multiforme de souveraineté, si elle fonde l'absolutisme, encadre l'exercice du pouvoir en général et du pouvoir législatif en particulier. La philosophie politique s'intéresse de près aux formes d'expression du Droit. D'autres formes de limitation du pouvoir, plus contestataires, sont proposées par d'autres courants philosophiques à la même période, sur des fondements juridiques qui marqueront tout aussi durablement le droit « public ».

2 Des monarchomaques à la philosophie des Lumières : quand les philosophes opposent le droit à la souveraineté

Deux courants de contestation de l'absolutisme apparaissent au XVIe et XVIIIe siècle, respectivement les monarchomaques et les philosophes des Lumières. Chacun de ces courants prône la limitation du pouvoir en proposant divers moyens, légaux ou illégaux, pour empêcher la tendance naturelle de l'absolutisme à se transformer en tyrannie.

Les monarchomaques sont nombreux en Europe, pour ne citer que Théodore de Bèze, Guillaume Rosa, François Hotman, Étienne de la Boétie, Jean Boucher, Luther, Georges Buchanan, Juan de Mariana. Ils dénoncent l'absolutisme comme un régime tyrannique (quand le roi commande à ses sujets des choses iniques ou irréligieuses, contre la bonne foi, l'équité, quand il est défaillant dans le maintien de la paix, le respect de la loi et la protection de l'église) et défendent un droit à la résistance. Ce droit pourra s'exprimer par la résistance passive par l'éducation (Le Boétie), la désobéissance passive ou la résistance active (Luther), la destitution du tyran par les institutions ou le pape (Bèze, Hotman, Buchanan), l'abdication (Boucher), voire le tyrannicide (Mariana). Les assassinats d'Henri III en 1589 et Henri IV en 1610 sont la preuve que ces théories monarchomaques ont influencé des actions de résistance. La particularité de ce mouvement est que ces philosophes fondent leur argumentation sur un « contrat » entre le peuple et le souverain par le moyen historique de l'élection au moment du sacre (Bèze, Hotman, Boucher, Rose) fondé sur la raison, la bonne foi et l'équité naturelle. Le roi qui rompt ce contrat devient alors un tyran pour son peuple. Pour ces penseurs, le contrat à l'origine du pouvoir, élément juridique, vient encadrer la souveraineté et limite l'exercice de ce même pouvoir (pour un complément sur les monarchomaques, voir O. Nay).

Les philosophes des Lumières, sur la base de ces idées, développent pour leur part une conception du pouvoir qui devra être limité par la Constitution. John Locke (1632-1704) reprend cette idée de contrat, développée par Grotius, Hobbes et les monarchomaques pour élaborer, dans son *Traité du gouvernement civil* de 1689, la théorie libérale d'un État souverain avec gouvernement représentatif chargé de protéger les libertés et la propriété, droits naturels inaliénables. La délégation de souveraineté du peuple au pouvoir civil est provisoire, elle peut être retirée quand les dirigeants deviennent tyranniques, la résistance à l'oppression devient alors légitime. La doctrine du constitutionnalisme qu'il propose consiste dans le respect des lois, par le peuple et par le législateur. C'est la reconnaissance de la primauté du droit. Il est également l'un des premiers à systématiser une séparation des pouvoirs, le pouvoir législatif – qui délibère sur les lois communes ayant pour objectif le bien de la société – auquel sont subordonnés le pouvoir exécutif et le pouvoir « fédératif » (ou diplomatique, chargé des relations avec les autres États). Montesquieu (1689-1755), comme l'écossais David Hume (1711-1777), dans leurs œuvres reprennent les idées fondatrices de Locke pour les développer. Dans *L'esprit des lois* (1748), Montesquieu propose des solutions et principes concrets. Il défend la liberté politique par la loi : « *nous sommes libres* [...] *parce que nous vivons sous les lois civiles* » et la liberté « *ne consiste point à faire ce que l'on veut [mais à] pouvoir faire tout ce que les lois permettent* ». Ces libertés ne peuvent être garanties que par l'agencement des institutions politiques dans une Constitution qui garantit la séparation des pouvoirs législatif, exécutif et judiciaire. Le droit, la loi, la Constitution, œuvres humaines, empêchent les dérives absolutistes et protègent la justice et la liberté.

Avec les notions de droit à la résistance et de constitutionnalisme, les philosophes mettent le droit au cœur de la réflexion politique, impossible donc de les dissocier en théorie. La pratique contemporaine en est pourtant relativement éloignée avec un absolutisme qui montre des premiers signes d'arbitraire au début du XVIIIe siècle, avec le traité d'Utrecht 1713 et l'édit de Marly de 1714 qui violent les lois fondamentales, « Constitution coutumière du royaume ». Le traité d'Utrecht met fin à la guerre de succession d'Espagne, mais Louis XIV viole les lois fondamentales de masculinité et d'indisponibilité en exhérédant son petit fils Philippe pour qu'il puisse monter sur le trône d'Espagne. L'édit de Marly, pour sa part, viole la loi de masculinité qui appelle à la succession les descendants légitimes ou, à défaut des plus proches collatéraux mâles à l'exclusion des parents par les femmes, en appelant à la succession au trône de France les enfants légitimés de Louis XIV. Il contrevient également à la loi d'indisponibilité interdisant aux rois de modifier l'ordre naturel de la succession au trône et de choisir un successeur. Cela prouve que le roi absolu ne respecte pas le « constitutionnalisme », ce qui ouvre un « droit à la résistance » menant à la Révolution française. C'est alors que les idées philosophiques servent de modèle pour la formation d'un État nouveau pour une société nouvelle et un homme nouveau.

IV Révolution : transposition de la philosophie dans le droit

Le droit après la Révolution se nourrit de la pensée philosophique pour élaborer un nouveau *corpus* juridique appelé de ses vœux par la population. Dans le premier mouvement de la Révolution, il s'agit de reconnaître les droits, libertés et nouvelles conceptions du pouvoir dans les nouvelles Constitutions (A). Dans un second temps, vient la compilation du droit privé qui se nourrit également des doctrines philosophiques (B).

A Les doctrines politiques dans les constitutions

La philosophie politique, succinctement rappelée plus haut dans ses grands mouvements, sert de fondement aux grands textes juridiques qui voient le jour pendant la période révolutionnaire. La Déclaration des Droits de l'Homme et du Citoyens (DDHC) en premier lieu contient, presque *in extenso*, des extraits des philosophes. La théorie libérale de Hobbes est officiellement énoncée à deux reprises dans la DDHC, dans le préambule : « *Les représentants du peuple français, constitués en Assemblée nationale, considérant que l'ignorance, l'oubli ou le mépris des droits de l'homme sont les seules causes des malheurs publics et de la corruption des gouvernements, ont résolu d'exposer, dans une déclaration solennelle, les droits naturels, inaliénables et sacrés de l'homme* », et l'article 2 : « *Le but de toute association politique est la conservation des droits naturels et imprescriptibles de l'homme. Ces droits sont la liberté, la propriété, la sûreté et la résistance à l'oppression* ». Montesquieu propose des solutions et principes concrets. Dans *L'esprit des lois*, la liberté « *ne consiste point à faire ce que l'on veut [mais à] pouvoir faire tout ce que les lois permettent* ». Les articles 4 et 5 de la DDHC reprennent cette notion *in extenso* : « *Article 4. La liberté consiste à pouvoir faire tout ce qui ne nuit pas à autrui, ainsi, l'exercice des droits naturels de chaque homme n'a de bornes que celles qui assurent aux autres membres de la société la jouissance de ces mêmes droits. Ces bornes ne peuvent être déterminées que par la loi. Article 5. La loi n'a le droit de défendre que les actions nuisibles à la société. Tout ce qui n'est pas défendu par la loi ne peut être empêché, et nul ne peut être contraint à faire ce qu'elle n'ordonne pas* ». Montesquieu ajoute que la Constitution doit garantir ces libertés et la séparation des pouvoirs, l'article 16 de la DDHC énonce : « *Toute société dans laquelle la garantie des droits n'est pas assurée ni la séparation des pouvoirs déterminée, n'a point de Constitution* ». La DDHC est intégrée, à partir de la Constitution du 3 septembre 1791, dans presque tous les préambules des Constitutions suivantes. La souveraineté fait elle aussi l'objet de la réflexion des philosophes. Jean-Jacques Rousseau (1712-1778), le théoricien du contrat social, développe le concept de souveraineté populaire, au nom de l'acte d'association entre les individus. Cette notion est énoncée dans l'article 25 de la Constitution du 27 juin 1793 : « *La souveraineté réside dans le peuple ; elle est une et indivisible, imprescriptible et inaliénable* ». Le droit à la résistance des monarchomaques lui-même fait une apparition sous la notion de « résistance à l'oppression » de l'article 2 de la DDHC et dans l'article 35 de la Constitution, certes non appliquée, de 1793 : « *Quand le gouvernement viole les droits du peuple, l'insurrection est pour le peuple et pour chaque portion du peuple, le plus sacré des droits et le plus indispensable des devoirs* ». Ces droits du peuple, protégés par la Constitution, sont énoncés dans le droit privé, lui aussi profondément marqué par la pensée philosophique des siècles précédents.

B Les philosophes et le droit privé

Pour un autre exemple de transposition de philosophie dans le droit, la pensée jusnaturaliste s'est immiscée dans le droit privé, national et international. Le Code civil de 1804 a baigné dans la pensée de Portalis (1746-1807), son maître d'œuvre. Celui-ci laisse un ouvrage, publié après sa mort, *De l'usage et de l'abus de l'esprit philosophique durant le XVIIIe siècle*, contenant les grands principes philosophiques de sa pensée, marqués par la place donnée au droit naturel, aux notions de morale, d'équité et de rationalité. Il inscrira à ce titre dans l'article 1 du projet de Code civil de l'an VIII : « *il existe un droit universel et immuable, source de toutes les lois positives* », puis à l'article 2 : « *les règles prescrites par la raison naturelle forment le droit naturel ; ces règles sont la base de toutes les lois écrites, qui ne doivent présenter que des conséquences plus ou moins directes des principes d'équité naturelle* ». Enfin, à l'article 14, il précise qu'en cas de lacune « *le juge devient le ministre de l'équité* [...]. *Il applique alors la loi immuable et éternelle de la raison* ». Ces articles ont disparu de la version définitive du Code civil mais les notions d'équité apparaissent dans les articles 565 et 1135. Dans son *Discours préliminaire*, il affirme encore : « *nous avons entendu développer les principes du* *droit naturel* ». L'article 11 du Code civil de 1804, en vertu duquel « *L'étranger jouira en France des mêmes droits civils que ceux qui sont ou seront accordés aux français par les traités de la nation à laquelle cet étranger appartiendra* », oblige les juridictions civiles françaises à se positionner pendant tout le XIXe siècle sur le champ du droit naturel pour l'interprétation de cet article. Par exemple, il fut admis par la doctrine d'Aubry et Rau, que l'article 11 devait être entendu comme visant les seules facultés du droit civil et non les facultés du droit des gens, qui découlent du droit naturel. La Cour de cassation, quant à elle, permet à diverses reprises, à des étrangers d'accomplir des actes de commerce qui relèvent du droit des gens. La notion de nature a permis de faciliter la prise de conscience d'une communauté de nature entre les hommes et que tout homme est sujet de droit et jouit des mêmes droits. Cette interprétation doctrinale a servi également les besoins de la communauté économique internationale. Ici encore, le droit du commerce international se tourne vers Grotius qui préconisait la liberté de circulation et la liberté du commerce. La jurisprudence française reconnaît une sorte de *jus gentium* afin de permettre la vie du commerce par-delà les frontières avant même qu'un droit international du commerce soit officiellement convenu entre les États.

Dans tous les champs du droit, la philosophie s'est immiscée, point d'autonomie pour ces deux disciplines aux XVIIIe. Toutefois, la reconnaissance de leur enseignement dans les universités par le décret de Napoléon Ier du 17 mars 1808 a pour conséquence leur séparation. En effet, les disciplines entendent être reconnues comme des sciences à part entière et pour ce faire se dégagent des autres matières, ainsi le droit dénonce les influences spéculatives inutiles et la philosophie affirme son autonomie.

V Les enjeux contemporains : de la rupture à la réconciliation du droit et de la philosophie

Pour que le droit gagne ses lettres de noblesse et devienne une science à part entière, il doit se détacher de la philosophie. Ce processus est engagé au XIXe siècle et s'étend jusqu'au milieu du XXe siècle. La rupture doit être faite entre le droit et la philosophie (A). Mais, la théorie pure du droit qui en est le résultat, fait l'objet de critiques sévères. Le positivisme et le normativisme montrent leurs limites. Il faut rendre au droit un espace conceptuel et des jugements de valeur. La réconciliation entre le droit et la philosophie, cette alliance qui a fait ses preuves pendant des siècles, est nécessaire (B).

A Rupture et autonomie des disciplines

Michel Villey évoque le « *conflit des facultés* » dans lequel les deux disciplines, droit et philosophie, séparées dans les enseignements (1) s'affrontent sur la question de savoir laquelle est légitime pour proposer une analyse sur la norme. Les philosophes revendiquent leur compétence en termes de méthode pour apporter des définitions, valeurs, buts et critiques sur la matière juridique, alors que les juristes considèrent, pour leur part, qu'eux seuls peuvent mener cette réflexion en raison des connaissances juridiques nécessaires. Les juristes reprochent ainsi aux philosophes des interprétations trop « philosophiques » et pas assez pragmatiques (2).

1 Des enseignements séparés

Dans son décret du 17 mars 1808, Napoléon Ier confie l'enseignement public exclusivement à l'université et prévoit, dans l'article 6 : « *Il y aura dans l'Université impériale cinq ordres de facultés, savoir : 1° des facultés de théologie ; 2° des facultés de droit ; 3° des facultés de médecine ; 4° des facultés de sciences mathématiques et physiques ; 5° des facultés de lettres* ». Il revient aux facultés de lettres d'enseigner la littérature, la philosophie, l'histoire, la géographie et les langues anciennes et modernes.

La philosophie cherche pendant tout le XIXe siècle à être reconnue comme une discipline scolaire essentielle, d'abord dans les lycées puis dans les universités. Une thèse de B. Poucet, *De l'enseignement de la philosophie. Charles Bénard philosophe et pédagogue*, en 1996, en reprend l'histoire. Ce professeur des universités en sciences de l'éducation rappelle qu'en 1863, l'agrégation de philosophie, qui avait disparu, est rétablie, reconnaissance de la discipline qui aboutit à redonner à la classe de terminale le nom de classe de philosophie, comme « couronnement du cursus du secondaire ». L'idée est de mettre à disposition de tous une éducation éclairée, une culture humaniste, indispensable, de surcroît, pour la continuité du cursus avec l'université. Les nouveaux baccalauréats de 1965, avec une épreuve de dissertation de philosophie pour tous, sont considérés comme une victoire de la discipline dont la valeur formatrice universelle a été reconnue par l'institution. Son déploiement et sa reconnaissance se sont étalés sur un siècle (1863-1965). Les premières chaires de philosophies à l'université sont créées au milieu du XIXe siècle : Paris en compte cinq, dont une occupée par Charles Bénard (1807-1898), connu pour avoir laissé la méthode de la dissertation philosophique, « épreuve d'intelligence », et pour avoir promu la reconnaissance de la matière avec Victor Cousin auprès du gouvernement républicain. Au Collège de France, la chaire de philosophie moderne est fondée en 1874, celle de philosophie médiévale en 1932. La célèbre chaire de philosophie de l'université de Marbourg, qui donne naissance à l'école de Marbourg, est créée en 1866. Elle est réputée pour sa pensée philosophique, le néokantisme, fondé par Hermann Cohen, et dont Heidegger est un des grands représentants.

Le droit, quant à lui, est enseigné depuis le Moyen Âge dans les universités. Dans un premier temps, seuls les droits savants, droit romain et droit canonique sont enseignés. En avril 1679, Louis XIV, par l'édit de Saint-Germain-en-Laye, crée une chaire de droit français, pour l'enseignement du droit commun coutumier, le droit privé. Grâce au travail d'unification des coutumes, porté par la doctrine au XVIe siècle et initié par Charles du Moulin dans le *Discours sur la concorde et l'union des coutumes de France* (1546), un travail de systématisation dégage des principes généraux et des adages de droit privé propres à la France, qui permettent l'enseignement du droit coutumier, droit positif national. La rédaction de recueil de jurisprudence, comme le dictionnaire des arrêts de Brillon en 1727, aide à l'étude et au commentaire du droit français. Il faut attendre 1773 pour que Louis XV crée une chaire de droit public au Collège de France. Le chancelier Maupeou désapprouve car « *cette espèce d'enseignement ferait agiter des questions dangereuses pour l'autorité royale* ». Au XIXe siècle, de nouvelles chaires de droit sont créées comme celles, par exemple, de législation comparée en 1831, de droit criminel en 1846 ou d'histoire du droit en 1880.

Si les enseignements de droit et de philosophie sont bien séparés, ce qui ne pose pas en soi de problème, le « conflit des facultés » se joue plus précisément sur la question de la compétence pour analyser le droit. Appartient-elle exclusivement aux juristes par l'intermédiaire de la doctrine, ou peut-elle être partagée avec les philosophes qui proposent une philosophie du droit ? C'est à ce niveau que se situe la rupture, au nom de l'autonomie des disciplines.

2 À qui appartient la réflexion sur le droit ? De l'école de l'exégèse à l'école de la théorie pure du droit

En 1805, quand l'empereur apprit que Maleville, un des quatre rédacteurs du Code, avait écrit un premier commentaire sur le Code civil, il se serait exclamé : « *Un commentaire, mon code est perdu* » ! Napoléon Ier interdit dès lors tout commentaire. Cela n'empêcha pas la doctrine de se développer, tout en restant, dans un premier temps très fidèle au texte. Plusieurs écoles de réflexion sur le droit apparaissent au XIXe siècle, dans la lignée des glossateurs médiévaux et des humanistes juridiques de la Renaissance.

La première école est celle de l'exégèse qui, entre 1830 et 1880, dans le respect du Code civil, s'attache à la lettre. Elle propose des analyses littérales sur les articles du Code par la comparaison avec d'autres articles, à l'aide d'une méthode dogmatique. Si l'école de l'exégèse admet qu'on puisse interpréter les dispositions du Code civil grâce aux idées philosophiques des Lumières, les raisonnements doivent rester purement rationnels à partir de ce que le législateur a établi. Le recours à l'histoire ou à la jurisprudence est inutile, voire nuisible car cela empêche de saisir l'essence de la règle. Dans les facultés de droit, les cours de « code napoléon » suivent à la lettre le plan du Code et les manuels sont d'une fidélité absolue au texte. Pour preuve, les cours publiés des professeurs de droit comme ceux d'Alexandre Duranton en 1825, de Troplong ou de Charles Demolombe, qui laisse un *Cours de Code Napoléon* (1844-1878) en trente et un volume relèvent de cette école de l'exégèse. Cette fidélité au texte vaut à cette école d'être taxée d'un « positivisme étroit ». C'est là que la rupture entre philosophie et droit s'engage. L'école de l'exégèse se fonde sur le positivisme juridique qui part du postulat d'une séparation entre le droit et la philosophie, rejetant l'idéal, la métaphysique, la morale pour n'analyser que l'objet, la règle, alors que le positivisme philosophique se présente comme une philosophie générale envisageant tous les problèmes de l'homme.

Un second courant de pensée est l'école historique, ou école scientifique, de Karl von Savigny (1779-1861) qui propose de replacer le droit dans son contexte et au regard des autres sources du droit comme la jurisprudence et la coutume et des sciences auxiliaires telles l'histoire, la sociologie et la philosophie. C'est une sorte de réconciliation des deux disciplines. Savigny est contre la codification en ce sens que ce n'est pas à l'État de faire le droit. Celui-ci vient de la communauté, le peuple est créateur de droit. L'État peut le constater et il incombe aux juristes de le traduire en règles claires en partant de l'héritage historique. Pour l'Allemagne, il préconise un retour au droit romain qui doit être expliqué et systématisé, de manière scientifique. Savigny publie entre 1840 et 1849 son *Système du droit romain actuel*, en faisant la part du droit romain historique et celle du droit romain applicable en Allemagne contemporaine. Le droit est considéré comme une science des pandectes (terme grec qui désigne le *Digeste* de Justinien), et c'est à ces spécialistes que l'Allemagne confie en 1871 la rédaction de son code, le *Bürgerliches Gesetzbuch* (BGB) publié le 10 août 1896, entré en vigueur le 1er janvier 1900. Des juristes français appartiennent à cette école historique, comme Marcel Planiol, qui utilise la méthode historique dans son *Traité élémentaire de droit civil* en 1899.

Une troisième école, s'inspirant de la première, rompt définitivement avec la philosophie : il s'agit de l'école du positivisme normativiste dont le grand représentant est l'autrichien Hans Kelsen (1881-1973). Dans son œuvre, *Théorie pure du droit* (trad. 1962), il propose une méthode propre visant à analyser le droit d'un point de vue externe, en isolant les normes de tout rapport avec la morale, les idéologies politiques, la métaphysique, les faits historiques ou sociaux, le droit naturel. Seules importent la régularité de son édiction – c'est-à-dire si la norme est valide au regard de la norme supérieure – et l'efficacité – c'est-à-dire que tous les sujets y obéissent car le droit est un ordre de contrainte. Il affirme que le droit est l'objet d'une science qui étudie objectivement les lois existantes et non d'un art. La philosophie du droit sort des ouvrages juridiques et des enseignements dans les facultés de droit au profit de la théorie pure du droit. Kelsen clarifie cette notion de théorie pure du droit en 1934 : c'est « *une théorie exempte de toute idéologie politique, et de tout élément relevant des sciences de la nature* » pour l'élever au rang de « *véritable science* ». La philosophie est cantonnée dans la recherche d'un idéal, d'une métaphysique inutile pour les juristes alors que la science du droit n'a pour sujet que le droit, sans jugement de valeur. La séparation entre les deux disciplines doit être étanche. Des critiques s'élèvent contre ce positivisme normativiste, ou théorie pure du droit : si la règle ne tire sa validité que de la norme supérieure, d'où tire sa validité la Constitution ? Par ailleurs, cette proposition de validité et efficacité (par la contrainte du droit) peut légitimer les régimes totalitaires et leurs lois en raison de la neutralité de l'approche (sans morale, sans philosophie, sans sociologie, sans idéologie politique). L'autonomie du droit montre ses limites. Un processus de réconciliation doit être engagé de l'avis de juristes comme Michel Troper, qui critique l'approche autonomiste et ses paradoxes et défend une théorie réaliste du positivisme juridique, ou Norberto Bobbio qui condamne la neutralité descriptive qui déforme l'analyse. Il convient donc, comme le préconise Michel Villey (1914-1988), de réintégrer la philosophie qui pourra, par sa méthodologie, redonner les définitions, les valeurs et les fins du droit. Puisant dans Aristote, dans le droit romain et dans la théologie, défenseur du droit naturel, il laisse un puissant fonds pour l'étude de la philosophie du droit. L'institut Michel Villey pour la culture juridique et la philosophie du droit, successeur du Centre de philosophie du droit en 1998, atteste de la réconciliation des disciplines.

B La nécessaire réconciliation entre droit et philosophie

Si le traité de paix entre philosophie et droit est signé, l'application des clauses de réconciliation est encore timide dans l'enseignement. Pour preuve, l'enseignement de la philosophie du droit est faible dans les premières années du cursus juridique, plus consacrées aux connaissances techniques. Il prend plus importance dans les dernières années du cursus. Cela dénote de la persistance d'une certaine résistance des juristes vis-à-vis de la philosophie. Néanmoins, le dialogue est renoué face aux besoins actuels de la justice devant la nécessité du procès équitable ou devant les litiges issus de la bioéthique comme le prouve les voix et les voies de la réconciliation. Les philosophes se sont penchés il y a longtemps déjà sur les notions d'équité (1) et d'éthique (2). Il apparaît aujourd'hui nécessaire qu'elles réintègrent le droit par un processus de juridicisation. Les notions philosophiques deviennent aujourd'hui des règles de droit.

1 L'équité et le droit

L'équité est officiellement énoncée dans divers articles du Code civil en matière de conventions aux articles 565 et 1194 (ex 1135). Par ailleurs, en droit public, la loi du 3 janvier 1973 crée le médiateur de la République qui peut officiellement juger en équité. C'est justement dans la justice que l'équité tient une grande place à travers le droit à un procès équitable, qui couvre la présomption d'innocence, la légalité des délits et des peines, la non rétroactivité de la loi pénale, l'égalité des armes, le délai raisonnable des procédures et l'assistance d'un avocat. Tous ces droits sont contenus dans les articles 7, 8 et 9 de la DDHC, l'article 66 de la Constitution et l'article 6 de la Convention européenne (CESDH) : « *Toute personne a droit à ce que sa cause soit entendue équitablement, publiquement et dans un délai raisonnable par un tribunal indépendant et impartial, établi par la loi, qui décidera, soit des contestations sur ses droits et obligations de caractère civil, soit du bien fondé de toute accusation en matière pénale dirigée contre elle* ». L'équité est aussi au cœur du projet de Déclaration des Droits de l'Humanité de 2015 rédigé en marge de la COP 21 pour être proposé aux membres de l'ONU. Son article I est le suivant : « *Le principe de responsabilité, d'équité et de solidarité, intragénérationnelles et intergénérationnelles, exige de la famille humaine et notamment des États d'œuvrer, de manière commune et différenciée, à la sauvegarde et à la préservation de l'humanité et de la terre* ». L'équité est encore mentionnée dans les articles VI : « *L'humanité a droit à un développement responsable, équitable, solidaire et durable* » et VII : « *Les générations présentes, garantes des ressources, des équilibres écologiques, du patrimoine commun et du patrimoine naturel, culturel, matériel et immatériel, ont le devoir de faire en sorte que ce legs soit préservé et qu'il en soit fait usage avec prudence, responsabilité et équité* ».

Le philosophe américain John Rawls (1921-2002) est connu pour sa *Theory of justice* (1971). Dans cet ouvrage, il axe sa réflexion sur l'éthique de la justice dans une tradition libérale. Il veut concilier liberté individuelle et justice sociale en s'inspirant de Stuart Mill, Locke, Rousseau et Kant. Il écrit : « *Mon but est de présenter une conception de la justice qui généralise et porte à un plus haut degré d'abstraction la théorie familière du contrat social telle qu'on la trouve par exemple chez Locke, Rousseau et Kant.* [...] *Dans la justice comme « équitabilité », la position originelle d'égalité correspond à l'état de nature de la théorie traditionnelle du contrat social. Cette position originelle* [...] *est comprise comme une situation purement hypothétique définie de manière à conduire à une certaine conception de la justice* [...]. *Ceci explique l'expression « justice comme équitabilité » : elle exprime l'idée que des principes de la justice sont acceptés dans une situation initiale qui est équitable* ». Il cherche « *l'équitabilité* », c'est-à-dire que le droit doit proposer à la société des règles équitables et égales pour tous, et donner ainsi une égalité des chances à tous. Ceci formera une société juste dans laquelle la justice consistera à réduire les inégalités par l'équité. Sa conception de la justice distributive (notion antique) poursuit un idéal social : elle a pour but d'aider les plus défavorisés pour tendre vers l'égalité, tout en admettant la persistance de certaines inégalités sociales. Parce que l'égalité arithmétique est idéale, l'équité est la bonne option car elle ne cherche pas à effacer les différences ni les libertés pour niveler la société, mais recherche des principes permettant de définir un seuil à partir duquel certaines inégalités sont des injustices qui doivent être corrigées. Ces principes sont « *le principe de* l'*égale liberté* » par l'égal accès aux libertés fondamentales et « *le principe de la différence* » qui suppose que certaines inégalités dans la société sont acceptables si elles sont au profit du bien commun et si chacun bénéficie de l'égalité des chances. Il est alors possible de constater une transposition de sa conception dans les nombreuses lois pour l'égalité des chances : la loi du 11 février 2005 sur les personnes en situation de handicap (loi de discrimination positive), la loi du 31 mars 2006 pour l'égalité des chances à l'école, l'accès des jeunes à l'emploi et la lutte contre les discriminations et incivilités, la loi du 27 janvier 2011 qui impose des quotas (20 % puis 40 %) pour la présence des femmes dans le Conseil d'administration des entreprises de plus de 500 salariés, la loi du 7 août 2015 pour l'égalité des chances économiques ou encore la loi du 27 janvier 2017 sur l'égalité des chances dans l'habitat et la promotion de la citoyenneté et l'égalité réelle.

2 L'éthique et le droit

Les enjeux de l'éthique, quant à eux, sont actuellement rattachés à l'humanisme juridique dans une acception philosophique des droits de l'homme. Pour protéger les individus contre les dangers de la technologie et des sciences, l'éthique doit être juridicisée. La loi sur l'éthique informatique du 6 janvier 1978, déjà ancienne, ouvre la réflexion sur la nécessité d'une nouvelle loi sur l'intelligence artificielle et l'éthique après un récent rapport de la CNIL de 2017. La loi « Sapin 2 », du 9 décembre 2016, sur la transparence de la vie économique, met en exergue l'éthique des affaires suite à la crise de 2008. Les lois de bioéthique de 1994, 2004, 2011, 2013 prouvent la vivacité du sujet et la réactivité du législateur. Les États généraux de la bioéthique de 2017 ont listé les thèmes des débats de bioéthique à venir sur la manipulation du vivant, les dons et les greffes, les modes de reproduction, le patrimoine génétique, les recherches et expérimentations sur le vivant, les données de santé au regard de la protection des données, l'intelligence artificielle, les neurosciences, la fin de vie. La nanoéthique et la neuroéthique se développent, des réflexions sur le transhumanisme ou l'humain augmenté sont à venir. Le protocole additionnel à la Convention sur les droits de l'homme et la médecine, à l'initiative du Conseil de l'Europe, signé par dix-sept pays, vise à interdire le clonage d'être humains. Ce texte montre que les enjeux éthiques dépassent le cadre national et appelle l'intervention du droit international. Après la Seconde Guerre mondiale, la reconnaissance de l'humanité comme sujet de droit dans le *Code de Nuremberg*, a pour conséquence de donner des droits à l'humanité. Sur la question de la recherche médicale, le code insiste sur la notion de « *consentement volontaire du sujet humain* » (article 1 : « *le consentement volontaire du sujet humain est absolument essentiel. Cela veut dire que la personne concernée doit jouir de la capacité légale pour consentir; qu'elle doit être dans une situation telle qu'elle puisse choisir librement, sans intervention de quelque élément de force, de fraude, de contrainte, de supercherie, de duperie ou d'autres formes de contrainte ou de coercition. Il faut aussi qu'elle ait une connaissance et une compréhension suffisantes de toute la portée de l'expérience pratiquée sur elle, afin de pouvoir prendre une décision éclairée* »). Cette notion de consentement est directement issue de la philosophie kantienne sur l'autonomie du sujet : « *L'autonomie de la volonté est cette propriété qu'a la volonté d'être à elle-même sa loi* ». Elle emprunte aussi à Locke pour qui l'autonomie est un apanage de l'individu libre et souverain, ou encore à Rawls qui définit l'autonomie comme un idéal d'éthique privé. Les questions de fin de vie sont souvent attachées aux débats des philosophes antiques tels Socrate « *nous sommes comme dans un poste, d'où l'on n'a pas le droit de s'échapper ni de s'enfuir, ce sont les Dieux qui s'occupent de nous* » (Phédon) qui s'oppose au stoïcien Sénèque (4 av. J.-C.-65 ap. J.-C.) « *réfléchis journellement aux moyens d'abandonner paisiblement cette vie à laquelle bien des hommes s'attachent et se retiennent* ». Les exemples peuvent être multipliés liant droit de la bioéthique et philosophie : le libéralisme d'Habermas et l'eugénisme ; l'utilitarisme de Stuart Mill et la déontologie ; le statut moral de l'animal de Saint Augustin et les expériences sur les animaux sur la question de l'éthique animale…

La réconciliation entre le droit et la philosophie semble être le chantier du XXIe siècle pour un droit national et international éthique et équitable. Laissons le mot de la fin pour J.-P. Chazal : « *après deux siècles de séparation plus ou moins nette, la philosophie est en passe de réintégrer la matière juridique qu'elle n'aurait jamais dû quitter* ».

Pour aller plus loin sur le normativisme et le positivime des XIXe et XXe siècle

Jean-Pascal Chazal explicite dans son article *Philosophie du droit et théorie du droit, ou l'illusion scientifique*, en 2001, les termes de la dispute entre droit et philosophie au XIXe siècle. Il rappelle que « *pour comprendre cette séparation historique du droit et de la philosophie, il faut revenir à l'enseignement de Kant lorsque, à la fin de sa vie, il incorpore le droit à sa philosophie critique en la faisant comparaître devant le tribunal de la raison.* ». Il distingue alors le critère universel du juste et de l'injuste des lois en vigueur à une certaine époque, ou « législation empirique ». Or, selon Kant, le juriste doit se contenter de rechercher le juste dans les lois officiellement promulguées et c'est au philosophe qu'il appartient de critiquer, au nom de la raison, les lois existantes. Par conséquent, au XIXe siècle, la philosophie du droit est réservée aux philosophes, les juristes se cantonnant à la pratique, ce qui satisfaisait les admirateurs du Code civil. L'objet d'étude du jurisconsulte est la loi, non la morale ou la philosophie. Certains juristes refusent de mêler les sciences (Demolombe) qui n'ont pas la même fin. Le juriste n'a que faire du modèle idéal, il doit se consacrer aux règles des actions humaines. Comme Kant, les juristes lient le droit à la contrainte externe, alors que la morale est une contrainte interne. Certains juristes excluent alors le droit naturel de la sphère du droit positif, en ce qu'il est moral (Mourlon). Le droit devient la science qui étudie objectivement les lois existantes, c'est le normativisme. La fascination pour les sciences modernes impressionne les juristes qui cherchent la pure connaissance scientifique issue de l'observation des faits. Le droit est étudié comme une « *science naturelle comme la botanique ou la zoologie, une science de faits susceptible d'observation scientifique et non comme un ensemble de concepts cérébraux* » écrit Picard dans *Le droit pur* en 1908. Ainsi, cette « âme du droit » qu'était la philosophie en est séparée. La philosophie du droit sort des ouvrages techniques juridiques et les quelques cours de philosophie du droit à l'université sont supprimés. La naissance de la théorie pure du droit est la conséquence de cette séparation. On assiste à une « *tripartition* », écrit J.-P. Chazal, entre le droit positif et technique, la philosophie du droit qui s'occupe de questions métaphysiques et la théorie du droit. Cette dernière est l'enseignement, l'étude du droit, plus abstraite qui se distingue de la pratique du droit. La théorie classe le droit, ouvre la discussion et permet l'adéquation de la règle de droit positif aux mœurs et à la morale. Kelsen clarifie la notion de théorie pure du droit en 1934 : c'est « *une théorie exempte de toute idéologie politique, et de tout élément relevant des sciences de la nature* » pour l'élever au rang de « *véritable science* ». La philosophie est cantonnée dans la recherche d'un idéal, la science du droit n'a pour sujet que le droit. La séparation entre les deux disciplines doit être étanche. La science du droit est bâtie sur une méthode de neutralité axiologique et d'empirisme descriptif, sans jugement de valeur. Le droit devient une science expérimentale et a pour objet de devenir une véritable science juridique. Pour Kelsen, les normes juridiques fondent les valeurs alors que pour les jusnaturalistes ce sont les valeurs qui doivent fonder les normes. Pour Kelsen, le droit est un moyen d'organisation sociale et non une fin. Il est instrumentalisé. On reproche alors aux philosophes du droit de ne vouloir saisir que l'essence du droit, par une approche métaphysique dépouillée de toute réalité juridique et donc inutile pour les juristes. La philosophie du droit appartient dès lors aux philosophes et sort du champ d'étude du droit. Pour une approche théorique du droit, on préfère désormais le terme « théorie du droit ». Mais l'enseignement laisse même de côté cette théorie du droit pour privilégier l'apprentissage technique du droit. J.-P. Chazal conclut que si la naissance de la science du droit permet celle de la philosophie du droit, toutes deux autonomes, antinomiques, fonctionnant en vase clos, cela n'en est pas moins une chimère car les valeurs sont inhérentes au droit et la neutralité axiologique absolue est impossible.

Exercice

Exercice d'application, bibliographie & corrigé

A. Exercice & conseils préalables

L'exercice est une dissertation sur le sujet : « Le droit s'oppose-t-il à la nature ? »

Cf. l'exercice du chapitre 1 pour les conseils méthodologiques à appliquer.

Préparation

- Thèmes à considérer : Le sujet concerne la réflexion sur les rapports entre le droit et la nature, le droit naturel, le droit de la nature ou à la nature, le droit hors de la nature ou conforme à la nature. Ce sujet est juridique et philosophique, donc il faudra se servir de références à des philosophes pour répondre à ce sujet. Le sujet n'indique pas de chronologie, il sera attendu que toute la période vue par le cours soit examinée, ici de l'Antiquité à nos jours. Toujours au regard du cours, dont le thème est une réflexion sur l'autonomie, il est possible d'axer la dissertation sur cette thématique.

  Ne jamais oublier que le devoir donné est une application du cours. Vous devez cerner les thématiques principales du cours dispensé pour montrer que vous avez compris et appris le cours et que ce sujet est un exercice d'application qui vous permet de montrer que vous savez aussi utiliser ce que vous avez appris.
- Il faudra répondre à la question ! Quand votre sujet est une question, vous pouvez reprendre cette question comme problématique ou trouver une autre problématique mais attention à ne pas transformer / dénaturer le sujet proposé. Ce sujet appelle une réponse du type oui et/ou non. Idéalement, puisque les devoirs de droit se doivent de rester objectifs, il convient de présenter toutes les options sans prendre parti, il faudrait répondre oui parce que... / non parce que...

  Donc, le plan le plus facile pour un sujet posant une question à laquelle on peut répondre par oui ou non est I. Oui / II. Non. Il est possible de proposer I. Non (sur le fondement de tel argument) / II. Non encore (sur le fondement de tel autre argument) ou I. Oui / II. Oui encore (à l'identique).

  Vous pouvez bien sûr proposer un tout autre type de plan à votre convenance, mais n'oubliez pas qu'on préférera un plan simple bien construit et bien rempli plutôt qu'un plan complexe et mal ordonné. L'épreuve de trois heures pour l'examen ne permet pas de perdre trop de temps dans la construction du plan. Vous pouvez prendre plus de temps de réflexion pour un devoir à la maison.

B. Bibliographie

- B. BASDEVANT-GAUDEMET & J. GAUDEMET, *Introduction historique au droit, XIIIe-XXe siècles*, LGDJ, Paris, 2000.
- F. BLUCHE (dir.), *Dictionnaire du Grand Siècle*, Paris, Fayard, 1990.
- J. H. BURNS (dir.), *Histoire de la pensée politique médiévale. 350-1450*, PUF, Paris, 1993.
- J.-M. CARBASSE, *Introduction historique au droit*, PUF, « Droit fondamental », 2e éd., Paris, 1999.
- A. CASTALDO, *Introduction historique au droit*, 4e édition, Précis Dalloz, Paris, 2013.
- C. CHENE, B. DURAND, A. LECA, *Introduction historique au droit*, Montchrestien, Paris, 2004.
- J. GAUDEMET *Les naissances du droit. Le temps, le pouvoir et la science au service du droit*, Paris, Montchrestien, 1997.
- A. GAUVARD, A. DE LIBERA, M. ZINK (dir.), *Dictionnaire du Moyen Âge*, PUF, Paris, 2002.
- J. HILAIRE, *Histoire du droit*, 14e éd, Mémento Dalloz, Paris, 2017.
- D. LOCHAK, *Les droits de l'Homme*, La découverte, Paris, 2009.
- C. LOVISI, *Introduction historique au droit*, 5e éd., Dalloz, Paris, 2016.
- O. NAY, *Histoire des idées politiques*, Armand Colin, Paris, 2004.
- O. NAY, J. MICHEL, A. ROGER, *Dictionnaire de la pensée politique. Idées, doctrines et philosophes*, Armand Colin, Dalloz, Paris, 2005.
- B. OPPETIT, *Philosophie du droit*, Précis Dalloz, Paris, 1999.
- N. ROULAND, *Introduction historique au droit*, PUF, Paris, 1998.
- S. SOLEIL, *Introduction historique aux institutions, IVe-XVIIIe siècle*, Flammarion, « Champs Université », Paris, 2002.
- J.-L. THIREAU, *Introduction historique au droit*, Paris, Flammarion « Champs Université », Paris, 2001.
- M. VILLEY, *La nature et la loi. Une philosophie du droit*, Cerf, 2014 ; *Droit, nature, histoire*, Presses universitaires d'Aix-Marseille, Aix-en-Provence, 1985 ; *Philosophie du droit*, Paris, Dalloz, 1978-1979 ; *La formation de la pensée juridique moderne*, Paris, Montchrestien, 1975.

C. Corrigé : « Le droit s'oppose-t-il à la nature ? »

Montesquieu écrit, dans l'*Esprit des lois* (I, 1), en 1748 : « *Les lois, dans la signification la plus étendue, sont les rapports nécessaires qui dérivent de la nature des choses* ». L'association entre droit et nature est ici clairement énoncée. Pourtant, de l'Antiquité à la Révolution, les penseurs politiques, les théologiens et les philosophes ne cessent de questionner cette relation entre droit et nature, cherchant à déterminer si les deux s'attirent, se confondent ou s'opposent. Par leurs définitions mêmes, les deux notions se distinguent clairement.

Le droit est l'ensemble des règles qui régissent une société à un moment donné, alors que la nature est le milieu terrestre particulier, défini par le relief, le sol, le climat, l'eau et la végétation, préexistant. Pourtant, ces définitions, dès lors qu'elles se font plus précises, plus fines, commencent à se confondre. D'après le *Littré*, la nature est l'ensemble de tous les êtres qui composent l'univers, l'ordre établi dans l'univers, ou un système des lois qui préside à l'existence des choses et à la succession des êtres. La nature est une sorte de personnification de l'ensemble des lois naturelles, des puissances des choses naturelles ou encore une force active qui établit et conserve l'ordre naturel. Ces définitions montrent que la nature forme un ensemble de règles, difficile donc de penser que le droit et la nature s'opposent s'ils constituent tous deux un système normatif. Là est tout l'enjeu du sujet. Ces deux ordres normatifs se rencontrent-ils, s'excluent-ils, se conforment-ils l'un à l'autre, cohabitent-ils pacifiquement ? Quelle est la place de l'individu, du politique et du religieux dans cette relation ? Les réponses diverses apportées par les penseurs grecs et romains, les théologiens et les légistes chrétiens au Moyen Âge, les protestants, les jusnaturalistes et les philosophes des Lumières sous l'Ancien Régime, influencent le droit lui-même. Leurs analyses et propositions modifient les règles juridiques, dans leur forme et leur fond, s'imposent ou s'opposent aux législateurs qui doivent choisir une voie.

À la question « Le droit s'oppose-t-il à la nature ? », la réponse est double. A priori, il ne s'y oppose pas. L'existence d'un droit naturel depuis l'Antiquité prouve l'association permanente entre le droit et la nature (I). Toutefois, cette relation trouve sa limite dans la réglementation de l'État, car l'organisation et l'institutionnalisation du pouvoir qui régit les individus n'a rien à voir avec la nature dans laquelle règne la loi du plus fort. Le droit vient alors permettre de sortir de l'état de nature : les deux notions s'opposent (II).

I. Un Droit conforme à la Nature : le droit naturel

Le droit ne s'oppose pas à la nature, au contraire. Depuis l'Antiquité gréco-romaine, la notion de droit naturel préside à l'édiction des lois qui doivent lui être conformes, et par extension, conformes à la nature. Cette acception, qui traverse les siècles, peut-être religieuse (A) ou laïque (B).

A. Droit et Nature : des relations avec le divin et conditionnées par le divin

De l'Antiquité (1) au Moyen Âge (2), le droit naturel est principalement d'essence divine.

1. Du droit naturel dans l'Antiquité

La notion de droit naturel apparaît dans *Antigone*, l'œuvre du grec Sophocle (496-406 av. J.-C.). Antigone justifie l'inhumation de son frère, pourtant interdite par la loi du tyran Créon, par l'obéissance à des « *lois non écrites des dieux, qui ne sont ni d'aujourd'hui, ni d'hier* ». Ces lois immuables et éternelles, sont supérieures aux lois de la cité. Ce droit naturel émane de Thémis, déesse de la justice et femme de Zeus avec lequel elle a trois filles, dont Diké (déesse du droit). Les philosophes, comme Platon, dans les *Lois*, rappellent que les lois des citoyens, les *nomoï*, doivent respecter les volontés des dieux. Pour Aristote, le droit naturel, au-dessus des lois de la cité, est non écrit, conforme à la nature qui est l'ordre immuable de l'univers. Ce droit est à découvrir dans la nature elle-même, par l'observation des choses. De plus, si l'homme est un animal politique, c'est parce que sa nature le pousse à vivre dans des sociétés organisées. En conséquence, les organisations politiques des cités (inscrites dans les lois) appartiennent à l'ordre naturel et sont de droit naturel, tout comme la propriété et la famille, nécessaires au développement de la cité. Mais ce droit naturel est informulé, parfois vague, il appartient alors aux lois positives (lois des citoyens) de le traduire en règles précises et stables.

Les lois humaines étant imparfaites, elles peuvent être en contradiction avec la nature, dans ce cas, Aristote précise qu'elles ne sont pas dignes de respect et doivent être amendées. Pour les stoïciens, dont l'école philosophique se développe plus tardivement, vers le IIIe siècle av. J.-C., le droit naturel est la confusion entre le droit et la morale. Il relève de la nature intérieure, de la raison et la conscience qui dictent les principes moraux. Par conséquent, relèvent du droit naturel le respect de la parole donnée (à l'origine de l'adage *pacta sunt servanda*) et le respect de la propriété parce que la morale commande de ne pas s'emparer du bien d'autrui.

La philosophie grecque pénètre le monde romain et influence la conception que les jurisconsultes se font des rapports entre la nature et le droit. La notion de droit naturel est empruntée à Aristote et remodelée pour être introduite dans le droit. À Rome, le droit naturel est celui qui est commun à tous les êtres vivants. C'est ce que la nature elle-même enseigne, comme l'union des couples en vue de la procréation ou l'éducation des enfants. Les romains l'envisagent comme un droit universel qui sert à étendre les normes positives, puisqu'il est commun à tous les hommes et aux esclaves. Cicéron (106-43 av. J.-C.), juriste humaniste et homme politique dans la période troublée de la fin de la République, entend rétablir l'autorité de l'État par le respect du droit dans les affaires publiques. Ses œuvres, *De Republica* et *De Legibus*, sont influencées par la pensée naturaliste des stoïciens. Il y délivre sa confiance absolue en la nature qui forme un ordre harmonieux et juste d'où émerge la sagesse. Cet ordre harmonieux se manifeste dans la loi naturelle qui régit l'ordre universel, qui est présente dans tous les êtres et dans la société et qui se perçoit par la raison universelle. Cette force suprême de la nature ne peut être contrariée par ceux qui briguent le pouvoir. La sagesse politique consiste, en toutes circonstances, à élaborer des lois humaines qui reproduisent fidèlement les exigences de la loi naturelle, universelle, permanente, incontestable. La distinction entre loi positive, imparfaite, faite par l'homme, et le droit naturel est fixée. Cicéron définit le droit naturel dans la *République* (III, 22) comme étant « *la loi vraie est la raison juste en accord avec la nature; elle est d'application universelle, invariable et éternelle, qui commande d'accomplir son devoir et détourne du mal par ses défenses* [...]. *Les lois ne seront pas différentes à Rome ou à Athènes, et ne différeront pas d'un jour à l'autre: une seule loi éternelle et invariable sera valide pour toutes les nations et en tout temps* ». Cette pensée juridique et politique trouve un écho dans l'Empire. L'empereur Marc Aurèle (121-180 ap. J.-C.), inspiré par les stoïciens, et notamment par l'œuvre de Sénèque (4-65 ap. J.-C.), vante le respect de la raison naturelle dans son œuvre *Pensées*. Il y développe sa conception du pouvoir. Celui-ci repose sur deux axes: le gouvernant régit une société de la nature où domine la raison universelle, inscrite dans le cosmos et dans la nature humaine, associant les dieux et les hommes. Cette raison universelle définit un destin commun que tout homme doit chercher à reproduire fidèlement. Une seconde société est celle des hommes dans la cité que l'empereur doit gouverner avec dignité, dans le respect de la raison naturelle, l'équilibre et la mesure, le bien et l'idéal de justice: « *ma nature à moi est d'être raisonnable et sociable* ». Son contemporain, le jurisconsulte Gaius (v. 120-180) évoque les règles universelles que la raison naturelle dicte. Cette notion se retrouve ensuite dans la jurisprudence d'Ulpien (v. 170-223) sous le terme « sens commun » qui précise, à la différence des grecs pourtant, qu'une loi des hommes de droit civil est valide même en contradiction avec la loi naturelle. L'empereur Justinien reprend encore ce même concept, dans le *Digeste* (533). Il reconnaît, à l'instar des Grecs, qu'il existe une loi commune à tous parce que naturelle, observée par tous, et une loi faite par les hommes.

À la fin de l'empire romain, l'essor et la reconnaissance officielle du christianisme oblige l'empereur à se conformer à la volonté de Dieu dans ses constitutions impériales. La référence à la loi naturelle cède devant la loi divine. Les pères de l'Église s'intéressent, dès le IVe siècle, aux rapports entre la nature, le droit, le politique et l'homme. Saint Ambroise (v. 340-397) reprend la distinction gréco-romaine et fonde toute loi sur la loi naturelle. Saint Augustin, pour sa part, précise que la loi éternelle est la volonté de Dieu qui ordonne la conservation de l'ordre naturel et interdit de le transgresser. Toutefois, il distingue l'ordre naturel qui a ses propres lois, et l'ordre social régit par les lois des hommes, qui ne fait plus partie de l'ordre naturel. Cet « augustinisme » dure plusieurs siècles jusqu'à la redécouverte d'Aristote au XIIe siècle.

2. Le droit naturel entre la théologie et l'aristotélisme médiéval

L'évêque Isidore de Séville (v. 560-636), dans ses *Étymologies*, fait le lien entre la tradition antique et le monde germanique. Il marque durablement la pensée médiévale en transmettant la conception antique de droit naturel. Il le définit comme le droit commun à tous les peuples et partout observé, « *à l'instigation de la nature* ». Ses conceptions sont reprises par Gratien, qui écrit, au début de son *Décret* (1140) : « *le genre humain est gouverné par deux choses : la loi naturelle et la coutume* ». Dans le même temps, Pierre Abélard (1079-1142), examine la théologie à l'aune des savoirs renaissants : les droits savants et les connaissances profanes, notamment de la philosophie antique. Il considère, dans sa *Théologie chrétienne*, que la loi naturelle inscrite dans le cœur des hommes s'accorde avec la loi de Dieu. Les conceptions philosophiques antiques s'ajustent à l'éthique chrétienne (bien commun/ salut commun). Dans sa succession, l'école de Chartres s'intéresse aussi à ces textes profanes. Les chartrains, tels Abélard de Bath et Bernard de Chartres – auquel on doit : « *nous sommes des nains sur des épaules de géants [les philosophes antiques]. Nous voyons ainsi davantage et plus loin qu'eux, non que notre vue soit plus aigue ou notre taille plus haute, mais qu'ils nous élèvent, nous exhaussent par leur gigantesque stature* » – sont à l'origine de la sensibilité « naturaliste » qui émerge au XIIe siècle. Sur la base des textes antiques, ils exaltent la Nature, entendue comme un ordre créateur régi par des lois immuables, qui peut être confondue avec Dieu. Cette philosophie est condamnée par Rome et par les traditionnalistes comme Bernard de Clairvaux.

C'est au tour des légistes des XIIe et XIIIe siècles de s'interroger sur les rapports entre droit et nature. Spécialistes en droit romain et / ou canonique (droits savants) et formés à la pensée philosophique d'Aristote à la faculté des arts, ils considèrent que la loi humaine s'intègre dans un ordre divin. Cependant, ils rappellent que la loi humaine est subordonnée à la loi naturelle, elle-même inscrite dans la loi divine. Ils dégagent un droit positif s'appliquant à la société humaine pour régler les relations entre le roi et son peuple. Si la cité, la chose publique et le royaume sont des entités appartenant à l'ordre divin, elles ont leurs propres règles temporelles, relevant du *jus*, fait de lois et de coutumes. Engagés dans une grande réflexion sur les rapports entre le roi et la loi et sur la question des limites au pouvoir, ils poussent leurs analyses plus loin encore. Ils reprennent du droit impérial la *lex de imperio* (par laquelle le peuple romain confère ses pouvoirs à l'empereur) et la notion de droit naturel et en font les bornes à l'exercice du pouvoir royal. Placentin (v. 1130-1192) rappelle que l'autorité du roi ne peut être respectée que s'il agit conformément au *jus naturale* (prolongement sur terre des lois divines). Gilles de Rome, dans son *De regimine principum*, (1277-1279), inspiré par Aristote, rappelle que le prince doit respecter la loi naturelle. Il recommande au roi que ses lois doivent suivre la loi naturelle, le bien commun et le caractère de son peuple. Ainsi, le prince lui-même soumis à ses propres lois dérivées de la loi naturelle, limite son pouvoir.

La philosophie naturaliste d'Aristote et les développements des légistes marquent profondément les écrits de Thomas d'Aquin (1225-1274), modifiant la conception traditionnelle de l'Église chrétienne qui envisage Dieu comme le fondement de tout l'univers. Saint Thomas ajoute une réflexion sur les fins, où la réalisation du bien commun guide la justice, la morale et la politique. Cette conception prend sa mesure dans la pensée politique et juridique de l'auteur, exposée dans le chapitre *Traité des lois*, de *la Somme théologique* (1260). Saint Thomas distingue quatre types de lois : éternelle, naturelle, humaine et divine. La loi éternelle, sur le modèle des stoïciens, est la raison divine qui ordonne le monde et dont découlent les autres lois. La loi naturelle, prolongement de la loi éternelle dans la société humaine, est l'œuvre de la nature. Elle est composée de préceptes universels et incarnée dans la raison humaine. Les humains sont naturellement portés par la morale et portés à rechercher le bien et la vérité. « *La lumière de notre raison naturelle, qui nous fait distinguer le bien et le mal et qui appartient à la loi naturelle, n'était rien d'autre qu'une impression de la lumière divine en nous. Il est donc évident que la loi naturelle n'est rien d'autre qu'une participation de la loi éternelle dans la créature raisonnable* » (*Somme théologique*, I, II, 91, 2). Mais les hommes ont aussi besoin de lois humaines pour les guider, aux côtés de ces grands principes. Les préceptes de la loi naturelle « *sont comme des principes communs et indémontrables* », utilisés par la raison humaine pour la formation des lois humaines. Saint Thomas reprend Cicéron : « *Cicéron dit que l'origine du droit vient de la nature ; puis certaines dispositions jugées utiles par la raison deviennent coutumes ; enfin ce que la nature avait établi et la coutume confirmé, la crainte et la sainteté des lois l'ont sanctionné* ». La loi humaine issue de la droite raison ne peut que dériver de la loi naturelle. Comme dans l'Antiquité, le droit positif doit découler du droit naturel « *puisque l'homme est par nature un animal social* » (*Somme théologique*, I, II, 95, 4). La loi humaine est ordonnée au bien commun de la société et ne peut être instituée que par celui qui gouverne la communauté de la cité. Elle doit être juste et poursuivre le bien commun pour être légitime. La loi humaine est le droit positif singulier permettant de vivre selon les lois naturelles et contraignant les hommes à ne pas mal agir pour assurer la paix sociale. La loi divine, enfin, est la loi révélée par les livres saints, délivrée aux hommes par Dieu, elle gouverne le chrétien dans sa foi et le dirige vers le royaume des cieux. Par ailleurs, saint Thomas reprend également le principe de la limitation de l'autorité du prince par le droit naturel, proposé par les légistes, pour faire du respect de la loi naturelle la condition du bon gouvernement.

Le droit naturel est repensé encore avec la Renaissance, l'humanisme et le jusnaturalisme, qui se développent au XVIe siècle, sous une forme « moderne » par sa laïcisation et sa rationalisation.

B. Droit et Nature, une alliance sécularisée dans le jusnaturalisme

La philosophie nominaliste de la fin du Moyen Âge, puis l'humanisme, la réforme protestante et l'école jusnaturaliste transfèrent progressivement le droit naturel dans et sur l'homme. Il se confond avec la conscience individuelle et la raison, il se dégage du religieux (1). Il se laïcise pour la reconnaissance de droits subjectifs, inhérents à toute personne, venus d'un état de nature antérieur à la formation des sociétés. Ces droits naturels trouvent une reconnaissance officielle à la Révolution, dans la DDHC et les premières Constitutions (2).

1. L'école de droit naturel

À la faveur de la Renaissance et de l'humanisme, les légistes, également touchés par cette renaissance, cherchent à dégager le droit romain des gloses médiévales pour en retrouver le sens originel. Diverses méthodes et écoles juridiques se développent alors en Europe. En France, à Bourges, le *mos gallicus* est une nouvelle méthode théorique, s'appuyant sur la philologie et l'histoire pour analyser le droit romain (Jacques Cujas (1522-1590) en est un grand représentant). Le *mos italicus*, ou méthode bartoliste, vise à proposer des commentaires dogmatiques des textes pour leur utilisation pratique (Domat, Pothier). L'école de droit naturel de Salamanque, quant à elle, utilise le droit naturel antique pour examiner les normes de façon rationnelle. Elle donne naissance à de grands concepts juridiques comme la hiérarchie des normes, la théorie du consensualisme, la notion de responsabilité. Elle est surtout réputée pour avoir posé les fondements du droit interétatique à l'aide du droit naturel.

Le premier auteur à construire cette nouvelle théorie est l'espagnol Franscisco de Vitoria (1480-1546), dominicain, théologien et professeur de théologie à Salamanque. Il est le premier artisan de la transposition de la pensée de saint Thomas dans l'État souverain. Ses cours sont publiés après sa mort sous le nom de *Relectiones theologicae* et une de ces leçon, le *De jure belli* de 1539, est considérée comme un véritable traité de science politique et le fondement du « droit international ». Il reconnaît tout d'abord dans cette œuvre la souveraineté de l'État et donc sa liberté, mais rappelle bien que l'État est limité par le droit naturel qui lui est supérieur. En second lieu, il établit que les États souverains ont, comme les individus, besoin de vivre en société et forment une communauté des États ou communauté internationale qui possède une existence nécessaire. Comme la communauté des hommes, elle est aussi une communauté juridique. En conséquence, l'existence d'un droit supranational destiné à la régir est également nécessaire. Vitoria a alors recours à la notion de droit naturel pour ce faire parce que celui-ci est d'application universelle.

Autre membre célèbre de l'école de Salamanque, le hollandais Grotius (1583-1645), approfondit cette idée et propose une définition « moderne » du droit naturel dans son ouvrage *Du droit de la guerre et de la paix*, en 1625. Il commence sa démonstration en partant de l'individu. Seul l'être humain existe dans la nature et l'ordre de nature ne connaît que des individus isolés. Leurs droits naturels sont la liberté et le pouvoir d'agir. Il ajoute que l'homme est un être sociable dont la nature le pousse à commercer avec ses semblables quand bien même il n'aurait besoin de rien, c'est la sociabilité naturelle. Grotius détache ensuite le droit naturel du divin en expliquant que ce droit naturel est inhérent à l'homme. Si Dieu a bien créé l'homme, il ne peut rien changer au droit qui découle de la nature de sa créature. Ainsi le droit naturel à sa propre source, indépendamment du droit divin, mais procède bien de la volonté divine qui lui donne sa validité, son caractère obligatoire, éternel et immuable. Cette volonté s'exprime par la raison humaine. Les hommes sont en effet capables de définir qu'une action « *est moralement honnête ou déshonnête selon la convenance ou la disconvenance nécessaire qu'elle a avec la nature raisonnable et sociable de l'homme* ». Puisque les individus fondent, au nom de leur nature sociable, une société civile qui a besoin de règles pour le maintien de l'ordre et pour l'utilité de ses membres, le droit naturel forme le point de départ des règles qui servent à vivre en communauté. Il s'agit de normes de droit privé, le respect du tien et du mien, le respect de la parole donnée, la reconnaissance de la propriété, l'accomplissement des contrats, l'indemnisation du préjudice causé. Les lois positives sont la transcription volontaire par les hommes des préceptes de droit naturel. Grotius poursuit son raisonnement en reprenant l'idée de Vitoria selon laquelle les États, comme les individus, forment une communauté. Ils doivent également être régis par le droit naturel qui peut être transposé par les États dans des conventions librement consenties par eux. Le droit naturel « privé » devient droit « international ». Ce « droit volontaire des Nations » constitue le droit positif des États. Par ailleurs, dans son œuvre, il traite de la notion de guerre juste qui lui permet de préciser la teneur de ce droit naturel des États. Sa conception de la guerre juste est une conception judiciaire de la légitime défense. Puisqu'il n'existe pas de tribunal supérieur aux États pour vider leurs différends et les départager en cas de litige, la guerre est le recours quand il y a une atteinte à leurs droits fondamentaux qui découlent du droit naturel : droit à l'égalité, droit à l'indépendance, droit à la conservation, droit au respect, droit au commerce international. Toute atteinte par un État à ces droits fondamentaux ouvre le droit de légitime défense pour l'État victime. La guerre n'est pas contraire au droit, c'est une « *manière de vider les différends par la force* ».

Avec les jusnaturalistes, non seulement le droit naturel est rationnalisé et sécularisé, mais il passe également d'une conception objective du droit à une conception subjective des droits naturels. Ces derniers sont listés précisément : égalité, liberté, propriété, responsabilité, contrat… Il ne reste plus qu'un pas à faire pour leur donner une reconnaissance dans le droit positif. La Révolution s'y emploie.

2. Les droits naturels dans la Déclaration des Droits de l'Homme et du Citoyen

Le 26 août 1789, « *Les représentants du peuple français, constitués en Assemblée nationale, considérant que l'ignorance, l'oubli ou le mépris des droits de l'homme sont les seules causes des malheurs publics et de la corruption des gouvernements, ont résolu d'exposer, dans une déclaration solennelle, les droits naturels, inaliénables et sacrés de l'homme* […]. *Ces droits sont la liberté, la propriété, la sûreté et la résistance à l'oppression (article 2)* ». Il faut leur ajouter l'article 1 en vertu duquel « *tous les hommes naissent et demeurent libres et égaux en droit* ». Cette déclaration énonce les droits naturels que tous les hommes, de tout temps, ont toujours eus. Il appartient à l'État, en vertu de l'article 2, de garantir ces droits naturels. L'article 16 ajoute que ces droits doivent être inscrits dans la Constitution. Depuis lors, les préambules des Constitutions reconnaissent ces droits devenus ainsi droits fondamentaux. Le droit ne s'oppose pas à la nature, les droits naturels, issus de la nature trouvent dans la DDHC leur plus haut degré de reconnaissance juridique. Il ne s'agit pas des lois positives qui transposent le droit naturel mais bien le droit naturel qui est officiellement érigé comme droit fondamental et qui prend valeur universelle.

Il faut toutefois préciser que si les individus se voient reconnaître des droits naturels, le droit positif ne traduit pas ces grands principes. Le suffrage censitaire écarte quelques millions de français du droit de vote, le Code civil maintient l'inégalité entre les hommes et les femmes mariées… point d'égalité. La liberté d'expression et de conscience des articles 10 et 11 n'est que tardivement reconnue (1830, 1881, 1905). De plus, le légicentrisme de la DDHC fait de la loi, expression de la volonté générale selon l'article 6, la source majeure de droit, sans préciser si elle doit être conforme à la loi naturelle. Il semblerait que celle-ci soit délibérément écartée au profit de la loi positive désormais toute puissante. Les droits naturels de l'homme dès lors, sont-ils supérieurs à la loi positive ? Le droit des hommes est-il soumis à la nature après la Révolution ? La rupture avec le discours thomiste selon lequel la loi humaine était un ordonnancement ou remise en ordre de l'ordre préexistant de la nature est consommée avec le monopole légaliste de la Révolution. Le nominalisme d'Occam se retrouve dans le légalisme révolutionnaire : la loi est un ordre donné pour régir une société qui n'est pas naturelle mais un concept fabriqué et nommé par les hommes. La rationalité et la sécularisation du jusnaturalisme inspirent la philosophie des Lumières qui a une toute autre conception des relations entre le Droit et la Nature. Si le droit naturel limite le pouvoir et reconnaît des droits aux individus, la loi est le moyen de quitter l'état de nature. Dans cette acception, ancienne elle aussi, droit et nature entrent en opposition.

II. Le Droit pour sortir de l'état de Nature

Le droit est le moyen de régir la cité, car l'homme est un animal, certes, mais un animal politique. Ainsi, les philosophes grecs considéraient que la loi permet de distinguer l'homme de l'animal (A). Le droit permet de sortir de l'état de nature en régulant la vie politique et publique. Le contrat social de la philosophie des Lumières juridicise cette volonté de sortir de l'état de nature (B).

A. Faire des lois pour ne plus être un animal, mais un « animal politique »

Si, « par nature », l'homme est un animal politique, il se donne des lois qui lui permettent de se différencier de l'animal et de perdre ainsi sa nature animale. Ces lois peuvent même être contre la nature, au bénéfice de l'homme. La séparation entre droit et nature (1) peut aller jusqu'à l'opposition (2).

1. Aristote...

Aristote, dans *Éthique à Nicomaque* (IX, 9), écrit : « *Personne ne choisirait de posséder tous les biens de ce monde pour en jouir seul, car l'homme est un être politique et naturellement fait pour vivre en société* ». Dans *La Politique* (I, 2), il ajoute : « *La cité est au nombre des réalités qui existent naturellement, et* [...] *l'homme par nature est un animal politique.* [...]. *Mais que l'homme soit un animal politique à un plus haut degré qu'une abeille quelconque ou tout autre animal vivant à l'état grégaire, cela est évident. La nature, en effet, selon nous, ne fait rien en vain ; et l'homme seul de tous les animaux, possède la parole. Or, tandis que la voix ne sert qu'à indiquer la joie et la peine, et appartient aux animaux également* [...], *le discours sert à exprimer l'utile et le nuisible, et, par suite aussi, le juste et l'injuste ; car c'est le caractère propre à l'homme par rapport aux animaux, d'être le seul à avoir le sentiment du bien et du mal, du juste et de l'injuste, et des autres notions morales, et c'est la communauté de ces sentiments qui engendre famille et cité* ». Si l'homme est, par nature, destiné à vivre avec ses semblables dans la cité, il se détache de la nature car il n'est plus un simple animal. Ainsi est posée la distinction entre l'homme et l'animal. Ce qui les différencie est le discours. Celui-là même qui permet d'élaborer les lois de la cité. La *polis* est l'achèvement, la perfection, l'aboutissement, l'évolution, le terme de l'état de nature. Elle est la réalisation complète, la fin de la nature humaine. Cet espace social et politique doit être organisé par les lois pour le maintien de l'ordre et de la paix entre les individus. Le juste et l'injuste, le bien et le mal sont les conditions de la législation. L'homme, dans la cité, le citoyen, se donne des lois pour le « bien vivre ensemble ». Comme Socrate ou Platon avant lui, Aristote considère que la loi est ce qui distingue l'homme de l'animal. La loi est vertueuse, elle éduque le citoyen, elle le rend libre. Ainsi le droit se sépare ici de la nature. Les sophistes, pour leur part, vont jusqu'à opposer le droit à la nature.

2. ... contre Calliclès

Les sophistes, tels Protagoras (490-420 av. J.-C.), considèrent que le droit et la loi sont un instrument politique de domination des autres, ce qui est contre la nature. Ces rhéteurs, prônant un relativisme complet, manipulent le discours pour lui faire dire ce qui sert les intérêts de la personne qui l'utilise. Ils nient l'existence de toute valeur absolue. Platon crée, dans son œuvre le *Gorgias*, un sophiste, appelé Calliclès, qui est l'opposant à la pensée de Platon. Il permet de confronter les idées philosophiques par le débat entre le Philosophe et le Sophiste. Dans l'œuvre de Platon, Calliclès défend une appréciation désabusée de la loi, qui n'est faite que par intérêt. La loi ne peut pas être l'expression de la justice et de la vérité car il ne s'agit là, pour les sophistes, que d'une illusion. Elle n'est toujours qu'au service du plus fort et faite dans son intérêt. Dans l'intérêt du peuple pour maintenir son pouvoir, dans la démocratie, contre l'éventualité de la prise de pouvoir d'un seul, un tyran, ou par le tyran, dans son propre intérêt pour se maintenir au pouvoir. Platon fait dire à Calliclès : « *La loi est faite par les faibles et par le plus grand nombre dans leur intérêt, pour empêcher les plus forts de l'emporter* ». La loi est donc par conséquent l'auxiliaire de l'arbitraire des gouvernants, elle peut même être un instrument d'oppression.

Protagoras précise que c'est l'homme qui fait la loi qui détermine ce qui est juste ou injuste, et non un principe naturel prévalent connu par la raison humaine. La loi intervient pour mettre fin à l'état de nature qui n'est qu'un enchaînement de lutte et de destruction. La loi est ici en rupture complète avec la nature. La première établit l'ordre face à la seconde qui n'est que désordre. Calliclès rappelle justement que la nature est inégalitaire et exige toujours le triomphe des plus forts. « *Calliclès – Mais, tu sais Socrate, réellement, ces questions que tu rabâches, ce sont des inepties, des chevilles d'orateur populaire – oui, toi qui prétends chercher la vérité ! Pour faire passer que le beau est beau selon la loi, et pas selon la nature. Nature et loi, le plus souvent, se contredisent.* [...]*Si quelqu'un parle de ce qui est conforme à la loi, tu l'interroges sans qu'il le voie sur ce qui est conforme à la nature, et s'il te parle de la nature, tu l'amènes à te répondre sur la loi. C'est ce qui s'est passé tout à l'heure, quand vous parliez de commettre l'injustice et de la subir, Polos te disait qu'il était plus vilain de la commettre en se référant à la loi, et tu t'es mis à harceler ce qu'il disait comme s'il l'avait dit par rapport à la nature ! En effet, dans l'ordre de la nature, le plus vilain est aussi le plus mauvais : c'est subir l'injustice ; en revanche, selon la loi, le plus laid, c'est la commettre. L'homme qui se trouve dans la situation de devoir subir l'injustice n'est pas un homme, c'est un esclave, pour qui mourir est mieux que vivre s'il n'est même pas capable de se porter assistance à lui-même, ou aux êtres qui lui sont chers, quand on lui fait un tort injuste et qu'on l'outrage. Certes, ce sont les faibles, la masse des gens, qui établissent les lois, j'en suis sûr. C'est donc en fonction d'eux-mêmes et de leur intérêt personnel que les faibles font les lois, qu'ils attribuent des louanges, qu'ils répartissent des blâmes. Ils veulent faire peur aux hommes plus forts qu'eux et qui peuvent leur être supérieurs. C'est pour empêcher que ces hommes ne leur soient supérieurs qu'ils disent qu'il est laid, qu'il est injuste, d'être supérieur aux autres et que l'injustice consiste justement à vouloir avoir plus que les autres. Car, ce qui plaît aux faibles, c'est d'avoir l'air d'être égaux à de tels hommes, alors qu'ils leur sont inférieurs. Et quand on dit qu'il est injuste, qu'il est laid, de vouloir avoir plus que la plupart des gens, on s'exprime en se référant à la loi. Or, au contraire, il est évident, selon moi, que la justice consiste en ce que le meilleur ait plus que le moins bon et le plus fort plus que le moins fort. Partout il en est ainsi, c'est ce que la nature enseigne, chez toutes les espèces animales, chez toutes les races humaines et dans toutes les cités ! Si le plus fort domine le moins fort et s'il est supérieur à lui, c'est là le signe que c'est juste.* [...] *Chez nous, les êtres les meilleurs et les plus forts, nous commençons à les façonner, dès leur plus jeune âge, comme on fait pour dompter les lions ; avec nos formules magiques et nos tours de passe-passe, nous en faisons des esclaves, en leur répétant qu'il faut être égal aux autres et que l'égalité est ce qui est beau et juste. Mais, j'en suis sûr, s'il arrivait qu'un homme eût la nature qu'il faut pour secouer tout ce fatras, le réduire en miettes et s'en délivrer, si cet homme pouvait fouler aux pieds nos grimoires, nos tours de magie, nos enchantements, et aussi toutes nos lois qui sont contraires à la nature - si cet homme, qui était un esclave, se redressait et nous apparaissait comme un maître, alors, à ce moment-là, le droit de la nature brillerait de tout son éclat* ».

Les philosophes grecs, même en désaccord sur la nature de la loi – vertueuse ou instrument de pouvoir – s'accordent sur sa fonction : distinguer l'homme de l'animal. Le droit permet de sortir de l'état de nature. Ce concept est promis à un bel avenir puisqu'il est retrouvé à la fin du Moyen Âge, s'épanouit à la Renaissance, puis est repris par les philosophes des Lumières. Ils élaborent une nouvelle théorie, celle du « contrat social », qui permet à l'homme, par un contrat, par du droit, de quitter volontairement et officiellement l'état de nature. Volontairement et officiellement le droit s'oppose désormais à la nature.

B. Le contrat social : de l'état de nature au progrès et à la modernité

Qu'il soit bon (2) ou qu'il soit méchant (1), l'homme à l'état naturel ne peut cohabiter avec ses semblables que par le truchement d'un contrat.

1. Un contrat pour pacifier les hommes naturellement méchants

Aux origines de la notion de contrat social se trouve le franciscain, philosophe et théologien anglais, Guillaume d'Occam (v. 1285-1349) et sa théorie du nominalisme. Celle-ci, déjà en substance présente chez Abélard, est une philosophie selon laquelle les concepts sont des constructions humaines auxquelles les hommes donnent des noms, d'où le nom de ce courant, le nominalisme, qui consiste à nommer les idées. Cela est en opposition avec la philosophie antique de Platon ou Aristote qui considéraient que les objets sont porteurs d'une essence idéelle. Cette conception antique, appelée « essentialisme » ou « réalisme » consiste à penser que les objets ont une existence immanente. Occam, au contraire, défend que les concepts abstraits (ou universaux) ne sont que des mots, des termes conventionnels, des représentations qui permettent à la pensée de se constituer. Cette philosophie du langage l'amène à réexaminer sous cet angle la place de la représentation dans la connaissance, les relations entre l'homme et la foi, le pouvoir et la représentation, la définition de la communauté et de la personnalité (collective ou morale). En ce sens, il convient que le terme communauté est, de manière inexacte, pensé comme un tout. Il est en réalité, d'après Occam, une somme de ses parties, c'est-à-dire des individus qui la composent. Occam en déduit sa théorie de l'individualisme (ou principe d'individuation). Une communauté, politique ou religieuse, ne peut être composée que d'individus qui ont consentis, librement, à en être membres. Ces personnes, autonomes et libres ont volontairement, par *consensus*, ou *electio*, délégué une autorité à leur représentant. Occam envisage un consentement unanime de toutes les parties pour cette délégation. Sa réflexion sur la représentation est complexe. À la suite du franciscain Duns Scot (1265-1308) pour lequel tous les hommes, libres par nature, se lient par des pactes afin de forger une communauté et se donner une autorité politique chargée de défendre leur liberté, Occam poursuit le raisonnement en affirmant que le consentement des individus est à l'origine de la société. C'est la théorie du gouvernement civil. Pacte et consentement des individus, libres et volontaires, sont à la source de la théorie du contrat social.

Cette notion de contrat social s'impose progressivement à partir de la Renaissance sur la base d'un premier postulat : celui que les hommes sont naturellement méchants, naturellement portés à la violence, en conséquence de quoi, les rapports de force sont inéluctables. Le contrat, objet juridique, volontairement conclu sur le fondement de la liberté individuelle serait la réponse du droit pour contrer cet état de nature. Nicolas Machiavel (1469-1527) s'interroge sur la manière concrète de gouverner pour restaurer la stabilité. Il rompt avec la morale en raison de sa conception pessimiste de la nature humaine. *Le prince*, en 1513, qui fait scandale à sa sortie – en ce qu'il se sépare de la pensée et la morale chrétienne – sera commenté par de nombreux philosophes après lui (Spinoza, Rousseau, Hegel…). Miroir au prince, cet ouvrage rompt avec la tradition chrétienne et l'humanisme naissant, trop idéalistes, au nom du réalisme politique. Machiavel expose que l'homme de bien « *ne peut manquer de périr au milieu de tant de méchants* ». Tout est dit, l'auteur du *Prince* a une conception pessimiste de la nature humaine qui justifie que la société ne peut pas être régie par des principes moraux parce que les hommes sont naturellement méchants et qu'il est impossible de les faire changer : « *les hommes sont méchants et disposés à l'usage de leur perversité toutes les fois qu'ils en ont la libre occasion* ». La nature a fait des hommes égoïstes, envieux, vicieux, perpétuellement mécontents, assoiffés d'honneurs, crédules, ingrats, volubiles, violents, perfides, cruels, corrompus, dissimulateurs, faibles et cupides… la liste est longue ! Par conséquent, la politique ne peut être qu'à l'image des hommes, la violence est son privilège. La politique ne connaît ni la vertu ni la paix, ni la morale, elle est dominée par la force et la passion, la cruauté et la perfidie, la ruse, la corruption et le désir de conquête. La guerre est alors un état permanent, le prince doit être préparé à faire la guerre pour maintenir la paix et conserver le pouvoir. En politique, seules les fins comptent, elles justifient les moyens. Le maintien de l'État justifie d'agir parfois contre la foi, contre la morale, contre la charité, le prince doit savoir « *ne pas s'écarter du bien s'il le peut mais savoir entrer dans le mal, s'il le faut* ». Ce cynisme politique est dénoncé par ses contemporains. Machiavel leur répond par une « éthique de l'efficacité ». Puisque l'homme est naturellement méchant, le contrat social peut être la réponse, comme le suggère Hobbes. L'opposition entre le droit et la nature se poursuit dans sa philosophie.

Inspiré par l'occamisme et convaincu de la nature mauvaise et méchante de l'homme comme Machiavel, Thomas Hobbes (1588-1679) propose un absolutisme fondé par contrat social comme solution, dans le *Leviathan* (1651). L'absolutisme pour Hobbes est la réponse à la mauvaise nature de l'homme, égoïste, méfiant, vaniteux, jaloux et violent, naturellement porté au conflit. Dès lors, la société ne peut que sombrer dans le désordre et la guerre si elle est laissée à elle-même. C'est l'état de nature, dans lequel l'homme est « primitif ». Dans cet état, les hommes sont égaux, mus par les même désirs de décider seuls ce qui est bon pour eux, ils ont droit à toute chose. Mais leurs aptitudes physiques et intellectuelles étant différentes pour tous, elles les poussent à entrer en conflit (Cf. parmi *Les fables* (1668-1694) de La Fontaine, *Le loup et l'agneau*). S'ils désirent la même chose, ils deviennent ennemis et s'efforcent de détruire ou dominer l'autre. Dans un monde sans lois, seules la violence et la ruse sont les vertus cardinales, sans place pour la justice ou l'injustice, ni pour la sécurité. Leur existence est alors « *solitaire, besogneuse, pénible, quasi animale et brève* ». Donc, pour vivre en paix, les hommes n'ont d'autre solution que de sortir de l'état de nature et se donner un pouvoir commun pour les prémunir contre les torts qu'ils se causent eux-mêmes. La fiction du contrat trouve alors sa place, mais cette idée est en rupture avec les conceptions contemporaines qui n'admettent pas que le pouvoir royal souverain puisse venir du peuple (puisqu'il vient de Dieu). Hobbes reprend la théorie du pacte social. Puisque « *l'homme est un loup pour l'homme* » (Hobbes, *De cive*, 1642), un projet politique autoritaire peut contrer un tel péril et réfréner les passions humaines. Hobbes innove en faisant du contrat l'instrument de la fondation de la société politique, et donc de l'origine du pouvoir. Par ce contrat, les hommes sont sortis de l'état de nature, se sont organisés en communauté politique et se sont donné un pouvoir commun et souverain : le *Léviathan*. Celui-ci permet aux hommes, divisés dans l'état de nature, de s'unir en une seule personne et devenir un peuple, ou corps politique : un État. Tous les hommes auparavant égaux, doivent se soumettre inconditionnellement à ce pouvoir absolu. Les hommes doivent renoncer volontairement à se gouverner eux-mêmes, ils échangent leur égalité et leur liberté naturelles pour la sécurité collective et le maintien de la paix. Ce renoncement est total et définitif. Le contrat originel ne peut plus être modifié, ne peut plus être opposé au pouvoir (pas de droit de résistance ou de déposition chers aux monarchomaques qui reprennent aussi la notion de contrat social), qui est désormais sans limites, ni soumis aux lois divines, naturelles, humaines, ni à la morale (Machiavel). Le souverain n'est pas tenu par le pacte car celui-ci est fait d'homme à pouvoir. Le souverain n'est pas un tyran puisqu'il se consacre à la paix et à la sécurité de tous : c'est la fin qui légitime le pouvoir du souverain (Machiavel). Hobbes fait aussi du souverain le représentant de la communauté politique dans laquelle chaque homme lui délègue son pouvoir. Cette notion de représentation (Occam) sera largement reprise. Après Hobbes, d'autres philosophes des Lumières réfléchissent à ces mêmes théories mais sur le fondement d'un autre postulat : celui de l'homme naturellement bon.

2. Un contrat pour garantir les droits des individus que la nature ne leur donne pas

John Locke (1632-1704), médecin et philosophe anglais, écrit le *Traité du gouvernement civil*, en 1689. Il y reprend la notion de contrat social. Comme Hobbes, il considère que le gouvernement prend sa source dans le consentement des hommes qui décident de s'assembler afin de lutter contre le désordre et fonder des règles d'une vie sociale harmonieuse. L'innovation de Locke est de distinguer la société civile du pouvoir politique. Les hommes consentent donc à deux pactes : un premier pour se constituer en société civile, un second pour se donner un gouvernement. Il se distingue de Hobbes en considérant que les hommes n'aliènent pas leur pouvoir définitivement. Ils renoncent à une part de leur liberté pour conserver leurs droits naturels, la renonciation n'a de sens que parce qu'elle leur apporte une situation plus favorable que leur vie naturelle. Nature et Droit s'opposent encore ici. Le but de cette association étant la jouissance « *de leur propriété, en sûreté et en repos* », le pouvoir civil n'a qu'une seule fin : conserver la société et ses membres. Locke élabore ainsi une théorie du contrat social libéral fondé sur les droits naturels inaliénables (liberté et propriété), que l'homme ne peut pas céder. Le pouvoir civil est limité par sa fin et la délégation de pouvoir est provisoire car elle peut être retirée en cas de tyrannie. Le politique doit donc respecter la loi pour la garantie des droits naturels. Locke érige la théorie du « constitutionalisme » et pose aussi le principe de la séparation des pouvoirs et de gouvernement représentatif.

Le *Contrat social* (1762) de Jean-Jacques Rousseau (1712-1778) est encore une autre conception de l'opposition entre la nature et le droit. L'homme, naturellement bon, sort de son état naturel pour se donner du droit afin de régir les rapports dans la société humaine. Le droit se situe ici hors de la nature. La thèse de Rousseau consiste à reprendre l'histoire de l'humanité. Alors que les êtres humains vivaient indépendants, libres et égaux dans l'état de nature, leur entrée dans la société, à l'issue du contrat social, à contribuer à développer des conflits, des inégalités et des comportements oisifs. L'homme, mal gouverné est victime de l'injustice et de la tyrannie. Rousseau élabore un projet de nouveau contrat pour que les hommes conservent – ou retrouvent – l'autonomie, l'égalité et la liberté dont ils bénéficiaient dans l'état de nature. Son approche contractualiste consiste à imaginer le pouvoir civil comme le résultat du pacte d'association entre les individus. Dans le pacte originel, les hommes s'accordent pour abandonner leur liberté naturelle et se placer sous l'autorité d'un pouvoir commun pour leur sécurité. Mais ce pouvoir, pour rester le plus fort, le maître, utilise le droit comme un voile pour couvrir la réalité de sa force, il fait de l'obéissance un devoir, il soumet « *sous le joug du fer, le genre humain écrasé par une poignée d'oppresseurs* ». Puisque la société s'est irrémédiablement dégradée, il faut un nouveau contrat dans lequel prime la souveraineté du peuple. Ce dernier demeure ainsi détenteur du pouvoir souverain qui doit s'exercer collectivement par tous les hommes pour la garantie de leurs droits naturels et pour qu'ils vivent en harmonie. Sa proposition de la souveraineté populaire connaît un grand succès, elle est amplement débattue après la Révolution à l'Assemblée Nationale et trouve un écho dans la Constitution de 1793. Celle-ci, bien que jamais appliquée, sert de modèle aux Constitutions républicaines suivantes (1848, 1875, 1946 et 1958).

Contrat social, constitutionnalisme, souveraineté populaire, droits naturels et fondamentaux, ce long débat entre nature et droit a produit de grands concepts juridiques. Les philosophes, depuis l'Antiquité, se font les reflets des relations très houleuses entre la nature et le droit, parfois associés et parfois opposés. Elles posent la question de la nature de l'homme et de son rapport au droit que les juristes doivent considérer dans la production normative. Encore récemment, Michel Villey, philosophe et professeur de droit, traite du droit naturel objectif qui est la visée de la réflexion dialectique dans l'ouvrage qui reprend les grands thèmes de sa pensée, *La nature et la loi* (2014). Son « droit naturel objectif » se réfère à une juste répartition des droits et des biens au sein d'une société. « Naturel » parce qu'il ne dépend pas de l'arbitraire des hommes, « objectif », parce qu'il renvoie à l'idée qu'objectivement, un partage s'impose avec plus de justice qu'un autre. Enfin, une nouvelle réflexion s'ouvre à l'aube du XXIe siècle sur les rapports entre le droit et la nature, quand le droit doit venir protéger la nature comme sujet de droit face aux problèmes environnementaux. La Constitution de l'Équateur, depuis 2008, fait de la Nature une personne juridique, ayant des droits propres exigibles devant les tribunaux.

Droit et justice

Mes essentiels

- La femme aux yeux bandés portant un glaive et une balance représente toutes les caractéristiques de la justice : impartiale, elle juge sans acception de personne. Avec sa balance, elle examine et pèse les preuves avant d'utiliser son glaive pour trancher le litige en rendant la sentence.
- La justice antique fondée sur la vengeance et l'équité ne connaît pas le droit. Progressivement, le droit établit la vengeance légale par l'intermédiaire de la loi du talion et limite la part de l'équité laissée au juge en fixant un système de peines (Code Hammourabi 1750 av. J.-C., Lois « pénales » de Dracon, 621 av. J.-C.). La justice devient une fonction publique attachée à la qualité de citoyen avec les lois de Solon en Grèce et le droit prétorien romain.
- Sous l'influence des multiples cultures européennes, la justice médiévale pourrait être représentée par un dragon à trois têtes, une tête pour le droit romain, une seconde pour le droit canonique, une troisième pour les lois germaniques. Ses ailes équilibrent son vol entre preuves rationnelles et preuves irrationnelles. Sa queue stabilise le tout : les ordonnances royales réglementent la justice d'État (1254-1318) et demandent l'harmonisation des coutumes (1454-1498) pour tendre vers la sûreté et l'égalité des justiciables devant la loi.
- La Révolution est l'ère des expériences judiciaires et juridiques. Au nom de la séparation des pouvoirs, la justice se sépare du droit. Elle devient arbitrale et fondée sur l'équité en 1790, puis politique – hors du droit – en 1793. Le légicentrisme et le Code civil en 1804, relèguent le juge au rôle d'exécutant, éloignant la jurisprudence des sources du droit.
- Le XXe siècle est celui du renforcement des garanties judiciaires par le législateur et, au XXIe siècle, le mouvement semble inversé avec une déjudiciarisation, paradoxale à l'heure de l'inflation législative.

L'Essentiel sur l'autonomie du droit par rapport à la justice

- Le droit et la justice paraissent indissociables. L'un réglemente l'autre, l'autre veille à l'application de l'un. Pourtant, l'histoire du droit montre combien leurs relations furent tumultueuses, entre passion et rejet, toujours à la recherche du meilleur équilibre pour le bien des justiciables (gratuité, rapidité, impartialité, indépendance…).

Avant d'étudier les relations entre le droit et la justice à travers l'histoire, il est utile, au préalable de considérer l'iconographie de la justice afin de voir ce que nous apprennent les images de la justice en matière juridique (I). Sous l'Antiquité ont lieu de grandes mutations du droit et de la justice, passant de la vengeance privée à la vengeance légale, de la justice royale à la justice citoyenne (II). Au Moyen Âge et sous l'Ancien Régime, la disparité juridique entraîne la diversité judiciaire (III). La pensée des Lumières éclaire la justice et le droit pénal qui font l'objet d'expérimentations pratiques variées après la Révolution avant de se stabiliser au XIXe siècle (IV). Les lois de réforme pour la modernisation de la justice engagée à la fin du XXe siècle laissent planer des inquiétudes dans le monde judiciaire (V).

I Les leçons des images de la justice

De nombreuses images viennent à l'esprit lorsque l'on évoque la justice, qu'il s'agisse d'objets (balance), de dieux (Shamash), de figures mythiques (Salomon), de tableaux célèbres, (gravures de Louis XVI montant sur l'échafaud), ou encore de manuscrits (« J'accuse » de Zola dans le journal *L'Aurore*). Cette iconographie de la justice, qu'il s'agisse de représentations symboliques (A) ou de représentations des grands procès (B), enseigne sur les grands principes judiciaires et juridiques qui ont jalonnés l'histoire.

A Objets et symboles

La justice est personnifiée dans les Dieux depuis l'Antiquité. Le Dieu éléphant Shamash, dieu du soleil et de la justice, dicte le droit au roi babylonien Hammourabi. La déesse égyptienne Maât est la déesse de la paix, de l'équité, de la vérité et de la justice, elle symbolise la norme universelle. La déesse grecque de la justice, Thémis, fille de la terre et du ciel, énonce les grands principes de droit naturel. Elle est l'incarnation de l'ordre divin, de la loi et de la coutume, elle personnifie la justesse divine de la loi, elle garantit l'ordre universel. Elle est souvent représentée tenant une balance. De son union avec Zeus, naissent trois filles, Eunomia, personnifiant la loi et l'Ordre, la justice et l'équité, Eiréné qui incarne la paix et Diké, personnifiant la justice humaine et le droit. Celle-ci réprime les crimes, applique les peines et porte également une balance. Némésis, quant à elle, est la déesse de la colère et de la vengeance. À ses côtés, l'équité, incarnée par une humaine devenue divine, Livie (58 av. J.-C.-29 ap. J.-C.), troisième épouse d'Octave Auguste. C'est la première femme d'empereur divinisée après sa mort par l'empereur Claude en 42 ap. J.-C. Sur les statues, elle est représentée de profil avec inscription *Justitia* puis elle devient l'image de l'*Aequitas* sous forme d'une femme tenant une balance Elle incarne alors le *mos majorum*, les coutumes des ancêtres, et l'équité. Justice et droit sont entremêlés dans une même divinité. Cette image féminine de la justice est réapparue au XIIIe siècle, à la faveur des recherches des légistes dans le droit romain, et a persisté jusqu'à nos jours, sous les traits d'une femme aux yeux bandés tenant un glaive et une balance. Cette représentation de la justice couvre toute l'Europe médiévale, dans les manuscrits, les vitraux, les sculptures, la peinture. Ses attributs représentent les grands principes de la justice : elle est aveugle, elle juge sans acception de personnes, elle est impartiale. La balance lui permet de peser les âmes, les preuves, afin de trancher les litiges avec son glaive et d'exécuter la sentence.

À l'époque où cette image féminine de la justice resurgit, une autre image d'Épinal, celle de saint Louis sous son chêne popularise l'arbre de justice. Les chroniqueurs contemporains, tel Joinville, attestent que le roi Capétien rendait bien parfois la justice assis sous un chêne à la sortie de la messe. Symboliquement, ce chêne représente le lien entre les hommes et Dieu, il représente la justice qui incarne ce lien entre la terre et le ciel. Elle permet l'équilibre et la stabilité. Cette conception est ancienne et largement répandue. Les celtes rendaient la justice sous le chêne. Yggdrasil, l'arbre des mondes dans la mythologie nordique, est un frêne immense atteignant le ciel et dont les racines relient les mondes. Dans le christianisme, cet arbre fusionne avec la croix du Christ, reliant les hommes et Dieu, croix qui trône dans les tribunaux. De cette croix serait dérivée la balance qui lors du jugement dernier pèsera les âmes. Les symboliques se rejoignent.

Ce moment est aussi celui de l'apparition de la robe des légistes qui la gardent lorsqu'ils sortent de l'université où ils avaient le statut de clerc. Cette robe noire, est décrite par le spécialiste de la symbolique, des couleurs et des emblèmes, Michel Pastoureau, comme représentant la vérité, l'austérité et le savoir. L'adage médiéval connu, dont la fin est souvent oubliée, illustre bien cette définition : « *l'habit ne fait pas le moine, mais il fait la fonction* ». La robe noire du légiste fait sa fonction. Elle qualifie même son statut juridique, la noblesse de robe, que l'on obtient par l'exercice d'offices de judicature. Les légistes se sont donnés eux-mêmes leur statut, se fondant sur leur rôle dans la société médiévale. Comme les nobles d'épée, ils défendent et protègent, mais avec les armes de la loi. Jacques de Révigny, professeur à Orléans au XIIIe siècle, déclarait : « *Le juriste est comme le chevalier d'une chevalerie sans armes* ». Les légistes se qualifient de « *comtes ès lois* », le « *doctorat valant chevalerie* ». Les rites d'obtention du doctorat sont les mêmes que ceux de l'adoubement. Le savoir, la maîtrise de sciences aussi hautes que le droit, ne pouvait être le fait d'hommes ordinaires. De plus, les légistes se placent au service de l'État, du roi et du royaume, tout comme la noblesse, pour le protéger.

L'habit fait toujours la fonction des juristes, qu'ils soient des théoriciens, les universitaires, ou des praticiens, les juges et les avocats, tous portent la robe. Elle comporte trente-trois boutons, en référence au Christ ? Sous l'Ancien Régime, les avocats portaient le costume clérical classique descendant jusqu'aux talons. Ils lui ajoutent au XVe siècle, une réduction du chaperon (cape qui couvre la tête et le buste) à l'épaule, c'est la chausse (ou chaperon à rang d'hermine) qui se porte pour partie devant et pour partie dans le dos. Elle se portait au palais comme à la ville. C'est à la fin du règne de Louis XIV que le vêtement de ville, austère, noir, put être porté. Jusqu'à la fin du XIXe siècle, « *l'avocat se reconnaît dans le monde par une allure plus grave et un habillement plus classique que celui des gens du monde* » (H. Ader & A. Damien). Car même sans la robe, l'avocat se doit de porter à la ville une tenue noire et austère. Charles V interdit aux clercs, secrétaires et notaires le port de la poulaine, chaussure très / trop pointue, excroissance qui est vue comme étant contre Dieu, voire le symbole du diable, car une tenue décente est exigée des juristes. Au XIXe siècle, la moustache est inconvenante, celle de l'avocat Léon Gambetta fait scandale, mais il l'imposera. Encore aujourd'hui, même si les avocats se permettent le jean ou les baskets rouges, la tenue correcte reste exigée. En 1936, la Cour de Cassation réserve le port de la robe aux seuls avocats. La loi du 31 décembre 1971 officialise le port du costume, qui entre ainsi dans le domaine législatif. Cette robe est le symbole d'égalité pour tous les avocats, ni sexe, ni richesse, elle qualifie la fonction. Plus encore, elle représente la solennité, on lui doit le respect. Elle auréole la profession, la sacralise. Et pourtant on lui fait subir les pires outrages, roulée en boule dans un sac, dans la voiture... En octobre 2015, le Bâtonnier de Lille, qui manifestait, s'est fait molesté par la police, jeté à terre et déchiré sa robe ! Véritable crime de lèse-majesté pour la profession. La robe a aussi « *un impact sur le client, elle l'impressionne, met une distance, tout en protégeant l'avocat, telle une armure*», c'est «*une cape de super héros*», aux dires de certains avocats (V. Ménès-Redorat, *Le Barreau du Val d'Oise*).

L'hermine et la toque sont d'autres symboles encore. L'hermine est la science. L'épitoge herminée qui est portée sur la robe détermine le grade universitaire, triplement herminée quand on est bachelier, licencié et docteur. La robe s'accompagnait du manteau et de la coiffe, manteau ordinaire pour les audiences du même nom et un manteau herminé pour les audiences solennelles (se tenant en présence du roi). L'épitoge représentant l'ancien manteau (qui se portait sur l'épaule depuis que les avocats avaient le droit de porter la toque de docteur en droit). L'usage veut de plus qu'un avocat porte toujours l'épitoge herminée s'il appartient au conseil de l'Ordre (le Bâtonnier en fonction porte toujours l'épitoge herminée, car il préside ce conseil), ou s'il fait partie de la conférence du stage. La toque figure la plénitude du savoir. Seuls les avocats plaidaient couverts, sauf lors des conclusions car alors le client parlait par l'intermédiaire de son avocat, et lorsqu'on lisait le jugement. Le bâton du Bâtonnier enfin, c'est le bâton du patron de la confrérie : le breton saint Yves Hélory de Kermartin (1253-1303). Prêtre et juge ecclésiastique, il a consacré sa vie à la justice et aux pauvres, ce qui lui valut d'être canonisé le 19 mai (jour de sa fête) 1347. Le bâton est celui qui sert à porter la croix lors de la procession pour célébrer le patron de la confrérie. On retrouve la croix, symbole de la justice ici encore. Autant d'objets identifiant la culture des avocats, qui peut être résumé par le fameux « vivre noblement » intimement lié à leur profession. En plus de ces symboles et objets d'autres images encore ont marqué l'histoire de la justice et du droit, celles des grands procès.

B Les images des grands procès

Des procès célèbres ont inscrits dans les esprits pour des générations les leçons de la justice. Il en reste des images fortes, comme celle de Salomon (1), incarnation de l'équité, celle de Socrate buvant la cigüe (2), celle d'Abélard puni pour son amour impossible avec son élève Héloïse (3), celle de Louis XVI guillotiné par la Nation (4), ou encore celle de Nuremberg et des atrocités perpétrées contre l'humanité (5). Toutes ces personnalités et toutes ces jurisprudences nous apprennent les principes qui président à l'exercice de la justice.

1 L'équité de Salomon

Salomon, roi hébraïque, est connu pour son jugement en équité entre deux prostitués (Cf. Chapitre 2, I, A). Il devient dès lors l'image de l'équité dans la littérature chrétienne. Dans un poème de 566, Venance Fortunat compare le roi mérovingien Charibert au roi des Hébreux David pour sa douceur et sa patience et au roi Salomon pour sa justice et sa sagesse. Le roi Dagobert est lui aussi comparé à Salomon. Les *Miroirs au Prince* vantent les vertus des rois justiciers comme celui de Jonas d'Orléans. Dans le Chapitre VI, intitulé «*L'équité du jugement est la consolidation de la royauté, et l'injustice sa ruine*», du livre *Le métier de roi* (831), Jonas d'Orléans commence par : «*Dans ses proverbes, Salomon montre que la royauté se maintient par la justice. Il parle ainsi : «La justice élève une nation, et le péché fait la misère des peuples». De même «la pratique de l'équité et du droit est préférée par le Seigneur à la victime immolée»* [...] ». Le modèle de vertu à suivre est donc bien Salomon. Il fut le modèle du sage roi Alphonse X de Castille, qui publia tout le droit dans les *Siete partidas*, en 1265, œuvre dans laquelle il mentionne Salomon. Il est encore le modèle de Charles V, dont les traducteurs ont laissé une large place à Salomon, et aux œuvres concernant Salomon, dans la bibliothèque du roi. Salomon dans divers textes traduits pour le roi, y est l'excellence de l'exemple à imiter (J.-P. BOUDET, « Le modèle du roi sage aux XIIIe et XIVe siècles : Salomon, Alphonse X et Charles V »). Salomon, incarnation de la justice, orne les bibliothèques, les vitraux des chapelles, les peintures de la Renaissance. Il est aussi le garant de la justice, comme doit l'être le roi par le sacre, et encore le Président de la République dans la Constitution.

2 La liberté de pensée de Socrate

Le procès de Socrate de 399 av. J.-C. est aussi célèbre (Cf. Chapitre 3, I, A). Il représente l'absolue fidélité aux lois de la cité, jusqu'à la mort, mais aussi la condamnation par les citoyens d'un bouc émissaire. Socrate laisse à la postérité le modèle du citoyen qui respecte les lois et accepte leur châtiment, même s'il reconnaît ne pas avoir commis le crime qu'on lui reproche. Le droit et la justice s'imposent absolument au citoyen, il ne doit pas résister, même aux lois mauvaises, comme le rappellent les stoïciens. C'est aussi le procès de la liberté de pensée, de conscience et d'expression, consacrée dans les articles 10 et 11 de la DDHC, et le procès de l'intolérance religieuse parce que Socrate croit en d'autres Dieux. La légende socratique se répand jusqu'aux œuvres de Rousseau, Voltaire, Hegel, Nietzsche. À la Renaissance, pendant les procès de l'Inquisition et la condamnation des sciences (Galilée), la figure socratique devient celle de la défense contre l'intolérance religieuse. Au XVIIIe siècle, quand Diderot est incarcéré, il traduit l'*Apologie de Socrate* pour dénoncer son procès.

3 Abélard, entre talion et Inquisition

Les procès de Pierre Abélard (1079-1142), au XIIe siècle, principalement pour hérésie, sont restés dans les mémoires, non pour les hérésies et l'intolérance religieuse, mais pour celui, très romantique, qui conclut une histoire d'amour impossible. Les deux aimés ne seront réunis qu'en 1817 au cimetière du Père Lachaise.

Pierre Abélard, issu d'une famille noble préfère l'étude au métier des armes et devient un célèbre théologien français. Il s'est inspiré des grands philosophes antiques (Platon, Aristote, Boèce) pour élaborer des théories nominalistes, qui, à leur tour, inspireront les penseurs de la fin du Moyen Âge comme Jean de Salisbury et Guillaume d'Occam. Le succès de son école, fondée en 1110, lui vaut d'être remarqué pour l'originalité de sa pensée et d'être sollicité par Fulbert, chanoine de Notre-Dame de Paris, pour être le précepteur de sa nièce Héloïse. En résulte, à partir de 1117, une liaison amoureuse entre l'élève et le maître. Le secret est vite révélé quand Héloïse donne naissance à leur fils, Astrolabe. Le mariage s'impose bien que la famille d'Héloïse y soit opposée et bien que depuis la réforme grégorienne (1049-1122), les clercs doivent être célibataires, au risque de perdre leur bénéfice ecclésiastique. Pour éviter le scandale et préserver la carrière intellectuelle d'Abélard, un mariage dans la plus stricte intimité est célébré. Mais Fulbert le rend public et envoie des hommes de main punir Abélard pour « répudiation » car il avait placé Héloïse au couvent d'Argenteuil pour la protéger de son oncle. Abélard est émasculé par ces hommes. Le scandale est énorme, car c'est une punition réservée aux adultères et aux violeurs. De plus, rendant Abélard imparfait de corps, cette mutilation met un coup d'arrêt brutal à sa carrière ecclésiastique et, par là même, à son enseignement. S'agissant d'une vengeance privée, commise au sein même du chapitre de Notre-Dame et sur un illustre clerc, elle consterne tout le royaume. Les deux malfrats sont émasculés suivant la loi du talion ; on leur crève également les yeux. Fulbert est suspendu de ses fonctions de chanoine pendant deux ans. Héloïse prend le voile à Argenteuil et Abélard se retire comme moine à l'abbaye de Saint-Denis vers 1120. En 1122, il fonde l'Abbaye du Paraclet, un ermitage, puis devient abbé de Saint-Gildas de Rhyus dans le Morbihan de 1125 à 1133, période pendant laquelle il écrit de nombreux ouvrages. La triste fin de ce drame amoureux marque la littérature dramatique et la poésie, comme *Les neiges d'Antan* de François Villon (1431-1463). Au-delà de sa dimension romantique, sa dimension judiciaire n'échappe pas à la lecture. C'est bien de la loi du talion qu'il s'agit. Dans l'*Exode* (XXI, 18-36), il est prescrit: « *Lorsque des hommes au cours d'une rixe, bousculeront une femme enceinte* [...] *si elle en meurt, tu donneras vie pour vie, œil pour œil, dent pour dent, main pour main, pied pour pied, brûlure pour brûlure, meurtrissure pour meurtrissure, plaie pour plaie* ». Cela pourrait se retraduire ici en: « *émasculation pour émasculation, suspension de fonctions pour suspension de fonctions* ». Il s'agit aussi de l'institution de la vengeance légale, soit le rejet de la vengeance privée au profit de la vengeance institutionnelle. La vengeance privée est proscrite par l'État, seule la justice peut venger la victime et la société de cette rupture de l'ordre public. Le sociologue allemand Max Weber (1864-1920) développe la théorie du monopole de la violence légitime appartenant à l'État: « *Un État est une communauté humaine qui revendique le monopole de l'usage légitime de la force physique sur un territoire donné* », l'État étant « *une entreprise politique à caractère institutionnel lorsque et tant que sa direction administrative revendique avec succès, dans l'application des règlements, le monopole de la contrainte physique légitime* » (dans *Le savant et le Politique* en 1919).

Par ailleurs, les thèses hérétiques d'Abélard lui valurent plusieurs autres condamnations. Malgré sa foi affichée, ses positions théologiques sont jugées hérétiques. Il déclare par exemple que « *la foi est l'opinion que l'on se fait des réalités cachées, non évidentes* ». C'est aussi sa présentation de la Trinité dans la *Théologia Summi Boni* qui lui vaudra d'être condamné. Cela amena certains à l'accuser de trithéisme, soit la croyance en trois divinités (le Père, le Fils et le Saint Esprit) ce qui va à l'encontre du monothéisme. Une autre position théologique d'Abélard est la théorie selon laquelle l'incarnation et la mort du Christ n'auraient servi qu'à donner aux hommes un exemple moral à suivre. Or cette thèse, qui va à l'encontre des positions orthodoxes sur le sujet, fut condamnée au concile de Sens en 1140. Abélard s'est aussi indigné du manque de religiosité de certains moines qui passaient, selon lui, trop de temps à la chasse et pas assez à se recueillir dans la prière. Provocateur, irrespectueux du dogme officiel ou tout simplement réaliste, Abélard ne pouvait échapper à la sanction de l'Église. Bernard de Clairvaux se porte accusateur en 1121 au concile de Soissons, lors duquel Abélard est condamné pour hérésie et encore en 1140 au concile de Sens sur le fondement de ses œuvres. Il meurt en se rendant à Rome pour faire appel de sa seconde condamnation. Ce procès engage la voie de l'Inquisition, juridiction d'exception chargée de lutter contre l'hérésie, crime de lèse-majesté, créée en 1199 par le pape Innocent III en réponse à l'hérésie Cathare. L'hérésie a été condamnée pendant presque un millénaire, l'Inquisition a duré jusqu'au XIXe siècle, elle est abolie entre 1808 et 1834 selon les pays. Mais elle a été aussi une innovation procédurale, instituant la procédure inquisitoire, d'abord dans les juridictions ecclésiastiques puis reprise par les cours laïques et royales comme le Parlement de Paris dès le XIIIe siècle. La postérité d'Abélard est grande en matière judiciaire.

Un autre procès retentissant marque l'histoire de France, celui de Louis XVI.

4 Louis XVI guillotiné: l'invention de la justice politique

Suite à l'épisode célèbre de la fuite de Varennes, les 20 et 21 juin 1791, le roi Louis XVI est ramené à Paris. L'Assemblée lui rend ses pouvoirs après qu'il a prêté serment à la constitution le 14 septembre 1791. Malgré ce serment, il n'en respectera pas les termes. Roi sacré, il tient son pouvoir de Dieu et pas de la Nation. Roi dans une monarchie constitutionnelle, il n'acceptera pas un pouvoir exécutif vidé de sa substance, pas plus qu'un droit de véto simplement suspensif. Sa correspondance révèle qu'il a appelé les rois d'Europe à engager la guerre contre la France révolutionnaire afin de le remettre sur le trône en tant que monarque absolu. Le 20 avril 1792, la France entre en guerre contre l'Autriche et la Prusse et le roi use et abuse de son droit de véto pour retarder la levée des troupes. Le 10 août 1792, la commune de Paris renverse la monarchie et décrète l'an I de l'Égalité. Robespierre déclare « *La royauté est anéantie, la noblesse et le clergé ont disparu, le règne de l'égalité commence* ». La monarchie est abolie le 21 septembre 1792. Non seulement le roi est détrôné, mais il est question de le juger pour ses crimes. Pour la première fois en France s'ouvre le procès d'un roi, Louis XVI, en 1792. Ce « premier procès politique moderne » pose nombre de questions. Peut-on juger le roi alors qu'il est, selon la constitution de 1791, inviolable ? Qui peut juger le roi, quelle instance, quels juges ? Quels sont les crimes commis par le roi ? Quelle sanction ? Et pour les chercheurs aujourd'hui, d'autres questions surgissent : est-ce un procès, un simulacre de procès, un meurtre rituel, une mise en scène politique... ?

C'est pendant l'instruction du procès que des réponses tenteront d'être apportées pour justifier la condamnation du roi de France. La mise en jugement a lieu le 1er octobre 1792. L'instruction dure quatre mois, phase de préparation à laquelle ont travaillé une trentaine de députés au sein de plusieurs commissions. Une de ces Commission, la commission des Vingt-quatre, fut chargée par la Convention d'instruire à proprement parlé le dossier en inventoriant et examinant tous les documents saisis au château ainsi que les témoignages pour fournir un rapport d'ensemble. Les autres eurent à trancher les divers problèmes à commencer par le plus épineux : le roi peut-il est être jugé ? En vertu de la Constitution qui lui octroie une inviolabilité constitutionnelle, il ne peut pas l'être. Mais pour Saint-Just, Louis XVI n'est pas un citoyen (?), il n'a pas fait le contrat social avec la nation (bien qu'il ait prêté serment à la Constitution ?), il n'est pas dans le droit positif (?) mais dans le droit des gens, donc il ne peut être jugé civilement. Mais, Louis XVI doit mourir, son exécution est un devoir civique et son inviolabilité est franchissable du fait de son crime (?). Une solution est apportée par le rapport de Mailhe le 13 novembre 1792 : sur la question de l'inviolabilité constitutionnelle, il expose que la Nation, qui existe hors de la Constitution et sans elle, n'est pas liée par la règle d'inviolabilité constitutionnelle ! Donc le roi est jugeable ! Mais cela reviendrait-il à dire que la Nation n'a pas à respecter la Constitution... ? Seconde question : qui peut juger le roi ? C'est l'Assemblée Nationale qui est compétente, à l'évidence, parce qu'elle représente la Nation et la République française et est constitutionnelle (le respect de la Constitution est aléatoire, oui pour la Nation, non pour le roi...). Le roi n'est plus qu'un fonctionnaire de la République, il ne représente plus la Nation. Mais s'il est fonctionnaire, n'est-il pas citoyen ? N'a-t-il pas les mêmes droits que tout autre citoyen ? Non, répond encore le rapport, il n'est pas assujetti à la même procédure que les autres citoyens devant les tribunaux de droit commun. Le respect du droit et de la Constitution est à dimension variable... Il sera donc jugé par la Convention, mais pour quel crime ? La trahison en appelant les royautés étrangères à entrer en guerre contre la France ? Le recours à son droit de véto suspensif ? Pour non respect de la Constitution ? Parce qu'il est le Roi ? Robespierre fait un discours le 3 décembre 1792, reprenant une partie des arguments de Saint-Just : « *Un roi, par cela seul qu'il est roi, est coupable envers l'humanité* ». Il est coupable, forcément coupable, et il doit mourir. En somme : ou Louis XVI est coupable ou, s'il est innocent, la Convention est rebelle !

Le 6 décembre 1792, l'Assemblée décrète que le roi doit comparaître devant elle et nomme la commission pour préparer l'acte énonciatif des crimes dont « Capet » est accusé.

Ce rapport est présenté le 10 décembre et le lendemain, Louis XVI comparaît devant l'Assemblée. Le 11 décembre, Mailhe donne lecture de l'acte d'accusation contenant tous les délits qui sont imputés au roi. Le roi répond ensuite, seul et sans représentation, par quarante-quatre réponses composées essentiellement de dénégations *« je ne me souviens pas », « je ne sais pas », « ce n'est pas moi », « le fait est faux »*. Le roi considérant qu'il ne devait rendre des comptes qu'à Dieu et sachant que l'affaire était déjà « tranchée » ne se donne plus la peine de démentir. Le 26 décembre 1792 a lieu la seconde comparution. Louis XVI est assisté par trois conseils officieux, Malesherbes, Tronchet et de Sèze (puisque le Barreau est dissout), qui contestent à l'Assemblée sa qualité de juge car elle n'a pas de fonctions judiciaires. Ils lui rappellent également que le roi a été qualifié, la nuit du 4 août 1789, de *« restaurateur de la liberté française »*. Les débats prennent fin le 7 janvier 1793. Commencent alors les scrutins sur la culpabilité du roi et le choix de la sentence. Le 15 janvier 1793, l'Assemblée vote sur deux points. Le roi est reconnu coupable de conspiration contre la liberté publique et d'attentats contre la sûreté générale de l'État. La Convention demande si ce jugement doit être soumis à la ratification du peuple, le non l'emporte par 424 voix pour 749 votants. Le 16 janvier, le vote porte sur la sentence. Sur les 749 membres de l'Assemblée, 721 votent (28 abstentions) : 387 voix pour la mort, 334 pour la détention ou mort conditionnelle, dont 46 pour le sursis. Le verdict est la mort et l'exécution est prévue le 21 janvier 1793. Elle à lieu à 10 h 22 sur la place de la Révolution. Louis XVI déclare : « *Peuple, je meurs innocent* [...] *Je souhaite que mon sang puisse cimenter le bonheur des français* ».

Ce procès est une seconde révolution, on y bafoue la Constitution, les lois, les droits de la défense, la légalité des délits et des peines de la DDHC... Mais parce qu'il ne s'agit pas d'un crime de droit commun, il ne s'agit pas de juger une personne mais la monarchie, de permettre à la République d'exister. Ce procès dépasse la Justice, il en va de la survie de la Révolution ! Ainsi est initiée la justice politique qui consiste à condamner les opposants à la Révolution, au maintien de la République et de l'État dans ses frontières en temps de guerre. Ce procès est hautement symbolique : la monarchie absolue est décapitée (et avec elle tous les descendants de Louis XVI pour éviter qu'elle ne renaisse de ses cendres – mais ses frères réfugiés en Angleterre viennent restaurer la monarchie en 1814), la République est sauvée. Mais que dire de l'exécution de Robespierre le 28 juillet 1794 ? Serait-ce la fin de la République démocratique ? La société est désacralisée, un roi, même sacré, peut être condamné à mort. C'est la victoire de l'humanisme et de la laïcité dans cette nouvelle société. Cette dernière crée le crime de « hors la loi » (décret du 19 mars 1793) avec la loi des suspects du 17 septembre 1793, fixant la liste des ennemis de l'État (clercs réfractaires, nobles et leurs serviteurs, révoltés, meurtriers, incendiaires, pilleurs) qui subiront la peine de mort. Ce texte est en contradiction avec la DDHC dans la Constitution qui accorde la liberté de pensée, de culte, de conscience, d'expression et garantit la sûreté. Il faut attendre 1850 pour que la peine de mort pour crime politique disparaisse (la déportation et la saisie de biens est généralisée pour tous les crimes politiques). L'article 68 de la Constitution du 4 octobre 1958 ne reconnaît que le crime de haute trahison du Président de la République qui serait jugé par la Haute cour.

Un dernier exemple de procès à l'échelle internationale initie la nécessité d'une justice supra-étatique pour la protection de l'humanité : le procès de Nuremberg.

5 Nuremberg, symbole de la justice internationale et des droits de l'humanité

Le procès de Nuremberg clôture la Seconde Guerre mondiale et donne naissance à un nouveau droit international. Il est devenu le symbole d'une justice universelle et supranationale. Il condamne pour la première fois les crimes contre l'humanité. La question de la condamnation de tels crimes était déjà présente dans les articles 227 et 228 du traité de Versailles du 28 juin 1919. Dès 1942, alertés par les crimes commis par les Allemands, les représentants de huit gouvernements en exil et du Comité de la France libre se réunissent, au Saint-James Palace à Londres, pour une « conférence interalliée pour la punition des crimes de guerre ». En octobre 1943, une commission des crimes de guerre des Nations Unies, c'est-à-dire des gouvernements alliés dans la lutte contre le nazisme, est mise sur pied à Londres afin d'enquêter sur ces crimes. Parallèlement, le 30 octobre1943, est rédigée la Déclaration de Moscou, signée par les ministres des affaires étrangères du Royaume-Uni, de l'U.R.S.S. et des États-Unis. Cette déclaration est l'un des textes préparatoire de la charte des Nations Unies. Elle contient aussi la Déclaration sur les atrocités signée par Roosevelt, Churchill et Staline qui sera la base légale pour les tribunaux nationaux et internationaux qui jugeront les criminels nazis après guerre. Cette Déclaration précise que : « [...] *les officiers et soldats allemands et les membres du parti nazi qui ont été responsables de ou ont pris part volontairement dans les atrocités précitées, dans les massacres et exécutions, seront renvoyés dans les pays dans lesquels ces actes abominables ont été commis, à l'effet qu'ils puissent être jugés et punis selon les lois de ces pays libérés et des gouvernements libres qu'elles y mettront en place* ». Elle prévoit aussi une procédure particulière pour les « *criminels allemands dont les crimes sont sans localisation géographique précise* » en indiquant qu'ils feraient l'objet d'une « *décision conjointe du gouvernement des Alliés* ». Le texte de cette Déclaration sur les atrocités est joint à l'Accord de Londres du 8 août 1945 qui institue le tribunal militaire international de Nuremberg.

Le procès s'étend du 20 novembre 1945 au 1er octobre 1946. Il est intenté par les puissances alliées contre vingt-quatre des principaux responsables du Troisième Reich, accusés de complot, crimes contre la paix, crimes de guerre et crimes contre l'humanité. Il aboutit à la condamnation à mort par pendaison de douze condamnés, l'emprisonnement à vie pour sept et l'acquittement pour deux. Sont également condamnés quatre organisations : le parti national socialiste des travailleurs allemands, la Gestapo, les SS et le SD (service de sécurité). Ce procès est le symbole de la victoire de l'humanité sur l'inhumanité, de l'homme sur le politique. Il est aussi l'acte de naissance de la justice internationale et des droits de l'humanité, à commencer par les crimes contre l'humanité et contre la paix. Ce procès est aussi le premier à utiliser l'image comme preuve crédible telle celle des films, pour certains réalisés par les nazis. Il a fallu, pour ce faire, établir un cahier des charges pour authentifier ces nouvelles preuves. De même, le procureur Robert Jackson veut laisser ce procès à l'histoire : il demande à ce que le procès soit filmé et archivé. Un « tournant mémoriel » est ainsi engagé, relancé dans les années 1990-2000. La technologie vient encore au service de la justice par l'instauration d'un système de traduction instantanée avec des interprètes. Liant nouvelle justice et nouveaux droits, il oblige les juristes et les politiques à réfléchir sur la souveraineté nationale, sur la conformité des droits nationaux avec le droit international, sur la justice politique et sur le légalisme. Plus globalement, ce procès bouleverse la hiérarchie des normes, voire la conception des normes elles-mêmes, dans l'époque de l'essor du positivisme et du normativisme.

Les objets, les symboles et les images de la justice la relient au droit. La question de l'autonomie ne se pose pas en termes de séparation mais plus de la distinction à faire entre la création et l'observation de la règle – le droit – et les moyens mis en œuvre pour en sanctionner les violations – la justice. C'est dans l'analyse de leurs relations, intriquées, hiérarchisées, subordonnées, qu'il convient de rechercher leurs sphères respectives. L'Antiquité initie un processus de légalisation de la justice par le droit comme mode de pacification de la société. Les époques postérieures chercheront à améliorer les garanties judiciaires pour les individus, avec plus ou moins de succès.

II La justice antique

Pendant l'Antiquité ont lieu de grandes mutations du droit et de la justice. La première favorise le passage de la vengeance privée à la vengeance légale (A), la seconde permet le passage de la justice royale à la justice citoyenne (B).

A La loi du talion ou la vengeance légale

En Orient, dans le droit mésopotamien comme dans le droit hébraïque, la loi du talion tient une grande place. À l'occasion de la rédaction des coutumes de ces peuples, un des impératifs est le règlement des litiges par le droit afin d'éviter l'enchaînement sans fin des violences occasionné par la vengeance privée. La loi du talion permet à la victime d'être vengée, strictement, par une sentence équivalente au préjudice subi. Toutefois, une fois que le juge a prononcé cette sentence, toute vengeance privée est proscrite. Une fois le talion appliqué, la vengeance s'arrête au jugement rendu par le juge officiellement nommé. Ainsi, la justice d'État se substitue progressivement à la vengeance privée en rendant la vengeance légale et encadrée. Le code Hammourabi reconnaît le talion dans de nombreux articles. Pour exemple, les articles 229 : « *Si un architecte a construit pour un homme une maison mais n'a pas renforcé son travail, et la maison qu'il a construite s'est écroulée, et il a causé la mort du propriétaire de la maison, cet architecte sera tué* » et 230 : « *S'il a causé la mort du fils du propriétaire de la maison, on tuera le fils de cet architecte* ». Il s'applique surtout pour les crimes : « Article 196 : *Si un homme a crevé l'œil d'un homme, on crèvera son œil.* Article 197 : *S'il a brisé l'os d'un homme, on brisera son os* ». Les hébreux, au contact avec la civilisation mésopotamienne, probablement, ont également institué la loi du talion. On leur doit la célèbre phrase de l'Exode (XXI, 18-36) : « *Lorsque des hommes au cours d'une rixe, bousculeront une femme enceinte... si elle en meurt, tu donneras vie pour vie, œil pour œil, dent pour dent, main pour main, pied pour pied, brûlure pour brûlure, meurtrissure pour meurtrissure, plaie pour plaie* ». Ainsi, tout homicide est puni par la peine de mort comme le rappelle l'Exode (XXI, 12-13) : « *Celui qui frappe un homme qui en meurt, devra être puni de mort* », le Lévitique (XXIV, 17-21) : « *Si un homme frappe un être humain, quel qu'il soit, il s'expose à la peine de mort* » et les Nombres (XXXV, 16-18) : « *l'assassin doit être puni de mort* ». Néanmoins, l'homicide involontaire est protégé par le droit d'asile judiciaire dans les villes d'asile comme indiqué dans le Deutéronome (XIX, 1-9) : « *Voici dans quel cas le meurtrier qui se sera réfugié là pourra garder la vie sauve : s'il a tué son prochain par mégarde, sans avoir été antérieurement son ennemi. Ainsi celui qui va avec un autre dans la forêt pour abattre du bois et dont la main brandit la hache pour couper un arbre, si la hache, venant à se séparer du manche, atteint son compagnon et le tue, celui-ci pourra se réfugier dans l'une de ces villes et avoir la vie sauve* ».

Après la formation d'une justice officielle et d'État, une seconde évolution, en Occident, concerne les juges, à la faveur des transformations politiques. Puisque désormais, dans la démocratie ou la république le citoyen participe à la création de la règle, alors il est impliqué dans la sanction des violations de la loi ainsi créée.

B La justice rendue collégialement par les citoyens

La vengeance clanique existe en Grèce, comme la vengeance privée existait chez les Mésopotamiens. Homère y fait référence, au IXe siècle av. J.-C., dans l'*Iliade* et l'*Odyssée.* Comme en Orient, cette vengeance devient légale sous la tyrannie quand Dracon, en 620 av. J.-C., édicte une grande loi pénale référençant tous les crimes et leurs sanctions, afin que tous connaissent le droit en la matière. Particulièrement sévère, cette loi condamne de nombreux crimes à la peine de mort, d'où l'expression « loi draconienne » qui a court encore aujourd'hui pour qualifier une loi très sévère. C'est en Grèce, sous l'impulsion de Solon, que les citoyens peuvent participer à la justice. Sous les monarchies, antérieures aux tyrannies de Dracon (620 av. J.-C.) et Solon (594-591 av. J.-C.), le roi rendait une justice « oraculaire », inspiré par les Dieux. Les institutions judiciaires étaient à l'époque l'aréopage (conseil des anciens) pour les homicides d'une part, et les magistrats (archontes) et la boulê pour les cas les plus spécifiques, d'autre part. Solon, quant à lui, désire démocratiser la justice : il ouvre le statut de juge aux classes sociales les moins riches en créant l'Héliée. Ce tribunal populaire est composé de six mil citoyens, tirés au sort chaque année, formant dix cours de 201 à 1501 membres selon la gravité des affaires. Sa compétence première est l'appel, puis progressivement les matières civiles et criminelles en première instance. Les héliastes, juges citoyens, doivent, lorsqu'ils entrent en charge, prêter le serment devant Zeus, Déméter et Poséidon. Ils s'engagent à ne point recevoir de présents, à écouter avec une égale attention les deux parties, au risque d'attirer sur leur maison, soit l'extermination au cas où ils violeraient leurs engagements, soit toutes les prospérités s'ils tiennent leur serment. La procédure devant l'Héliée est accusatoire, sans « ministère public ». Démosthène rappelle, vers 353 av. J.-C., que les lois fixent la procédure de l'action judiciaire et que tout citoyen peut se porter accusateur. Le sycophante est un accusateur professionnel, il peut espérer toucher une partie de l'amende qui sanctionne un violateur de la loi, mais en encourt une s'il accuse sans fondement. Les magistrats – archontes, stratèges – instruisent l'affaire (ici encore le vocable est resté pour qualifier les membres de la magistrature). Lorsque le / les magistrat(s) ont instruit, ils président la cour chargée du litige. Les preuves sont orales (témoins) et/ou écrites et les parties peuvent ensuite débattre devant leurs juges. Le développement des accusateurs professionnels, obligea la présence de défenseurs, eux aussi professionnels, ancêtres des avocats. La peine est individualisée, et, comme l'avaient déjà institué les Hébreux, des villes d'asile peuvent accueillir les auteurs d'homicide involontaire. Les Grecs distinguent le crime volontaire du crime involontaire. Un autre tribunal citoyen est crée par Clisthène, qui met en place la démocratie athénienne entre 507 et 501 av. J.-C. Il s'agit de l'ecclesia, assemblée politique de tous les citoyens athéniens, chargée de voter les lois et nommer les archontes et stratèges à laquelle Clisthène octroie un pouvoir judiciaire par la procédure d'ostracisme. C'est une procédure de bannissement d'un citoyen pour dix ans, sorte de vote de défiance politique, à l'encontre d'un citoyen qui mettrait en danger la cité par ces décisions ou ses ambitions politiques, d'où le verbe « ostraciser » qui signifie encore mettre au ban de la société. En 483 av. J.-C., par exemple, Aristide fut ostracisé pour s'être opposé à l'effort d'équipement maritime demandé par Thémistocle pour endiguer la menace perse, comme l'a relaté le penseur romain d'origine grecque, Plutarque (46-125 ap. J.-C.).

À Rome, la justice est, elle aussi, dans les mains des citoyens depuis la République. Le droit romain lui apporte pendant un millénaire de nouvelles procédures.

Sous la monarchie romaine (753-509 av. J.-C.), étrusque et d'inspiration grecque, le roi, avec l'assistance des pontifes qui sont les seuls à connaître le droit, rend la justice en matière civile et pénale. Ils déterminent sous quelle forme agir pour que la vengeance soit la plus juste. La particularité romaine est la division du procès en deux phases : une première qui consiste en la présentation du litige au roi, une seconde devant le juge désigné par le roi, qui examine les faits, les preuves et rend la sentence. Cette division marque durablement la justice romaine pour les siècles à venir.

Sous la République (de 507 à 27 av. J.-C.), la loi des XII tables contient les coutumes des anciens et les cinq premières actions de la loi, ou procédures. C'est au prêteur, élu pour un an dans une magistrature collégiale, qu'il revient de gérer la justice. À l'entrée en charge, il édicte, en vertu de son *jus edicendi* (droit de dire le droit), un édit dans lequel il énumère des moyens de procédure, ou actions, afin de permettre la sanction de nouvelles situations que la loi ne prend pas encore en compte. Cet édit, renouvelé tous les ans par chaque nouveau prêteur fait évoluer le droit. Cela s'apparente aujourd'hui au droit administratif – encore qualifié de prétorien – fondé en grande partie sur la jurisprudence du tribunal administratif. La procédure des actions de la loi comprend deux phases : *in jure* et *apud judicem*. La première, en droit, est la présentation des faits au prêteur pour qu'il s'assure qu'une action permet de revendiquer le droit lésé. Ce faisant, le prêteur juridicise les faits, les qualifient juridiquement. La seconde, devant le juge, est la comparution devant un juge (choisi sur une liste élaborée par le prêteur), qui examine les preuves et rend la sentence selon ce qui a été déterminé par le prêteur lors de la première phase. Très, voire trop formaliste, cette procédure est remplacée au IIe siècle av. J.-C. par une procédure plus souple, dite « formulaire », créée par la loi Aebutia. Elle est composée d'un formulaire établi par le prêteur et les parties, fixant le nom du juge, les prétentions des parties, les moyens de défense et les modalités de condamnation. Ainsi, le prêteur dit le droit, *jurisdictio*, ce qui a laissé son nom aux « juridictions ». La seconde phase devant le juge est maintenue et se déroule sur la base de ce formulaire. Lorsque le juge a rendu la sentence, elle a l'autorité de la chose jugée et « tenue pour la vérité » judiciaire : « *res judicata pro veritate habetur* ». Autant de principes et de qualificatifs toujours en usage dans la justice.

Sous l'Empire (27 av. J.-C.-476 ap. J.-C.), cette procédure formulaire accusatoire persiste. L'édit du prêteur pour sa part se stabilise et devient édit perpétuel sous Hadrien (vers 125 ap. J.-C.). Une nouvelle procédure, supplémentaire, apparaît en réponse au problème posé par la persécution des chrétiens au IIe siècle ap. J.-C. Il s'agit de la procédure extraordinaire qui concerne les crimes contre l'État qui permet la saisie d'office par le juge, désormais agent de l'État, ou procédure inquisitoire. Elle se déroule en totalité devant le juge mais reste en deux phases : la *litis denunciatio* qui consiste en la citation du demandeur au défenseur préalablement soumise au juge par écrit (procédure écrite), puis la *litis contestatio* qui permet aux parties de formuler leurs prétentions, exposer leurs moyens de preuve et au juge de prononcer la sentence.

Sous l'Antiquité, la technicité de la justice s'accroît avec les siècles, le droit précisant les crimes (volontaire, involontaire, individualisé…) et les procédures (accusatoire, inquisitoire, écrites, orales). Ainsi droit et justice ne sont pas séparables, ne sont pas autonomes, l'un régissant l'autre, celle-ci sanctionnant les violations de celui-là. Le Moyen Âge, qui suit la chute de l'empire romain d'Occident, voit le déclin de cette technicité, au profit d'une diversité juridique et judiciaire qui se poursuit jusqu'à la fin de l'Ancien Régime.

III Disparité juridique et diversité judiciaire du ve au xviiie siècle

Au Moyen Âge et sous l'Ancien Régime, la disparité des règles entraîne la diversité judiciaire, toutes deux créatrices de vides juridiques voire d'iniquités. Les images d'Épinal sont celles des gibets à chaque croisement de route, de l'usage abusif des lettres de cachet pour des emprisonnements arbitraires à la Bastille… Comment démêler le vrai du faux, comment confronter ces images à la réalité judiciaire du temps ? Si le Moyen Âge crée la diversité juridique, le fonctionnement de la justice n'en est pas moins réglementé et les peines plus douces qu'il y paraît (A). L'Ancien Régime, quant à lui, présente un visage plus rationnel, où les juristes appliquent le droit et cherchent à l'harmoniser par la doctrine coutumière (B).

A Une justice médiévale multiforme

La chute de l'Empire romain est le fait de la déposition du dernier empereur d'Occident par le chef skire Odoacre et l'implantation des barbares dans les territoires d'un empire désormais sans maître. Comme les Romains l'avaient fait en leur temps, les chefs des clans germaniques laissent aux populations autochtones leurs droits et appliquent, eux, leurs coutumes ancestrales. Cohabitent alors deux systèmes juridiques, l'ancien système de droit romain de l'Empire qui s'imposait à tous depuis l'édit de Caracalla en 212 ap. J.-C. et la variété des coutumes orales des divers clans qui se fixent dans les diverses provinces de l'Empire. En Gaule, les Gallo-romains côtoient les Francs au nord, les Burgondes au centre, les Wisigoths au sud ouest et les Alamans à l'est. Se met alors progressivement en place un système juridique et judiciaire original appelé système de la personnalité des lois. Le principe est que chaque peuple applique sa loi d'origine et quand le juge doit trancher un litige, il demande aux parties : « *sub qua leges vivis* ? » (sous quelle loi vis-tu ?).

Au contact des Gallo romains qui appliquent le droit écrit, dit « vulgaire », un mélange de droit civil romain et de leurs propres coutumes ancestrales, les barbares ont l'idée de faire rédiger (à la mode romaine et en latin) leurs propres usages pour une meilleure connaissance pour les individus et pour les juges. Ainsi sont rédigés le code d'Euric vers 476 pour les Wisigoths, la loi salique, à la demande de Clovis, peu avant son baptême, pour les Francs saliens et la loi Gombette, en 502, à la demande du roi burgonde Gondebaud. Pour mieux connaître le droit applicable à leur population Gallo-romaine, les Wisigoths font aussi rédiger le Bréviaire d'Alaric en 506 contenant le droit romain en vigueur (abrégé du Code Théodosien de 438 et des sentences de Paul de 325, composés respectivement des constitutions impériales et de la jurisprudence romaine). À l'occasion des conquêtes de Clovis sur les Wisigoths en 507 et des ses fils, sur les Burgondes en 534, le Bréviaire d'Alaric est appliqué à tous les gallo-romains de la Gaule sous domination franque.

Ainsi en justice, chaque peuple applique sa loi. Mais qu'en est-il quand les deux parties sont sous le régime de deux lois différentes ? Empiriquement, il est admis que la femme prend la loi de son mari, l'enfant celle de son père, le juge appliquant le plus souvent la loi du défendeur (qui connaît ainsi la sanction qu'il encourt par sa propre loi). La fusion progressive des peuples, avérée vers l'an mil comme l'a écrit Georges Duby, fait disparaître progressivement ce système.

Quand le roi carolingien Charlemagne devient empereur en 800, il impose à tout l'empire plusieurs grandes réformes par ses capitulaires, notamment celui sur la justice vers 811-812. Il harmonise ainsi les procédures et le droit applicable: la loi salique, amendée en 802, et le bréviaire d'Alaric sont les textes de référence. La procédure devant les mallus, tribunaux présidés par les comtes locaux (administrateurs nommés par l'empereur) est accusatoire et susceptible d'appel devant les *missi dominici*, crées en 811-812 par Charlemagne pour contrôler l'administration et ses membres face aux abus fiscaux et judiciaires constatés. Avec les capitulaires, l'application du droit n'est plus personnelle mais territoriale, on applique désormais la loi énoncée par l'autorité publique nationale sous laquelle on se trouve. La diversité juridique et judiciaire est ainsi résorbée, mais pour un temps très court.

L'émergence de féodalité dès le milieu du IXe siècle a pour effet la relative autonomie des seigneurs, détenteurs des fiefs et des pouvoirs afférents parmi lesquels se trouvent le pouvoir judiciaire (*mundium*) et le pouvoir de commandement (*banum*). Ces prérogatives, originellement déléguées par l'empereur, sont progressivement usurpées après le capitulaire de Quiercy-sur-Oise de 877. Ainsi les seigneurs, ou barons, imposent des ordres dans leur fief, qui sont différents d'un fief à l'autre. Par conséquent, la justice qui en découle est également différente d'un fief à un autre, voire arbitraire car le seigneur peut modifier à volonté ses commandements. Il n'existe plus de droit ni de procédure judiciaire nationale car les capitulaires carolingiens tombent en désuétude. Les commandements seigneuriaux, aussi appelés banalités (le pouvoir de ban en étant à l'origine), se transforment progressivement en usages locaux et prennent valeur de coutumes ou *consuetudines*. Une multitude de coutumes couvre alors le royaume et ces coutumes s'appliqueront jusqu'à la Révolution, voire jusqu'au Code civil de 1804.

Les Capétiens, à partir du XIIe siècle, luttent contre la féodalité et reconquièrent progressivement leur autorité sur l'ensemble du territoire, reprennent leurs prérogatives régaliennes usurpées et retrouvent l'exclusivité de l'usage de leurs pouvoirs. S'ils ne peuvent imposer un droit uniformisé dans le royaume, ils vont porter leur effort sur la réforme et l'amélioration de la justice au nom de leurs devoirs issus du sacre en tant que rois justiciers. Jonas d'Orléans, dans *Le métier de roi*, écrit au début du IXe siècle: « *Il convient que le roi ne soit pas injuste mais qu'il soit au contraire le correcteur des injustices* [...] *en vérité, la justice du roi* [...] *c'est de juger sans acception de personne entre un homme et son prochain, c'est d'être le défenseur des étrangers, des orphelins et des veuves, d'empêcher les vols de punir les adultères* [...] *de ne pas laisser vivre les parricides et les parjures* [...]. *La justice du roi fortifie son siècle* [...] *lui qui est le juge des juges* ». En 869, la promesse du roi faite lors du sacre en reprend les termes.

Grâce aux mécanismes d'appel féodal, d'appel comme d'abus (appel contre une mauvaise application de la loi), de la prévention, de la défaute de droit (déni de justice) et des cas royaux (lèse-majesté), les Capétiens reprennent progressivement – mais pas complètement – leur pouvoir judiciaire. Si les monarques ont du mal à réduire les compétences *rationae materiae et personae* des juridictions religieuses, concédées ou féodales, ils cherchent à les concurrencer en offrant aux justiciables une administration judiciaire rénovée. Diverses ordonnances royales viennent réglementer cette nouvelle justice pour plus de garanties judiciaires.

La justice royale se fait alors retenue lorsque le roi juge directement en conseil des litiges qui lui sont soumis, comme l'exemple fameux de saint Louis qui jugeait sous son chêne à la sortie de la messe. Le roi peut recevoir en « cassation » des jugements du Parlement de Paris et dispose également d'un droit de grâce. La justice royale est aussi déléguée quand elle est exercée en assises itinérantes par les baillis et sénéchaux, agents royaux locaux, et en sessions annuelles par le Parlement de Paris. L'ordonnance de réformation de la justice de décembre 1254 réglemente la justice locale, imposant aux agents de prêter serment, de rendre une justice égale pour tous et de refuser toute corruption. Diverses ordonnances organisent le Parlement. Sa délégation de souveraineté est reconnue en 1273, sa procédure et sa composition sont précisées en 1278 et son fonctionnement finalisé en 1316. Son personnel uniquement composé de légistes laïcs est imposé en 1291 et 1319. Sa compétence est générale, bien que ce tribunal reçoive principalement des cas royaux en première instance. Le Parlement traite également tous les appels des juridictions locales. Ses arrêts sont conservés à partir de 1254 dans les *Olim,* commencés par Jean de Montluçon. Guillaume du Breuil synthétise la procédure devant le Parlement au début du XIVe siècle, dans le *Style du Parlement.* Cette procédure est qualifiée de « romano-canonique », du fait de l'influence des légistes qui ont découvert les procédures accusatoires et inquisitoires des droits romain et canonique pendant leurs études de droit. Les modes de preuves se rationnalisent quand, en 1248, Louis IX interdit le duel judiciaire (ordalie bilatérale). Les peines sont variables en fonction des coutumes, souvent constituées d'amendes et de saisies de biens, rarement la peine de mort (par pendaison ou décapitation) qui n'est requise que pour les cas les plus graves : récidives et lèse majesté. Quelques cas exemplaires ont marqué les esprits : en 1259, la condamnation à la pendaison d'Enguerran IV de Coucy, par Louis IX, pour la pendaison arbitraire de trois jeunes braconniers, s'est commuée en amende honorable, preuve que la pendaison était une menace plus qu'une réalité. La condamnation des frères d'Aulnay, roués, écorchés, décapités et pendus à Pontoise, le 19 avril 1314, pour avoir été les amants des reines Marguerite et Blanche, quant à elle, visait à montrer qu'on ne pouvait s'en prendre sans risques à la royauté.

Malgré cette réglementation de la justice royale à la fin du Moyen Âge, les doléances des représentants aux États généraux révèlent de lourds dysfonctionnements et iniquités. La royauté n'aura de cesse, dès lors, d'améliorer l'administration judiciaire et les légistes s'attelleront, pour leur part, à la résorption des inégalités dans le droit coutumier pour tendre vers une justice plus égalitaire.

B Rationnalisation et harmonisation de la justice d'Ancien Régime

L'alliance étroite entre le Droit et la justice est ici encore renouvelée. Le droit vient au service de la réorganisation de la justice. Par diverses ordonnances, les rois renforcent les institutions judiciaires (1) puis ordonnent la rédaction des coutumes dont s'empareront les légistes pour faire évoluer le droit privé (2).

1 Renforcement du maillage judiciaire (XVe-XVIIIe siècle)

Les institutions appellent des transformations pour un meilleur fonctionnement. Ainsi, devant l'engorgement du Parlement de Paris qui ralentit considérablement la justice, la royauté institue des parlements en province, en 1443 à Toulouse, en 1453 à Grenoble, en 1463 à Bordeaux, en 1477 à Dijon, en 1501 à Aix et en 1515 à Rennes. Au niveau local, les plaintes contre les abus administratifs et judiciaires des baillis et sénéchaux (lenteur et coût de la justice en raison des épices, prix à payer au juge) s'ajoutent aux problèmes liés à la patrimonialité des offices (vénalité et hérédité) qui échappent au contrôle du roi. Cela oblige Henri II à créer, en 1553, les « intendants de justice, police et finances ». Ce sont des commissaires missionnés par le roi pour contrôler les autres agents royaux, recevoir et juger tous les appels et toutes les plaintes à l'encontre des décisions locales « sur les ordres de sa majesté en la généralité de... ».

Ils exercent aussi la justice extraordinaire pour les crimes contre l'État. En 1637, les trente-cinq intendants deviennent permanents sous Richelieu. Puis, Colbert, en 1680, les stabilise dans les généralités avec des bureaux et un personnel. Le chancelier, grand officier de la maison du roi, enfin, voit son rôle s'accroître en tant que chef de la justice, en sus de ses attributions de garde des sceaux. Il préside le Parlement et est chef de la justice déléguée. Il surveille toutes les juridictions subalternes et toutes les cours souveraines. Il est également chef du parquet, ordonnateur de la justice retenue du roi au sein du Conseil d'État privé qui en est chargé et y instruit les recours en grâce. Il fait figure, à partir du XVIe siècle, de « premier ministre » du roi.

Malgré ces réformes, certains dysfonctionnements persistent, de nouveaux apparaissent. Lenteurs de la justice, engorgement des tribunaux, iniquités, épices et corruption… De nouvelles ordonnances d'ampleur, les ordonnances de réformation, tentent de répondre aux doléances des sujets après les sessions des États généraux. Charles VIII, en 1484, convoque une réunion des États généraux à Tours qui aura des répercussions considérables : les députés réclamaient des dispositions royales, entre autres, sur les abus judiciaires. Cent huit lettres et ordonnances de Charles VIII et Louis XII entre 1484 et 1514 furent prises en réponse aux doléances des États généraux de Tours. En 1510, notamment, l'ordonnance de Lyon sur la justice fixe le régime des prescriptions qui sera repris dans le Code civil et restera en vigueur jusqu'en 1971. En 1539, après les États généraux, la grande ordonnance de Villers-Cotterêt contient cent quatre-vingt-douze articles. Elle abroge le droit d'asile judiciaire des églises au profit de la justice royale. Les cahiers de doléances révélaient, que, pour nombre de français, le droit d'asile ecclésiastique était perçu comme un moyen d'échapper à la justice, laissant la victime sans compensation. Il appartient dès lors au roi et à sa justice laïque de punir les coupables. Comme le rappelle Louis XIII lors de la convocation des États généraux de 1613, son objectif est bien d'« *entendre les remonstrances plaintes et doléances qu'ils auront à nous faire, et les moyens qu'ils recognoistront plus convenables, pour y mettre bon ordre* […] *Les asseurant que de nostre part, ils trouveront toute bonne volonté, et affection de faire suivre, observer et exécuter entièrement, ce qui sera résolu sur tout ce qui aura été proposé et advisé, ausdicts Estat* ». Dans la continuité de ce mouvement, Louis XIV engage un vaste processus de codification dont sont issues deux ordonnances de procédures civile et criminelle en 1670 et 1673, qui modernisent et améliorent la procédure judiciaire. Pour simplifier et clarifier l'organisation judiciaire encore, les réformes de Maupeou, en 1771, et de Lamoignon, en 1788, sont engagées par Louis XV et Louis XVI. La première vise à supprimer la patrimonialité des offices de judicature et les épices. La seconde crée quarante-sept grands bailliages pour soulager les parlements, toujours engorgés et exige la motivation des arrêts criminels, par exemple. Ces réformes qui mettent trop en cause les privilèges des membres des parlements seront révoquées et n'entreront pas en vigueur.

Pendant quatre siècles, les monarques de l'Ancien Régime utilisent leur pouvoir législatif (en matière de droit public) pour améliorer la justice, avec plus ou moins de succès. Ils sont secondés par les juristes qui opèrent, à divers niveaux, une harmonisation progressive du droit privé.

2 Les légistes et l'harmonisation des coutumes

La justice souffre de la disparité des coutumes en France. Les inégalités géographiques et personnelles génèrent des iniquités qui sont souvent dénoncées par les justiciables. Les doléances des États généraux, notamment lors des réunions de 1560 et 1576, se font l'écho de cette diversité et réclament la rédaction d'un droit civil commun à tous les Français. Les juristes, tel Du Moulin, Guenoys, Domat, Bourjon et d'autres encore, s'emploient à dégager un « droit commun coutumier » qui garantirait un droit stable et identique pour tous.

Cela est rendu possible par la rédaction officielle des coutumes engagée en France depuis l'ordonnance de Montils-les-Tours de 1454. Les objectifs pour la royauté sont multiples : juridiques pour garantir un droit écrit et relativement harmonisé au juge et au justiciable, mais aussi politiques pour reprendre la main sur le droit privé et imposer le pouvoir législatif royal sur toute la France. En 1454, Charles VII, soucieux de réduire la durée et le coût des procès lourdement allongés par la procédure d'enquête par turbe pour rechercher les preuves de l'existence d'une coutume par témoins, ordonne la rédaction officielle des coutumes du royaume. L'article 125 de l'ordonnance de Montils-les-Tours en fixe la procédure. Malheureusement trop lourde et trop longue, elle n'aboutit pas à un résultat probant, seules trois coutumes (Bourgogne en 1459, Touraine en 1461, Anjou en 1463) sont rédigées dans la seconde moitié du XVe siècle. Mais l'idée est bonne. Elle est reprise par son successeur, Charles VIII, avec une procédure simplifiée dans l'ordonnance d'Amboise du 15 mars 1497.

Lettres patentes de Charles VIII sur le fait de la redaction des coutumes, Amboise, 15 mars 1497 (Extrait de J. Imbert, G. Sautel & M. Boulet-Sautel, *Histoire des institutions et des faits sociaux (X[e]-XIXe siècle)*, PUF, Paris, 1956, p. 184-185)

« Charles, par la grâce de Dieu, Roy de France. À tous ceux qui ces présentes lettres verront salut. [...] *« Comme ainsi soit que plusieurs plaintes et doléances nous eussent et ayent été faites tant sur la preuve des Coustunes de nostre Royaume, en laquelle le temps passé se sont trouvées plusieurs fautes et abus, et mesmement en ce que souvent en une mesme juridiction s'est trouvé coutumes contraires et différentes avoir esté prouvées, en manière que nos Baillifs, Seneschaux et autres nos Juges ont esté en grande difficulté d'asseoir jugement pour la contrariété et diversité d'icelles coutumes, et aussi que nos subjets le temps passé ont été grandement interessez et endommagez à cause des grands frais, mises et despens qu'il leur a convenu et convient faire pour la preuve desdites Coustumes. Pour obvier auxquels inconveniens, ayons délibéré y donner provision, et à ceste fin eussions mandé à nos Baillifs, seneschaux et autres Juges de Nostredit Royaume, qu'appelez avec eux nos Officiers chacun en sa juridiction, les gens d'Église, nobles, patriciens et autres gens de bien en ce cognoissans, ils feissent rédiger et mettre par escript lesdites Coustumes et icelles, ensemble leur advis de ce qu'il leur sembleroit devoir estre corrigé, adjousté, diminué et interprété, nous envoyassent pour y pourvoir ainsi que de raison* [...]. *Et aussi que par la forme et solemnité qui se gardera en la publication desdites coustumes, se pourront seulement vuider toutes les difficultez que l'on pourroit ou voudroit faire sur icelles. Et mesmement que, pour faire ladite publication, seront derechef convoquéz et appelez lesdits trois Estats en chacun bailliage, Senechaussée a juridiction et en leur présence seront leues et ouvertes les difficultez trouvées en icelles par ceux desdits premiers Commissaires qui auront la charge de faire ladite publication, et leur advis, pour tout estre accordé par lesdits Estats, et que si aucun discord ou différend advenoit, sur lequel lesdits Estats ne se peussent accorder, seront lesdites difficultez, discords et différends rédigez et mis par escript avec les raisons de leurs différends, pour estre par nous mis ordre et donné fin, le demourant d'icelles Coustumes accordées entierement publié, et que ce seroit long circuit de faire préalablement communication avec aucuns de ladite Court [de Parlement], et derechef assembler les gens desdits Estats, pour veoir ce qui seroit décidé et en quoy pourroit derechef cheoir differend, lequel il faudroit derechef rapporter par devers nous. Attendu aussi qu'il n'est plus clere et évidente preuve de coustume, que celle qui est faite par commun accord et consentement desdits Estats.* [...] ».

Le roi constate les difficultés de rendre la justice pour ses agents tant les coutumes sont difficiles à prouver, contradictoires parfois, et les dépenses que cela entraîne pour les justiciables. Pour y remédier, il commande que ses baillis, une fois reçu les lettres patentes ordonnant la rédaction, sollicitent les praticiens locaux (juges, avocats, procureurs, greffiers) pour la rédaction d'un cahier provisoire formant avant projet de rédaction des coutumes locales sur le fondement de leur expérience et de leur jurisprudence. Ce cahier sera ensuite examiné par des commissaires du roi choisis parmi les parlementaires du ressort ou envoyés du parlement de Paris ou de la province pour examiner la coutume. À cette occasion, elle peut être amendée et clarifiée par ces commissaires qui exercent une sorte de contrôle d'harmonisation pour le roi. Le texte est ensuite soumis au vote, article par article, à une assemblée du bailliage composée des représentants des trois ordres, à l'unanimité des trois ordres. Les articles non votés sont renvoyés devant le parlement qui souvent ne se prononce pas, les articles non votés tombent alors souvent dans l'oubli. Les articles votés sont publiquement lus par les commissaires et valent désormais pour « loi perpétuelle du lieu ». La coutume ainsi rédigée est ensuite envoyée aux différents greffes des tribunaux et imprimée. Entre 1506 et 1540, la plupart des coutumes du nord sont rédigées (1506, Sens ; 1507, Amiens et Chartres ; 1520, Bordeaux ; 1539, Bretagne… la dernière est celle d'Hatton-Chatel en Lorraine en 1788). Environ trois cents coutumes locales et soixante coutumes générales sont rédigées jusqu'à la Révolution, même si cela ne représente qu'un tiers des coutumes de France. Les juristes qui rédigent les coutumes y intègrent des droits savants, de la jurisprudence, de la doctrine et des usages notariés, les modernisant et les rationalisant. Écrites, certaines et connues, elles offrent désormais toutes les garanties aux justiciables, réduisant le pluralisme juridique, stabilisant et unifiant progressivement le droit et ayant force de loi. Mais, en contrepartie, elles se figent et cessent d'évoluer avec la société, apportant jusqu'à la Révolution des usages obsolètes, voire archaïques, parfois iniques. Un mouvement de réformation des coutumes, engagé dès le XVIe siècle par les juristes, essaye de pallier cette rigidité en les corrigeant. La coutume de Paris, rédigée en 1510, sera réformée par le président du Parlement de Paris en 1580. Elle passe de 120 à 378 articles, enrichie de droit romain et de jurisprudence récente, elle devient désormais la référence pour le nord de la Loire en cas de vide juridique d'une autre coutume.

Cette rédaction bénéficie de l'imprimerie juste naissante : les coutumes écrites sont imprimées et diffusées. Ainsi, les juristes de toute la France peuvent en prendre connaissance et élaborer des commentaires et des comparaisons. Ce faisant, ils élaborent une doctrine sur les coutumes, ou doctrine coutumière. Ce mouvement bénéficie d'un double contexte favorable : d'une part, le déclin des droits savants (le droit romain trop « ancien » et le droit canon trop « étranger » car émis par le pape), leur laisse le champ libre pour réfléchir sur le « droit français » formé par les coutumes. D'autre part, la Renaissance apporte au droit des nouvelles méthodes de raisonnement et d'analyse juridique (*mos gallicus, mos italicus*) portés par l'humanisme juridique et le *jusnaturalisme*. Par cette doctrine sur la coutume, les juristes dégagent des éléments communs, des règles générales, des adages, des maximes à retenir et à transmettre, au-dessus de la mosaïque juridique coutumière. En 1539, Charles du Moulin met en avant ces éléments lors de son *Commentaire de la coutume de Paris* qui sert à la réformation de 1580. Le juriste Pierre Guenoys propose une première synthèse en 1597 : *Conférence des coutumes tant générales que locales et particulières du royaume de France* qui met en avant les points communs et divergences des coutumes. Guy Coquille, en 1607, publie un commentaire de la coutume de Nivernais intitulé *Institutions de droit français*. Jean Domat (1625-1696) écrit entre 1689 et 1696 une œuvre majeure, *Les lois civiles dans leur ordre naturel*, présentant un tableau du droit public et privé en France, conforme à l'esprit du temps et à la raison humaine. Une science du droit français est née. Il est temps maintenant d'enseigner ce droit privé français à l'université qui ne connaît, depuis le XIIe siècle, que l'enseignement des droits savants, romain et canonique. En 1679, par l'édit de Saint-Germain, Louis XIV crée la chaire de droit français, pour cinq heures d'enseignement par semaine en troisième année. Cela favorise l'apparition d'œuvres écrites par ces nouveaux enseignants de droit français telles celle de Robert Joseph Pothier (1699-1772). Nommé professeur royal de droit français à l'université d'Orléans, il laisse son immense savoir sur les coutumes de France dans une œuvre en trente volumes qui reprend ses enseignements. Cette grande œuvre savante, claire, homogène, riche des œuvres de synthèses de ses prédécesseurs comme des auteurs de droit naturel, offre une synthèse de toute la doctrine privative française qui servira de modèle au Code civil de 1804.

Malgré ces nombreux efforts, les critiques à l'encontre du système judiciaire français sont vives à la veille de la Révolution. Les penseurs abolitionnistes (qui prônent l'abolition de la peine de mort) comme l'italien Beccaria (1738-1794) ou l'anglais Bentham (1748-1832) repensent le droit pénal, les preuves, les peines, les instances et les prisons. Montesquieu, quant à lui, suggère la régénération politique par la séparation des pouvoirs exécutif, législatif et judiciaire. C'est une rénovation totale de la justice qui est engagée à la Révolution sur les fondements de la DDHC et centrée sur l'idée d'une séparation du droit et de la justice.

IV La rénovation expérimentale de la justice après la révolution française ou la séparation du judiciaire et du juridique

Le 14 juillet 1789, la prise de la Bastille représente symboliquement la fin du pouvoir judiciaire royal arbitraire. C'est-à-dire la fin des lettres de cachet qui permettaient de faire emprisonner un individu sans jugement, la fin de la torture, la fin des exécutions sommaires. La destruction de la prison que constituait la Bastille signifie la destruction de la justice d'Ancien Régime. Les tribunaux sont suspendus en septembre 1789 puis supprimés par la loi des 16-24 août 1790 et le Barreau est dissous par le décret du 2-11 septembre 1790. Il faut reconstruire la justice *ex nihilo* sur les nouveaux fondements imposés par la DDHC (voir texte intégral infra au chapitre 7). L'exercice prend presque un siècle, entre tâtonnements et expérimentations. Si le légicentrisme et le principe de séparation des pouvoirs éclairent la période intermédiaire et engagent un processus d'autonomisation du droit vis-à-vis de la justice (A), les innovations judiciaires sortent parfois du cadre pour placer la justice hors du droit lorsqu'il s'agit de la justice politique (B).

A Séparation des pouvoirs et légicentrisme

Les nouveaux fondements judiciaires, sur les modèles hollandais et anglais sont la justice arbitrale et conciliatoire. La justice doit également être citoyenne, les juges sont des citoyens désignés ou élus par les citoyens (article 6 DDHC), relent de l'antiquité gréco-romaine et de l'humanisme de la Renaissance. Si la liberté est le premier des droits en vertu de l'article 2 de la DDHC, en être privé est le pire des châtiments, les peines doivent être des peines d'emprisonnement. Toutefois la prison doit permettre la réhabilitation du citoyen (Bentham).

Les peines doivent être proportionnelles, utilitaires, égales pour tous et légales. La peine de mort ne doit pas faire souffrir. La guillotine, proposée par le docteur Guillotin, adoptée par la loi du 6 octobre 1791, vient avantageusement remplacer la lente et humiliante pendaison, l'écartèlement, l'écorchement... Dans l'immédiat, les révolutionnaires mettent l'accent sur la séparation des pouvoirs et le légicentrisme en application de la DDHC. En vertu de l'article 16, les constituants se doivent d'instituer un pouvoir législatif distinct du pouvoir judiciaire (1). Et, en vertu de l'article 6, la loi, expression de la volonté nationale, est la seule expression du droit. En conséquence, nul ne peut aller à son encontre : le juge devient un simple exécutant au service de la loi (2).

1 Séparation du pouvoir législatif et judiciaire : séparation du droit et de la justice

Au nom de la séparation des pouvoirs, le pouvoir judiciaire doit être distinct du pouvoir législatif et du pouvoir exécutif : ainsi le roi absolu doit abandonner son pouvoir édictal et sa justice retenue. Montesquieu écrivait : « *Il n'y a point encore de liberté si la puissance de juger n'est pas séparée de la puissance législative et de l'exécutrice* ». La loi 16-24 août 1790, reprise dans la Constitution du 3 septembre 1791, au titre 3, chapitre 5, impose la séparation des fonctions judiciaires. Cette loi interdit au juge citoyen élu de participer au pouvoir administratif ou législatif. Son article 13 dispose : « *les fonctions judiciaires sont distinctes et demeureront toujours séparées des fonctions administratives. Les juges ne pourront, à peine de forfaiture, troubler de quelque manière que ce soit les opérations des corps administratifs, ni citer devant eux les administrateurs pour raison de leurs fonctions* ». La Constitution de 1791 garantit que le pouvoir judiciaire ne peut pas être exercé par le pouvoir législatif (l'Assemblée Nationale) ou exécutif (le Roi). La Constitution de l'an III (5 fructidor an III ou 22 août 1795), établissant le Directoire, en son titre VIII (articles 202 à 273) consacré au pouvoir judiciaire, précise encore à l'article 202 : « *Les fonctions judiciaires ne peuvent être exercées ni par le corps législatif, ni par le pouvoir exécutif* ».

Pour renforcer cette séparation entre législatif et judiciaire, la loi des 27 novembre-1er décembre 1790 institue un tribunal de Cassation dont la mission est d'être le gardien suprême de la loi, comme réclamé par les cahiers de doléances. Ce tribunal doit annuler toute décision judiciaire en inobservation ou violation de la loi, sans interpréter la loi. Le tribunal de Cassation ne juge pas au fond mais renvoie le litige devant un autre tribunal. S'il constate un vide juridique, ou une obscurité de la loi, il doit en informer le pouvoir législatif et demander, par référé législatif, un décret déclaratoire pour éclairer la loi.

Pour renforcer encore cette séparation, la Constitution de l'an VIII du 25 décembre 1799, prévoit que le premier consul nomme les juges sur listes de confiance, sans pouvoir les révoquer (article 41) sauf forfaiture ou retranchement de la liste d'éligibilité prononcé par les citoyens (article 68). L'inamovibilité des juges ainsi posée permet l'indépendance et la stabilité des juges, autant de garanties pour la séparation des pouvoirs ainsi opérée. Cette inamovibilité est confirmée par l'article 58 de la Charte Constitutionnelle du 4 juin 1814.

Si la séparation des pouvoirs législatif et judiciaire était un objectif fort des révolutionnaires, les débats de l'Assemblée Nationale Constituante ont été houleux sur la question des rapports entre ces pouvoirs. Le pouvoir judiciaire est-il égal ou subordonné au pouvoir législatif ? Le choix s'est porté sur la nécessaire soumission du judiciaire devant la suprématie de la loi.

2 Légicentrisme : le juge simple exécutant

Le légicentrisme caractérise la pensée révolutionnaire. La disparité et les iniquités coutumières d'une part, le pouvoir législatif absolu du roi d'autre part, doivent disparaître au profit de la volonté générale qui s'exprime par la loi. Hobbes, Locke, Rousseau préconisent que le contrat social permettant d'ériger un pouvoir commun pour établir l'ordre, protéger les individus, garantir leur liberté, leur égalité et leurs droits, leur soit restitué par la loi. Pour Montesquieu, la loi organise le pouvoir et l'État, fondée sur la raison et l'expression de la volonté générale, elle ne peut pas être mauvaise. Cette loi doit être égale pour tous, Voltaire recommande « *qu'il n'y ait qu'un poids, qu'une coutume, qu'une mesure* ». Selon Diderot, la loi mérite la confiance des sujets car « *si la loi est bonne, les mœurs sont bonnes* ». Par conséquent, la loi claire, uniforme et précise, ajoute Voltaire ne doit pas être interprétée car « *l'interpréter c'est déjà la corrompre* ». Montesquieu et Beccaria sont défavorables à la jurisprudence. Ils préconisent que l'acte de juger doit être une application mécanique de la loi. Ainsi pour les philosophes des Lumières, la loi doit être reine, le légicentrisme doit régner sans partage. Le pouvoir judiciaire ne peut pas interpréter la loi car cela reviendrait à la modifier, voire à reconnaître au juge, individu isolé, un pouvoir législatif égal ou concurrent à celui de la volonté nationale. Ce serait admettre que le juge sache mieux que la volonté nationale ce qui est bon pour la Nation. Les révolutionnaires partagent les vues des philosophes. Robespierre déclare, pendant les débats à l'Assemblée : « *Si la loi peut-être interprétée, augmentée ou appliquée au gré d'une volonté particulière, l'homme n'est plus sous la sauvegarde de la loi mais sous la puissance de celui qui l'interprète ou qui l'augmente* ». Les révolutionnaires choisissent donc de cantonner le pouvoir judiciaire dans les Constitutions à un simple pouvoir d'exécution de la loi. L'article 12 de loi des 16-24 août 1790 interdit au juge de créer la loi et de faire des règlements.

Par conséquent, les révolutionnaires doivent édicter des lois pour refonder le nouveau système judiciaire et pour garantir la sûreté, en vertu de l'article 2 de la DDHC, se traduisant plus précisément dans les articles 7, 8 et 9 :

> **Article 7** – Nul homme ne peut être accusé, arrêté ou détenu que dans les cas déterminés par la loi et selon les formes qu'elle a prescrites. Ceux qui sollicitent, expédient, exécutent ou font exécuter des ordres arbitraires doivent être punis ; mais tout citoyen appelé ou saisi en vertu de la loi doit obéir à l'instant ; il se rend coupable par la résistance.
>
> **Article 8** – La loi ne doit établir que des peines strictement et évidemment nécessaires, et nul ne peut être puni qu'en vertu d'une loi établie et promulguée antérieurement au délit, et légalement appliquée.
>
> **Article 9** – Tout homme étant présumé innocent jusqu'à ce qu'il ait été déclaré coupable, s'il est jugé indispensable de l'arrêter, toute rigueur qui ne serait pas nécessaire pour s'assurer de sa personne doit être sévèrement réprimée par la loi.

Le Décret des 8 octobre-3 novembre 1789 portant « réformation provisoire de la justice » pose quelques bases de réforme judiciaire, à savoir l'abolition de la torture et du serment obligatoire des accusés. Il établit la publicité des procès criminel et le droit, pour tout accusé décrété de prise de corps, « *de se choisir (ou d'obtenir d'office) un ou plusieurs conseils, avec lesquels il pourra conférer librement en tout état de cause* », innovation essentielle : un professionnel de la défense vient parler à la place de l'accusé, ce qui révolutionne la procédure criminelle.

Le projet de Thouret inspire la loi des 16-24 août 1790, reprise dans le titre III, chapitre V de la Constitution de 1791. Cette loi déjudiciarise les litiges qui doivent obligatoirement passer par une nouvelle justice familiale, arbitrale (ou justice de paix) et/ou conciliatoire rendue par des arbitres nommés qui peuvent juger en équité. Les tribunaux de districts, composés de citoyens élus pour six ans, ne peuvent être saisis qu'après épuisement des phases de conciliation. Ces juges, qui exercent collégialement à cinq, appliquent strictement la loi. Un appel est possible auprès d'un autre tribunal de district. Cet « appel circulaire » pose néanmoins le problème de la hiérarchie puisque le tribunal de première instance est également celui d'appel… et si le juge ne peut qu'appliquer la loi, le jugement d'appel sera identique, nécessairement… Cet appel disparaît et est remplacé par l'institution, en 1800, de vingt-huit tribunaux d'appels qui prennent le nom de Cours d'appel en 1804.

La loi des 25 septembre-6 octobre 1792 sur la justice criminelle institue une justice criminelle à trois degrés (police municipale, police correctionnelle et tribunal criminel). Cette loi fixe également un code pénal, instituant une même peine pour un même délit, indépendamment de la situation sociale du délinquant pour l'égalité et la légalité des peines et adopte la guillotine. Des Cours d'assises sont créées par la loi du 27 janvier 1801 pour chaque département et se composent de juges choisis dans les Cours d'appel et tribunaux de district et d'un jury de douze citoyens choisis sur listes. La procédure d'instruction y est orale, publique et contradictoire en vertu du principe de libre défense. Cette loi fait également renaître la procédure inquisitoire au pénal par l'établissement du ministère public chargé d'assurer l'ordre public.

Les codes napoléoniens, Code civil de 1804, Code de procédure civile de 1806, Code d'instruction criminelle de 1808 et Code pénal de 1810 viennent clore la réorganisation totale de la justice dans le respect des principes révolutionnaires. Napoléon interdit toute interprétation des codes et des lois, le légicentrisme est toujours roi. Pour preuve, l'école de l'exégèse au XIXe siècle et l'enseignement officiel dans les facultés de droit (en vertu de la loi du 13 mars 1804 imposant le strict respect des codes) relèguent les juges, même redevenus professionnels à cette époque, à n'être toujours que de simples exécutants.

Un mur infranchissable semble avoir été érigé pendant la période révolutionnaire entre les mondes judiciaires et juridiques. Le droit y gagnerait en autonomie, ainsi séparé de sa moitié naturelle, la justice. Celle-ci va même jusqu'à rompre avec le droit.

B Le droit bouté hors de la justice

« Quand la politique entre dans le prétoire, la justice en sort ». Cet adage met en garde contre l'immixtion du politique dans le judiciaire. Or, la révolution française crée la justice politique, dérogatoire au droit commun. Ce faisant, elle fait sortir progressivement le droit de la sphère judiciaire. La séparation se transforme ici presque en opposition. Le procès de Louis XVI est le point de départ de la justice politique. Parce qu'il a trahi la France en appelant les souverains européens à le rétablir sur le trône comme monarque absolu, parce qu'il a usé et abusé de son véto pour retarder la levée des troupes, la commune insurrectionnelle de Paris renverse la monarchie le 10 août 1792. Robespierre déclare : « *la royauté est anéantie, la noblesse et le clergé ont disparu, le règne de l'égalité commence* ». Le roi est emprisonné dans l'attente de son procès. Ce dernier entremêle tous les pouvoirs : l'Assemblée Nationale, détentrice du pouvoir législatif, selon la Constitution de 1791, s'arroge le pouvoir judiciaire pour juger le pouvoir exécutif représenté par le roi. À compter de cet événement, la justice politique sera un moyen de conserver le pouvoir en élimant les opposants. Dès la proclamation de la Ire République, les opposants à la cause révolutionnaire doivent être éliminés pour que la Révolution survive. Telle était la conception des jeunes républicains. Dès le 12 août 1792, la commune de Paris commence à censurer les opinions politiques divergentes en supprimant tous les journaux royalistes. La porte est désormais ouverte pour la condamnation judiciaire des opposants au régime, sur le fondement du crime de lèse-nation qui a remplacé celui de lèse-majesté en 1789. De plus, la France étant en guerre depuis avril 1792, tout l'effort de l'État doit être tourné vers la guerre, il ne peut subir en même temps des contestations internes. Les citoyens sont alors divisés en deux catégories : ceux qui collaborent à la poursuite du salut public et qui peuvent se prévaloir de la protection et du bénéfice de la légalité des lois et droits individuels. Les autres, les mauvais citoyens, ne méritent aucune protection, aucune garantie de leur liberté individuelle, des droits de la défense ou de la légalité des délits et des peines. Ils sont, par leur opposition au régime, « hors la loi ». Ils ne peuvent plus invoquer les droits que leur garantit l'État s'ils contestent l'État. De l'été 1792 à l'été 1794, la justice doit rechercher les traîtres – ceux qui refusent la conscription alors que la France est en guerre, ceux qui contestent les décisions politiques du comité de salut public – et les punir.

Le décret du 9 octobre 1792, contre les émeutiers, et la loi du 28 mars 1793, sur les hors la loi, précisent qui sont les « mauvais citoyens » que la loi ne protège plus. Il s'agit des émigrés (ceux qui ont quitté la France après le 1er juillet 1789), les nobles et leurs serviteurs, les prêtres réfractaires (ceux qui n'ont pas prêté serment à la Constitution civile du clergé), les auteurs de révoltes s'opposant à la levée d'hommes, les français ayant accepté des fonctions publiques dans des territoires occupés par l'ennemi et tous les ennemis de la révolution. S'ils sont saisis sur le territoire français, ils encourent la peine capitale dès que leur statut est connu, sur simple témoignage de deux habitants, selon l'article 77 de la loi de 1793. Si les « hors la loi » sont pris les armes à la main, ils sont jugés par une commission militaire ; pour les autres, la compétence revient aux tribunaux criminels de départements qui jugent souverainement et sans jury. Les procédures établies n'ont pas cours devant ces juridictions. Les peines vont de la confiscation de bien, la déportation à la guillotine. La peine de mort pour crime politique ne disparaît qu'en 1850, remplacée par la déportation.

Afin d'identifier les « suspects », la loi des 11 août-30 septembre 1792 autorise les municipalités à effectuer des contrôles d'identité et la saisie des personnes. La loi du 28 août 1792 leur donne le droit de perquisitionner et désarmer les citoyens. La loi du 10 mars 1793 leur permet de les saisir pour les empêcher de nuire. Le décret du 17 septembre 1793 autorise toutes les incarcérations. Au plus fort de la Terreur, on compte 300 000 à 500 000 personnes incarcérées, dont 80 000 détenus politiques.

Un tribunal criminel extraordinaire pour cette justice extraordinaire est crée le 17 août 1792. Cette première juridiction d'exception juge en dernier ressort et par une procédure expéditive. Il est remplacé par un tribunal révolutionnaire le 10 mars 1793. Ce « Tribunal criminel sans appel et sans recours pour le jugement de tous les traîtres conspirateurs et contre révolutionnaires » est compétent pour « *toute entreprise contre-révolutionnaire, tous attentats contre la liberté, l'égalité, l'unité, l'indivisibilité de la République, la sûreté intérieure et extérieure de l'État, tous les complots tendant à rétablir la royauté* ». Les « hors la loi » sont dans sa compétence par le décret du 19 mars 1793. Ce tribunal ne respecte pas de procédure, les peines y sont variables, l'arbitraire du juge toléré, l'appel inexistant. Il est supprimé le 31 mai 1795.

C'est la DDHC toute entière, et les dispositions sur la justice qui en découlent, qui sont reniées dans l'exercice de la justice politique. Point de liberté, point de sûreté, point de liberté d'expression et de conscience, point de présomption d'innocence, point de garanties procédurales.

Au XIXe siècle, les juridictions d'exceptions persistent, mais dans le respect des voies de droit. Après l'attentat de la rue Saint-Nicaise, le 24 décembre 1800, contre Napoléon, la loi du 18 pluviose an IX (7 février 1801) institue des tribunaux criminels spéciaux. La loi du 20 février 1815 institue des cours prévôtales de département comme juridictions d'exceptions pour les crimes politiques qui menaceraient la paix publique. Le décret du 27 juin 1848, qui réprime l'insurrection ouvrière, permet l'arrestation de 25000 personnes dont 4000 furent condamnées à la déportation pour crime politique. Toutes respectent les droits de la défense. Seule exception, le 3 février 1852, des commissions mixtes de département sont créées dans chaque département et peuvent prononcer des peines d'internement et d'expulsion sur simple rapport de police sans garanties de la défense, en vertu d'une procédure expéditive pour des délits inconnus du droit criminel. 6000 des 25000 personnes condamnées sont déportées.

Le risque se basculer hors du droit pour punir les crimes politiques est omniprésent pendant le siècle qui suit la Révolution. La tentation de l'illégalité au nom du maintien de l'ordre public, du maintien de l'État, du soutien au nouveau régime politique est constante. La justice peut bien se passer du droit quand le politique est en jeu. À partir de la IIIe République, la justice politique est cantonnée aux hautes cours de justice prévues en cas de trahison des membres du gouvernement, dans le respect du droit en vigueur.

Malgré ces errements, la justice civile et criminelle dispose d'un cadre juridique après la Révolution. Le juge retrouve un pouvoir d'interprétation de la loi au cours du XIXe siècle comme en attestent les évolutions jurisprudentielles et les évolutions législatives. Par exemple, des lois de 1824 et 1832 introduisent le principe de circonstances atténuantes, laissées à l'appréciation du juge. Seule la justice administrative peine à trouver son indépendance. Confiée aux conseils de préfecture, présidés par les préfets, par Napoléon dans la loi du 17 février 1800, elle est exercée par les administrateurs eux-mêmes. Ces conseils ne deviennent des tribunaux administratifs qu'en 1953, assortis de cours administratives d'appel en 1987. L'article 53 de la Constitution de l'an VIII (1799), inspiré du conseil du roi d'Ancien Régime, crée néanmoins un organe spécialisé pour le contentieux administratif, le Conseil d'État. La loi du 24 mai 1872 lui donne son statut de juge administratif. Ainsi, la loi sépare les pouvoirs et organise les juridictions. La réconciliation entre le droit et la justice, engagée au XIXe siècle connaît néanmoins encore des soubresauts dans l'histoire contemporaine.

V XXe & XXIe siècles entre réforme de modernisation de la justice et enjeux de la déjudiciarisation

Alors que le XXe siècle renforce les garanties procédurales, rapprochant étroitement le droit de la justice (A), les lois de réforme pour la modernisation de la justice du XXIe siècle laissent planer de nouvelles inquiétudes dans le monde judiciaire. Le courant de déjudiciarisation qui vise à soulage la pression judiciaire – tant pour les instances de justice et leurs coûts pour l'État, que pour les justiciables conduits vers des modes alternatifs de règlement des litiges alliant médiation et rapidité contre sanction et longueur des procès – fait craindre un nouveau divorce entre le droit et la justice (B).

A Quand le droit renforce les garanties judiciaires au XXe siècle

L'autorité judiciaire et son organisation relèvent de l'État de droit, qui a le monopole de l'exercice de la justice. Une multiplicité de textes juridiques assure son bon fonctionnement.

La Constitution du 4 octobre 1958 reconnaît les acquis historiques concernant la justice. La séparation des trois pouvoirs, législatif, exécutif et judiciaire y est affirmée. L'article 64 protège l'indépendance et l'inamovibilité de la magistrature, en contrepartie de la responsabilité de l'autorité judiciaire. Cette indépendance est garantie par le Président de la République et le Conseil Supérieur de la Magistrature (articles 64 et 64). L'article 66 rappelle que « *nul ne peut être arbitrairement détenu. L'autorité judiciaire, gardienne de la liberté individuelle, assure le respect de ce principe dans les conditions prévues par la loi* ». Suite à la loi Badinter abolissant la peine de mort le 18 septembre 1981, l'article 66-1 a été modifié en ce sens : « *Nul ne peut être condamné à la peine de mort* ». L'article 17 de la Constitution accorde, par ailleurs, au président de la République le droit de grâce individuelle (depuis 2008).

La Convention Européenne de Sauvegarde des Droits de l'Homme de 1950 veille à la sûreté en son article 5, accorde le droit à un procès équitable en son article 6 et insiste sur la légalité des délits et des peines à l'article 7.

Le Code de l'organisation judiciaire du 16 mars 1978, refondu le 8 juin 2006, les Codes de procédure civile et criminelle, le Code pénal et le Code civil ainsi que le Code de la justice administrative du 4 mai 2000, réglementent l'ensemble de la justice en France.

Des lois viennent améliorer encore le fonctionnement judiciaire. Pour quelques exemples : la loi du 10 juillet 1991 sur l'aide juridictionnelle favorise l'accès à une justice « gratuite » pour tous. La loi du 15 juin 2000 renforce la présomption d'innocence et les garanties pour les personnes soupçonnées d'infraction. La loi du 5 mars 2007, en réponse à l'affaire Outreau, impose la collégialité des juges d'instruction. La loi du 14 avril 2011, sur pression de la Cour européenne des droits de l'homme, vise à renforcer les garanties pendant la garde à vue.

Une autre grande loi de modernisation de la justice du XXIe siècle réforme en profondeur le système judiciaire, non sans laisser la communauté des magistrats et des avocats inquiets pour l'avenir.

B Quand le droit repousse la justice

Face à des statistiques qui révèlent les critiques des Français vis-à-vis de leur système judiciaire (justice trop complexe, trop lente) et au constat d'une méconnaissance de ce système mais aussi de dysfonctionnements, la réforme de modernisation de la justice portée par le ministre de la justice Jean-Jacques Urvoas, votée le 18 novembre 2016, présente une justice plus efficace, plus simple, plus accessible et plus indépendante.

Pour améliorer cette nouvelle justice du XXIe siècle, il est prévu l'accélération de certaines procédures en matière de délits routiers et le regroupement du contentieux social devant un seul pôle au TGI. Pour une meilleure défense des personnes, les actions de groupe (ou *class actions*) sont possibles dans les secteurs de la discrimination, de la santé, de l'environnement et du traitement des données personnelles. Enfin, les personnels de justice seront mieux accompagnés par des assistants juristes et assistants greffier.

Pour une meilleure information des justiciables, un accueil unique est proposé auprès des tribunaux d'instance et tribunaux de grande instance de proximité, le site justice.fr devient un portail d'information qui permet également de suivre son affaire en ligne. Utiliser l'outil numérique pour transmette les données, consulter son dossier en ligne, saisir directement la justice grâce à la plateforme « justice 21 » pose diverses questions sur la justice 2.1 : le justiciable est-il bien à même de comprendre les procédures ? *Quid* de la protection des données en ligne ? Que penser du projet de remplacer certaines procédures par des « machines à juger » équipées d'algorithmes ? La déshumanisation de la justice pour son amélioration est-elle la bonne voie ?

Pour une meilleure transparence de la vie publique, les membres du Conseil Supérieur de la Magistrature devront faire une déclaration de patrimoine et les magistrats une déclaration d'intérêts. Un collège de déontologie pour les magistrats sera crée. Mais n'est-ce pas manifester un manque de confiance dans l'institution judiciaire ? Tout comme les conventions d'honoraires d'avocats obligatoires depuis la loi du 6 août 2015 peuvent laisser planer un doute sur la déontologie de l'avocat.

Cette réforme prévoit également une déjudiciarisation de nombreux différends pour désengorger les tribunaux et pour une justice plus rapide. Les divorces par consentement mutuel peuvent être faits devant notaire en présence d'un avocat pour chaque partie. Les demandes de changements de prénom peuvent être faites auprès de l'officier d'état civil à la mairie et les PACS déposés en mairies et non plus au greffe du tribunal. La réforme encourage également les recours aux modes alternatifs de règlement des litiges (MARL ou MARC) qui permettent la conciliation pour les petits litiges du quotidien. Mais le juge perd sa place dans l'exercice de la justice. Est-il indispensable ou peut-il être remplacé ? L'abandon du recours au juge est risqué pour certains en ce qu'il ôte cette part d'équité et d'impartialité du juge, d'humanisation des parties, d'intercession du juge pour expliquer la règle, la sanction, mettre en garde contre certains dangers... Éloigner du juge l'application du droit peut être néfaste pour les justiciables !

Finalement séparer le droit de la justice ou la justice du droit à la recherche d'une autonomie des disciplines présente des dangers. Ces deux matières semblent devoir rester imbriquées pour leur survie respective.

Pour aller plus loin sur la réformation de la justice au Moyen Âge

L'empereur Charlemagne engage une réforme de la justice vers 811 afin de résoudre les graves abus et dysfonctionnements constatés dans la justice locale, rendue dans les tribunaux comtaux. Les comtes prélèvent une partie des amendes lors des condamnations et peuvent également imposer des amendes aux hommes libres absents alors qu'ils sont convoqués pour rendre la justice aux côtés des comtes. Ces derniers en profitent pour convoquer abusivement les hommes libres et les condamner abusivement à des amendes fortes pour s'enrichir. De plus, les anciennes pratiques de la vengeance privée germanique, ou *faïda*, choquent profondément Charlemagne et le poussent à réformer la justice par le capitulaire sur la justice en 811.

Le capitulaire sur la justice de Charlemagne (811-813): Les Capitula pro justiciis infra patriam faciendis

« 1. Quant à la suite à donner aux procès et litiges, nous avons décidé que les procès et litiges entre égaux intentés et commencés depuis le moment où le seigneur roi Pépin de bonne mémoire est mort et où nous avons commencé à régner soient terminés par un jugement adéquat; quant aux procès introduits auparavant, c'est-à-dire avant la mort du prénommé seigneur roi Pépin, ils ne seront plus soulevés ou ils demeureront réservés dans l'état où ils sont jusqu'à ce que nous nous en occupions nous-mêmes.

« 2. Que les évêques, abbés, comtes et puissants, qui ont eu des conflits entre eux et ne veulent pas s'entendre, reçoivent l'ordre de venir en notre présence, que leur dispute ne soit pas tranchée ailleurs (avec pour résultat) que la justice à rendre aux pauvres et des moins puissants demeurent en suspens. De même que le comte de notre palais n'ose trancher les procès des puissants sans notre ordre, mais qu'il s'applique seulement aux intérêts des pauvres et des moins puissants.

« 3. Quand des témoins [ceux qui jugent] sont rassemblés et choisis pour discuter d'une question quelconque, que soient choisis comme tels, par notre missus et par le comte dans la circonscription duquel il faut discuter de ces choses, les hommes qu'on puisse trouver comme les meilleurs à l'endroit même. Et il n'est pas permis aux litigateurs d'amener constamment de faux témoins comme c'était le cas jusqu'ici.

4. Qu'au plaid du centenier aucun homme ne soit condamné à mort ou à perdre sa liberté ou à rendre des biens ou des esclaves, mais que ces cas-là soient jugés en présence du comte ou de nos missi.

« 8. Nous voulons, à cause des procès qui jusqu'ici sont restés en suspens de la part des comtes, que nos missi exercent seulement quatre mois par an leur légation, en hiver en janvier, au printemps en avril, en été en juillet, en automne en octobre. Qu'aux autres mois chaque comte tienne son plaid et rende justice. Que nos missi aient leur plaid quatre mois par an et en quatre endroits différents avec les comtes à qui il est normal de pouvoir venir à cet endroit.

« 12. Que chacun de nos missi lors de son plaid fasse savoir aux comtes qui appartiennent à sa circonscription, qu'aux mois où il n'exerce pas sa légation, ils se réunissent néanmoins entre eux et tiennent des plaids communs, tant pour punir les voleurs que pour rendre les autres justices. »

Cette réforme limite le pouvoir judiciaire des comtes et confie à des missi dominici la surveillance des comtes et la possibilité de recevoir en appel les plaintes contre ceux-ci en matière judiciaire. Ce système d'une administration à deux degrés avec contrôle hiérarchique devient un modèle de bon fonctionnement de la justice. Quand, au sortir de « la féodalité, les Capétiens constatent, par les enquêtes de 1247 engagées par Louis IX, les nombreux abus et dysfonctionnements judiciaires, une réforme s'impose. L'ordonnance de décembre 1254 reprend dans ses grands principes le capitulaire de Charlemagne.

Ordonnance de réformation de 1254

« Nous, Louis, par la grâce de Dieu, roi de France, établissons que tous nos baillis, vicomtes, prévôts, maires et tous autres, en quelque affaire que ce soit ou en quelque office qu'ils soient, fassent serment que, tant qu'ils seront en offices ou en fonction de baillis, ils feront droit à chacun, sans acception de personne, aussi bien aux pauvres qu'aux riches, et à l'étranger qu'à l'homme du pays ; et ils garderont les us et coutumes qui sont bons et éprouvés. Et s'il advient que les baillis ou les vicomtes ou autres, comme sergents ou forestiers, fassent bien contre leurs serments, et qu'ils en soient convaincus, nous voulons qu'ils en soient punis en leurs biens, et en leurs personnes si le méfait le requiert ; et les baillis seront punis par nous et les autres par les baillis.

Nous établissons que nul de nos baillis ne lève d'amende pour une dette que nos sujets doivent ni pour méfait si ce n'est en pleine audience où cette amende soit jugée et estimée, et par conseil de bonnes gens [...] Nous défendons que les baillis ou les maires ou les prévôts ne contraignent secrètement ou publiquement, par menace, par peur ou par chicane, nos sujets à payer une amende [...].

Nous défendons que les baillis et les prévôts ne fatiguent nos sujets dans les causes poursuivies devant eux en transportant leurs assises de lieu en lieu ; mais nous voulons qu'ils entendent les affaires que l'on a par-devant eux au lieu là où ils ont coutume de les entendre, en sorte que nos sujets ne renoncent pas à poursuivre leur droit pour cause de fatigues ou de dépenses ».

Les baillis peuvent contrôler l'exercice de la justice inférieure ou prévôtale, recevoir les plaintes et appels, ils doivent prêter serment de ne recevoir aucun présent et de rendre une justice impartiale. L'idée de réformation est née : il s'agit de reprendre un usage originel, ancestral ou, en l'espèce, une législation ancienne, réputée bonne, et de la rééditer pour la remettre en œuvre, voire pour l'améliorer. Les grandes ordonnances de réformation des XVe et XVIe siècles, sur la justice et la police, ravivent encore ce mouvement (Cf. Chapitre 5, II, B, 1).

Exercice

Exercice d'application, bibliographie & corrigé

Initiation à la recherche de documents. À l'aide de documents, reconstituez le procès de Jésus Christ (faits, accusations, procédures, condamnation et analyse juridique critique : erreur judiciaire ?).

A. Documents

Dans la recherche juridique, les sources (documents contemporains officiels, juridiques puis les documents contemporains littéraires) sont à privilégier car les documents bibliographiques sont des interprétations des sources plus ou moins fiables selon les auteurs et les orientations de l'interprétation (historiens, journalistes, avocats, théologiens...). Préférez toujours un ouvrage rédigé par un universitaire.

Les sources

- Bible, Nouveau Testament, évangiles de saint Luc, saint Mathieu, saint Jean et saint Paul.
- FLAVIUS JOSEPHE (v. 37-100 ap. J.-C.), *Antiquités juives, Œuvres compètes de Flavius Josèphe* (édition 1911, trad. Théodore Reinach (dir.)), Hachette BNF, 2013.
- TACITE, *Annales,* (IIe siècle), édition Pierre Grimal, Folio, 1993.
- *Talmud Babylonien* (IIe siècle), trad. française : *Le Talmud de Babylone traduit en langue française et complété par celui de Jérusalem et par d'autres monuments de l'antiquité judaïque* (1831), trad. abbé Luigi Chiarini, Ulan Press, 2012.
- ORIGENE (v. 185-v. 253 ap. J.-C.), *Commentaire sur toute l'écriture sainte,* édition par Huet, Rouen, 1668, édition et traduction des œuvres d'Origène dans la collection *Sources chrétiennes,* Cerf, 1966-2002.

La Bibliographie

- Jacques BALDET, *Histoire de Rabbi Jésus,* Imago, 2003.
- Aurélien SCHOLL, *Le procès de Jésus* (éd. 1877), Hachette BNF, 2013.
- Olivier KRAFFT, *Les trois procès de Jésus : ses deux flagellations,* Via romana, 2008.
- Simon LEGASSE, *Le procès de Jésus,* t. 1 et t. 2, Cerf, 1994, 1995.
- Michel QUESNEL, *Jésus, l'homme et le fils de Dieu,* Flammarion, 2008.
- Aldo SCHIAVONE, *Ponce Pilate : une énigme entre histoire et mémoire,* Fayard, 2016.
- Jean-Marc VARAUT, *Le procès de Jésus,* Plon, 2004.

Internet

- https://www.youtube.com/watch?v=xclIdcsnzOc
- https://www.youtube.com/watch?v=eY42M1qGCXI

B. Corrigé : le procès de Jésus

(Reconstitution sur la base du travail d'Hélène Crespin)

Jésus de Nazareth (v. 7 ou 5 av. J.-C.-4 ou 7 avril 30 ap. J.-C.), juif de Galilée, est le fondateur du christianisme par ses prédications et celles de ses disciples. Sa parole est connue par le *Nouveau Testament* et sa mort, puis sa résurrection, font de lui le Messie, ou Christ, fils de Dieu, envoyé aux hommes pour les sauver. Son procès se situe dans une période de répression qui débute en Judée et qui est le fait des autorités traditionnelles judaïques, inquiètes de la propagation des enseignements de Jésus. La relation du procès de Jésus est complexe et présente des difficultés. Complexe du fait des enjeux politiques et religieux qui sont au cœur de l'affaire et difficile par le manque de sources contemporaines et la déformation postérieures des faits et leurs conséquences. Néanmoins, la reconstitution et l'examen de ce procès permettent de mesurer la véracité des sources et documents pour une recherche historique et juridique, de comprendre quelles sont les instances et les procédures judiciaires existantes au Ier siècle ap. J.-C. et de proposer une analyse critique de ce procès. Pour comprendre le procès de Jésus, il faut d'abord rappeler les faits préalables au procès (I) avant d'évoquer la question des autorités compétentes pour le juger et donc de la procédure applicable (II). L'examen des accusations religieuses et politiques portées contre lui par les autorités juives et la décision du gouverneur romain Ponce Pilate terminent la reconstitution par le jugement rendu et son analyse critique (III).

I. LES PRÉLIMINAIRES DU PROCÈS DE JÉSUS

Les documents contemporains relatent les causes et les circonstances (A) de l'arrestation de Jésus (B).

A. La conjuration contre Jésus

Les prédications de Jésus ont connu un grand succès au cours des quelques années de sa vie publique. Ce succès a entraîné une hostilité croissante des autorités officielles juives qui s'est manifestée d'abord par un débat théologique, puis par la conjuration destinée à tuer Jésus.

L'événement qui semble avoir déclenché l'action des autorités juives est la résurrection de Lazare. Il ne s'agit alors plus d'arrêter Jésus pour l'empêcher de nuire mais, comme le précisent Matthieu et Marc, de «*s'emparer de Jésus par ruse et de le tuer*». Leur première crainte était que le succès populaire de Jésus ne serve de prétexte aux Romains pour exercer des représailles contre la nation juive toute entière. Ils craignaient aussi que l'acclamation populaire qui a accompagné l'entrée de Jésus à Jérusalem ne symbolise les prémices d'une possible restauration monarchique.

Judas Iscarioth a eu connaissance de cette volonté et il est allé trouver les Grands prêtres. Il leur promit de leur livrer Jésus moyennant trente pièces d'argent (équivalent du prix d'un esclave).

B. L'arrestation de Jésus

Après le lavement des pieds, Jésus a prédit qu'il allait être trahi et a nommément désigné Judas. Puis, il s'est rendu avec ses disciples au mont des Oliviers. Une « bande » est alors arrivée, guidée par Judas qui embrasse le maître : à ce signal convenu, Jésus est arrêté.

Cet épisode a soulevé des controverses pour savoir qui, en définitive, a procédé à l'arrestation de Jésus. Il est généralement admis que les auteurs de l'arrestation n'étaient pas des Romains, mais des membres de la garde juive du Temple, véritable force de police religieuse qui conservait, malgré l'occupation romaine, le droit d'agir spontanément dans les cas graves.

L'arrestation de Jésus ne laisse donc pas encore apparaître l'autorité romaine. Pourtant, la Judée est alors une province romaine, placée sous le régime des gouverneurs. Ponce Pilate a été le gouverneur de la province de Judée de 26 à 36 de l'ère chrétienne et il est estimé, d'après l'analyse des différents Évangiles, que Jésus aurait été arrêté et jugé en l'an 30. Ponce Pilate n'est pas l'initiateur du procès de Jésus, pourtant, c'est lui qui l'a condamné, au terme d'une procédure complexe.

II. LE PROCÈS DE JÉSUS : LA PROCÉDURE

L'arrestation de Jésus par les autorités judaïques (A), si elle vient contester la compétence des autorités romaines, prépare la mise en place du procès romain qu'elle ne peut empêcher, voire sollicite (B).

A. La question de la compétence du Sanhédrin : procédure religieuse

Après son arrestation, Jésus est conduit le soir même devant le Grand Prêtre, Caïphe, qui occupe cette fonction depuis l'an 18 ap. J.-C. (il a été nommé par le prédécesseur de Ponce Pilate). Le Grand Prêtre est le président du Sanhédrin, autorité qui a des compétences judiciaires.

Le Sanhédrin est le conseil législatif de Jérusalem composé de soixante-dix membres. Parmi eux, on compte les *sacerdotes*, anciens titulaires de la fonction de Grand Prêtre ou simples prêtres, les riches laïcs de Jérusalem (ils forment, avec les grands prêtres, la ploutocratie de Jérusalem) et les scribes. Ce conseil a également des compétences judiciaires au sein d'une commission composée de vingt-trois membres du Sanhédrin et présidée par le Grand Prêtre.

Une décision de l'empereur Claude confirme expressément un rescrit d'Auguste autorisant les juifs à vivre « selon leurs lois et coutumes ». Très souvent, le conquérant romain laisse au peuple qu'il a soumis ses lois particulières. Ainsi Jérusalem et le territoire qui en dépend sont régis par le Sanhédrin qui a aussi la possibilité de juger et de condamner pour les délits ordinaires, religieux ou non. Toutefois, il n'a pas compétence pour les crimes qui risquent d'entraîner une peine capitale : dans ce cas, il doit obtenir l'aval de l'autorité romaine. Si le Sanhédrin ne peut condamner un homme à mort, il est aussi interdit de tuer un homme qui n'a pas été jugé par le Sanhédrin. Il était donc juridiquement nécessaire que Jésus comparaisse devant lui avant de comparaître devant le tribunal romain.

La procédure devant le Sanhédrin se déroule de la manière suivante : dans un premier temps, comparaissent les témoins. Il s'agit uniquement des témoins à charge. Aucun témoin à décharge ne s'est présenté puisque les disciples les plus proches de Jésus s'étaient enfuis ou, comme Pierre, l'avaient renié. Selon, la procédure juive, il faut au moins deux témoins. Ils doivent témoigner séparément, prononcer leurs accusations à voix intelligible en présence de l'accusé et de ses juges. Leurs dépositions n'ont aucune portée si elles divergent sur un seul point. Or, selon les différentes sources, les premiers témoins se contredisent ouvertement. D'autres témoins se présentent autour d'une nouvelle accusation. Jésus aurait affirmé qu'il détruirait le temple et le rebâtirait en trois jours. Or, la destruction des édifices du culte était l'un des crimes les plus graves, passible de la peine capitale. Mais là encore, les témoignages ne concordent pas. Et Jésus, interrogé par le Grand Prêtre, refuse de répondre. Pour le défendre,

Nicodème, membre du Sanhédrin, rappelle qu'il est impossible de condamner en homme sans l'avoir entendu d'après la loi juive.

Dans un deuxième temps, et en réponse à cet argument, le Grand Prêtre se décide à frapper un grand coup. Il s'adresse directement à Jésus et lui demande s'il reconnaît avoir affirmé être le fils de Dieu. La réponse de Jésus confirmant cette assertion, le Grand Prêtre l'accuse de blasphème, tous les membres du Sanhédrin en étant alors les témoins. Ces derniers considèrent dès lors que Jésus mérite la mort. Mais il ne s'agit pas d'une condamnation formelle puisque la peine aurait alors été la lapidation et qu'aucun texte ne le mentionne. Enfin, après cette comparution, toute l'assemblée se lève et emmène Jésus devant Pilate.

Deux thèses s'affrontent sur la portée des délibérations du Sanhédrin. Selon la première, la comparution devant le Sanhédrin aurait été une parodie judiciaire pour perdre Jésus aux yeux de l'opinion publique. S'il avait été condamné purement et simplement par le gouverneur romain, seul habilité à faire exécuter la peine de mort, cela aurait risqué d'accroître encore son prestige et d'en faire un martyr aux yeux des juifs. Les principaux arguments dans ce sens reposent sur l'impossibilité que le procès de Jésus ait été un procès régulier si l'on se réfère aux règles procédurales en vigueur à l'époque (un procès criminel ne pouvait avoir lieu que de jour ; si le Sanhédrin avait conclu à une condamnation, elle ne devait pas être prononcée immédiatement mais seulement le lendemain, etc.). Selon la deuxième, il s'agit d'un véritable procès. Les principaux arguments consistent à affirmer que les règles de procédure applicables à l'époque de Jésus auraient bel et bien été appliquées : les règles mentionnées par les partisans de l'autre opinion n'auraient été applicables qu'à partir du IIe siècle. La première théorie est celle qui est la plus généralement admise.

Ne pouvant condamner Jésus à mort, le Sanhédrin le présente devant l'autorité romaine habilitée pour ce faire.

B. L'affirmation de la compétence du gouverneur romain : procédure politique ou judiciaire ?

Au moment où Jésus est présenté devant Ponce Pilate pour être jugé, celui-ci est le gouverneur de Judée. À ce titre, il assure l'intégralité de l'administration et de la justice dans la province qu'il commande et ce, dans le respect des usages du pays conquis. L'une de ses fonctions essentielles est le maintien de l'ordre public. Il dispose pour y parvenir de l'*imperium* qui peut être défini comme le pouvoir suprême dans une région déterminée. Ponce Pilate possédait ainsi le « droit de glaive », qui avait été conféré au premier gouverneur de la Judée, Coponius, par Auguste en l'an 6 de l'ère chrétienne. Ce *Ius gladii* l'autorise à condamner à mort un soldat citoyen romain, donc, à plus forte raison, un non-citoyen romain.

Après sa comparution devant le Sanhédrin, Jésus est conduit devant Pilate. Les membres du Sanhédrin, accompagnés de leur police et suivis d'une foule nombreuse, se présentent devant le prétoire du gouverneur mais n'entrent pas, car ils ne veulent se souiller pour pouvoir, le lendemain, manger la Pâque. C'est donc Pilate qui sort et interpelle : « *Quelle accusation portez-vous contre cet homme ?* ». Les réponses des sanhédrites, habilement, se réfèrent alors au droit de l'occupant, au droit romain. Trois accusations sont portées contre Jésus : Jésus appelle à la révolte. Jésus refuse l'impôt. Jésus se dit être le « Christ-Roi ».

Concernant l'impôt, l'accusation est courante mais elle est insoutenable puisque Jésus a préconisé de « *rendre à César ce qui est à César et à Dieu ce qui est à Dieu* ». Les deux autres accusations se rejoignent et Pilate pose une seule question à Jésus : « *Es-tu le roi des juifs ?*». Selon l'Évangile de Jean, l'échange entre les deux hommes aurait été plus long mais aurait abouti au même point. L'affirmation de Jésus selon laquelle son « *royaume n'est pas de ce monde* » auraient convaincu Pilate qu'il n'était pas une menace puisqu'il ne cherchait pas à renverser le pouvoir en place ou à l'usurper. Pilate déclare donc au Grand Prêtre qu'il ne trouve aucun motif de condamnation à mort.

À ce stade de la procédure, seul l'évangéliste Luc rapporte l'envoi de Jésus à Hérode, ce fait n'est donc pas certain. La procédure romaine précise qu'un gouverneur peut envoyer un accusé devant le magistrat compétent du lieu de sa résidence. Or Jésus a passé la plus grande partie de sa vie en Galilée sous l'autorité d'Hérode. En renvoyant Jésus devant lui, Ponce Pilate souhaite partager la responsabilité de la décision en laissant à Hérode le soin de trouver un motif de condamnation. Mais Hérode se refuse à juger Jésus. Il se moque de ses prétentions à être roi en l'affublant d'un manteau somptueux et le renvoie à Ponce Pilate. C'est donc à ce dernier qu'il revient de trancher le litige.

III. LE PROCÈS DE JÉSUS : LE JUGEMENT

La procédure devant trois tribunaux distincts ne suffit pas à condamner Jésus qui revient devant Ponce Pilate qui doit alors rendre une sentence définitive, mais sujette à caution (A) et qui fait l'objet de diverses analyses (B).

A. Une décision contestable

Ponce Pilate est la seule autorité romaine pour condamner Jésus. Il réunit les Grands Prêtres et les chefs du peuple. Il réaffirme n'avoir aucun motif de condamnation à mort et avoir l'intention de le relâcher après l'avoir châtié. Il possède d'ailleurs un moyen légal qui lui permet d'associer la foule à cette libération. Les gouverneurs romains pouvaient en effet relâcher un prisonnier à la requête de la foule et ce pouvoir correspond avec une coutume juive. Ponce Pilate propose donc à la foule de libérer soit Barrabas, brigand jeté en prison pour une émeute dans la ville ainsi que pour un meurtre, soit Jésus. Les Grands Prêtres et les anciens persuadent la foule de choisir Barrabas qui est donc libéré. Malgré tous ses efforts pour ne pas condamner Jésus, Ponce Pilate se retrouve contraint de prononcer une sanction.

Ponce Pilate décide de condamner Jésus à être flagellé. La flagellation peut être une peine principale, mais peut aussi constituer une peine préliminaire à la crucifixion. Après avoir fait fouetter Jésus (mais aucun source ne prouve l'existence de cette sanction), Ponce Pilate s'adresse encore une fois à la foule qui réclame toujours la crucifixion, (supplice romain classique pour le peuple, les citoyens romains pouvant être condamnés à mort par décapitation). Pilate remet alors Jésus à la foule pour être crucifié. Cette décision n'est pas une procédure d'*exequatur* rendant exécutoire le jugement du Sanhédrin (confirmation de l'exécution d'un jugement antérieur fondée sur les mêmes motifs et donc les mêmes chefs d'accusation). C'est la loi romaine qui est appliquée ici avec la qualification de crime de lèse-majesté. En se prétendant roi des juifs, Jésus porte atteinte à la majesté impériale. Ce crime est sanctionné par des peines sévères dont le supplice de la croix pour les esclaves, étendu aux étrangers et également pratiqué par les juifs. La crucifixion est relatée dans Jean (XIX, 17-37). Jésus est crucifié, Ponce Pilate rédige un écriteau portant la mention du crime « roi des juifs » et le place sur la croix puis Jésus rendit l'esprit.

B. La portée de la décision de Ponce Pilate

Après sa décision, Ponce Pilate se serait lavé les mains. Ce geste est interprété comme la manifestation de la volonté de Ponce Pilate de s'exonérer de toute responsabilité. Matthieu, seul évangéliste à faire cette mention, souligne la réponse du peuple à ce geste : « *sur nous son sang et sur nos enfants* ». Cette formule a souvent été invoquée pour faire peser une responsabilité collective sur le peuple juif. Il est incontestable que le Sanhédrin a joué un rôle actif : sa participation au départ et dans le déroulement de la procédure a été décisive. Mais il ne fait aucun doute que, sur le plan strictement juridique et judiciaire, c'est Ponce Pilate qui est directement l'auteur du jugement. De plus, la peine de crucifixion est une peine pénale spécifiquement romaine et ce sont des soldats romains, dirigés par un centurion, qui ont emmené Jésus jusqu'à la croix. De même, la plaquette de bois attachée au dos du condamné et mentionnant la cause de la peine est une pratique romaine.

Le procès de Jésus est-il le symbole d'une erreur judiciaire ? L'image de la crucifixion de Jésus a décoré les salles d'audience pendant des siècles. Dès la fin du Moyen Âge, on la retrouve dans les prétoires et sur les murs du Parlement de Paris par exemple. Cette image a survécu jusqu'à la séparation des Églises et de l'État où elle a été interdite. Les juristes justifient la présence de cette représentation par l'impératif du serment des justiciables. Mais la crucifixion de Jésus est aussi un modèle d'erreur judiciaire, un symbole de la fragilité de la justice humaine. Le tableau de la crucifixion mettait sous les yeux des juges les périls de leurs fonctions et le risque toujours possible de leur défaillance.

Le droit et l'État

Mes essentiels

- Dans l'Antiquité, le droit est à l'origine de l'évolution des régimes politiques : les lois grecques fondent la démocratie athénienne, la *lex de imperio* fonde l'empire romain et octroie ses pouvoirs à l'empereur. Les codifications (438-529 à 533), quant à elles, augmentent la puissance de l'État.
- Au Moyen Âge, les ordonnances royales encadrent les institutions centrales et locales de l'État moderne médiéval alors que les ordonnances de réformation (XVIe siècle), de codification (1667-1685) et de réforme (1770-1787) de l'Ancien Régime visent à améliorer le fonctionnement des institutions et des grands services publics.
- L'article 16 de la DDHC et le constitutionnalisme de la Révolution dotent l'État de normes suprêmes et inviolables qui seront au fondement de la notion d'État de droit qui émerge au XXe siècle.
- Pour autant, il est des limites à l'alliance ancestrale entre le droit et l'État quand les particuliers revendiquent une autonomie dans certaines affaires privées, rejetant l'État hors de cette sphère (droit de la famille et droit du travail au XIXe siècle) et quand les puissances mondiales s'interrogent sur certaines règles de droit international qui viendraient s'immiscer dans leur souveraineté (réflexions sur le droit d'asile).

L'Essentiel sur l'autonomie du droit par rapport à l'État

La règle est celle du droit pour encadrer l'État et ses institutions, l'exception est celle des ruptures entre droit et État quand le droit pourrait porter atteinte à l'indépendance et à la liberté des particuliers ou l'indépendance souveraine des États.

L'État législateur créé le droit qui vient encadrer l'État: le rapport est constant entre eux. Néanmoins, ces relations sont à dimension variable dans le temps et sur les matières juridiques concernées. Depuis l'Antiquité, l'État et les gouvernants se servent du droit pour imposer leur puissance et leurs prérogatives, le droit est au service de l'État (I). Au Moyen Âge et sous l'Ancien Régime, l'État se dote progressivement de règles spécifiques favorisant l'émergence d'un « droit public », ou « droit de l'État » (II). La Révolution donne un rôle central à la loi et prône le légicentrisme et le constitutionnalisme. Toutefois, et paradoxalement, au nom de la liberté individuelle, les gouvernements révolutionnaires dégagent certaines relations privées de la sphère de la législation étatique. Les rapports individuels dans la famille et dans le travail sont réputés faits de « règles hors de l'État », qui n'a pas à s'en mêler. Néanmoins, cela n'est pas sans générer des problèmes auxquels le législateur devra finir par répondre (III). Le XXe siècle est celui de l'émergence de la notion « d'État de droit » (IV), qui doit répondre aujourd'hui aux enjeux de la mondialisation (V).

I Antiquité : le droit au service de l'État

Hammourabi se sert de la codification pour renforcer son État en unifiant le droit pour ses populations conquises et en en faisant un instrument de pouvoir. Les Grecs et les Romains, quant à eux, se servent du droit pour réformer leur régime politique, lui donner un cadre légal et le faire évoluer au gré des besoins des citoyens. Ils initient ainsi les modalités du gouvernement démocratique fondé par et sur les lois (A). L'avenir garde le témoignage du rôle du droit dans la formation des États. Mais le droit sert aussi à enrichir la postérité des États en en vantant la grandeur. C'est cet objectif que poursuit l'empereur Justinien en faisant rédiger les grandes compilations juridiques à la gloire de Rome (B).

A La loi pour la mise en place de gouvernements démocratiques

Dans l'Antiquité gréco-romaine, les lois sont des instruments au service de la *polis*, la cité. Non pas, comme le dénonçait les sophistes, un instrument d'oppression dans les mains des gouvernants, mais bien un moyen d'organiser l'État et de réglementer le politique. La mise en place des régimes démocratiques est l'aboutissement d'une série de lois visant à organiser progressivement le pouvoir en le partageant entre les citoyens.

Les lois des archontes grecs, Solon et Clisthène (Cf. Chapitre 1), mettent en place progressivement les institutions qui donnent naissance à la démocratie. La représentation politique et la participation citoyenne guident leurs réformes. Les magistrats, neuf archontes et dix stratèges (pour l'armée), sont tirés au sort parmi les citoyens, tous présents à l'ecclesia. Certains magistrats dont les compétences techniques sont nécessaires (finances) sont élus après examen devant la boulê. Tous sont nommés pour un an, ou moins, afin d'éviter une prise de pouvoir illégale et, responsables, ils doivent rendre des comptes à leur sortie de charge. L'ecclesia connaît toutes les affaires de la cité. Elle décide de la guerre et de la paix, contrôle les finances et vote les impôts. Elle décide des constructions publiques et des temples, veille à l'approvisionnement. Elle vote les lois et les décrets, élit les magistrats ou encore juge certains litiges. Tous les citoyens peuvent y discuter librement de tous les projets, préalablement soumis à la boulê. Le vote s'effectue par tête et à main levée. Pour protéger la cité et les lois, les citoyens peuvent engager une procédure en illégalité contre une loi ou une procédure d'ostracisme contre un citoyen. La boulê, instituée par Clisthène, composée de cinq cent citoyens (cinquante par tribu), est chargé de préparer les projets de lois, contrôler l'exécution des lois et surveiller les magistrats. L'aréopage, composé des anciens archontes, est le gardien des lois. Enfin, les six mille héliastes, tirés au sort parmi les citoyens athéniens volontaires, composent un tribunal et prêtent serment devant Zeus de rendre une bonne justice. L'héliée, crée par Solon, est le tribunal compétent pour les affaires civiles et criminelles. Ces lois, ou « *Constitution d'Athènes* » pour reprendre le qualificatif qui leur est donné par Aristote, instituent un régime politique inédit dans l'Antiquité. Elles créent l'État pour régir les hommes, ces animaux politiques, destinés à vivre ensemble dans la *polis*.

À l'identique, à Rome, en 509 av. J.-C., après la chute du dernier roi étrusque, Tarquin le Superbe, diverses lois mettent en place progressivement une organisation républicaine dans laquelle le pouvoir est partagé entre les citoyens patriciens et plébéiens élus comme représentants. Cette autre forme de gouvernement démocratique apparaît en réaction contraire au régime étrusque dans lequel le roi prenait le pouvoir par la force, l'exerçait dans la terreur, sans être régi par le droit. Entre 509 et 242 av. J.-C., les lois créent les magistratures, le sénat et les assemblées représentatives qui collaborent pour gouverner les Romains. D'abord aristocratique, le pouvoir est entre les mains des *patres*. Mais dès 494 av. J.-C., les plébéiens réclament une participation politique. Devant le refus des *patres*, ils font plusieurs sécessions sur le mont Aventin et n'accomplissent pas leur devoir militaire. Ils obtiennent rapidement la création d'une magistrature et d'une assemblée propres aux plébéiens : le tribunat de la plèbe et le concile de la plèbe. Ainsi naît progressivement la République, ou *res publica*, chose publique, régime dans lequel le gouvernement est la « chose » de tous. Elle s'organise autour de trois blocs institutionnels : les magistratures, le sénat et les assemblées, créés et complétés par des lois au fur et à mesure des besoins politiques entre les Vᵉ et le IIIᵉ siècle avant J.-C.

Les magistrats, tous patriciens et d'abord cooptés par leurs prédécesseurs, sont élus annuellement par les assemblées à partir de 449 av. J.-C. Ils travaillent collégialement et sont responsables en sortie de charge. Ils disposent des pouvoirs de *potestas* (capacité d'exprimer des prescriptions pour la cité et de contraindre pour l'observation de ces prescriptions), d'*imperium* (pouvoir de commandement civil et militaire), du *ius edicendi* (pouvoir d'édicter des lois) et d'*auspicium* (capacité de lire les avis et volontés divines dans les augures qui s'expriment dans le vol des oiseaux, les éclairs, le tonnerre), hérités des rois romains. Le consulat existe depuis le passage entre la monarchie et la république. Les deux consuls, patriciens, sont chargés du gouvernement de la cité, de la levée des troupes, de la convocation des comices et du sénat. Ils proposent des lois et sont les gardiens de l'ordre public. En cas de crise politique, un consul peut être choisi – ou les consuls peuvent choisir un tiers – pour exercer la dictature (pleins pouvoirs) pendant six mois. Les questeurs, chargés de la garde du trésor, de la perception des impôts et des dépenses, originellement en binôme, passent à quatre en 421 av. J.-C., puis à huit. La censure est créée en 444-443 av. J.-C. et s'ouvre aux plébéiens en 350 av. J.-C. Les censeurs procèdent au recensement quinquennal des citoyens et peuvent sanctionner les comportements amoraux (dérèglement des mœurs, excès de luxe, non respect de la discipline militaire, fréquence des divorces...) par des notes censorielles. En 367 av. J.-C., c'est une magistrature à vocation judiciaire, la préture, qui apparaît dans les lois liciniennes (proposées par le tribun Licinius Stolon). Le préteur urbain (pour les citoyens), puis le préteur pérégrin (crée en 242 av. J.-C., pour les peuples conquis non citoyens) est chargé de l'organisation des procès. Il édicte, une fois élu, un édit prétorien qui reconnaît les diverses actions de la loi (liste des droits subjectifs et procédures en vigueur). Les lois liciniennes réforment également l'édilité. Les édiles plébéiens (obtenus lors de la sécession de 494 av. J.-C.) et curules (pour les patriciens) exercent des fonctions de police administrative (approvisionnement de la ville, arrestation des malfaiteurs, surveillance des marchés, organisation des jeux...). Les lois liciniennes, enfin, ouvrent toutes les magistratures aux plébéiens qui n'avaient jusque-là que les tribuns de la plèbe pour les représenter. Crées après la sécession en 494 av. J.-C., les deux tribuns, (qui ne possèdent pas l'*imperium*) représentent la plèbe. Ils exercent un droit de véto pour protéger la plèbe contre d'éventuelles atteintes en bloquant par la *prohibitio* ou l'*intercessio* les actes des magistrats et exercent une juridiction criminelle. En 449 av. J.-C., la loi leur accorde l'inviolabilité tribunicienne.

Le sénat est composé de tous les anciens magistrats patriciens, d'où son nom issu de *senes*, les anciens. Il compte environ trois cents membres, chiffre qui peut aller jusqu'à six cents selon les périodes. Au IVe siècle, il s'ouvre aux élites de la plèbe et en 318 av. J.-C., la loi Ovinia permet aux censeurs d'y nommer les meilleurs des citoyens et déterminer sa composition. Seuls les sénateurs patriciens possèdent l'*auspicia patrum* qui leur permet d'empêcher certains actes politiques en arguant de l'opposition des dieux. Ils ont également l'*auctoritas patrum* qui permet la ratification « divine » d'une décision d'une assemblée (vote d'une loi et élection d'un magistrat), sorte de contrôle de fond exprimé par un *senatus consulte*. La loi Publilia de 339 av. J.-C. en fait une autorisation préalable nécessaire pour voter la loi, puis, à l'identique, au début du IIIe av. J.-C., la loi Maenia impose l'autorisation préalable pour les élections. Le sénat peut donc donner son avis sur toutes les affaires politiques. Il obtient un réel pouvoir législatif à la fin du IIIe siècle av. J.-C. Il est également gardien des cultes et gérant du trésor. Il contrôle les affaires militaires telles les levées de troupes, les opérations militaires et l'organisation des territoires conquis et enfin, contrôle les magistrats pendant et en sortie de charge.

Quatre assemblées représentatives, ouvertes à tous les citoyens (environ 300 000 au IIe av. J.-C.), se partagent les fonctions électives (élections aux magistratures), judiciaires et normatives. Dans les comices curiates, qui existaient déjà sous la monarchie, se trouvent trente licteurs représentant les citoyens des trente tribus romaines. Ces derniers y élisent les magistrats supérieurs, ont des attributions religieuses et jugent des adoptions par adrogation et des testaments. Dans les comices centuriates, assemblée la plus importante créée par le roi Servius Tullius (575-535 av. J.-C.), évoquées dans la Loi des XII tables et dans les lois liciniennes qui en finalisent le fonctionnement, se trouvent tous les citoyens (patriciens et plébéiens) selon des conditions d'âge et de cens, divisés en cent quatre vingt treize centuries aux fonctions militaires. Une loi vient les réformer entre 241 et 220 av. J.-C. pour les rendre plus démocratiques, afin de permettre à un plus grand nombre de participer aux votes car ces derniers cessaient dès la majorité acquise, en commençant par le vote des citoyens les plus riches. En conséquence, les plus modestes n'avaient donc presque jamais l'occasion d'exprimer leur voix et leur vote. Ces comices centuriates votent les lois, participent aux déclarations de guerre et conclusions de traités, élisent les consuls, préteur et censeurs et jugent les affaires pénales. Dans les comices tributes, établies vers 350 av. J.-C., tout le *populus* est représenté géographiquement, chaque territoire possédant une voix. Ils élisent les magistrats inférieurs, votent les lois et exercent une juridiction d'appel. Le concile de la plèbe, crée en 494 et réformé 471 av. J.-C., n'est composé que de plébéiens, chargés d'élire les tribuns de la plèbe et voter les plébiscites (lois pour les plébéiens proposées par le tribun). Enfin, les réformes de Papirius Carbo en 139 av. J.-C. établissent le vote secret dans les assemblées, votes exprimés oralement jusque-là, avec le danger de corruption et de pression sur l'expression des voix.

Malgré les nombreuses lois de réformes institutionnelles, ces institutions restent toutefois moins égalitaires que celles d'Athènes. Rome fait plus figure d'oligarchie que de démocratie. Néanmoins, ces textes organisent la chose publique, la République. Ils la font ressembler à ce qu'Aristote qualifiait de « régime mixte » : un gouvernement dans lequel chaque organe exerce une portion de chaque pouvoir afin que chacun contrôle les autres et qu'aucun ne puissent s'imposer aux autres. Réputé permettre une plus grande longévité au gouvernement qu'un régime « pur » (monarchie, aristocratie, démocratie), cette république connut de graves dysfonctionnements à partir du IIe avant J.-C. (crises politique, agraire, sociale) qui la fit évoluer vers un gouvernement autocratique. Le Ier siècle av. J.-C. est celui des dictatures viagères de Marius, Sylla, Pompée et se termine par l'assassinat de César en 44 av. J.-C. sur les marches du sénat. La République doit se réformer car elle n'existe plus dans les faits. Octave Auguste prend le pouvoir entre 31 et 27 av. J.-C., cumulant les fonctions jusqu'à obtenir du sénat (par la force ?) l'*auctoritas* et fondant le principat, ancêtre de l'empire. Sous couvert d'un accès légal au pouvoir, sur la requête du *senatus populusque romanus*, sénat et peuple romain, c'est un coup d'État qui l'a amené et maintenu au pouvoir. Néanmoins, fort de l'expérience malheureuse de César, Octave se déclare le premier magistrat, *princeps* (prince), au service de Rome. Ses pouvoirs sont réputés lui avoir été accordés par des *senatus consulte* lui octroyant en 27 av. J.-C. les titres d'Auguste, d'*imperator* et *princeps universorum*. En 24, il obtient d'être *legibus solutus*, absous des lois, ce qui lui permet de légiférer sans être contraint par des lois antérieures et cela est justifié par le fait qu'il tient son pouvoir des lois elles-mêmes, étant dès lors entendu qu'il n'y dérogera que pour le bien commun. En 23, la puissance tribunicienne (et son inviolabilité) et l'*imperium* proconsulaire sans limites lui sont accordés par de nouvelles lois. L'ensemble de ces prérogatives sera par la suite octroyé à chaque nouvel empereur par la *lex de imperio*. Encore une fois, c'est la loi qui vient fonder le nouveau pouvoir politique. Ce texte a pour origine la *lex curiata de imperio* qui remonte à l'époque monarchique et par laquelle les comices curiates conféraient l'*imperium* aux magistrats supérieurs élus par cette assemblée.

Si le droit fonde les régimes politiques, il peut également créer et/ou renforcer une idéologie favorable à l'État. Le droit devient alors un instrument de propagande au service du pouvoir. L'empereur Justinien (527-565) met la codification au service de la puissance de Rome.

B La codification pour la gloire de l'État

L'empereur d'Orient Justinien veut, dès son arrivée au pouvoir, en 525, rendre à Rome sa gloire passée. La partie occidentale étant tombée sous la pression des invasions barbares (476), il commence par mener une politique de reconquête militaire vers l'Afrique du Nord prise par les Vandales, l'Espagne des Wisigoths et l'Italie des Ostrogoths. Ces succès ne sont pas suffisants pour reprendre Rome et restaurer l'empire d'Occident. Pour cette raison, Justinien s'emploie alors à rétablir la splendeur de Rome par son droit. Il entreprend la compilation de tout le droit romain depuis la République, soit mil ans de droit. Il charge son fidèle questeur Tribonien, jurisconsulte éclairé et professeur de droit à Constantinople, de mener à bien cette mission. C'est chose faite entre 529 et 534.

En 529, le *Code*, composé de douze livres en référence à la loi des XII tables, reprend les compilations antérieures de Constitutions impériales (Codes officieux d'Hermogénien et de Grégorien de 292 et 294, et le codex officiel de Théodosien de 438), et y ajoutant les constitutions les plus récentes. Classées dans des chapitres thématiques (1e livre : droit ecclésiastique ;

2e livre : procédure ; livre 3 à 8 : droit privé ; livre 9 : droit pénal, livres 10 à 12 : droit administratif et fiscal), elles y sont rangées chronologiquement. Justinien en a profité pour faire ôter les actes désuets et ceux contraires à la législation contemporaine. Une seconde édition, en 534, les *Novelles*, ajoutent les dernières constitutions impériales de Justinien, commentées par lui-même.

En 533, le *Digeste*, compilation de toute la jurisprudence romaine, et son résumé à l'usage des étudiants, les *Institutes*, sont publiés. Le *Digeste* est une œuvre magistrale réunissant toutes les consultations de tous les jurisconsultes depuis le IIIe siècle av. J.-C. Trois millions de lignes de jurisprudence auraient été examinées par les dix-sept membres de la commission travaillant sous l'autorité de Tribonien entre 530 et 533. 150 000 lignes de trente-huit juristes ont été retenues dans les cinquante livres, divisées en titres thématiques. Le travail de compilation impliquait de faire cesser les contradictions, adapter la jurisprudence au droit en vigueur dans une perspective pragmatique, corriger et remanier les textes. Ce *Digeste* « indigeste », ainsi qualifié par ses contemporains, qui provoque la disparition de la jurisprudence non retenue, n'en reste pas moins l'illustration de « l'incomparable perfection du droit romain classique » et de la gloire de Rome, donc de l'empereur… Très, trop, complexe, un résumé est composé à destination des étudiants par trois professeurs de droit, dont Tribonien : les *Institutes*, sur le modèle des *Institutes* de Gaius vers 160 ap. J.-C. Commandé par l'empereur, cette œuvre à valeur de loi. Ce manuel sert de base à l'enseignement officiel du droit comme le déclare Justinien dans la Constitution *Imperatoriam majestatem* du 21 novembre 533. Il y rappelle que la connaissance de cet enseignement officiel, conforme à sa conception du pouvoir et du droit, est la condition première à remplir pour « *caresser l'espoir magnifique de participer au gouvernement de notre État, dans les charges qui vous seront confiées* ». Cette compilation majeure sera partiellement utilisée en Orient et envoyée à Rome où elle sera conservée sans être appliquée car les droits barbares concurrençaient le droit romain résiduel connu par le Bréviaire d'Alaric de 506, qui est un pâle abrégé du Code Théodosien (438) et de la jurisprudence des *Sentences* de Paul (325).

Justinien a réussi là où personne jusqu'alors n'avait réussi, il a compilé tout le droit : toute la jurisprudence et toutes les constitutions impériales. Théodosien s'y était essayé et n'avait réussi « qu'à » codifier les constitutions impériales. Justinien laisse donc à la postérité la gloire juridique de Rome, et la sienne par écho. Son œuvre sera redécouverte au XIIe siècle, enseignée dans les universités, utilisée par toute l'Europe à la recherche d'une technicité juridique appelée par la fin de la féodalité et la modernisation de la société et de la politique. Appliqué jusqu'au Code civil de 1804, le droit compilé par Justinien en compose plus de la moitié. Justinien a réussi au delà de ses espoirs les plus fous, les mil ans de droit romain sont encore en vigueur, plus de quinze siècles après lui. Grâce à son œuvre, il révèle également la grande modernité de l'État romain en rapportant les lois qui constituent la République, les édit et mandats qui réglementent l'administration impériale, les lois fiscales et les privilèges du fisc, formant un droit dérogatoire au droit commun. Le droit public qui régit l'État romain a atteint un très haut degré de perfectionnement qui éblouira les légistes du Moyen Âge et inspirera les révolutionnaires. Au nom de la gloire de Rome, Justinien laisse à l'histoire, non seulement un modèle juridique, mais bien un modèle d'État. Rien d'étonnant à ce que l'on retrouve, au Moyen Âge, les notions romaines à l'origine de la genèse politique et juridique de l'État « moderne ».

II Émergence du droit de l'État

Le Moyen Âge voit l'émergence d'un État « moderne », qui met fin à la féodalité entre les XIIe et XIVe siècles. « Moderne » car formé par des institutions dépersonnalisées et réglementées par les ordonnances royales. Un cadre juridique nouveau est donné à l'État, un droit pour ses organes politiques, un droit « public » se lit au travers des ordonnances des Capétiens de Louis IX à Philippe V, de 1254 à 1320 (A). Sous l'Ancien Régime, les rois précisent ce premier cadre légal institutionnel par un processus normatif d'ensemble au travers de grandes ordonnances de réformation et de codification (B).

A La réglementation médiévale des institutions de l'État « moderne »

Ce droit « public » ou royal émergeant concerne tout à la fois les institutions centrales, Conseil, Parlement et Chambre des comptes (1) et l'administration locale, qui présente la particularité d'être déjà pensée comme devant être régie par un droit dérogatoire au droit commun (2).

1 La réglementation des institutions centrales de la monarchie capétienne

Les Capétiens se sont employés à réduire la féodalité pour reconquérir, à partir du XIIe siècle, leur territoire divisé entre les mains de seigneurs locaux indépendants, vassaux du roi, puis, au XIIIe siècle, à centraliser les prérogatives de puissance publique. Parallèlement, cela leur impose de développer leurs propres institutions pour régir ce royaume. La cour itinérante du roi, composée de son « palais », soit ses officiers, ses fidèles, son trésor, sa famille, son confesseur, ses meubles et ses vêtements… est appelée à se sédentariser et à se spécialiser dans les diverses fonctions politiques. La *curia regis* au XIIIe siècle se fixe à Paris, dans le palais de la cité ou conciergerie. Elle se spécialise en trois sections chargées pour le Conseil, des affaires politiques générales, pour le Parlement, des affaires judiciaires et pour la Chambre des comptes, des recettes et dépenses. Ces organes existent dans les faits – leur existence est attestée par divers textes – avant d'être réglementés. C'est parce que des dysfonctionnements sont relevés que les monarques édictent des ordonnances de réglementation des institutions.

Le Conseil, organe consultatif à compétence générale, d'origine féodale, devient un organe politique composé des grands seigneurs, laïcs et ecclésiastiques, mais surtout de fidèles légistes à partir de 1250. Il est chargé d'élaborer des projets d'ordonnance, d'exercer la justice retenue du roi, de l'assister et le conseiller sur les questions diplomatiques, religieuses et féodales. Composé à la convenance du roi, sollicité par lui, sur les questions choisies par le roi, il est peu réglementé car lui veut pouvoir toujours le convoquer selon ses besoins. Organe autonome à partir de 1259, il peut juger sans le roi, voire édicter des privilèges. En 1318, Philippe V veut le stabiliser par une ordonnance qui en précise les réunions et impose d'en conserver les procès verbaux de séances. Le personnel subalterne du Conseil, les notaires secrétaires (juristes rédacteurs qui doivent savoir le secret taire, d'où leur titre), sont régis par deux ordonnances de 1320 qui fixent leurs devoirs et leurs fonctions.

La *curia in parlamento* est la section judiciaire héritée du conseil de régence mis en place en 1248 par Louis IX lors de son départ en croisade. Satisfait du travail accompli pendant ses années d'absence, il maintient cet organe chargé de recevoir en première et dernière instance tous les litiges à l'occasion de ses deux ou trois sessions annuelles. Ses décisions, ou arrêts, sont compilés à partir de 1254 dans les *Olim*. Dès 1262, le Parlement rend des jugements parfois en l'absence du roi. Les légistes composent majoritairement cette instance qui devient cour souveraine par un acte de Philippe III en 1273, acte par lequel il lui accorde une délégation de sa souveraineté. La profession d'avocat est réglementée devant le Parlement en 1274. En janvier 1278, Philippe III réglemente aussi l'instruction des procès en Parlement et fixe le statut et les obligations des membres résidents. Philippe le Bel interdit, en 1291, que les baillis y soient juges pour éviter qu'ils ne soient à la fois juges et parties, le Parlement recevant des appels contre les jugements de ces administrateurs locaux. Il place au Parlement un procureur royal chargé de défendre les droits de la royauté dans les affaires concernant le roi. Philippe V fixe la composition et le fonctionnement du Parlement en 1316. En 1318, il précise la procédure et ordonne le secret de l'instruction et enfin, en 1319, il interdit la présence de juges ecclésiastiques. Désormais tous les juges doivent être des légistes laïcs.

La Chambre des comptes est moins bien connue en raison de la disparition de ses archives, néanmoins l'ordonnance de 1318 en règle les fonctions et le nombre de clercs et maîtres qui la composent. Elle est complétée en 1320 par une ordonnance qui fixe les horaires de travail, jusque midi tous les jours pendant dix mois par an, à la Sainte Chapelle où est entreposé le trésor royal. Ses attributions sont la tenue et la vérification des comptes royaux, le règlement des litiges afférents, la réception des comptes des agents locaux et l'enregistrement des ordonnances sur les matières financières. Le trésor est transféré en 1285 au Louvre, puis au palais de la cité en 1303. Plusieurs ordonnances de 1317, 1318 et 1319 en organisent le fonctionnement. Les trésoriers sont chargés de garder le trésor, encaisser les recettes, enregistrer les dépenses, confirmer les ventes, donations, transactions et faire un rapport au roi sur l'état du trésor. Il est séparé de la Chambre des comptes en 1320 par Philippe V en raison de difficultés entre trésoriers et gens des comptes.

Ces nombreuses ordonnances qui réglementent les institutions centrales forment les prémices d'un droit « public ». L'administration locale fait également l'objet de tous les soins des Capétiens après qu'une grande enquête, engagée par Louis IX en 1247, révèle les nombreux et graves abus et dysfonctionnements de l'administration locale. Elle est composée de baillis et sénéchaux qui se substituent aux seigneurs locaux à partir de la fin du XIIe siècle, à la faveur de la reconquête territoriale par les rois, et se stabilise entre 1230 et 1260.

2 Apparition d'un droit « administratif et dérogatoire »

Les Capétiens « empruntent » aux Plantagenêts leur modèle administratif du shérif, agent royal temporaire en mission, qui leur permet de centraliser leur pouvoir administratif. Philippe Auguste, à la fin du XIIe siècle, crée l'institution des baillis (au nord) ou sénéchaux (au sud) pour surveiller les prévôts royaux ou seigneuriaux. Choisis parmi les chevaliers de son hôtel, il les envoie en tournée, tels les *missi dominici* de Charlemagne. Vers 1230, ils se voient assigner une circonscription restreinte, le bailliage ou sénéchaussée et en 1254, Louis IX précise leur statut et fonctions dans l'ordonnance de réformation du royaume de 1254. Nommés par le roi pour quelques années dans un bailliage, ils sont chargés de la police administrative, c'est-à-dire lever les taxes pour le roi, convoquer l'ost, contrôler les prévôts, veiller à la tranquillité publique, réglementer le commerce, rendre la justice au nom du roi et transmettre les ordonnances royales. L'ordonnance de 1254 exige d'eux une prestation de serment en entrant en charge et, en sortie de charge, de se tenir à disposition pendant quarante jours pour le contrôle de leurs comptes. Ils doivent rendre une bonne justice, sans acception de personne et refuser toute forme de corruption. Ces dispositions sont réitérées par Philippe III en 1272, puis encore en 1303, par Philippe IV. Ils sont rémunérés par des rentes, des gages ou des exemptions fiscales, peuvent accéder à de plus hautes fonctions (juge au Parlement, conseiller royal) car les charges de baillis permettent une promotion sociale. Philippe de Beaumanoir, célèbre bailli de Beauvaisis pour avoir rédiger *Les coutumes de Beauvaisis* en 1283, représente bien cette catégorie d'hommes nouveaux, instruits, d'origine modeste, au service de l'État et du roi. Au XIVe siècle, leur statut se stabilise et ils sont désormais qualifiés d'officier. L'*officium*, ou office, défini par la doctrine canoniste au XIIe siècle, désigne toute fonction publique confiée à un particulier. Se rapprochant de la notion de *ministerium*, pouvoir délégué, l'office accorde des honneurs mais impose aussi à l'agent un comportement exemplaire. Beaumanoir considère que les agents de l'État doivent être plus sévèrement punis que les autres personnes car il faut montrer que le bailli ne peut pas soutenir le peuple dans sa malice, il faut effrayer ceux qui sont tentés de « mesfere » et il faut assurer la paix (§ 19). Ainsi, toute atteinte à l'encontre d'un agent public est plus sévèrement punie, la sanction pouvant aller jusqu'à la pendaison, ce crime devient un crime de lèse-majesté au XVIe siècle. Tout manquement d'un agent public doit aussi être plus sévèrement puni par la privation de gages, la sanction pouvant aller jusqu'à la destitution. Le Parlement, dans ses arrêts, confirme cette idée d'un droit « dérogatoire » pour l'administration.

Étonnante modernité des ordonnances royales et des arrêts du Parlement de Paris qui permet le passage de l'État féodal à l'État Moderne. La loi et la jurisprudence accompagnent cette mutation pour la consolider et laissent aux siècles suivants des modèles juridiques et politiques stables. Pourtant les cadres de l'État doivent être sans cesse renforcés, les abus et les dysfonctionnements doivent être sans cesse limités par le droit car, comme le pensaient les lettrés médiévaux, les institutions se délitent naturellement sous l'influence des hommes qui les occupent. Les légistes, les hommes politiques et les rois de l'Ancien Régime s'emploient à cette tâche digne de Sisyphe.

B Ancien Régime : une réglementation d'ensemble pour l'État

Les Valois puis les Bourbons développent largement leur capacité édictale. Depuis 1572, date de l'interdiction pour les princes territoriaux de créer de la norme, le roi est le seul législateur dans le royaume. Ses ordonnances, prises en conseil, contresignées par le chancelier et enregistrées par le Parlement de Paris peuvent être des lettres patentes, ou lettres ouvertes, générales ou particulières. À partir d'Henri IV (1593), le roi se libère de cette procédure qui peut parfois être bloquante, en usant de sa puissance absolue pour légiférer plus rapidement par les arrêts du conseil, les lettres closes ou encore les lettres de cachet. Pour autant, les rois restent cantonnés dans le droit public car le droit coutumier, le droit canonique et le droit romain couvrent la sphère du droit privé. Soucieux de leurs sujets et conscients de la nécessité d'améliorer leur administration et leur justice, les monarques engagent une réflexion d'ensemble qui se traduit par des grandes législations. Le XVIe siècle est celui de la réformation (1), le XVIIe siècle, celui de la codification (2), le XVIIIe siècle, celui des réformes (3).

1 Les Ordonnances de réformation et le rôle des États généraux

La première ordonnance de réformation est celle de 1254 précitée. L'idée qui la sous-tend est que les institutions se délitent naturellement par l'action des hommes, il convient donc d'édicter à nouveau le texte originel pour retrouver le fonctionnement originel, qui était « parfait ». Ainsi, Louis IX, dans son ordonnance de 1254, se réfère au capitulaire sur la justice de Charlemagne dans l'espoir que ce retour aux sources renouvelle l'administration. Le retour à l'ordre ancien, souvent idéalisé, est le gage d'une bonne législation contenant de bonnes dispositions mais aussi un moyen d'intégrer quelques innovations nécessaires. Ainsi est posé le principe de la réformation qui est régulièrement invoqué dans la législation royale jusqu'au début du XVIIe siècle. Il s'appuie sur les États généraux à partir du XIVe siècle.

En 1303, Philippe le Bel réunit pour la première fois des représentants des trois ordres, au sein des premiers États généraux, pour les consulter sur une question cruciale, celle de l'impôt (voir pour compléter V. MENES-REDORAT, « Consultation et débat populaire au cœur de la création de l'acte juridique dans l'histoire : souci d'efficacité ou leurre politique ? » et « Efficacité de l'acte juridique : quelques approches médiévales », dans *L'efficacité de l'acte normatif, nouvelles normes, nouvelles normativités*). En guerre contre la Flandre, le roi a besoin de remplir le trésor et les taxes n'y suffisent plus. Il décide de lever un impôt extraordinaire sur tous les sujets, ce à quoi s'oppose le pape au nom de l'exemption fiscale accordée depuis 318 au clergé. Cette ingérence dans la souveraineté du roi de France pose un problème qui va au-delà de l'impôt. Philippe IV décide alors d'obtenir le consentement à l'impôt directement de ses sujets en doublant cette consultation de la question de l'ingérence pontificale. Subtilement ainsi il convainc les Français de sa souveraineté et de son droit de lever un impôt national au nom du bien commun. C'est l'origine du consentement à l'impôt. À compter de cette date, quand le roi veut engager de grands changements, il sollicite l'avis des représentants des ordres. Ceux-ci, lorsque le roi les convoque, viennent aux États généraux munis de cahiers de doléances de leur province pour informer le roi de leurs requêtes, d'éventuels dysfonctionnements de l'administration, de la justice... Cela permet au roi de connaître les besoins de son temps, de proposer, en connaissance de cause, les nouvelles dispositions et d'obtenir ainsi le consentement des ordres, garantissant l'application et l'efficacité de ces nouvelles ordonnances. Il s'avère que lorsque les États généraux ne donnent pas leur consentement, si le roi maintient malgré tout sa décision, elle s'avère difficile, voire impossible à mettre en œuvre, comme ce fut le cas en 1314 : Philippe IV dut suspendre la perception d'impôts non consentis. À partir de 1356, les États généraux deviennent un espace de communication entre le roi et ses sujets sur les besoins législatifs par l'intermédiaire des cahiers de doléances. En 1439, les États généraux acceptent la création d'une armée permanente, indispensable pour sortir de l'interminable guerre de cent ans et accordent également, pour la financer, au roi le droit de lever un impôt désormais permanent, comme l'armée.

Les deux notions, réformation du royaume et consultation, se rejoignent progressivement au cours du XVe siècle pour s'épanouir dans la législation du XVIe siècle. La première notion vise à restaurer les institutions de l'État en s'appuyant sur la seconde qui consiste à prendre connaissance des attentes des sujets, afin d'y répondre et d'atteindre un haut degré d'application et d'efficacité de la norme.

Ainsi, quand il en a besoin, le roi convoque les États généraux afin d'« *entendre les remonstrances plaintes et doléances qu'ils auront à nous faire, et les moyens qu'ils recognoistront plus convenables, pour y mettre bon ordre* [...] *Les asseurant que de nostre part, ils trouveront toute bonne volonté, et affection de faire suivre, observer et exécuter entièrement, ce qui sera résolu sur tout ce qui aura été proposé et advisé, ausdicts Estat*» (déclaration de Louis XIII lors de la convocation des États généraux en 1614). Une telle affirmation n'est pas juste une affirmation de principe. Les rois écoutent les requêtes et les traduisent dans leurs ordonnances. En 1484, Charles VIII convoque les États généraux à Tours et, selon les analyses de G. Picot, dans son *Histoire des États généraux* (1888), l'influence de cette réunion de deux mois des États généraux «*devait se prolonger pendant plus de trente ans et se faire sentir sous deux règnes*». Les députés réclamaient des dispositions royales, entre autres, sur les abus judiciaires, l'impôt, l'indiscipline de l'armée, l'abaissement des barrières commerciales qui empêchaient une bonne circulation des marchandises et la réparation des routes pour favoriser la prospérité générale. Cent huit lettres et ordonnances de Charles VIII et Louis XII entre 1484 et 1514 furent prises en réponse aux doléances de États généraux de Tours. En 1539, après les États généraux, la grande ordonnance de Villers-Cotterêt contient cent quatre-vingt-douze articles. Elle impose des registres d'état civil, adopte le français pour tous les actes administratifs, et encore abroge le droit d'asile des églises au profit de la justice royale. Les cahiers de doléances révélaient, que, pour nombre de français, le droit d'asile ecclésiastique était perçu comme un moyen d'échapper à la justice, laissant la victime sans compensation. Il appartient dès lors au roi et à sa justice de punir les coupables, raison de cette disposition. L'ordonnance de réformation d'Orléans de 1560 de Charles IX, qui fait suite aux États généraux d'Orléans, est plus parlante encore. Ses cent cinquante articles répondent tous aux doléances et quatorze correspondent même aux attentes des trois ordres conjoints. Un écho indirect de ces États généraux de 1560 est aussi la réponse que les juristes tentent d'apporter à la demande de faire un code de droit civil commun à tous les français dans un pays aux coutumes diverses et nombreuses, ce qui est dénoncé, dans les cahiers de doléances, comme source d'instabilité et d'inégalités juridiques. À défaut de réaliser un tel *corpus*, ils s'emploient, tel Du Moulins, Guenoys, Domat, Bourjon et d'autres encore, à dégager un «*droit commun coutumier*» qui garantirait un droit stable et identique pour tous les sujets. Cet élan est suivi en 1587, par l'avocat Barnabé Brisson qui réalise le code Henri III rassemblant en vingt livres toutes les dispositions concernant la «manutention de l'État» (droit public) en réponse aux doléances des États généraux de 1576. Cette requête était inscrite dans l'article 207 de l'ordonnance de réformation de Blois de 1579 qui en résulte (363 articles). Un autre succès de cette ordonnance est la création des registres de baptêmes, mariages et sépultures qui y est prescrite aux articles 40, 42 et 181, à l'origine de notre état civil. Tous ces actes normatifs présentent une grande efficacité puisque les mesures sont réclamées et attendues par les destinataires.

Le XVIe siècle, et cette série de grandes ordonnances de réformation, laisse à la France des institutions judiciaires plus harmonisées dans leurs procédures et leurs fonctionnements mais ne résolvent pas le problème de la disparité juridique coutumière. Les rois ont néanmoins réussi, par la réformation, à donner aux Français des garanties judiciaires, à leur assurer une meilleure administration en renforçant les cadres de l'État.

La dernière réunion des États généraux eut lieu en 1614 et la dernière grande ordonnance de réformation est celle de 1629, contenant quatre cent soixante-et-un articles, rédigée par le chancelier Michel de Marillac. La montée de l'absolutisme et la progressive concentration des pouvoirs dans les mains du roi fait décliner, disparaître même, les États généraux et avec eux les ordonnances de réformation qui en étaient la suite logique comme réponse aux requêtes des sujets. Pour autant, les travaux juridiques d'ensemble se poursuivent sous une autre forme, celle de la codification, à l'initiative du roi, qui répond mieux à l'absolutisme du XVIIe siècle.

2 La codification au XVIIe siècle pour glorifier le roi absolutiste : Louis XIV

Comme Sisyphe, il faut à nouveau pousser le rocher jusqu'en haut de la montagne, car les critiques vis-à-vis de l'administration et de la justice se répètent encore. Les épices sont critiquées, les inégalités judiciaires trop fréquentes, l'oralité et les variations du droit, la pratique de la torture comme mode de preuve, les dysfonctionnements liés à la vénalité et à l'hérédité des offices, la lenteur et la lourdeur administrative en raison des superpositions de strates des personnels administratifs, la trop grande pression fiscale sur le tiers état... reviennent régulièrement dans les plaintes des sujets. Louis XIV, encouragé par Colbert qui lui déclare en 1655 : « *l'unité de la législation serait assurément un dessein digne de la Grandeur de Votre Majesté et lui attirerait un abîme de bénédiction et de gloire* », s'engage dans l'ascension de la montagne avec son grand projet « rocher » législatif. L'objectif est de mettre de l'ordre dans la législation royale, unifier le droit public autour du roi pour plus d'unité politique, mais aussi, comme Justinien avant lui, pour sa gloire personnelle.

Alors que les ordonnances de réformation contiennent de multiples dispositions sur des sujets variés sans ordre apparent, la codification entend compiler les textes antérieurs avec rationalité. Ce mouvement, déjà engagé (mais non abouti) au siècle précédent par Barnabé Brisson est repris par Louis XIV qui choisit, non pas d'établir une grande compilation de toute la législation royale de droit public, mais des compilations ordonnées par thèmes. En 1661, Colbert est chargé de former un conseil de réformation de la justice composé de praticiens et de conseillers d'État, présidé par le roi, pour la codification des ordonnances royales. Il en résulte, en 1667, l'ordonnance civile touchant la réformation de la justice en trente-cinq titres qui constituent un code de procédure civile pour harmoniser et simplifier cette dernière. Ce texte sera repris en partie dans le Code de procédure civile de 1806.

Extraits de l'ordonnance de réformation sur la justice, avril 1667.
Titre I sur la procédure civile

« *Art. 1 : Voulons que la présente ordonnance, et celles que Nous ferons ci-après, ensemble les Edits et Déclarations que Nous pourrons faire à l'avenir, soient gardés et observés par toutes nos Cours de Parlement, Grand Conseil, Chambre des Comptes, Cours de Aydes et autres nos Cours, Juges, Magistrats, Officiers, tant de Nous que des seigneurs, et par tous nos autres sujets, mêmes les officialités.*

« *Art. 2 : Seront tenues nos Cours de Parlement, et autres nos Cours, procéder incessamment à la publication et enregistrement des Ordonnances, Edits, Déclarations et autres Lettres, aussi tôt qu'elles auront été envoyées, sans y apporter aucun retardement et toutes affaires cessantes, même la visite et jugement des procès criminels ou affaires particulières des Compagnies.*

« *Art. 3 : N'entendons toutefois empêcher que si par la suite des temps, usage et expérience, aucuns articles de la présente Ordonnance se trouvaient contre l'utilité, ou être sujet à interprétation, déclaration ou modération, nos Cours ne puissent en tous temps Nous représenter ce qu'elles jugeront à propos, sans que sous ce prétexte l'exécution en puisse être sursie.*

« *Art. 4 : Les Ordonnances, Edits, Déclarations et Lettres Patentes qui auront été publiés en notre présence, ou de notre exprès mandement, porté par personnes que Nous aurons à ce commises seront gardées et observées du jour de publication qui en sera faite.*

« Art. 5 : Et à l'égard des Ordonnances, Edits, Déclaration et Lettres Patentes que Nous pourrons envoyer en nos Cours pour être enregistrés seront tenus nosdites Cours de Nous représenter ce qu'elles jugeront à propos dans la huitaine après la délibération, pour les Compagnies qui se trouvent dans les lieux de notre séjour, et dans les six semaines pour les autres qui en seront plus éloignées : après lequel temps elles seront tenues pour publiées, et en conséquence seront gardées, observées et envoyées par nos Procureurs Généraux aux Bailliages, Sénéchaussées, Élections et autres Sièges de leur ressort pour y être pareillement gardées et observées.

« Art. 6 : Voulons que toutes nos Ordonnances, Edits, Déclarations et Lettres Patentes soient observés, tant au jugement des procès qu'autrement, sans y contrevenir ; ni que sous prétexte d'équité, de bien public, accélération de la justice, ou de ce que nos Cours auraient à Nous représenter, elles ni les autres juges n'en puissent dispenser, ou en modérer les dispositions, en quelque cas ou pour quelque cause que ce soit.

« Art. 7 : Si dans les jugements des procès qui seront pendans en nos Cours de parlement et autres nos Cours, il survient aucun doute ou difficulté sur l'exécution de quelques articles de nos Ordonnances, Edits, Déclarations et Lettres Patentes, Nous leur défendons de les interpréter, mais voulons qu'en ce cas elles ayent à se retirer par devers Nous pour apprendre ce qui sera notre intention… ».

À l'identique, en 1670, suite au travail mené par une commission nommée par Louis XIV et dirigée par le neveu de Colbert, Henri Pussort (1613-1697), est édictée une ordonnance criminelle qui constitue un code de procédure pénale, également reprise dans le Code d'instruction criminelle de 1808. D'autres compilations thématiques voient le jour pendant ces années : l'ordonnance portant règlement général des eaux et forêt en 1669 servira de modèle au Code forestier de 1827 ; l'ordonnance du commerce de 1673 est complétée par l'ordonnance de la marine de 1681. Elles inspireront le Code de commerce de 1807. Enfin, Louvois se charge de l'ordonnance touchant la police des îles de l'Amérique de 1685, code de droit colonial, plus connu sous le nom de « Code noir », pour la réglementation de l'esclavage dans les colonies.

Plus timidement, Louis XV essaye de codifier le droit privé à l'identique, sur le projet du chancelier Daguesseau. Des ordonnances sur les donations (1731), testaments (1735) et substitutions (1747) sont édictées après de grandes enquêtes auprès des parlements de province pour tenter d'harmoniser le droit privé sur ces points. Bien que les coutumes du nord et du sud de la Loire présentent de grandes disparités et intègrent plus ou moins de droit romain, les ordonnances de codification de Louis XV parviennent à réduire les divergences juridiques et jurisprudentielles. L'élan de codification s'essouffle devant les urgences du XVIIIe siècle. Des crises administratives (abus des officiers et des commissaires), institutionnelles (frondes des Parlements en 1648, 1715 et 1766), judiciaires (contestation de la torture, de l'arbitraire des lettres de cachet), juridiques (désuétudes, inégalités et instabilité des droits coutumiers), fiscales (inégalité de l'impôt, pression fiscale trop forte en raison des guerres de Louis XIV qui avaient ruiné la France), s'ajoutant à des contestations politiques, religieuses et sociales, obligent les derniers Bourbons à intervenir d'urgence. Le temps des grandes réformes est arrivé.

III Les tentatives de réformes du XVIIIe siècle

Louis XV et Louis XVI, à partir des années 1770, engagent de grandes réformes de l'État dans l'espoir de sortir des crises que connaît la France depuis le début du siècle.

Le premier grand chantier est celui de la justice. Après la fronde de 1766 et la séance de la Flagellation à l'occasion de laquelle Louis XV a du remettre dans le rang les parlementaires en leur rappelant qu'ils tenaient leur pouvoir du roi, il convenait de briser ce contre pouvoir. Les revendications des Parlements à participer au pouvoir législatif au nom de la théorie des classes, le refus d'enregistrer les ordonnances royales et le blocage de la justice par l'exil empêchaient le bon fonctionnement de l'exercice des pouvoirs législatifs et judiciaires du monarque absolu. Le chancelier Maupeou (1714-1792), en 1770, propose une harmonisation des cours de justice et la suppression de toutes les cours inutiles, la fin des épices et la gratuité de la justice, l'abolition de la vénalité des offices et des magistrats désormais nommés et rémunérés par le roi. Cette réforme de la justice portait lourdement atteinte aux juges locaux qui voyaient leurs privilèges ancestraux réduits par la disparition de certaines juridictions. La fin des épices diminuait considérablement le salaire de tous les juges. Les parlementaires, chargés d'enregistrer cette réforme, étaient eux-mêmes les juges auxquels le texte portait atteinte. Ils refusent l'enregistrement et s'exilent. En 1788, à nouveau, Louis XVI confie au garde des sceaux Lamoignon (1735-1789) un nouveau projet de réforme de la justice qui voit le jour le 8 mai 1788, par lit de justice (enregistrement forcé par le roi). Cette réforme supprime des juridictions seigneuriales et financières, demande la motivation des arrêts criminels, autorise les recours en grâce, humanise le droit pénal avec l'indemnisation des victimes innocentes. Elle institue également une cour spéciale pour l'enregistrement des ordonnances afin d'enlever aux parlements cette prérogative qui leur sert de moyen de pression. Devant les oppositions et émeutes que ce texte provoque, Lamoignon démissionne en septembre et sa réforme est abandonnée.

Un second chantier est celui du maillage administratif qui est largement critiqué par les sujets en raison des difficultés d'accès et de la longueur et des coûts des procédures… Turgot (1727-1781), contrôleur général des finances, propose un *Mémoire sur les municipalités* en 1775. Proche des physiocrates et d'Adam Smith, il espère beaucoup des réformes pour la libéralisation de l'État dans un « absolutisme éclairé ». Il préconise de rapprocher les sujets de leur circonscription locale en remodelant la carte administrative entre municipalités, provinces et municipalité générale au sein du gouvernement. Il suggère que les administrations aient une autonomie de gestion pour les affaires locales à l'aide d'assemblées locales représentatives. Son successeur au poste de contrôleur général des finances, Calonne (1734-1802), propose à Louis XVI, en 1786, un plan de réformes administratives inspiré de Turgot et des doctrines physiocratiques. Des municipalités avec assemblées locales seraient chargées de la répartition de l'impôt et de la direction des travaux publics locaux, pour la mise en place d'une décentralisation administrative. Trop en rupture, cette réforme n'aboutit pas non plus.

Enfin, le plus gros des chantiers est celui du redressement financier de l'État. Turgot et Calonne préconisent une égalité fiscale, fondée sur la propriété foncière pour la levée de l'impôt qui ne pesait que sur le tiers état depuis des siècles. Calonne, en 1786, recommande de baisser la taille, supprimer les corvées et les douanes intérieures. Inspirés par les physiocrates, ils vantent le « laisser faire, laisser passer » économique pour revitaliser le commerce et libérer les prix. Loménie de Brienne (1727-1794), principal ministre d'État en 1787, propose une nouvelle répartition de la taille et la création d'une taxe foncière pour sortir de la faillite financière.

En portant atteinte frontalement à la noblesse, propriétaire des grands domaines, le projet se heurte lui aussi à de très fortes résistances, obligeant Loménie de Brienne à démissionner. Devant toutes ces oppositions, le dernier espoir de Louis XVI pour la réforme du royaume est d'obtenir l'aide des États généraux qu'il convoque en 1788 pour le mois de mai 1789. Il leur confie une double tâche: l'aider à faire une réforme fiscale et à fixer un ordre invariable du gouvernement, soit une « Constitution » pour l'État. Le roi ouvre la séance par ces mots: « *ce jour que mon cœur attendait est enfin arrivé* ». Les résultats furent assez différents de ce qu'il escomptait alors...

L'existence d'un droit « public » et « administratif » depuis la fin du Moyen Âge et le développement de nombreuses ordonnances de réformation, de codification et de réforme sous l'Ancien Régime, ajouté aux lois fondamentales (Cf. Chapitre 1), forment un ensemble juridique qui encadre l'État et ses institutions centrales et locales. Un véritable droit de l'État, ou « droit public », s'est constitué au fil des siècles. Il est reconnu en 1773, à l'occasion de la création, par Louis XV, de la chaire de droit public au collège de France. La période révolutionnaire qui s'ouvre ensuite, en partie en raison de l'échec des réformes, pose tout à fait différemment la question des rapports entre le droit et l'État. Les deux objets se trouvent tout à fois fusionnés et opposés après 1789.

IV Les innovations révolutionnaires : constitutionnalisme & libéralisme

La Révolution donne au droit, et plus particulièrement à la loi, une place centrale dans le nouvel État. La loi, « *expression de la volonté nationale* », régit la liberté des individus et encadre l'État afin de garantir les droits de tous. Les États généraux, chargés par le roi de donner un cadre légal et unitaire au royaume, doivent l'aider à faire une Constitution. Érigés en Assemblée Nationale Constituante le 9 juillet 1789, ils entament le travail constitutionnel (A). Un autre vent, contraire, souffle sur les États généraux, celui du libéralisme, celui qui a inspiré la DDHC et qui met en avant la liberté. Cette liberté est si chère aux révolutionnaires qu'ils considèrent qu'une fois que l'État est réglementé, il n'a pas à intervenir dans les sphères d'expression de la liberté individuelle comme la famille ou les relations professionnelles. Ainsi l'État doit se détacher du droit pour le respect de cette liberté (B)

A Le constitutionnalisme ou l'État dans le droit

Le seul moyen d'échapper à l'absolutisme et à l'arbitraire, à la dérive tyrannique du régime, est de le définir et le limiter par la Constitution, une ou des règles suprêmes qui s'imposent au pouvoir. Cette notion n'est pas propre aux révolutionnaires. L'idée d'un ordre juridique supérieur est déjà présente dans la pensée médiévale d'un Bracton, d'un Alphonse X le Sage, puis d'un Jean Bodin et même du roi lui-même. Louis XV reconnaît en 1723 que les lois fondamentales forment une Constitution et le Parlement de Paris, à partir des années 1750 rend certains arrêts en considérant l'anti constitutionnalité dans certaines règles. Lors des débats à l'Assemblée Nationale Constituante, la question est posée de savoir si les lois fondamentales forment cette Constitution attendue. Oui pour certains, non pour d'autres, incomplètement pour d'autres encore. Les articles 2, 3, 6 et 16 de la DDHC précisent le propos: en vertu de l'article 16: « *Toute société dans laquelle la garantie des droits n'est pas assurée, ni la séparation des pouvoirs déterminée n'a point de constitution* ». Ainsi la Constitution doit aussi contenir la garantie des droits et la séparation des pouvoirs. Elle devra aussi imposer à l'État ses objectifs, fixés par l'article 2 de la DDHC en vertu duquel : « *Le but de toute association politique est la conservation des droits naturels et imprescriptibles de l'homme. Ces droits sont la liberté, la propriété, la sûreté et la résistance à l'oppression* ». Le but de l'État doit également être inscrit dans la Constitution. Il faudra y ajouter que la souveraineté appartient à la Nation, et non plus au roi, selon l'article 3 : « *Le principe de toute souveraineté réside essentiellement dans la Nation. Nul corps, nul individu ne peut exercer d'autorité qui n'en émane expressément* ». Enfin, le pouvoir législatif est détenu par tous les citoyens qui peuvent également participer au pouvoir administratif et intégrer toutes les institutions de l'État comme indiqué dans l'article 6 : « *La loi est l'expression de la volonté générale. Tous les citoyens ont droit de concourir personnellement ou par leurs représentants à sa formation. Elle doit être la même pour tous, soit qu'elle protège, soit qu'elle punisse. Tous les citoyens, étant égaux à ses yeux, sont également admissibles à toutes dignités, places et emplois publics, selon leur capacité et sans autre distinction que celle de leurs vertus et de leurs talents* ». La Constitution, norme suprême qui protège les individus tout en fixant les nouveaux cadres du régime politique, doit maintenant être écrite sur la base de ces principes.

L'exercice est nouveau. Les révolutionnaires doivent préciser qui peut écrire la Constitution, quel régime y établir, comment définir l'État, les gouvernants, les gouvernés, la chose publique, comment séparer les pouvoirs, à qui attribuer la souveraineté, comment organiser les institutions et les services publics, comment la faire entrer en vigueur ou encore la réviser. Autant de débats qui agitèrent les États généraux. Une fois déclarés en Assemblée Nationale Constituante, les députés établissent qu'il leur revient, puisqu'ils sont les représentants élus de la Nation, d'établir ce texte fondateur, bien que leur mandat originel ne l'ai pas prévu. Ils conviennent de conserver la royauté et donc de conserver les lois fondamentales, tout en leur ajoutant les nouvelles idées révolutionnaires de séparation des pouvoirs et de souveraineté, nationale ou populaire. Ils intègrent dans son préambule la DDHC pour une reconnaissance officielle des droits que la Constitution doit garantir en vertu de l'article 16. Mais il faut aller plus précisément au fond des notions. Un premier comité de Constitution – composé de Mounier, Talleyrand, Sieyès, Clermont-Tonnerre, Lally-Tolendel, Champion de Cicé, le Chapelier et Bergasse – travaille sur la question de la forme du régime politique avec unité ou dualité du parlement, participation de l'exécutif au législatif, situation des ministres, véto royal et droit de dissolution. Alors que les membres de l'école anglaise souhaitaient le bicamérisme, c'est le monocamérisme qui est finalement choisi par l'Assemblée pour maintenir l'unité de la Nation. Le débat sur le véto royal est difficile car si la loi est l'expression de la volonté nationale, le roi ne peut y mettre son véto, c'est un véto suspensif de compromis qui est admis à la majorité. Le comité, battu sur ces deux questions, démissionne en septembre 1789 et est remplacé par un nouveau comité qui aboutit le 5 août 1791 à un texte définitif de Constitution soumis au vote de l'Assemblée Nationale Constituante. Le 3 septembre, la Constitution est votée, l'assemblée se sépare car son travail est fini. Le 13 septembre, la Constitution est soumise au roi qui y prête serment le lendemain et elle entre en vigueur. Son préambule reconnaît officiellement les décisions antérieures : « *L'assemblée Nationale voulant établir la Constitution française sur les principes qu'elle vient de reconnaître et de déclarer, abolit irrévocablement les institutions qui blessaient la liberté et l'égalité des droits. Il n'y a plus ni noblesse, ni pairie, ni distinctions héréditaires, ni distinctions d'ordres, ni régime féodal, ni justices patrimoniales, ni aucun des titres, dénominations et prérogatives qui en dérivaient, ni aucun ordre de chevalerie, ni aucune des corporations ou décorations, pour lesquelles on exigeait des preuves de noblesse, ou qui supposaient des distinctions de naissance, ni aucune supériorité, que celle des fonctionnaires publics dans l'exercice de leurs fonctions. Il n'y a plus ni vénalité, ni hérédité d'aucun office public. Il n'y a plus, pour aucune partie de la Nation, ni pour aucun individu, aucun privilège, ni exception au droit commun de tous les français. Il n'y a plus ni jurandes, ni corporations de professions, arts et métiers. La loi ne reconnaît plus ni vœux religieux, ni aucun autre engagement qui serait contraire aux droits naturels ou à la Constitution*». Ses deux cent dix articles sont divisés en sept titres. Le premier contient les dispositions fondamentales garanties par la Constitution. Le second titre est consacré à la division du royaume et l'état des citoyens. Le troisième titre règle le fonctionnement des pouvoirs publics de la monarchie constitutionnelle, le quatrième s'intéresse à la force publique, le cinquième aux contributions publiques, le sixième aux rapports entre les France et les Nations étrangères et le dernier fixe les conditions de révision de la Constitution.

Ceci marque le début du constitutionnalisme. Désormais droit et État sont intimement liés. L'État ne peut exister ni être conçu sans Constitution. De 1791 à 1958, douze Constitutions, et leurs révisions, jalonnent l'histoire politique. Une autre doctrine marque profondément, et autrement, le droit français à partir de la Révolution, celle du libéralisme.

B Libéralisme ou l'État hors du droit ?

Depuis le Moyen Âge, l'État ne s'intéresse ni au droit de la famille, régi par le droit canonique, ni au droit du travail, saisi par les corporations dans les villes et les coutumes féodales dans le monde rural. Quelques rares législations étatiques concernent les registres de mariage (1539), les formalités matrimoniales (1560, 1639, 1667) ou l'ordre public pour la réglementation du travail afin d'empêcher les grèves (1581, 1673, 1749, 1776). Ainsi, le non interventionnisme, qui est de règle avant la Révolution, persiste après la Révolution, cette fois au prétexte du libéralisme. Celui-ci apparaît au cours des XVIIe et XVIIIe siècles sous l'influence des philosophes des Lumières tels John Locke, David Hume, Adam Smith (*Recherche sur la nature et les causes de la richesse des nations*, en 1776), Montesquieu ou encore Turgot, inspirés par les physiocrates, comme François Quesnay. Tous réclament le recul de l'État au nom de la liberté individuelle et économique. Le seul rôle de l'État est de garantir les libertés et les droits des citoyens. Les relations de droit privé doivent rester dans la sphère privée, elles ne concernent pas l'État mais sont fondées sur le libre consentement et la volonté des parties, qu'il s'agisse du contrat de mariage ou du contrat de travail. Cette philosophie «optimiste» et moderne relève, pour F. Thangue, dans *Le droit du travail entre histoire et utopie*, d'un libéralisme utopiste qui méconnaît la réalité. Le non interventionnisme eut des effets néfastes obligeant l'État à s'intéresser au droit de la famille (1) et au droit du travail (2).

1 L'État hors de la famille

La Constitution de 1791 reconnaît en son article 7 du titre 2 que «*la loi ne considère le mariage que comme contrat civil*» car le sacrement et le contrat doivent être dissociés au nom de l'égalité des droits et de la liberté de pensée. Mais, c'est un contrat qui échappe à la typologie des autres contrats, c'est un pacte matrimonial qui a son origine dans le droit naturel formé par la volonté des époux qui en fait la substance, c'est un «pacte solennel», selon Portalis. Trois lois de 1790, 1792 et 1794 donnent un cadre légal au mariage. Ces lois donnent une place centrale à l'individualisme, à la liberté et à l'égalité dans le mariage, conformément à la DDHC. La loi du 21 nov-1er décembre 1790 donne l'égalité successorale à la femme mariée et à tous les enfants naturels et légitimes. La loi du 20 septembre 1792 sur la célébration du mariage, très libérale, réglemente les conditions et formalités du mariage : réduction des empêchements religieux (seule interdiction entre frères et sœur), âge minimum fixé à quinze ans pour les garçons, treize ans pour les filles avec autorisation parentale, publication des bans huit jours avant le mariage, cérémonie laïque devant l'officier d'état civil de la municipalité, primauté du consentement des époux, autorisation du divorce (très attendue) par consentement mutuel, pour juste motif ou répudiation unilatérale, cessation de l'autorité paternelle à vingt-et-un ans. La loi du 17 nivôse an II, (6 janvier 1794), accorde la liberté du régime matrimonial (communauté ou séparation de biens). La famille révolutionnaire est un cadre librement consenti par les individus qui la composent, en rupture avec la famille de l'Ancien Régime dans laquelle le père était tout puissant, à l'instar du roi dans l'État absolu. Très, (trop ?) révolutionnaires, ces lois sont pour parties reprises dans le Code civil de 1804, qui réintègre certaines règles réactionnaires. Le droit de la famille en 1804 est une transaction, un compromis, entre les traditions juridiques canoniques et coutumières et le droit intermédiaire. Il reprend du droit ancien les interdictions de parenté, l'autorisation des parents obligatoire jusque trente ans pour les fils et vingt-cinq ans pour les filles, l'incapacité juridique de la femme mariée, l'obéissance qu'elle doit à son époux, le droit de correction du mari et du père… Il conserve le divorce révolutionnaire (sans la répudiation unilatérale) car Napoléon Bonaparte y tenait (pour lui-même), le libre choix du régime matrimonial, le consentement libre des époux. Mais *quid* de l'égalité entre homme et femme dans le mariage ? Comment une femme mariée incapable juridiquement peut-elle demander le divorce ? Si le législateur ne s'est pas désintéressé du droit de la famille, son approche très libérale et parfois inégalitaire, présente au cours du XIXe siècle nombre de limites, voire d'incohérences, que la jurisprudence – bien que cela lui soit défendu, le juge n'étant qu'un exécutant – s'attache à dépasser. Des lois de la fin du XIXe et du début du XXe siècle viennent adoucir et assouplir le droit de la famille pour une meilleure protection de ses membres tout en l'actualisant car la société connaît à cette époque de grandes mutations. Au gré de la révolution industrielle et des guerres, de plus en plus de femmes – mariées – travaillent. Comment alors concilier incapacité juridique et contrat de travail avec perception du salaire ? Il est temps de leur rendre leur capacité juridique, chose faite partiellement en 1907 et complètement en 1938. La situation des enfants est alarmante, sous l'autorité paternelle, les abus, les violences, les abandons se multiplient, leur protection par le droit s'impose au législateur. La loi du 24 juillet 1889 sur la protection des enfants maltraités et abandonnés permet la déchéance de l'autorité paternelle en cas de mauvais traitements, et la loi du 25 mars 1896 pour l'amélioration des droits de succession de l'enfant naturel lui accorde une demi-part de succession (il faut attendre en 1972 pour qu'il obtienne des droits égaux à ceux enfants légitimes). L'autorité ne devient parentale qu'en 1970… L'État s'immisce beaucoup plus dans le droit de la famille sous la Ve République pour une meilleure égalité et protection des droits des individus qui la composent. Il en est de même pour les relations du travail desquelles l'État reste éloigné pendant longtemps.

2 Le travail hors de l'État

Le monde rural, régi par les coutumes seigneuriales, ne connaît aucune intervention de l'État. Quelques législations de la fin du Moyen Âge et de l'Ancien Régime, en matière de police administrative viennent régir le droit du travail, chasse gardée des corporations de métiers dans les villes. En 1351, après la peste noire, pour relancer l'économie, le roi Jean II le Bon fixe un salaire minimum, ouvre tous les métiers dans les villes et limite les prix des marchandises. En 1581, tout apprentissage effectué régulièrement vaut partout en France. En

1673, Louis XIV, qui a besoin d'argent, augmente le nombre des métiers en ville pour percevoir les taxes sur ces nouveaux métiers. Au XVIIe siècle, au temps des manufactures, l'État se contente d'accorder au patron le monopole pour la création de la manufacture, le laissant libre de l'administrer à sa convenance. En 1720, Louis XV rappelle le devoir d'obéissance dû par les ouvriers et domestiques à leurs maîtres. En 1749, le livret ouvrier vise à contrôler les travailleurs et vérifier qu'ils ont bien terminé leur ouvrage, livret généralisé en 1781. Enfin, l'édit de Turgot, de février 1776 vise à libéraliser le travail en interdisant toutes les corporations urbaines, en vertu de l'article 1er : « *Il sera libre à toutes les personnes de quelques qualité et condition qu'elles soient, même à tous les étrangers,* [...] *d'embrasser et d'exercer dans tout notre royaume* [...] *tout commerce et telle profession d'arts et métiers que bon leur semblera* [...] *à l'effet de quoi nous avons éteint et supprimé, éteignons et supprimons tous les corps et communautés de marchands et artisans, ainsi que les jurandes, abrogeons tous les privilèges, statuts et règlements donnés aux dits corps et communautés* ». Au nom du droit naturel, il fait du droit de travailler une propriété sacrée et individuelle dont chacun peut disposer librement. Il donne un régime général aux salariés, assimilés à des domestiques et sous l'autorité de la police qui tranchera les litiges entre employeurs et employés. Cet édit ne sera pas appliqué devant les violentes résistances du parlement et des corporations de métiers. L'État ne paraît donc pas légitime dans le monde du travail qui revendique son autogestion depuis des siècles, dans le cadre des relations privées entre les individus. Le libéralisme économique du XVIIIe siècle vient accentuer cette conception en voulant exclure l'État des relations professionnelles.

C'est chose faite officiellement à partir de 1791. Plusieurs textes prévoient ainsi l'abolition des corporations de métiers, au nom des droits individuels, proclament la liberté du travail, de l'industrie et du commerce et donnent à chaque individu la maîtrise de son outil de travail. L'article 7 du décret d'Allarde du 2-17 mars 1791 prévoit ainsi : « *À compter du 1er avril prochain, il sera libre à toute personne de faire tel négoce ou d'exercer telle profession, art ou métier qu'elle trouvera bon; mais elle sera tenue de se pourvoir auparavant d'une patente, d'en acquitter le prix* [...] *et de se conformer aux règlements de police qui sont ou pourront être faits* ». La Constitution du 3 septembre 1791 rappelle dans son préambule : « *Il n'y a plus ni jurande, ni corporation de professions, ni maîtrises* » pour confirmer l'article 1 de la loi le Chapelier des 14-17 juin 1791 : « *L'anéantissement de toutes les espèces de corporations des citoyens du même état et profession étant une des bases fondamentales de la Constitution française, il est défendu de les rétablir de fait sous quelque prétexte et quelque forme que ce soit* ». En application de ces dispositions, les lois pénales des 19-22 juillet 1791, 26 juillet 1791 et le Code pénal des 25 septembre-6 octobre 1791 répriment les attroupements séditieux contre la liberté du travail et de l'industrie et contre les conventions relatives aux salaires.

L'État n'intervient plus dans les relations économiques. Si le libéralisme prime, ses effets se font sentir quelques décennies après la Révolution. Il aboutit à une concurrence effrénée entre producteurs, une baisse de qualité des produits, une condition ouvrière précaire qui provoque l'insubordination ouvrière et des grèves pour l'amélioration des conditions de travail et des salaires. Ces mouvements se doublent de revendications politiques car le suffrage censitaire exclut les ouvriers les plus modestes du droit de vote. Le libéralisme mis en œuvre à la Révolution, idéal voire utopiste, a plus d'effets négatifs que positifs en matière économique et oblige l'État à s'intéresser au droit du travail. Des rapports sont demandés et rendus en 1801 et 1802 en vue d'un projet de code industriel. Le rapport Costaz (1767-1842, membre du tribunat, préfet, et conseiller d'État) de 1801, très complet, ne sera jamais présenté au corps législatif, mais celui du ministre de l'intérieur, Chaptal de 1802 aura plus de succès.

Ce médecin chimiste et industriel réuni une équipe de fonctionnaires pour élaborer un projet de code industriel qui commence par ce constat: «*En décrétant la liberté la plus absolue de l'industrie, l'assemblée constituante ne pouvait prévoir les fraudes. L'habitude de violer les engagements relatifs au travail est devenue si universelle parmi les ouvriers qu'on ne peut plus compter sur leur coopération, d'où il résulte que les fabricants sont détournés de toutes les entreprises de quelque étendue par la crainte de se voir obligés d'y renoncer avant de les avoir consommées*». L'orientation est donnée, il faut encadrer et sanctionner les ouvriers responsables des dysfonctionnements, l'heure n'est pas encore celle de la protection des travailleurs. La loi du 12 avril 1803 (22 germinal an XI) crée les chambres du commerce et de l'industrie (titre I), règle la police des manufactures, fabriques et ateliers et réprime les coalitions (titre II). Elle fixe les obligations entre les ouvriers et ceux qui les emploient en matière d'apprentissage et pour les ouvriers adultes. Elle rétablit le livret ouvrier (titre III) et fixe les juridictions compétentes en matière de conflits du travail (Titre V). Quant au Code civil, il ne traite que du contrat de louage. L'article 1710 le définit ainsi: «*le louage d'ouvrage [de service] est un contrat par lequel l'une des parties s'engage à faire quelque chose pour l'autre, moyennant un prix convenu entre elles*». Le titre VIII, chapitre III, dans ses articles 1779 à 1799, réglemente succinctement le contrat de travail: il ne peut être «*qu'à temps ou pour une entreprise déterminée*» (article 1780) et concernant le salaire: «*le maître est cru sur son affirmation, pour la quotité des gages; pour le paiement du salaire de l'année échue; et pour les acomptes donnés pour l'année courante*» (article 1781). Le Code du commerce de 1807 ne s'intéresse pas au droit du travail et le Code pénal de 1810 est conforme aux dispositions pénales antérieures: il punit toujours les coalitions et prohibe tout contrat collectif en ses articles 414, 415 et 416.

À Lyon, la révolte des canuts (ouvriers de la soie) entre 1831 et 1834, réprimée par l'armée, révèle la situation dramatique des ouvriers et met l'État en demeure de protéger les travailleurs. Il ne peut plus se réfugier derrière les conventions librement consenties, de bonne foi et légalement formées, de la loi du 22 germinal an XI et des articles 1134 et 1135 du Code civil quand les enfants travaillent seize heures par jour pour un salaire misérable. Une élite d'artisans, instruits et organisés, crée un journal, l'*Atelier*, dans lequel les ouvriers revendiquent l'héritage démocratique et républicain de la Révolution. Ils demandent la protection de l'État, l'accès à l'éducation et au droit de vote. Les résultats sont une première loi «sociale» du 22 mars 1841 qui interdit le travail des enfants de moins de huit ans ainsi que le travail de nuit pour les enfants de huit à douze ans. En 1848, la IIe République adopte la journée de travail à dix heures pour les adultes. Aucune de ces mesures ne sera suivie d'effet. Seul le suffrage universel de 1848 est une victoire pour les travailleurs. Autre victoire, plus tardive: la loi du 25 mai 1864 abroge le délit de coalition. La IIIe République s'engage plus sur le droit du travail avec la loi du 21 mars 1884 qui accorde la liberté de créer des syndicats de travailleurs et d'employeurs. Puis, la loi du 9 avril 1898 est la première loi protectrice en ce qu'elle reconnaît la théorie du risque permettant l'indemnisation en cas d'accident du travail. Le 13 juillet 1906, une loi réglemente la durée du travail et impose le repos hebdomadaire. C'est en 1910 qu'une compilation de lois forme le premier Code du travail. En 1936, les accords de Matignon établissent le droit du travail collectif. Enfin, la Constitution de 1946 accorde à tous le droit de grève et le droit syndical.

L'État ne peut rester hors du droit, public comme privé. Encadré par l'un, régissant l'autre, le lien entre droit et État est indéfectible. Au XXe siècle, ce lien se trouve renforcé par l'émergence de la notion d'État de droit.

V Émergence de l'État de droit

Si l'État respecte la loi et doit respecter la loi depuis l'Antiquité, à lire les œuvres d'Aristote ou Platon, Bodin, Locke, Kant, ou encore la DDHC, la notion « d'État de droit » apparaît à la fin du XIXe siècle en Allemagne sous le nom de *Rechsstaat*. C'est la primauté du droit dans l'État. Le juriste autrichien Hans Kelsen est le théoricien de l'État de droit qu'il définit comme un système institutionnel dans lequel l'État est une personne juridique intégrée dans une hiérarchie de normes qui limite sa puissance. En France, les juristes Léon Duguit (1859-1928) et Maurice Hauriou (1856-1929), au début du XXe siècle, évoquent cette subordination de l'État au droit qui lui est supérieur et/ou qui préexiste. Pour le constitutionnaliste Raymond Carré de Malberg (1861-1935), il s'agit « *d'assujettir l'État et ses organes à l'ensemble des règles de droit en vigueur* » (O. Nay) et c'est dans la Constitution que réside l'État de droit. Ce dernier est la condition de la vie démocratique par la promotion de la participation citoyenne au politique ainsi que la garantie des libertés et de l'égalité des sujets de droit. Le philosophe allemand Jürgen Habermas place pour sa part le droit au cœur de l'édification de la société démocratique. Au centre de l'État de droit se trouve une conception de la hiérarchie des normes, à son sommet la Constitution et les traités internationaux, s'imposant à tous, gouvernants et gouvernés. De plus, l'État législateur doit se soumettre lui-même aux règles juridiques et les normes qu'il édicte doivent y être soumises également, ce qui est garanti par l'existence d'un contrôle de constitutionnalité. Afin de garantir l'existence de l'État de droit, l'État doit reconnaître la séparation des pouvoirs et l'indépendance de la justice qui est amenée à trancher les conflits sur le fondement des lois émanant du pouvoir législatif et mettant parfois en cause le pouvoir exécutif. Ainsi l'État de droit caractérise un régime démocratique dans lequel le droit régule l'organisation sociale et politique. La légalité détermine l'État de droit.

La Ve République est un État de droit. Elle garantit les droits fondamentaux et les libertés des citoyens, la séparation des pouvoirs, l'indépendance de la justice et dispose d'un Conseil constitutionnel. L'Union Européenne promeut l'État de Droit. Dans le préambule du traité de Lisbonne du 13 décembre 2007, les vingt-sept États signataires reconnaissent « *les valeurs universelles que constituent les droits inviolables et inaliénables de la personne humaine, ainsi que la liberté, la démocratie, l'égalité et l'État de droit* ». L'article 1 bis rappelle encore que « *L'Union est fondée sur les valeurs de respect de la dignité humaine, de liberté, de démocratie, d'égalité, de l'État de droit, ainsi que de respect des droits des personnes appartenant à des minorités* ». La charte des Nations Unies de 1945 et la Déclaration Universelle des droits de l'Homme de 1948 y font également référence. L'ONU défend la notion d'État de droit au niveau mondial. Son secrétaire général le définit, en 2004, comme « *un principe de gouvernance en vertu duquel l'ensemble des individus, des institutions et des entités publiques et privées, y compris l'État lui-même, ont à répondre de l'observation des lois promulguées publiquement, appliquées de façon identique pour tous et administrées de manière indépendante, et compatibles avec les règles et normes internationales en matière de droits de l'homme. Il implique, d'autre part, des mesures propres à assurer le respect des principes de la primauté du droit, de l'égalité devant la loi, de la responsabilité au regard de la loi, de l'équité dans l'application de la loi, de la séparation des pouvoirs, de la participation à la prise de décisions, de la sécurité juridique, du refus de l'arbitraire et de la transparence des procédures et des processus législatifs* ». L'assemblée générale de l'ONU, en 2012, a tenu une réunion sur l'État de droit au niveau national et international qui s'est achevée par l'adoption d'une déclaration des États membres réaffirmant leur attachement à l'État de droit et s'engageant à prendre toutes les mesures pour le garantir.

Pour autant, des critiques et des limites à l'État de droit existent. La notion, qui donne naissance à celle du positivisme juridique, a servi les thèses fascistes et nazies en ce sens que ces États, qui respectaient formellement le droit, pouvaient prétendre être des États de droit. C'est un moyen qui peut être utilisé par les États au service de fins politiques les plus diverses. Carl Schmitt (1888-1985), juriste de la République de Weimar, réfléchit aux modalités constitutionnelles et défend une « dictature politique légitime ». Il se présente ainsi comme un adversaire de la notion d'État de droit, mais justifiant sa position par l'urgence économique et sociale en Allemagne dans les années 1920-1932. Kelsen, le père de la notion lui-même, la condamne en considérant que « *tout droit est droit de l'État, car tout État est un État de droit* », quelque soit l'État en question. Les analyses récentes de Jacques Chevallier, dans *L'État de droit*, et de Carlos Herrera, *Quelques remarques à propos de la notion d'État de droit*, montrent combien la notion est encore et toujours discutée. Dans la pratique, l'État de droit peut se voir limiter par des contingences pragmatiques, par des nécessités. C'est le cas par exemple de l'État d'urgence. Est-il, reste-t-il conforme à l'État de droit ? Oui dans la mesure où toutes les décisions sont visées par le Conseil Constitutionnel, non dans le sens où les libertés peuvent être réduites au nom de l'ordre et de la sécurité publique. Être « en guerre » contre le terrorisme permet-il de suspendre l'État de droit ? C'est là un de ces enjeux récents qui touche la relation intime entre le droit et l'État à l'heure de la mondialisation.

VI Communaute des États et droit international : les enjeux du XXIe siècle

Le droit international tend à reconnaître, autour de valeurs communes, de droits coutumiers et / ou naturel, des droits qui, parce qu'ils sont partagés par les États, s'appliquent à ces derniers. La communauté internationale est devenue un sujet de droit au cours du XXe siècle. À ce titre, elle dispose de grandes codifications sur le droit de la mer (1958 et 1994), l'apatridie (1954), le droit de la représentation étatique (1961, 1964 et 1975), le droit des traités (1969 et 1975) et le droit de la guerre (1980 et 2001). Les traités internationaux s'imposent aux États signataires et les principes généraux du droit (PGD) sont reconnus par la Cour Internationale de Justice et forment un corpus de règles abstraites admises par les États. A titre d'exemple, peuvent être cités le principe de souveraineté des États, le principe d'égalité des États, la règle *pacta sunt servanda* (les conventions doivent être respectées)… Ces règles relèvent toutes de ce que Grotius avait qualifié en son temps (XVIIe siècle, Cf. chapitre 1 et 3) de « droit volontaire des nations ». Toutefois, à l'aube du XXIe siècle, l'analyse des relations entre le droit et l'État se pose en des termes nouveaux car la mondialisation impose une action juridique internationale menée par la communauté des États. L'environnement, l'asile, la bioéthique, les nouvelles formes de guerres (cyberguerre, terrorisme, guerre bactériologiques) sont autant de préoccupations graves qui ne peuvent être traitées uniquement à l'échelle nationale mais supposent, au contraire, une collaboration entre pays, voire la nécessité d'imposer du droit aux États.

L'exemple du droit d'asile illustre bien les enjeux contemporains de cette relation entre droit et communauté des États. En France, le droit d'asile est reconnu par la Constitution de 1946 et les lois du 26 novembre 2006, 10 décembre 2003 et le Code de l'entrée et du séjour des étrangers et du droit d'asile de 2004. La DUDH reconnaît le droit d'asile pour toute personne persécutée dans son article 14 et le premier texte de droit international sur la question est la Convention de Genève du 28 juillet 1951. Elle répond à l'urgence humanitaire : à la fin de la Seconde Guerre mondiale, le continent européen compte des millions de personnes déplacées dont la prise en charge implique une logistique dont seules les armées disposent. La Convention donne un statut international général aux réfugiés et leur accorde des droits au travail, à l'éducation et à la propriété. Les États signataires s'engagent à ne pas refouler un réfugié et lui accorder un asile provisoire en attendant de trouver un État disposé à le recevoir. Chaque État reste libre de déterminer les modalités nationales de droit d'asile, préservant ainsi sa souveraineté. C'est à la fois un droit international public et un « infra droit » selon l'expression de D. Lochak. Le protocole additionnel de New York de 1967 élargit les dispositions de la Convention à l'international, extension imposée par la décolonisation. La Convention de Dublin du 15 juin 1990 harmonise le droit d'asile pour l'Union Européenne qui est élevé au rang de droit fondamental lors du sommet de Nice de 2000. Le droit d'asile, bien que réglementé en droit international, reste un droit relevant de la politique interne. La réponse est incomplète devant les réfugiés politiques, climatiques, économiques de plus en plus nombreux dans le monde (68 % en Asie, 25 % en Europe). Droit d'asile, droits des réfugiés, droit de circulation s'entremêlent. La qualité de réfugié est également confuse, s'applique-t-elle à un immigré, un apatride, un individu, une famille, un groupe plus large ? Pour des motifs politiques, économiques, climatique ? Le droit est-il temporaire, permanent, d'urgence ? Est-il un droit naturel ou civique, un droit commun ou dérogatoire, un droit interne ou international ? Accorde-t-il tous les droits ou une partie des droits des nationaux ? *Quid* des droits dans les camps de réfugiés ? *Quid* des subsides et secours de l'État ? Les réfugiés disposent-ils de la liberté de circulation, liberté politique, liberté d'expression (exopolitie) ? Comment l'État peut-il se positionner vis-à-vis de sa souveraineté, de la protection de ses nationaux, de sa conception de la démocratie, de ses enjeux économiques ? Refuser le droit d'asile est-ce aller contre l'État de droit ? La pratique de l'asile reste parcimonieuse, les procédures et les interprétations des textes sont restrictives. L'Office Français de Protection des Réfugiés et Apatrides constate que les réfugiés préfèrent la clandestinité à l'engagement d'une procédure de régularisation tant les obstacles sont nombreux. La contradiction entre national et universel est l'enjeu du droit d'asile. Les solutions de la doctrine, plus ou moins réalistes, proposent la disparition des frontières, la mondialisation d'un droit d'asile universel au nom de la commune possession de la terre (Kant), la prévention des exodes massifs, la mise en cause de la responsabilité des chefs d'État ou la pression sur les États pour les forcer à coopérer pour une répartition égalitaire des quotas de réfugiés. Le risque est de porter atteinte à la souveraineté des États et à l'égalité des États. L'ingérence humanitaire et militaire sur le fondement du droit des populations à ne pas être déplacées et du droit à une communauté est contradictoire avec le principe de non ingérence. Le droit d'asile heurte l'État. Les enjeux futurs pour la planète mettent face à face, dans une relation presque conflictuelle, le droit et l'État, le droit international et les États. Le droit contre l'État ?

Pour aller plus loin sur le droit romain au service de l'État

Deux textes à lire à l'appui des développements du chapitre 5, I, A & B pour illustration.

1 *Lex de imperio Vespasiani*, 69 ap. J.-C. (Extrait de J. Gaudemet, *Les institutions de l'Antiquité*, 5e éd., Montchrestien, Paris, 1998, p. 289)

« Que Vespasien soit autorisé à faire des traités avec qui il voudra, comme le divin Auguste, Tibère Jules César Auguste et Tibère Claude César Auguste Germanicus.

Qu'il puisse aussi présider le sénat, faire ou écarter des propositions, faire voter des senatus consultes [...]

Lorsque, sur sa volonté, son autorisation ou son ordre le sénat tiendra séance soit devant son représentant, soit devant lui-même, que l'on tienne pour droit tout ce qui s'y fera et qu'on l'observe, comme si le sénat avait été convoqué ou avait tenu séance conformément à la loi.

Les candidats à une magistrature ou à une charge importante soit potestas ou imperium ou à une curatio qu'il aura recommandé au sénat ou au peuple romain ou auxquels il aura promis son suffrage, qu'on en tienne compte en dehors de l'ordre normal des élections.

Qu'il lui soit permis de restreindre ou d'étendre les limites du Pomerium lorsqu'il le croira nécessaire au bien public ainsi que cela a déjà été permis à Tibère Claude César Auguste Germanicus.

Qu'il possède le droit et le pouvoir d'accomplir et de faire tout ce qu'il pensera utile au bien public et à la majesté des choses divines, humaines, publiques ou privées [...].

Que l'empereur César Vespasien soit dispensé des lois et des plébiscites dont le divin Auguste, Tibère Jules César Auguste et Tibère Claude César Auguste Germanicus n'étaient pas tenu et tout ce que en vertu d'une lex rogata le divin Auguste, Tibère Jules César Auguste et Tibère Claude César Auguste Germanicus pouvaient faire, qu'il soit permis à César Vespasien Auguste de le faire.

Et que les actes accomplis, les décrets commandés par l'empereur César Vespasien Auguste, soit par son commandement, soit par l'un de ses délégués avant cette lex rogata, que tous ses actes soient tenus pour conformes au droit et ratifiés, comme s'ils avaient été faits par ordre du peuple ou de la plèbe. »

2 Constitution *Imperatoriam majestatem* du 21 novembre 533, de Justinien

« Au nom de Notre Seigneur Jésus Christ. L'empereur César Flavius Justinien, vainqueur des Alamans, des Goths, des Germains, des Francs, [...] des Africains, pieux, heureux, célèbre, victorieux et triomphateur toujours auguste, à la jeunesse avide d'étudier les lois.

« La majesté impériale ne doit pas seulement être illustrée par les armes, elle doit aussi être armée par les lois : ceci afin que l'État soit correctement gouverné à la fois en temps de paix et en temps de guerre ; que le prince non seulement soit victorieux de ses ennemis dans les batailles mais aussi qu'il réprime les iniquités des calomniateurs par la sagesse de ses lois ; et qu'il se rende aussi recommandable par le droit que magnifique par ses victoires.

« 1. À force de veilles et avec le secours de la divine Providence, nous avons parcouru ce double chemin. Les nations barbares, ramenées sous notre joug, connaissent désormais la force de nos armes ; l'Afrique, comme de nombreuses autres provinces perdues, ont été ramenées par nos victoires dans le giron de l'empire romain. Ainsi tous les peuples se trouvent-ils soumis aussi bien aux lois nouvelles que nous avons promulguées qu'à celles de nos prédécesseurs que nous avons remises en ordre.

« 2. Nous avons en effet remis en ordre les Constitutions très sacrées qui étaient tombées dans la confusion ; et nous avons ensuite appliqué tous nos soins à une infinité d'ouvrages des anciens jurisconsultes ; et, traversant cet immense océan, nous avons avec la faveur du Ciel rapidement achevé cet ouvrage dont beaucoup avaient désespéré.

« 3. Après cet heureux succès, nous avons demandé à Tribonien, homme magnifique, maître de notre sacré palais, ancien questeur et ancien consul, ainsi qu'à Théophile et Dorothée, hommes illustres, professeurs de droit […] de composer sous notre autorité, et conformément à nos suggestions, un Manuel de droit : ceci afin que vous receviez les premiers principes du droit […] de la splendeur impériale elle-même.

« 4. C'est pourquoi, après que Tribonien et ses éminents collègues… eurent composé les cinquante livres du Digeste, nous leur avons ordonné de rédiger les quatre livres des Institutes pour qu'y soient exposés les premiers principes de la science des lois.

« 5. Ce qui est brièvement exposé dans ces livres, c'est non seulement le droit qui était en vigueur depuis longtemps mais aussi celui qui, après avoir connu les ténèbres de la désuétude, a été remis au jour par notre autorité impériale.

« 6. Les trois prudentes dont nous venons de parler nous ayant présenté ces éléments de jurisprudence qu'ils ont tirés de toutes les Institutes des anciens jurisconsultes et principalement de celles de Gaïus, […] ses recueils et ses commentaires, nous les avons lus et approuvés, et leur avons donné la même force qu'à nos Constitutions.

« 7. Recevez donc nos lois avec empressement et étudiez-les désormais : au terme de vos études, quand vous serez devenus assez savants, vous pourrez alors caresser l'espoir magnifique de participer au gouvernement de notre État, dans les charges qui vous seront confiées.

« Donné à Constantinople le 11e jour avant les calendes de décembre, le divin Justinien Auguste, Père de la Patrie, étant consul pour la troisième fois ».

Exercice d'application, bibliographie & corrigé

Exercice : Préparez une argumentation, sous forme de **profession de foi**, en faveur soit de la restauration monarchique, soit de l'instauration d'une démocratie directe, pour les élections législatives ou présidentielles.

A. Méthode : comment rédiger une profession de foi

Comment rédiger une profession de foi ?

Voici quelques conseils pour vous aider à rédiger votre profession de foi.

En quoi cela consiste-t-il ? À qui s'adresse-t-elle ? Sur papier libre, c'est la trace écrite des motivations pour être candidat. C'est le document sur lequel vont se fonder les électeurs pour savoir si le candidat peut-être ou non le représentant qui leur convient. Cela sert à se présenter et à faire la promotion des idées du candidat.

Avant de commencer, il faut se poser quelques questions

Qui va lire le texte ? Il convient de bien déterminer le public visé, cela permet d'adapter son discours : niveau de langue, exemples utilisés, centres d'intérêt. Les mots devront convaincre.

Quel message le candidat veut-il faire passer ? Que doit avoir retenu le lecteur ? Sélectionnez ce qui vous paraît le plus important afin de le mettre en valeur.

Interrogez-vous ensuite sur le fond

Présentation du candidat : Inutile de rédiger toute une biographie. Vous devez seulement mentionner les éléments en rapport avec la candidature : position, expérience éventuelle, centres d'intérêt, ce qui caractérise le mieux le candidat.

Motivations : Expliquez ce qui motive la candidature, ce que le candidat pourra apporter à cette fonction s'il est élu.

Programme : Tout candidat a un programme, présentez ce programme en étant le plus honnête possible afin d'être crédible. Évitez les tournures trop affirmatives, utilisez plutôt des formules comme « je mettrai tout en œuvre pour » ou « je proposerai d'organiser ceci ou cela ». Montrez aux électeurs que le candidat s'intéresse à leurs préoccupations et à leurs demandes. N'oubliez pas que le candidat s'engage à remplir le contrat moral accepté au moment où il présente sa candidature.

Ne donnez pas trop de contenu pour rédiger une profession de foi crédible. Ceci risque plus de faire fuir les électeurs indécis, ceux-là même qui font basculer les résultats d'une élection dans un sens ou dans l'autre. Pour qu'un document soit lu et que le message touche les concitoyens, il doit être présenté avec une mise en page sobre et aérée. Dans la mesure du possible, exposez les grandes lignes du programme avec clarté. Une profession de foi trop technique ou confuse prêtera à la critique.

Le candidat peut démarrer son texte par un bref rappel de la situation (évitez les polémiques) et s'il n'est pas déjà élu et/ou connu du grand public, donnez la raison profonde qui le pousse à se présenter. Ensuite, déroulez les grandes lignes du programme sans oublier naturellement au début du document, le nom de la liste et un slogan.

Slogan: Choisir un slogan est un art difficile mais cela aide le lecteur à reconnaître le nom et le programme du candidat. Il doit être court et frappant mais évitez l'humour déplacé ou la provocation frontale, ce n'est pas toujours fédérateur.

> Puis accordez de l'attention à la forme du texte. Elle est importante car c'est ce qui va motiver le lecteur à lire la profession de foi. Il faut donc travailler l'aspect visuel de celle-ci.

Le titre est ce qui attire en premier l'attention du lecteur. Il doit être « accrocheur » et donner envie de lire la suite ; mais pas pour autant « racoleur » ! Il peut être suivi d'un chapeau, un texte court qui résume l'essentiel de l'exposé, en annonce les informations principales afin d'inciter le lecteur à lire plus avant.

Le texte doit être découpé en différents paragraphes pour « aérer » le texte et ne pas rebuter le lecteur. N'hésitez pas à répéter les notions principales en rédigeant de brèves conclusions intermédiaires, entre les différentes parties, pour résumer ce qui est énoncé. Dans une conclusion générale, récapitulez les points principaux de la candidature. Vos phrases doivent être concises et incisives pour être retenues.

Le ton: Il faut arriver à trouver un ton qui ressemble au candidat sans être ni trop sérieux, ni trop relâché. Employez un niveau de langue courant: un ton trop soutenu est inapproprié, cependant, pour être pris au sérieux, il ne faut pas se montrer trop familier non plus.

Il convient de ne pas mentir aux électeurs car ils sauront s'en souvenir tôt ou tard. N'utilisez pas d'expressions ambiguës qui peuvent prêter à confusion ou à polémique. Évitez les superlatifs et les adjectifs pompeux qui alourdissent inutilement le message. Au final, sincérité et détermination doivent ressortir du discours.

Une illustration peut contribuer à donner un aspect agréable à l'ensemble : vous pouvez mettre une photo pour illustrer la candidature ou ajouter un logo.

Un peu d'originalité: Varier les supports. Pour compléter le document sur papier, n'hésitez pas, si vos compétences le permettent, à utiliser d'autres supports: mise en ligne des professions de foi sur le site de l'établissement, blog, web radio…

Vous devez vérifier les contraintes légales dans le Code électoral: http://www.legifrance.gouv.fr

La rédaction d'une profession de foi électorale demande à prendre en compte un certain nombre de critères, certains légaux et obligatoires comme le nombre de pages, la date de diffusion, etc.

B. Bibliographie : sources & modèles

- Vérifier dans le Code électoral les consignes légales.
- Modèles de profession de foi des dernières élections présidentielles et législatives.
- Voir aussi le discours de Belleville prononcé par Léon Gambetta en mai 1869.
- Monarchie : Chartes constitutionnelles de 1814 et 1830, partis royalistes actuels en France, fonctionnement de la monarchie constitutionnelle anglaise
- Démocratie : Institutions politiques d'Athènes dans l'Antiquité, Constitution de 1793, Partis démocrates actuels, français et / ou américain.

C. Corrigé

Élections législatives du 16 et 26 juin 2022

Mme Olympe Égalité, Candidate pour la 16e circonscription de Paris

Suppléant M. Juste Libertas

« Une démocratie pour tous »

Citoyens, Citoyennes,

Qui suis-je ?

Une démocrate, engagée localement à vos côtés depuis vingt ans pour la promotion de la démocratie au quotidien en tant que formatrice pour adultes et étrangers, bénévole dans les associations pour la lutte contre l'illettrisme.

Mon engagement ?

Défendre la connaissance pour une meilleure participation citoyenne à la vie de l'État

Mes convictions ?

Rendre le débat et la participation politique à tous car…

La démocratie n'est pas un vain mot.

La démocratie n'est pas une ombre, un fantôme, un idéal, une utopie, c'est une réalité politique et sociale.

La démocratie existe depuis longtemps en France, elle a cimenté la Nation, par son sang et par son âme.

La démocratie doit être sans cesse renouvelée, améliorée, adaptée, augmentée pour le bonheur de tous.

La démocratie doit être propagée au-delà des frontières pour la promotion de la liberté, de l'égalité, et de l'adélphité.

La démocratie est apolitique, elle concerne tous les citoyens et toutes les citoyennes au-delà des clivages politiques. Elle exige l'implication de tous au quotidien pour son maintien.

La démocratie s'appuie sur chaque individu qui y contribue chaque jour, à sa mesure.

La démocratie s'appuie sur la parole de tous et toutes, au niveau local, national, européen et international, sur des lois proposées et votées directement par le peuple, dans son entier, au suffrage universel direct.

La démocratie s'appuie sur le développement de l'éducation égalitaire qui sait encourager les différences.

La démocratie s'appuie sur l'accès pour tous et pour toutes, partout, aux soins, au travail, au logement, à la justice, à la culture.

La démocratie s'appuie sur l'engagement réel et obligatoire de tous, dans les associations, dans le bénévolat, dans la coopération, dans la participation politique par élections et tirages au sort pour les institutions législatives, exécutives, administratives et judiciaires.

La démocratie s'appuie sur les réformes constitutionnelles pour répondre aux besoins et attentes des générations futures.

La démocratie s'appuie sur l'Europe et ses institutions pour la promotion d'une concertation populaire en faveur de la protection des personnes, tant sur le plan écologique, que sécuritaire.

Citoyens, Citoyennes,

Votez pour vous

Élections présidentielles de mai 2022

Roi-président Louis XX

« Pour une monarchie constitutionnelle 2.0 »

Français, Françaises, Citoyens, Citoyennes,

Si la Révolution française a été l'occasion d'expérimenter nombre de régimes politiques, souvent les français sont revenus à la monarchie. Entre 1814 et 1848, la stabilité politique a rappelé qu'une monarchie libérale et parlementaire a su satisfaire les besoins et les attentes de la Nation.

Face aux difficultés sociales actuelles et aux enjeux politiques de la mondialisation, le temps est revenu de faire confiance à ceux qui ont, par le passé et pendant des siècles, tout donné à la France.

Dans le respect des personnes et des grands principes révolutionnaires d'égalité, de laïcité et de participation politique démocratique, nous désirons la restauration d'une monarchie constitutionnelle au service des français et des françaises.

La monarchie constitutionnelle 2.0 sera une monarchie démocratique qui reconnaît les droits fondamentaux, les libertés et les traditions chers aux français, tout en prenant en compte les enjeux de demain, écologiques, économiques, technologiques et sécuritaires, dans un cadre international.

La monarchie, dans le respect de la constitution, reconnaît la séparation des pouvoirs et la limitation des pouvoirs exécutif et législatif en même temps que l'indépendance de la justice et la décentralisation administrative. Le régime parlementaire est reconduit dans le respect des choix des français et des françaises.

sident exercera le pouvoir exécutif, sera chef des armées et de l'administration, pourra proposer des lois. Il sera assisté par un conseil des ministres. Il sera responsable devant le pouvoir législatif et le peuple. Le pouvoir législatif bicaméral, élu au suffrage universel direct, aura l'initiative législative et votera les lois.

Les français et les françaises pourront participer au gouvernement et aux lois par les référendums populaires. La monarchie s'engage à proposer des plébiscites sur la base du droit de pétition accordé à tous les citoyens et citoyennes recueillant au moins 10 % des suffrages des électeurs et électrices.

La monarchie se donne pour rôle d'encourager l'économie, le travail et les innovations par une fiscalité d'État contrôlée, de promouvoir l'éducation pour tous, l'accès à l'emploi, à l'habitat, à la santé et à l'internet pour tous par des chantiers d'ampleurs.

La monarchie a pour volonté de participer aux instances européennes et internationales dans le respect des engagements pour la planète et pour la paix, passés, présents et à venir.

Français, Françaises, Citoyens, Citoyennes,

Je m'engage solennellement à me mettre à votre service pour la défense et la promotion d'une France forte, libérale et démocrate, pour la défense et la promotion de l'engagement économique et écologique de l'État souverain pour le bonheur des français et des françaises.

« Pour une monarchie constitutionnelle 2.0 »,

Votez pour le Roi-président Louis XX

Droit et sciences

Mes essentiels

- L'Antiquité a crée la science juridique. Le droit est alors devenu l'objet d'analyses scientifiques pour son étude et son application.
- La redécouverte des droits savants (romain et canonique) au XIIe siècle occasionne l'émergence des universités qui sont les lieux d'enseignement des « nouvelles » sciences comme le droit et la médecine. Par la formation aux sciences, les universités sont également les vecteurs de la diffusion des sciences dans la société médiévale.
- Sous l'Ancien Régime, se pose la question de savoir si le droit est pour ou contre les sciences, si les deux matières s'opposent ou se gênent dans leurs développements respectifs. Le droit canonique, s'il encourage la médecine, dénonce l'astronomie, contraire au dogme officiel. Le droit royal pour sa part, entend contrôler – et bénéficier – des évolutions scientifiques (brevets) voire, comme le droit canonique, censurer les déclarations scientifiques qui peuvent le mettre en danger (censure).
- La rapidité de l'évolution des sciences et techniques à partir de la révolution industrielle oblige le droit à s'adapter, en matière de réglementation et de responsabilité civile, pénale, aux nouveaux objets (machines, robot, automates, drones) qui cohabitent avec les individus. Le droit est également obligé de s'approprier certaines technologies, comme le numérique, pour répondre aux besoins de la société, non sans danger.

L'Essentiel sur l'autonomie du droit par rapport aux sciences

Le droit est vecteur des sciences, elles mêmes vecteurs de droit. Inextricablement liés, dans une relation de dépendance permanente, le droit ne peut être séparé des sciences. Au contraire même, il gagne à leur contact et en profite pour s'améliorer. Au contraire encore, il doit réglementer l'évolution des sciences pour protéger les individus d'éventuels abus ou atteintes à leurs droits fondamentaux.

La relation entre le droit et la /les science(s) est multiforme. Elle est constituée, à ses origines antiques, par l'émergence des sciences du droit, science juridique et science politique (I). Au XIIe siècle, la redécouverte des savoirs antiques à la faveur des croisades (1095-1271) et de la réforme grégorienne (1049-1122) provoque la création de centres d'enseignements spécifiques, nommés les *universitas,* pour acquérir la maîtrise de ces nouveaux savoirs complexes (II). Les rapports se font paradoxaux sous l'Ancien Régime, alternant entre autorisations et interdictions. Les innovations scientifiques, (médicales, technologiques...) posent de nombreux problèmes juridiques, le droit doit alors encadrer, contrôler, limiter voire interdire certains usages de ces sciences en développement (III). Pour autant, les inventions scientifiques ne cessent pas, s'accélèrent même au XIXe siècle, obligeant le droit à prendre le train en marche pour les accompagner afin de protéger au mieux les personnes (IV). Le XXIe siècle est celui du numérique, de l'intelligence artificielle, des drones... autant de nouvelles technologies qui nécessitent pour l'avenir la réflexion des juristes et l'intervention du législateur (V).

I Quand le droit devient une science

Les chapitres précédents sur la période antique abordent les thèmes de science juridique et science politique dans leurs rapports avec les autres disciplines. L'émergence de ces sciences est, en Grèce, le fruit de la réflexion des historiens, des dramaturges et des philosophes sur les lois, puis, à Rome, celle des spécialistes, les jurisconsultes, sur le droit. La question est ici de déterminer en quoi et comment la matière juridique devient une science. Pour ce faire, et comme le rappelle C. Lovisi, « *le préalable à la constitution d'une science est la connaissance de son objet* », et une « *définition claire de l'objet* [le droit]... *que les concepts de base soient précisément définis, puis qu'ils soient classés les uns par rapport aux autres; après quoi il devient possible d'observer le système qu'ils forment, pour en décrire les règles* », ajoute J.-M. Carbasse. Parce qu'il est fait par les hommes, parce qu'il s'autonomise, parce qu'il est écrit, parce qu'il fait l'objet de littérature « spécialisée », ou doctrine – c'est-à-dire une réflexion théorique selon des outils ou méthodes uniformisées – parce qu'il se transmet par l'enseignement, le droit, objet désormais connu et examiné à travers un certain microscope, devient une science. Alors que les philosophes grecs pensent le droit dans ses rapports avec la *polis,* la cité, pour le maintien de l'ordre entre les citoyens, animaux politiques, créant la science politique, Rome initie et élève cette science du droit à son plus haut degré de perfection et d'aboutissement, la science juridique. Il s'agit de l'étude du droit pour ce qu'il est, le droit, et pour l'usage qu'on en fait, en droit.

À Athènes, la spéculation philosophique vise à l'étude du phénomène politique, incluant l'étude de la loi, comme manifestation de la participation citoyenne au politique. À son apogée au Ve et IVe siècle av. J.-C. avec Socrate, Aristote, Platon, elle se poursuit avec les sophistes et les stoïciens. La science développée par les Grecs se fonde sur des méthodes de comparaison des textes replacés dans leur contexte politique et social, un examen logique et rationnel des lois, du rapport entre les lois et les hommes, la nature, le régime politique et la conformité ou non avec les règles supérieures de droit naturel émanant des dieux. La raison et l'observation sont les outils initiaux de cette science du droit. Ils lui donnent ses premières classifications et hiérarchies juridiques (doit naturel, droit positif), ses premiers éléments critiques en vue de son amélioration, sa conception « constitutionnelle » fondée sur les différents régimes politiques et le rôle des institutions. Une autre méthode est celle des sophistes fondée sur l'art de la rhétorique. Elle permet de relativiser l'analyse au regard du contexte. Le stoïcisme, qui se développe plus tardivement sous les monarchies hellénistiques, appréhende le droit au regard de la raison, de la morale et de la nature. Au IIe siècle av. J.-C., à la faveur de la conquête de la Grèce par les Romains, la philosophie grecque, notamment celle des stoïciens, vient jusqu'à Rome par l'intermédiaire de l'homme politique philosophe et historien grec Polybe (200-118 av J.-C.), par exemple, et influence le développement de la science juridique romaine naissante.

Au IIIe siècle av. J.-C., à Rome, les premiers à avoir fondé cette science juridique sous la République, sont Manlius Manilius, Marcus Junius Brutus, Publius Mucius Scaevola et son fils, Quintus Mucius Scaevola. Par l'intermédiaire de leurs consultations, ils analysent le droit privé et aboutissement à un certain degré de généralisation et d'abstraction du droit pour faciliter, et améliorer même, la bonne application du droit. Ainsi cette démarche conduit à l'émergence d'une science du droit.

Les outils sont un vocabulaire propre, un style adapté à la matière et des lexiques de termes juridiques. Un langage technique, adapté et précis permet une clarté du propos et une sécurité dans l'application du droit. Les juristes romains inventent donc des mots ou donnent un sens plus précis au vocabulaire courant : ainsi «*fructus*», les fruits au sens propre, deviennent en droit les revenus pécuniaires que l'on tire d'un bien. À l'instar des philosophes grecs, ils donnent des définitions précises de l'objet. Au-delà des termes juridiques, il faut un style clair et concis qui apparaît avec la procédure formulaire (judiciaire) sous la République en 149 av. J.-C. par la loi Aebutia. Elle consiste en la juridicisation des faits effectuée par le préteur lors de l'action en justice : problème juridique, point de droit, exposé des prétentions du demandeur, modalité de condamnation, choix du juge. L'édit du préteur fournit justement la liste des actions de la loi, soit des formules toutes prêtes pour l'action en justice, avec des blancs à remplir, à l'origine des divers «formulaires» actuels.

Le droit est également exposé et classé dans des recueils de maximes, ou *sententiae*, comme les *Sentences de Paul* en 325 ap. J.-C. Des manuels, ou *Institutes*, telles celles de Gaius parmi les premières vers 160 ap. J.-C., fournissent des présentations claires et synthétiques des diverses notions juridiques dans une démarche didactique. Les grands traités, ou Digeste, (le premier est celui de Quintus Mucius Scaevola, 140-82 av. J.-C.), puis les codes (ceux de Théodosien en 438 et de Justinien en 529), compilations chronologiques et thématiques de la législation impériale, sont les derniers outils utiles permettant la classification des notions et leur hiérarchisation. Intérêt de la chose publique *versus* intérêt des particuliers (Ulpien), droit civil particulier à chaque cité *versus* droit naturel, commun à tous les êtres vivants (Gaius) ne sont que quelques exemples de ces classifications. Pour le jurisconsulte Paul, au IIIe siècle ap. J.-C., il appartient aux juristes d'observer les situations concrètes, d'en dégager le point de droit et la solution juste, puis de considérer les situations relativement semblables pour en dégager une règle, déduite du droit tel qu'il est. Cela illustre l'évolution des méthodes auxquelles la science juridique recourt.

Partant des cas particuliers «si... alors», selon une méthode dite casuistique, une nouvelle méthode d'analyse de raisonnement logique et rationnel, fondée sur les syllogismes, les analogismes, se développe. Grâce à l'influence grecque, les romains passent de l'approche pragmatique à la recherche de notions théoriques. Cette méthode passe d'abord par la juridicisation des faits en partant toujours d'un cas concret. Il s'agit de l'art de poser le problème juridique : soit déterminer les éléments juridiques dans les faits et en éliminer les détails inutiles. Puis, il convient de développer une argumentation spécifique pour lui donner une solution, soit la solution est aisément trouvée dans le droit, soit il faut comparer divers textes pour utiliser celui qui est le plus adéquat, voire interpréter un texte afin de parvenir à la meilleure solution, juste et équitable, d'où l'adage de Celse : « *jus est ars boni et aequi* », le droit est l'art de ce qui est bon et juste. L'idée n'est pas d'appliquer théoriquement et logiquement la règle de droit, aveuglément, mais de l'appliquer par rapport aux besoins concrets, selon une argumentation rationnelle, fondée sur les autorités (sources juridiques antérieures, tradition juridique). Parfois, le raisonnement sera *a contrario*, il consiste à utiliser une thèse pour nier son contraire. Parfois, le raisonnement sera *a fortiori* soit l'extension d'une solution valable à un autre cas proche. Parfois, on raisonne par l'absurde, l'application stricte de tel texte conduirait à une situation illogique, impossible, inique, d'où la nécessité d'en choisir une autre. Enfin, cela permet de déduire de grands principes juridiques des normes et / ou des problèmes juridiques posés pour en dégager des notions générales, des règles abstraites. La confrontation théorique des notions abstraites, par le raisonnement du *sic et non* ou *pro et contra* (pour et contre), par la controverse entre les juristes permet d'en ôter les contradictions, d'en préciser le sens. Par exemple, en rassemblant certains actes présentant des caractéristiques communes, les juristes dégagent les notions générales de contrat, puis d'obligation, au sein desquelles ils distinguent des catégories : contrats solennels, consensuels ou obligation conventionnelles ou délictuelles. De la multitude de cas concrets émergent des grandes catégories générales et des classifications et sous-classifications (inspirées par les méthodes d'Aristote) qui servent à l'ordonnancement et la systématisation du droit.

Toute cette réflexion est le fait des jurisconsultes. Formés à la connaissance du droit, ils exercent bénévolement trois missions : celle de *respondere*, donner une consultation juridique, *cavere*, rédiger les actes juridiques et *agere*, assister en justice. Dans ce cadre, ils interprètent, commentent et appliquent le droit romain. Leurs consultations, ou *responsa*, qui en résultent forment la doctrine, appelée à Rome jurisprudence. Cette *juris prudentia* ou science du droit – qui constitue donc la science juridique – est à son apogée aux IIe et IIIe siècle ap. J.-C. Octave Auguste élève certains de ces « sages en droit », les jurisprudents, par l'octroi d'un privilège, le « *ius publice respondendi* », le droit de dire le droit publiquement. Son bénéficiaire peut mentionner dans sa consultation « *ex auctoritate principis* », par l'autorité du prince, qui lui donne valeur normative : cette jurisprudence ou doctrine prend force de loi et s'impose au juge. En 426 ap. J.-C., la loi des citations reconnaît cinq grands juristes, dans la multitude qu'ils forment, dont la doctrine est la référence officielle : Gaius, Paul, Papinien, Modestin et Ulpien.

Des méthodes d'enseignement du droit visent à transmettre ces notions et méthodes d'analyses : l'explication des textes et l'interprétation littérale sont complétées au IIe av. J.-C., par le commentaire analytique et l'exercice de synthèse. Les romains ont été les premiers à institutionnaliser un enseignement du droit. À l'origine, initiation familiale, puis enseignement privé grâce au pontife plébéien Coruncanius (254 av. J.-C.), puis Scaevola, Sabinius, Proculus sous la République. Leurs disciples, selon les méthodes d'enseignement, novatrices ou conservatrices forment des écoles de pensées juridiques, respectivement celles proculiens (novateurs, tels Celse) et des sabiniens (conservateurs, tel Julien, le rédacteur de l'édit perpétuel) qui connurent un grand succès à la fin de la République romaine. Sous l'Empire, les consultations ne sont plus privées mais publiques et au IIe siècle ap. J.-C., des lieux fixes d'enseignement sont attribués aux juristes, en accès libre, avec des patrons privés. Parallèlement, au Bas-Empire (IIIe-Ve siècle ap. J.-C.), des grands centres d'enseignements officiels, à Rome, Beyrouth et Constantinople, sous le contrôle de l'État avec des professeurs et des programmes officiels (quatre ans pour l'étude du droit) forment les futurs agents de l'État. Ils préfigurent les universités.

II Les Universités médiévales, lieux de sciences

La redécouverte des savoirs antiques au XIIe siècle, rapportés des bibliothèques des sultans lors des croisades Outremer et la redécouverte des compilations de Justinien à Rome lors de la réforme grégorienne, nécessitent la création de centres d'apprentissage de ces savoirs très complexes. Les écoles cathédrales ne suffisent plus pour appréhender ces nouvelles disciplines. Le *Digeste* de Justinien, qui vient à l'appui des prétentions pontificales est une véritable révolution. Les lettrés d'Europe accourent à Rome pour copier l'œuvre. À Bologne, à partir de 1200, Azon et Accurse réalisent des compilations de Justinien contenant leurs gloses, ou commentaires, pour aider à leur compréhension. Le philosophe, mathématicien et naturaliste Abélard de Bath, au XIIe siècle, rapporte d'Orient des traductions de mathématiques, arithmétique et géométrie, physique, astronomie, botanique et zoologie et une œuvre de synthèse dédiée à Platon et Aristote. Les contemporains redécouvrent, par exemple, la géométrie d'Archimède (IIIe av. J.-C.), l'algèbre de Diophante, les sommes de mathématiques et d'astronomie de Pythagore, Thalès, Hipparque, Séleucos de Séleucie... dans les traductions latines médiévales de l'*Almageste* de Ptolémée (II ap. J.-C.).

Toutes ces sciences font l'objet d'enseignement dans des lieux spécialisés qui prennent le nom d'*universitas*, ou corporation, et qui se développent dans toute l'Europe. Initialement sous tutelle épiscopale, les universités réclament et obtiennent leur indépendance confirmée par des chartes qui définissent leur statut et leurs privilèges (A). Une fois formés aux arts puis au droit ou à la médecine ou à la théologie, ces premiers étudiants licenciés ou docteurs apportent à la société médiévale ces savoirs, très vite mis à profit pour moderniser leur temps. La première révolution industrielle et la genèse de l'État moderne sont quelques exemples de ce « progrès », selon le terme de Rabelais dans son *Tiers Livre* en 1546 (B).

A Le développement des Universités médiévales

Dès le VIe siècle, des écoles cathédrales, ecclésiastiques, sont chargées de dispenser un enseignement « élémentaire » de lecture et écriture en plus des enseignements individuels dispensés par des précepteurs privés, appelés maîtres de grammaire, c'est-à-dire de latin. En 789, le capitulaire de Charlemagne *Admonitio generalis,* réforme l'école en imposant l'apprentissage de la lecture, l'écriture, le calcul et le chant aux jeunes garçons. Les écoles cathédrales se développent ensuite dans les villes dès le XIe siècle et accueillent les élèves à partir de huit ou dix ans. Les écoles de Reims, Chartres, Laon, Tours, Cologne, Trêves ou Mayenne sont assez fameuses. L'école de saint-Victor de Paris, rattachée à l'école cathédrale de Notre-Dame, fondée au XIIe siècle, est célèbre pour avoir fourni à la royauté les scribes de la chancellerie pendant des siècles. L'apparition des universités au XIIe siècle (1) permet l'enseignement des nouvelles sciences complexes qui émergent à l'époque (2) et auxquelles les enseignements anciens ne conviennent pas. J. Verger évoque à ce titre une « révolution scolaire » qui voit le changement et l'enrichissement des matières, le développement des lieux de savoir, la grande mobilité des maîtres et des étudiants et la prise de conscience de l'utilité des hommes de savoir.

1 Les chartes d'Université

Constituées souvent de manière empirique, parfois sur la base des écoles cathédrales pour y enseigner la théologie, la médecine ou le droit, les premières corporations d'enseignements pour les savoirs spécifiques, réclament et obtiennent rapidement des autorités publiques leur statut officiel, inscrit dans des chartes. Elles sont qualifiées, au XIIIe siècle, par la papauté, de *studium generale*, institutions religieuses dédiées à l'enseignement. La première université connue et reconnue est celle de Bologne, fondée en 1088 par Pepo qui veut y enseigner le droit romain de Justinien. Ses disciples, Irnerius (qui devient conseiller de l'empereur Henri V), Bulgarus (juge pontifical), Vacarius (fondateur de Oxford) propagent leur savoir en Europe et fondent à leur tour de nouvelles *universitas*. Quatre-vingt universités sont créées entre le XIIe et le XVe siècle, dont vingt-et-une en Italie, dix-neuf en France. Dans les années 1150-1160 apparaissent les universités d'Orléans, Auxerre, Oxford, en 1200 celle de Paris, en 1218 celle de Salamanque, en 1245 celle de Rome… Même si l'église ne voit pas toujours d'un bon œil ces nouveaux foyers d'enseignement, qui seront, par exemple, dénoncés par saint Bernard de Clairvaux, ou interdit par le pape (interdiction de l'enseignement du droit civil / romain à Paris en 1219), leur succès l'emporte sur les réticences ecclésiastiques.

Extrait de la bulle super speculam d'honorius III, 1219
(Extrait de J. Imbert, G. Sautel & M. Boulet-Sautel,
***Histoire des institutions et des faits sociaux (X^e^-XIXe siècle)*, PUF, Paris, 1956).**

« *Honorius, évêque, serviteur des serviteurs de Dieu, à ses chers fils du chapitre de Paris et aux autres prélats des églises et chapitres de la ville et du diocèse de Paris, Salut et bénédiction apostolique* […]. *Bien que la Sainte Église ne réprouve pas le commerce des lois séculières [le droit romain], pourvu qu'elles suivent suffisamment les chemins de l'équité et de la justice, cependant, parce qu'en France et dans quelques autres provinces, les laïcs ne se servent pas des lois des empereurs romains, et qu'il se présente rarement des causes telles qu'elles ne puissent être résolues à l'aide des statuts canoniques, afin que l'Écriture Sainte soit pleinement étudiée et que les disciples de l'Elysée, tels des colombes, demeurent plus aisément auprès des sources les plus abondantes, pourvu qu'ils ne trouvent pas à leurs portes des écoles où ils pourraient égarer leur démarche, nous interdisons formellement et nous défendons rigoureusement qu'à Paris, ou dans les villes ou les lieux voisins, quiconque ait l'audace d'enseigner le droit civil ou d'en suivre les leçons. Que celui qui contreviendra à cette interdiction, non seulement soit exclu pour l'instant de la défense des causes, mais encore, qu'après citation de l'évêque du lieu, il soit enchaîné par le lien de l'excommunication. Vous cependant, mes frères et mes fils, observez avec une grande diligence ces prescriptions, et faites-les observer avec soin par les autres* […]. *Fait à Viterbe, le 16 des kalendes de décembre, la quatrième année de notre pontificat* ».

Bologne obtient sa reconnaissance officielle par l'empereur Frédéric I en 1158. L'université de Paris, déjà reconnue par le pape en 1194, reçoit ses privilèges du roi de France Philippe Auguste en 1200, Salerne en 1225 de Frédéric II… Octroyées par les rois, empereurs ou papes, ces chartes leur confirment leur indépendance et leurs privilèges, leur donnant ainsi un statut juridique officiel. Toutes leurs reconnaissent des droits et une organisation commune. Dirigée par un chancelier, accueillant une à quatre facultés dirigées par un recteur, composée d'étudiants et d'enseignants, tous clercs, les universités sont considérées comme des « personnes morales », selon les termes du pape Innocent IV : « *Lorsque surviendra un procès à propos d'une universitas, on feindra qu'il s'agit d'une personne* ». Elles ont six privilèges : le monopole de l'enseignement, le monopole de la collation des grades universitaires (délivrance des diplômes), l'exemption fiscale, le privilège de for (juridiction) devant la curie pontificale (du fait que leurs membres sont des clercs), le privilège d'autonomie et d'indépendance de gestion et le droit de grève et de sécession (à noter qu'il s'agit ici de la première occurrence officielle du droit de grève). Fortes de cette reconnaissance officielle elles peuvent se développer, attirer des élèves et des maîtres de toute l'Europe et propager les nouveaux savoirs dans le monde médiéval.

2 L'enseignement des nouvelles sciences

L'enseignement est très organisé dans les universités. Après avoir suivi un enseignement « élémentaire » dans les écoles cathédrales, il est possible d'intégrer l'université à partir de quatorze ans pour suivre d'abord un enseignement à la faculté des arts.

Enseignement indispensable et obligatoire, il permet d'acquérir la maîtrise du *trivium* (grammaire, rhétorique et dialectique) et du *quadrivium* (arithmétique, géométrie, astronomie et musique). Pour tous ces apprentissages, l'œuvre d'Aristote, sous le nom d'*Organon*, est le préalable et la référence. À partir de 1200, la traduction en latin des écrits du philosophe grec, puis en français par Oresme en 1370, permet l'apprentissage de la physique et de la métaphysique, des traités de sciences naturelles, des œuvres *l'Éthique* et la *Politique*. Au-delà des notions, l'enseignement d'Aristote favorise surtout le développement d'une manière de penser, de raisonner et de définir les concepts. Il facilite l'acquisition d'une logique basée sur l'art du syllogisme et de la démonstration, l'élaboration des classifications et l'identification des genres et des espèces. En est issu un courant appelé l'aristotélisme médiéval au sein de la faculté des arts de Paris vers 1260-1270 et de Padoue au XIVe siècle. Un autre courant est celui de l'averroïsme qui est fondé sur des commentaires d'Aristote par Averroës (1126-1198), moins conformes à la tradition morale chrétienne et théologique. Une fois acquises, ces diverses connaissances et compétences sont sanctionnées par l'obtention d'un baccalauréat après deux ans, puis d'un doctorat ès arts après trois ou quatre ans. Ce diplôme permet de choisir ensuite de suivre les enseignements de théologie, de droit ou de médecine.

La théologie est la matière reine à l'université, quinze années sont nécessaires pour y obtenir son doctorat. L'enseignement des écritures saintes y est réservé à un petit nombre de clercs et moines, particulièrement les dominicains dont la vocation est l'enseignement. Mais elle n'est pas une « nouvelle science », à la différence des droits savants et de la médecine.

Celle-ci est assez mal considérée. Elle n'a pas la même dignité que les autres sciences car elle ne s'occupe « que » du soin des corps. Qualifiée de huitième art libéral (en sus des *trivium* et *quadrivium*), c'est un « simple » art mécanique, enseigné à partir de l'âge de vingt-et-un ans, pendant cinq à sept ans. Néanmoins, les grands maîtres des célèbres universités de Salerne, Padoue et Montpellier défendent son statut de science sur le fondement de son utilité sociale et de son origine philosophique. Les médecins sont en effet formés par les traités d'Hippocrate mais aussi à la philosophie naturelle d'Aristote composée de connaissances en physique, physionomie et psychologie et sur les œuvres du médecin et chirurgien grec Galien qui reprend les textes d'Aristote (v. 131-201 ap. J.-C.). Les œuvres du philosophe et médecin persan musulman Avicenne (980-1037), les traités du XIe siècle, tels le *Passinarium* de Guariopontus vers 1050, l'*Antidotarium* ou encore le *Regimen sanitatis* formé de préceptes d'hygiène, d'alimentation et de conseils médicaux, auxquels s'ajoutent les œuvres d'Albert le Grand (v. 1193-1280) et de Saint Thomas, servent à l'enseignement de la médecine. Cet enseignement est avéré, dès 846, à Salerne, la faculté est reconnue officiellement en 1225, par l'empereur Frédéric II qui lui accorde le droit de délivrer des diplômes. La médecine est enseignée à Bologne dès 1088 et à Paris depuis 1150. Les centres les plus prestigieux sont les universités de Montpellier – où l'enseignement de la médecine, d'abord accordé aux juifs dès 1181, est officiellement reconnu par le légat du pape Honorius II en 1220 – et de Padoue, fondée par des étudiants de Bologne en 1222, sous l'autorité du pape et de l'empereur (Voir V.-P. Comiti, « Histoire des universités de médecine : quelques jalons » et J. Verger).

L'enseignement des droits savants, droit romain et canonique, est à l'origine de l'émergence des universités. La complexité des compilations de Justinien avait incité Pepo à s'entourer des esprits brillants de son temps pour le comprendre et l'utiliser. Les universités de Bologne et Orléans sont célèbres pour leur enseignement du droit romain, interdit à Paris où seul l'enseignement du droit canonique est toléré. Les étudiants peuvent donc choisir d'étudier le droit civil romain et / ou le droit canonique. Le premier est composé des compilations de Justinien remodelées par les lettrés médiévaux (*Infortiat, Digeste neuf, Digeste vieux, codex, Tres libri, Volumen)*, agrémenté de quelques collections médiévales comme le *Livre des fiefs* et quelques constitutions impériales des empereurs Frédéric I et Frédéric II. Le tout formant le *corpus juris civilis*. Le droit canonique quant à lui bénéficie formellement de la redécouverte des compilations de Justinien. Il fait l'objet d'un grand travail de compilation, sur le modèle du *Digeste*. Le *Décret de Gratien* de 1140 regroupe quatre mil canons de conciles, dans une première partie, et une seconde partie est consacrée aux *causae*, sorte de cas pratiques qui constituent des consultations sur des cas concrets pour l'application des canons, faisant renaître la doctrine sur le droit conciliaire. Les décrétales pontificales pour leur part sont compilées par le juriste espagnol Raymond de Penafort entre 1230 et 1234, à la demande du pape Grégoire IX. D'autres compilations postérieures leur sont adjointes (le *Sexte* de 1298, les *Clementines* de 1314, les *Extravagantes* 1319-1349), le tout formant le pendant du droit civil : le *corpus juris canonici*. L'enseignement en six ans permet d'obtenir une licence (*licencia ubique docendi* qui permet d'enseigner partout) après trois ans et un doctorat après trois années supplémentaires. Les méthodes sont initialement la glose, analyse littérale et linéaire proposée par les premiers à réfléchir sur le droit romain, les grammairiens, les philosophes et les philologues. Une fois les premiers spécialistes en droit formés, la méthode évolue vers plus de technicité, la scolastique, reprenant les méthodes antiques de juridicisation et d'argumentations rationnelles fondées sur les autorités pour proposer une solution juridique adéquate. Il convient de préciser que si le droit canonique était appliqué dans la société médiévale, l'étude du droit civil a pour vocation d'être également utilisé dans une société en mutation qui a de nouveaux besoins juridiques auxquels le droit féodal coutumier ne répond pas. Les légistes cherchent dans les droits savants les solutions adaptées à ces évolutions sociétales (genèse de l'État moderne, statut des villes, des bourgeois, des colons, des légistes). Une pensée juridique nouvelle et rationnelle se développe en Europe, une nouvelle science du droit est née dans les universités médiévales.

B La pénétration des sciences nouvelles dans la société médiévale

Sortis des Universités, ces nouveaux scientifiques mettent leur savoir en œuvre dans la société. Les transformations sont radicales et rapides. Les trois derniers siècles du Moyen Âge connaissent de grandes mutations juridiques et politiques ainsi que des évolutions technologiques majeures.

Les légistes, chevaliers ès lois, nobles de robe, occupent des fonctions politiques (conseillers), judiciaires (juges dans les divers tribunaux) et juridiques (notaires). Ils diffusent ainsi leurs savoirs tant dans la forme que dans le fond. Après la formation d'une science du droit à Rome, on assiste au Moyen Âge, au sein des universités à la formation d'un «*droit scientifique*», écrit J. Krynen. «*Les hommes de savoir deviennent les hommes de pouvoir*», ajoute J. Verger. Ces spécialistes en droit viennent garantir la formation des lois (au sein du Conseil et du Parlement) et leur application en justice. Ils renforcent ainsi la sécurité judiciaire pour les justiciables. Les gloses sur les ouvrages enseignés à l'université, comme celle d'Accurse en 1230-1235 sur le *corpus juris civilis* et la *Summa aurea* du décretaliste Hostiensis (1200-1271) pour le droit canonique, forment la doctrine. Les réflexions sur la hiérarchie des normes, la personne morale, le mandat électoral, la responsabilité, les vices du consentement, la présomption de paternité ne sont que quelques exemples des innovations juridiques dont les coutumes se saisissent progressivement, comme le confirme l'œuvre coutumière de Philippe de Beaumanoir. Ses *Coutumes de Beauvaisis*, de 1283, mêlent habilement coutumes locales et notions romaines. De plus, les légistes se placent au service de l'État pour l'aider à se libérer du joug féodal et, avec les notions romaines d'*auctoritas, imperium, majestas*, ils forment une idéologie de l'État souverain et de roi égal à l'empereur, dépositaire de la *plenitudo potestatis*. Cette réflexion sur l'État se retrouve, à partir du XIV siècle, dans les *Miroirs au prince*, véritables traités de science politique. La pratique suit la théorie, les États modernes émergent en Europe à la faveur de ces propositions doctrinales. Plus révélateurs et plus visibles encore, les progrès technologiques de la fin du Moyen Âge illustrent la réception et l'usage des nouveaux savoirs scientifiques.

Nombreux sont les grands scientifiques – et leurs inventions – «oubliés» de la fin du Moyen Âge.

Le philosophe allemand, Albert de Saxe (v. 1316-1390) étudie la physique, les mathématiques et l'éthique, il s'intéresse à la chute des corps et à l'aérostatique. Il est le précurseur d'une réflexion sur les montgolfières et il est considéré comme l'auteur au fondement de la physique moderne.

L'anglais Abélard de Bath (1080-1152) étudie l'arabe et la culture islamique. Il traduit les travaux du mathématicien grec antique, Euclide, en latin. À sa suite, à Oxford, Robert Grosseteste (1175-1253) traduit l'*Éthique à Nicomaque* d'Aristote et introduit la méthode expérimentale et le raisonnement logique et mathématique qu'il applique à l'optique et à l'astronomie. L'anglais Bacon (1214-1294), s'appuyant sur les travaux d'Alhazen (fondateur de l'optique physiologique autour de l'an mil), écrit un traité sur l'optique et les mathématiques, (l'*Opus Majus* en 1268) et étudie l'œil humain. Ces sciences de l'ophtalmologie permettent le développement des lunettes. À Florence, un physicien met au point une paire de verres enchassés dans des cercles en bois, puis les premières bésicles sont produits à Venise à la fin du XIIIe siècle. Entre 1466 et 1475, Venise fournit cent mil paires de lunettes à Damas. Ces travaux ouvrent la voie aux lunettes astronomiques, prototypes vers 1550 avant celles présentées par Galilée en 1609. Mais déjà, forts de leurs connaissances en astronomie, Albert de Saxe (1316-1390) et Nicolas de Cusa (1401-1464), tous deux évêques, envisagent l'idée de la terre ronde et en mouvement, bien avant le polonais Copernic (1543) et l'italien Galilée (1564-1642).

Robert Grosseteste, sur le fondement des écrits d'Aristote, s'intéresse aussi à la gestion du domaine agricole et écrit vers 1245, *Vingt-Huit Règles*. L'agronome anglais, Walter de Henley, publie ensuite un *Traité d'agricole*, vers 1280 qui favorise le développement de nouvelles techniques agricoles, tel l'assolement triennal pour une meilleure exploitation des terres et la diminution du temps de jachère. L'usage du cheval de trait, au rendement plus efficace que l'usage des bœufs, se développe. Les travaux savants permettent la sélection des espèces et l'usage des engrais. Des moulins à eau et à vent fleurissent en Europe dès la fin du XIe siècle pour soulager la main d'œuvre humaine par l'usage de la force motrice des éléments favorisant le développement de l'artisanat.

Le picard Pierre de Maricourt mène des travaux importants sur le magnétisme et rédige le premier traité sur les aimants en 1269. Il crée une boussole améliorée et décrit le compas. Ses recherches inspirent les docteurs de l'université d'Oxford aux siècles suivants. Dans le même temps, un maître d'œuvre français, Villard de Honnecourt, né en 1200, écrit son « carnet » sur la médecine, la géométrie, les sciences naturelles, l'architecture et la machinerie (machine militaires et machines de chantier). Ces deux français réfléchissent à la question du mouvement perpétuel qui sera reprise à la renaissance dans les principes de la mécanique. Ils sont aussi à l'origine de la construction des premières horloges mécaniques entre 1280 et 1320. Elles remplacent les horloges hydrauliques, connues depuis Charlemagne. Au XIVe siècle, l'italien Giovanni Di Dondi leur ajoute une roue à cadran de vingt-quatre heures et en construit à Florence, Bologne, Paris, en Angleterre et en Allemagne. Les premières montres, ou horloges portatives, apparaissent probablement en Italie mais sont attestées en Allemagne vers 1510.

Arnaud de Villeneuve (v. 1240-1311), célèbre médecin catalan, qui maîtrisait les textes philosophiques et médicaux grecs et arabes, l'alchimie et l'astronomie est tout à la fois professeur de médecine à Montpellier, conseiller, ambassadeur et médecin des papes et des rois (Boniface VIII et Pierre III d'Aragon). Il laisse une quarantaine de travaux savants et innovants sur la médecine gréco-romaine. Son *Speculum medicine* de 1308 est le texte le plus célèbre. Il contribue, par ses enseignements, au développement de la pharmacopée, à l'étude des cas cliniques concrets, au développement de l'hygiène, appelé « régime de santé » pour une vie saine (hygiène, exercice, influence de l'environnement sur la santé) et à la mesure de l'action thérapeutique des médicaments. Son contemporain, le dominicain bolonais Théodore de Borgognoni (1205-1296), chirurgien dans et hors son monastère, décrit sa pratique de la médecine et de la chirurgie générale, les différentes blessures du corps et la préparation des médicaments dans son principal traité, *Cyrurgia seu Filia principis* vers 1260. Il préfigure déjà les travaux du célèbre anatomiste et médecin bruxellois, André Vésale (1514-1564). S'inspirant de Galien, ce dernier propose, dans son œuvre majeure *Sur le fonctionnement du corps humain* (1543), une anatomie illustrée, réaliste et moderne, fondée sur l'approche scientifique pragmatique et les connaissances acquises par les dissections publiques qu'il pratique avec ses étudiants.

Toutes ces sciences nouvelles, ou renouvelées, modifient le paysage médiéval et s'insèrent dans tous les pans de la société. Si le droit bénéficie de sa scientificité nouvelle pour progresser et se complexifier afin de mieux répondre aux attentes sociétales et politiques, les autres sciences en plein essor posent de nouveaux problèmes sous l'Ancien Régime auxquels le droit essaye d'apporter des solutions. Sciences et droit, autrefois alliés dans une volonté de modernisation, sont désormais parfois amenés à se confronter.

III Quand le droit rencontre les sciences ou les relations paradoxales entre le droit et la science sous l'Ancien Régime

Sous l'Ancien Régime, face aux développements scientifiques nombreux, le droit cherche à encadrer les innovations. Sa position est très paradoxale puisqu'elle alterne entre autorisation et interdiction. Le droit tout à la fois encourage et condamne. Le droit canonique (A), comme le droit royal (B), reflètent cette relation ambivalente.

A Le droit canonique : pour ou contre les sciences ?

Le dogme chrétien est régi par les canons des conciles et les décrétales pontificales. Comment s'accommode-t-il des innovations scientifiques, comme la médecine (1) et l'astronomie (2), qui peuvent mettre en péril les grands principes de la foi ?

1 Quand le droit canonique accompagne les découvertes scientifiques : André Vésale

La dissection des cadavres humains est un des plus anciens interdits du droit. Elle est proscrite dans la Grèce antique comme sous l'empire romain (Marc Aurèle l'interdit au IIe siècle). L'anatomie humaine était alors inspirée de celle des animaux et de la théorie des humeurs d'Hippocrate. Il est communément admis que cette interdiction est reprise par l'Église chrétienne à la chute de l'empire romain. En effet, l'Inquisition à la fin du Moyen Âge oppose l'église à la science et rejette ces pratiques comme hérétiques. Le concile de Tours de 1163, la bulle *Super speculam* de 1219 et le canon 18 du concile de Latran IV de 1215 interdisent aux sous diacres, diacres et prêtre de pratiquer la chirurgie impliquant le fer et le feu et les opérations délicates qui nécessitent de couper en raison du risque de mort ou mutilation qui peut s'ensuivre. En 1299, la décrétale *Detestande feritatis* du pape Boniface VIII réitère l'interdiction. Il s'oppose au dépeçage des cadavres et leur démembrement, pratique coutante depuis les croisades pour faciliter le rapatriement des corps. Le pape veut le maintien de l'intégrité des corps. Mais, il s'agit plutôt d'exceptions car l'histoire des relations entre le droit canonique, l'enseignement de la médecine et le développement des sciences de l'anatomie tend à prouver le contraire. Des dispenses pour faire des dissections étaient accordées, comme au célèbre dominicain et médecin italien, Théodoric Borgognoni (1205-1298). De plus, en 1209, le pape Innocent III, pour élucider les causes des morts accidentelles lors de procès pour établir les éventuelles responsabilités, permet l'examen des corps. Ils ne sont pas ouverts (disséqués) mais cela prouve l'intérêt de l'église pour l'anatomie et la prise de conscience de l'utilité des savoirs médicaux (en justice en l'espèce). Des savants médecins sont présents aux côtés des papes Innocent III ou Grégoire IX, preuve de la confiance de la papauté envers les médecins. Une première autopsie, en 1286, sert la recherche de la preuve dans le droit canonique. L'Église admet les observations *post mortem* dans les procès. À la fin du XIIIe siècle, la faculté de droit rejoint la faculté de médecine dans cette démarche judiciaire et il apparaît que l'église a plutôt encouragé le développement du savoir médical. Un événement notable est celui de la grande peste noire qui a décimé plus d'un tiers des habitants de l'Europe entre 1347 et 1352, faisant près de vingt-cinq millions de morts. Le pape Clément VI autorise alors la dissection sur des cadavres humains pour lutter contre la peste.

Par ailleurs, l'empereur Frédéric II autorise les autopsies en 1241, comme le duc d'Anjou en 1376, et il est attesté que le roi Philippe VI de Valois (1328-1350) possède une planche d'anatomie : point de condamnation des autopsies par les autorités temporelles de l'époque.

De plus, l'enseignement de la médecine, à Montpellier ou à Bologne, passe par les autopsies. Une enluminure du livre *La grande chirurgie* de Guy de Chauliac, en 1363, représente la dissection publique d'une femme à Montpellier et le maître qui pointe les organes avec sa baguette pour enseigner à ses étudiants. Les papes eux-mêmes sont favorables cette pratique. En 1472, la bulle de Sixte IV, reconnaît l'anatomie comme une discipline « *utile à la pratique médicale* ». Cette bulle répond probablement à la requête de l'université de Tübingen demandant la permission de pratiquer des autopsies sur les corps des criminels suppliciés sur le lieu de leur exécution sans autorisation du saint Siège. Puis, Paul III, pape de 1534 à 1549, appelle pour enseigner à l'université papale, la Sapienza de Rome, le chirurgien Alfonso Ferri, inventeur de la pince à trois branches pour l'extraction des balles. Clément VII (1523-1534) recommande aussi la pratique des dissections pour l'étude de la médecine. Au XVIe siècle, l'enseignement de la médecine se fait donc par le truchement des dissections pendant lesquelles le maître lit et commente les écrits des autorités, secondé par un *demonstrator* chargé de montrer aux étudiants ce que le maître explique, pendant que le barbier opère l'autopsie. Cette pratique est déjà avérée et illustrée dans le recueil de Mondino, *L'Anathomi*a, imprimé à Venise en 1494, ou encore dans une enluminure française de 1532. Le flamand André Vésale (1514-1564) bouleverse l'anatomie en pratiquant dès 1543, des dissections publiques. Il compile ses recherches dans *De humani corporis fabrica*, ouvrage d'anatomie descriptive, topographique, fonctionnelle et biomécanique, avec planches. Malgré les autorisations antérieures de Sixte IV et Clément VII, ses dissections lui valent d'être suspecté par l'Inquisition, à laquelle il échappe par sa notoriété en tant que médecin de l'empereur Charles Quint. Ambroise Paré, en 1561, écrit dans la suite *L'Anatomie universelle.* Ces dissections, favorisées par l'imprimerie et l'aide des artistes, permettent de préciser les représentations anatomiques. La question des dissections est réglée, malgré des réticences théologiques, elle est définitivement admise par les institutions et par le droit canonique. Il n'en est pas de même pour les découvertes astronomiques.

2 Quant l'Église condamne les découvertes scientifiques : Galilée

Face à la question de l'héliocentrisme, l'église est réticente, étant favorable au géocentrisme selon lequel la terre est immobile. La notion d'héliocentrisme est pourtant très ancienne. Dans l'Antiquité, nombreux sont les physiciens, mathématiciens, philosophes qui envisagent que la terre tourne autour du soleil. Aristarque de Samos (310-230 av. J.-C.), Archimède (v. 287-212 av. J.-C.), Plutarque (46-125 ap. J.-C.) sont parmi ceux là. Les savants perses et arabes reprennent la notion autour de l'école de Maragha au XIIIe siècle. La doctrine, envisagée par Oresme au XIVe siècle ou encore Léonard de Vinci, prend son essor avec les travaux du mathématicien polonais, Nicolas Copernic (1473-1543). Ses calculs astronomiques le mènent au postulat que la terre est au centre du système solaire – et non de l'univers – et que les sphères tournent autour du soleil. Il présente ses résultats dans son ouvrage, *De revolutionibus Orbium Coelestium* de 1543, qu'il défend comme un modèle mathématique au service des calculs. Néanmoins, il rompt avec les modèles de géocentrisme communément admis et ses recherches font l'objet de réfutations astronomiques et physiques. Mais il ne fut pas inquiété par l'église. Le pape Clément VII connaissait ses travaux et n'avait pas émis de critiques ; le pape Paul III reçoit un exemplaire dédicacé de l'œuvre de Copernic. Ce sont les théologiens protestants qui lui opposent le livre de Josué selon lequel Josué aurait ordonné au soleil de s'arrêter, il n'est donc pas fixe. Cet argument est présenté par le protestant Martin Luther, puis repris par la Sainte Inquisition. Les théories de Copernic sont incompatibles avec les *Saintes Écritures*, il est mis à l'index, après sa mort, en 1616. Ses travaux et les autres auteurs coperniciens sont retirés de l'index en 1664.

Son successeur, Galilée (1564-1642), est un mathématicien, géomètre, physicien et astronome italien. Il montre les failles du système géocentrique et prouve la cohérence du système héliocentrique de la théorie copernicienne. Grâce à sa lunette astronomique, il révise un certain nombre de résultats expérimentaux antérieurs sur le système solaire. Soutenu par le pape, et moins discret que Copernic, il publie et diffuse ses théories, en butte à de fortes critiques. Les théologiens de l'Église catholique, dans une lecture littérale de la Bible, lui reprochent de nier les *Saintes Écritures*. Quant à ses confrères savants, ils l'accusent d'asséner des vérités indubitables et non des hypothèses. En 1616, Paul V et l'Inquisition lui interdisent de diffuser ses travaux sur le fondement qu'ils rompent avec la cosmologie de la Bible, objet de foi. La science doit s'y soumettre, ce que fait Galilée pour échapper au procès. Le successeur, le pape Urbain VIII, est un ami de Galilée et favorable à l'Académie des sciences naturelles nouvellement fondée à Rome. En 1623, il permet à Galilée de confronter ses thèses avec Copernic et Ptolémée. Certains théologiens sont même favorables aux thèses de l'héliocentrisme. Galilée profite de cette opportunité pour obtenir du pape l'autorisation de publier ses théories à Florence en 1632. Mais il doit à nouveau comparaître devant le tribunal de l'Inquisition en 1633 pour avoir renouvelé sa théorie héliocentriste, ce qui fâche le pape qui avait placé sa confiance en lui. Ce procès reflète et cristallise l'affrontement idéologique majeur entre les sciences et l'Église. Condamné pour hérésie, le pape adoucit les sanctions, mais Galilée doit se rétracter officiellement et sous serment. Il est assigné à résidence et obligé de cesser ses recherches en la matière. Galilée maintient : « *et pourtant elle tourne* ». Les Médicis reconnaissent ses thèses et fondent à Florence en 1657, la première Académie de l'Expérience (pour les sciences naturelles) en hommage aux méthodes galiléennes. Les interdits sont levés en 1741 et 1757 et le scientifique est réhabilité en 1992 par le pape Jean-Paul II. Les réticences du droit canonique, voire les oppositions aux sciences modernes, mettent plusieurs siècles à tomber. La cause majeure est la volonté de soumettre les sciences à la foi.

La position du pouvoir temporel vis-à-vis des sciences semble plus souple. Le droit royal cherche à encadrer plus qu'interdire les innovations, mais il ne faut pas s'y tromper…

B Les sciences sous contrôle royal

La monarchie n'est pas menacée par les sciences, il n'est point question ici d'enjeux dogmatiques mais plus d'enjeux économiques. Les privilèges et brevets permettent aux rois de connaître, encourager, et même bénéficier des inventions (1). Néanmoins, quand les scientifiques critiquent, voire contestent, le pouvoir politique, celui-ci utilise la censure pour contrôler la diffusion des théories (2).

1 Le droit des brevets d'invention

À l'origine des brevets peut-être faut-il considérer les privilèges médiévaux accordant des monopoles sur l'usage des moulins, des couleurs en teinturerie (tel le bleu d'Amiens ou la waide, choisi par Louis IX avec fleur de lys pour les armoiries royales), l'exploitation de mines… Le roi à partir du XIVe siècle homologue les statuts des métiers, confirmés par lettres patentes après enquête. Les privilèges prennent la forme de lettres patentes (ouvertes) sous l'Ancien Régime. Ces documents permettent à leurs bénéficiaires d'avoir le monopole sur leurs innovations. Le premier « brevet industriel » connu en Europe fut délivré en 1421 à Florence à l'architecte et ingénieur Filippo Brunelleschi qui l'obtient pour une invention dans le domaine de la manutention de marchandises destinées au transport par bateau. Puis, en 1469, Venise accorde à un assistant de Gutenberg, pour la durée de sa vie, le privilège d'imprimer, à l'exclusion de tout autre, par un système utilisant des caractères mobiles. Un autre brevet est accordé également à Galilée, en 1594, pour un édifice pour soulever les eaux et irriguer les terrains. Le droit vient rapidement réglementer la procédure de demande de brevet par le texte vénitien de 1474, *Parte veneziana*. Le brevet repose sur quatre principes : l'encouragement à l'activité de l'inventeur, la compensation des frais de l'inventeur, le droit de l'inventeur sur sa création, l'utilité sociale de l'invention. Cela favorise la multiplication des demandes, passant de 21 avant 1500 à 472 accordés entre 1751 et 1788. En France, leur existence, moins réglementée dans ses débuts, est attestée en 1551. Henri II accorde un privilège à son valet pour des « artifices » qu'il a « inventé » pour réduire la teneur de métal solide dans l'artisanat. Puis, des patentes « industrielles » voient le jour. Des privilèges, liés à des brevets, furent attribués par Louis XIV entre 1663 et 1665 pour octroyer des monopoles d'exploitation aux manufactures royales de luxe développées à l'initiative de Colbert. L'interprétation du mercantilisme par ce dernier (qui fonde le Colbertisme) prône la nécessité pour le pouvoir d'encourager le commerce et l'industrie et de promouvoir la qualité, donnant naissance aux manufactures de luxe qui font la réputation française. Ces industries monopolistiques obtiennent du roi des maîtrises nouvelles et particulières – appelées concession de privilèges – qui s'intègrent dans le monde des corporations de métiers. Si chaque manufacture est libre de réglementer comme elle le désire le statut et le travail des ouvriers, toutes sont placées sous la surveillance de l'inspecteur général des manufactures crée par Colbert en 1669. La première manufacture, créée en 1604, est la Savonnerie qui produit des tapis et sera rattachée à la manufacture des Gobelins en 1826. Cette dernière est toujours en activité et se visite encore, tout comme la manufacture de porcelaines de Sèvres. La manufacture des glaces de Saint-Gobain est célèbre pour avoir fourni tous les miroirs de la galerie de glaces de Versailles. La dernière fondée est la manufacture de Baccarat en 1764. Encouragées par des commandes royales à leur ouverture, ces manufactures monopolistiques doivent développer leur excellence pour l'exportation et ainsi se passer progressivement des aides financières de l'État. Ces « brevets » interdisent à quiconque de produire, importer, vendre l'invention et la technologie couverte par le brevet, sans le consentement de son titulaire. Ainsi, il s'agit d'un « droit négatif ». La loi du 7 janvier 1791, qui en reprend les traits principaux, utilise le terme « brevet d'invention » et est à l'origine de la réglementation actuelle et du droit de la propriété intellectuelle.

Ces nouvelles technologies en plein essor sont l'objet de toutes les attentions des savants. La renaissance promeut la modernité et le progrès, nombre d'humanistes, philosophes, juristes, scientifiques cherchent et écrivent sur ces inventions. Le mouvement de l'encyclopédie qui apparaît alors vise à rassembler la somme de toutes ces sciences. Concentré des Lumières, l'*Encyclopédie* de Diderot et d'Alembert comporte aussi des atteintes contre le pouvoir et l'église, justifiant les censures dont elle fit l'objet : la science ne doit pas s'élever contre l'État, le droit y veille.

2 L'*Encyclopédie* et la censure

La censure a un fondement religieux : son but est d'éradiquer les menaces vis-à-vis du dogme chrétien officiel. Les autorités de l'Église nomment des *censores librorum* chargés de vérifier que l'ouvrage ne comporte rien contre la foi, (*nihil obstat*, pas d'obstacle), l'évêque pouvant donner ensuite l'autorisation de publier, « *imprimatur* ». En 1515, au concile de Latran V, Léon X ordonne que toute édition passe préalablement par l'évêque sous peine d'excommunication. En 1559, l'Inquisition établit la liste des livres interdits, mis à l'index. Pour contourner cette censure, les auteurs et artistes s'installent dans certaines villes plus tolérantes comme Anvers, Bâle, Strasbourg, Francfort. La censure devient royale en Angleterre avec Henri VIII en 1534. La même année, François 1er promulgue un édit contre les imprimeurs insoumis (qui publient des thèses hérétiques) et en 1629, Richelieu laïcise la censure. Sous Louis XIV, toute publication de presse est soumise à l'autorisation royale. Les censures religieuses et royales se concentrent sur l'œuvre encyclopédique dirigée par Diderot et d'Alembert, *L'Encyclopédie ou Dictionnaire raisonné des sciences, des arts et des métiers*, éditée entre 1751 et 1772. Elle contient, par exemple, les thèses novatrices de Copernic et Galilée, Diderot critiquant la sévérité des autorités spirituelles qui les avaient condamnées dans son discours préliminaire. Mais c'est pour une autre raison que l'interruption de la publication est demandée par les jésuites en 1752. Ce sont les thèses philosophiques et rationnelles appliquées à la théologie par l'abbé de Prades, présentées à la Sorbonne en 1751 et approuvées par le censeur qui lui valurent les foudres des jansénistes, des évêques et même du pape Benoit XIV. Le Conseil d'État interdit alors de vendre et d'acheter les deux premiers tomes de l'*Encyclopédie* contenant ces théories mais autorise la suite de la publication de l'ouvrage. En 1756, Diderot et D'Alembert sont accusés de plagiat pour la reproduction de centaines de planches pour l'illustration de la partie de l'ouvrage sur les arts et métiers. En mars 1759, le pape Clément XIII met l'ouvrage à l'index pour les atteintes à l'église et quelques jours après, c'est la royauté qui révoque le privilège de l'*Encyclopédie* en raison de la publication des thèses matérialistes et physiocratiques d'Helvétius (dans son œuvre *De l'esprit*, 1758), jugées antichrétiennes. Une publication des planches est permise et la rédaction des textes continue dans l'attente de la restitution du privilège. En 1762, le Parlement permet la poursuite de la publication, achevée en 1772. Diderot et d'Alembert restent prudents mais laissent dans divers articles (censeur, critique, dictionnaire, encyclopédie, force, invention, librairie), une critique contre les censeurs. Le droit et les sciences ne s'entendent plus quand il est question de remettre en cause les institutions, l'église et les fondements de la monarchie absolue de droit divin. La réconciliation entre les disciplines a lieu par les articles 10 et 11 de la DDHC, l'article 7 de la Charte constitutionnelle du 14-24 août 1830, qui abroge la censure, et la loi sur la liberté de la presse du 29 juillet 1881.

Quand les sciences accélèrent leur mouvement, les mutations qu'elles induisent dans la société obligent le droit à inventer de nouvelles réponses aux nouveaux besoins juridiques. L'exemple de Révolution industrielle du XIXe siècle est révélateur du renouvellement que les sciences imposent au droit.

IV Quand les sciences renouvellent le droit aux XIX et XXe siècles

La révolution industrielle des XVIIIe et XIXe siècles multiplie le nombre des ouvriers qui auraient été environ un million et demi à la Révolution. Si l'État leur rappelle leur subordination et leur obéissance à leur patron, il ne s'engage pas plus, au nom du libéralisme économique et de la liberté révolutionnaire du droit du travail. Les conséquences dramatiques pour les ouvriers – paupérisation, grèves, maladies (Cf. Chapitre V) – ainsi que le machinisme qui bouleverse la société contemporaine, contraignent le législateur à intervenir. La mécanisation dans les industries et dans les campagnes, dès le XVIIIe siècle fait peur à l'ouvrier. Il craint d'être remplacé par la machine, plus performante que lui. La machine rend par ailleurs plus dangereuses les conditions de travail (cadences, accidents). C'est justement en matière d'accidents du travail que le problème se pose au regard du machinisme. Puisqu'il n'existe pas de protection en la matière, au cours du XIXe siècle, dans un tel cas, pour obtenir un dédommagement, seul l'article 1382 (1240 aujourd'hui) du Code civil pouvait être utilisé : « *Tout fait quelconque de l'homme, qui cause à autrui un dommage, oblige celui par la faute duquel il est arrivé, à le réparer* ». Celui-ci prévoit que, pour invoquer la responsabilité de l'employeur, il fallait prouver un fait dommageable causé par la faute de quelqu'un, un dommage et un lien de causalité. Hors, la jurisprudence considère que l'employeur n'a pas commis de faute et n'a pas causé de dommage, il ne peut donc pas être tenu pour responsable. La situation dramatique dans laquelle était laissé l'accidenté oblige les juristes à réfléchir à une autre conception de la responsabilité. Tout d'abord, il est possible d'élargir la responsabilité du fait « *des choses que l'on a sous sa garde* » (article 1384). Mais cela n'est pas suffisant. Il faut imaginer une responsabilité sans faute pour que le dommage, réel, soit réparé. Les juristes Raymond Saleilles (1855-1912) et Étienne Louis Josserand (1868-1941) proposent, à la fin du XIXe siècle, une nouvelle théorie, celle du « risque-profit » ou « théorie du risque d'activité ». Elle consiste à dire que celui qui tire profit d'une activité doit en supporter les charges, parmi lesquelles ils placent l'indemnisation des dommages qu'elle peut causer. Ils érigent un principe général de la responsabilité du fait des choses. Plus largement encore, cette doctrine s'inscrit dans le cadre de l'État providence : si la révolution industrielle est un bien social, le mal nécessaire qu'elle entraîne (les accidents du travail) doit être réparé et doit être supporté par la société toute entière. La nature de la responsabilité change, auparavant fondée sur la faute, elle peut désormais être fondée aussi sur le risque. Cette responsabilité dite objective (la faute étant la responsabilité subjective) est théorisée par Frank Knight en 1921 dans son livre, *Risk, Uncertainty and Profit*. L'idée n'est plus de sanctionner une faute, mais de réparer un dommage. La loi du 9 avril 1898 sur les accidents du travail reconnaît cette théorie du risque et renverse la charge de la preuve en instaurant une présomption de responsabilité de l'employeur. Les accidentés n'ont donc plus à prouver qu'il y a une faute personnelle imputable à l'employeur ; c'est à celui-ci de prouver qu'il n'est pas coupable. Toutefois, chaque partie ayant pu contribuer au dommage, la responsabilité est examinée pour chaque partie.

Autre machine, autre risque : l'automobile. Au début du XXe siècle, la Cour de cassation (22 mars 1911) rejette l'application de l'article 1384, considérant que la voiture est actionnée par la main de l'homme, seul responsable du dommage. La cour impose l'application de l'article 1382 et, en conséquence, l'obligation pour la victime de rapporter la preuve d'une faute (soit une violation du code de la route). Puis, pour être indemnisée, en vertu de l'article 1384, la victime devait prouver le rôle actif du véhicule dans le dommage. Le conducteur pouvait alors facilement s'exonérer en prouvant une faute de la victime (Cour de cassation, 19 juin 1991). Devant ces difficultés rencontrées par les victimes des accidents de la route, la jurisprudence Desmares, qui n'exonère de la responsabilité que pour cas de force majeure (Cour de cassation du 21 juillet 1982), appelle à une réforme législative. La loi du 5 juillet 1985 porte sur la responsabilité du fait des accidents de la circulation, pour améliorer la situation des victimes d'accidents de la circulation et permettre leur indemnisation. Elle est l'extension de la théorie du risque aux automobiles. Pendant un siècle, la notion de responsabilité civile évolue donc sous l'impulsion de cette théorie du risque qui se double de la théorie de la garantie, élaborée par Boris Stark, dans sa thèse de doctorat de 1940, publiée en 1947, *Essai d'une théorie générale de la responsabilité civile considérée en sa double fonction de garantie et de peine privée*. Son idée est que chaque individu a droit à sa sécurité dans la société qui doit garantir la réparation à la victime d'un dommage. Il faut partir du dommage subi par la victime et non de la conduite de l'auteur du dommage. En conséquence le dommage de la victime légitime une protection, c'est-à-dire une garantie qui lui est apportée par le droit, sans qu'il soit nécessaire de prouver la faute de l'auteur du dommage.

D'autres innovations scientifiques plus récentes posent de nouvelles questions épineuses au droit qui doit, à l'aube du XXIe siècle, apporter des réponses innovantes et protectrices. Pour ce faire, les juristes et le législateur doivent se former aux sciences pour mieux dialoguer avec elles.

V Le droit et la science aujourd'hui : quels enjeux ?

Le développement d'internet depuis les années 1960, et son accélération à partir des années 1990, pose de nombreux problèmes juridiques face auxquels les juristes et les législateurs se trouvent forts dépourvus. Quelques exemples illustrent ces difficultés (A). Par ailleurs, les nouvelles technologies, qu'elles soient médicales ou industrielles, peuplent notre monde de nouveaux « êtres-objets » que le droit peine à saisir, car il ne peut pas leur transposer aisément le droit des personnes ou la réglementation propres aux objets. Un nouveau sujet juridique disposant de nouveaux droits est peut-être à créer dans l'avenir pour les accompagner (B).

A Droit et numérique ou le numérique au service du droit ?

La relation entre le droit et le numérique est complexe. Si le numérique facilite toutes les démarches administratives, juridiques et judiciaires, et est encouragé par les lois, la sécurisation des données personnelles et confidentielles peut créer de fortes inquiétudes. Par ailleurs, cela nécessite un accès pour tous à la connexion, objet de tensions nombreuses qui forment un véritable labyrinthe pour lequel le législateur aurait bien besoin d'un fil d'Ariane.

L'usage de l'internet pour les actes administratifs de la vie courante facilite le quotidien de tous les citoyens. Ainsi la déclaration de revenus en ligne, en vigueur depuis 2000, obligatoire depuis 2018, oblige tous les foyers à avoir une connexion internet, ce qui n'est pas le cas et pose de surcroît le problème des piratages. Le site du gouvernement alerte d'ailleurs sur les tentatives de hameçonnage, piratage, usurpation d'identité des agents de l'administration des finances pour soustraire des informations bancaires aux usagers. Ces tentatives d'escroqueries mettent à mal la sécurisation des serveurs du ministère et des ordinateurs des particuliers.

Les mêmes inquiétudes concernent le DMP, Dossier Médical Partagé. Crée par la loi du 13 août 2004, lancé en 2011, sa gestion est transférée à la Caisse Nationale de l'Assurance Maladie des Travailleurs Salariés par le décret du 16 novembre 2016 et régit par le Code de la santé publique. L'article 1111-15 prévoit que « *chaque professionnel de santé, quels que soient son mode et lieu d'exercice, reporte dans le dossier médical partagé à l'occasion de chaque acte ou consultation, les éléments diagnostiques et thérapeutiques nécessaires à la coordination des soins de la personne prise en charge* », dans le respect des règles déontologiques et des dispositions relatives au partage de l'information en équipe de soins. Il est supposé contenir aussi bien les comptes rendus d'hospitalisation des patients que les résultats de biologie, les radiographies ou les courriers de liaison entre médecins spécialistes et médecin traitant. Celui-ci désigné par le patient devra verser périodiquement une synthèse dont le contenu doit être défini par la Haute Autorité de Santé. Le patient bénéficie d'un droit de masquage : « *certaines informations peuvent être rendues inaccessibles par le titulaire du dossier* ». Cependant, le médecin traitant aura un droit d'accès à l'ensemble des informations y compris celles masquées. Il permet de déposer des informations médicales, accessibles aux médecins et pharmaciens choisis et les services d'urgence. Il n'est pas obligatoire, peut être fermé à tout moment (les données sont conservées dix ans après la fermeture) et les titulaires peuvent réclamer l'effacement de certaines données. Les objectifs sont d'utiliser les innovations technologiques pour coordonner les soins, en améliorer la continuité et la qualité. Il revient à la CNIL de veiller aux modalités d'ouverture, de consentement des personnes et de sécurisation du DMP. Le déploiement du DMP en France reste timide, en raison, tant des réticences des patients à dématérialiser leurs données personnelles confidentielles que de la vétusté des matériels informatiques utilisés à l'heure des applis, des smartphones et des tablettes. De plus, le danger est réel. En mars 2015, le laboratoire français Labio est piraté, des analyses de sang, des bilans médicaux et des identifiants de patients sont copiés. Les pirates demandent 20 000 euros de rançon pour ne pas les publier, le laboratoire refuse, les données commencent à être mise en ligne par les hackers. En juin 2016, un pirate réclame des centaines des milliers de dollars à 655 000 patients d'organismes américains de santé pour la restitution de leurs dossiers médicaux. Les dispositifs légaux ne sont pas suffisants pour contrôler ces risques technologiques.

Un autre problème, lié au dépôt de données personnelles sur internet, obligatoire ou volontaire, est celui de la conservation ou de la disparition de ces données. Les individus ont-ils un droit à l'oubli, un droit à l'effacement de leurs données personnelles, à celles de leurs proches disparus, à un effacement de contenu nuisible, à un déréférencement par les moteurs de recherche ? Si oui, comment le faire valoir auprès des serveurs étatiques et internationaux ? Depuis 2009, le droit à l'oubli numérique est revendiqué pour faire disparaître des informations de la toile. La CNIL propose un formulaire pour les demandes visant à supprimer des données sur internet. Une décision de la Cour de justice de l'Union Européenne du 13 mai 2014 consacre le droit à l'oubli, obligeant la mise en place d'un formulaire de suppression de contenu par Google pour les européens. Le conflit entre Google et la CNIL de 2014 à 2016 prouve la difficulté à imposer le déréférencement des données. Le droit à l'oubli est aussi reconnu pour les demandes de prêts bancaires par un décret du 13 février 2017, un particulier peut ne pas déclarer certaines pathologies pour ne pas subir des majorations de tarif d'assurance. Ces règles, en construction, sont certainement appelées à se multiplier.

Des questions similaires se posent pour le RPVA, Réseau Privé Virtuel des Avocats, crée en 2005. Il permet la dématérialisation des procédures ce qui facilite grandement le travail des avocats. Il sert de support de communication sécurisée avec les juridictions pour suivre les procédures sans avoir à se déplacer au tribunal. Il permet les envois, remises de notifications des actes de procédure, des pièces, avis, avertissements et convocations, rapports, procès verbaux, copies et expéditions des décisions juridictionnelles. La mise en place est encouragée par le ministère de la Justice par la circulaire du 17 juillet 2007. Un arrêté du 7 avril 2009 en précise les modalités techniques et pratiques. Mais il fut très coûteux à mettre en place et imposait un abonnement mensuel aux avocats pour disposer des boîtiers à installer dans leurs cabinets. Avantageux, le système présente des risques : les avocats peuvent craindre qu'une déconnexion ait interrompu le transfert, que des dysfonctionnements de certains modules les empêchent de faire leurs démarches, qu'une panne ou qu'un piratage survienne… Craintes justifiées. En 2010, un audit révèle un problème de sécurité du système car il n'offre pas les garanties nécessaires imposées par l'ANSSI (Agence Nationale de Sécurité des Systèmes d'Information). Des améliorations du système et sa mobilité sont mises en place dès 2010, il est aujourd'hui fortement sécurisé – pare-feu, chiffrement des données certifié par l'ANSSI et authentification forte des avocats – et utilisé par la majorité des Barreaux pour leur modernisation.

C'est dans ce cadre de modernisation et de la loi du 18 novembre 2016 sur la modernisation de la justice du XXIe siècle que se pose la question de la justice prédictive. Celle-ci fait l'objet de nouvelles réflexions, notamment des avocats, sur la possibilité, pour les justiciables, de faire un recours qui serait pris en charge de façon dématérialisée par des sociétés spécialisées en « *legal tech* » offrant des demandes modélisées. Une fois entrées les variables, les sociétés consulteront les banques de données pour prédire le sort de la procédure demandée. Cette justice « prédictive », robotisée, algorithmique, qui croiserait les données rassemblées dans le *Big Data* et l'Intelligence Artificielle, serait d'une aide précieuse mais n'est pas exempte de critiques. *Quid* des variables ? *Quid* de l'algorithme et de la pertinence de la prédiction ? *Quid* de la sécurisation des données ? La voie est-elle ouverte au « cyber-avocat » et à la « cyber-justice » ? Cela impliquerait la mise en place de systèmes sécurisés tels la cryptographie, la certification des messages électroniques… et aussi d'accorder la déontologie à l'internet. Cela impliquerait également la création d'une « tour de Babel » de la communication et de la documentation, c'est-à-dire une sorte d'« esperanto des documents informatisés », le langage HTML par exemple, comme le suggère Maître Pierre Jean Demine qui imagine une « *Cybérie Juridique* » (V. Ménès-Redorat).

Revenons au présent et aux questions concrètes que posent ces premiers éléments. Si la loi oblige la déclaration fiscale en ligne, plus tard peut-être le DMP, l'accès à la justice par internet, cela impose que tous les administrés et justiciables aient un accès à l'internet. Le 28 septembre 2016, la France reconnaît l'internet comme un droit fondamental, qui doit, comme l'eau, l'électricité, le gaz ou le téléphone, être maintenu, même en cas de facture impayée. Parallèlement, le programme de l'État est de donner à tous un accès à la connexion pour qu'il n'y ait plus de zones blanches (sans connexion) d'ici quelques années. Un accord a été conclu entre l'État, les opérateurs et l'ARCEP (Autorité de Régulation des Communications Électroniques et des Postes), le 12 janvier 2018, afin de généraliser la couverture mobile pour l'ensemble des français qui ont un droit à la connexion, comme un « *bien essentiel* ». Le gouvernement a ainsi décidé en 2013 du déploiement du très haut débit sur tout le territoire pour 2022 avec un plan d'investissement de vingt milliards d'euros, c'est le Plan France Très Haut Débit pour la connexion pour tous. Mais dans le même temps, un droit à la déconnexion est reconnu par la loi travail du 21 juillet 2016 (article 55), intégré dans le Code du travail. La loi oblige les entreprises à mettre en place des instruments de régulation de l'outil numérique pendant les congés, les temps de repos, voire permettre d'arrêter son téléphone sur des plages horaires pour mieux travailler. La loi prévoit un temps de repos de onze heures par jour pendant lesquelles l'employé a le droit de ne pas être joignable, en dehors de ses heures de service. Le but est d'éviter le «*blurring*», ce phénomène qui brouille les frontières entre vie privée et professionnelle. C'est un facteur de stress pour les salariés qui est devenu un enjeu de santé publique en raison de *burn out* et maladies cardiaques dont il pourrait être une cause. La loi travail recommande des accords d'entreprises sur ce point, ce qui rend difficile la mise en pratique. Ainsi droit à la connexion et droit à la déconnexion cohabitent dans une relation juridique des plus complexes...

Pour l'avenir, les nouvelles technologies posent d'autres problématiques ardues, si ce n'est inextricables, sur lesquelles les juristes commencent à se pencher. Les évolutions médicales posent le problème des clones, la robotique pour sa part appelle une définition du statut juridique des robots, tout comme celui des drones, en ce qu'ils constituent de nouveaux «sujets – objets» du droit.

B Quelle réglementation pour les nouveaux «sujets-objets»?

D'abord militaires, apparus dans les années 1970 aux États-Unis, les drones aériens sont utilisés par la France lors de la guerre du Golfe en 1991. Engins militaires d'État, à quel droit se rattachent-ils? *Jus ad bellum*, droit humanitaire international? Les drones civils, quant à eux, sont les objets de notre quotidien, caméra aérienne, objet aérien transportant des marchandises, objet roulants agricoles pour l'épandage, voitures autonomes, valises roulantes autonomes, objet sous-marin qui suit des plongeurs... Ils facilitent le travail, le quotidien, instrument utile et instrument de loisir, sont-ils des objets, des véhicules? Qui est responsable de l'engin? Celui qui le pilote, qui le conçoit, qui en est le propriétaire, tous? Les assurances couvrent-elles tous les dommages causés par les drones? De plus en plus perfectionnés, habités ou non, à quel statut juridique s'apparentent-ils? Leur qualification même pose problème puisque multiforme. Divers régimes juridiques sont alors utilisables pour une réalité variée (Voir A. Lobry, A. Mazouz, E. Weil (dir.), *Drones et droit*). Une définition générale du drone est celle de véhicule accompagné d'une charge, piloté à distance ou programmé, plus ou moins autonome, capable d'accomplir des tâches spécifiques. L'arrêté du 17 décembre 2015 et la loi du 24 octobre 2016 réglementent l'usage des drones civils aériens pour l'utilisation de l'espace aérien, dans le respect des restrictions de survol et de sécurité, et dans le respect de la vie privée pour les captures d'images au-dessus des zones habitées. Le Code de la défense et le Code général des collectivités territoriales, régissent l'usage des drones civils aériens pour le respect de l'ordre public et de la sécurité. Pour les autres drones, les régimes juridiques existants sont utilisés. Les drones terrestres sont régis par le Code de la route, assimilés à des piétons ou à des véhicules terrestres à moteur, selon leur vitesse. Le Code des transports de 2010 régit la responsabilité civile et le Code pénal, la responsabilité pénale, pour les préjudices causés par des aéronefs. Le Code civil régit les atteintes à la vie privée et protège le droit à l'image et la loi de 1978, les données personnelles. Les drones navals civils sont à leurs débuts, assimilés à un navire, ils seraient régis par la Convention des Nations unies sur le droit de la mer du 16 novembre 1973 et le RIPAM (Règlement International pour Prévenir les Abordages en Mer). Mais selon leur usage, loisir, sport, travail, commerce, leur taille, leur vitesse..., les drones n'auront pas la même réglementation et de nombreux points restent dans l'ombre. Le constat est sans appel, le législateur va devoir intervenir globalement sur cette question spécifique, voire en la couplant avec celle des robots.

Par leur définition, les robots peuvent en effet, s'apparenter aux drones. La commission de réflexion sur l'Éthique de la Recherche en sciences et technologies du numérique d'Allistene définit le robot comme « *une machine mettant en œuvre et intégrant notamment des capacités de décisions qui, partant des données et des connaissances, déterminent et planifient des actions* ». L'ATLIF (Analyse et Traitement Informatique de la Langue Française), unité de recherche au CNRS créée en 2001, précise qu'il s'agit d'un « *appareil effectuant, grâce à un système de commande automatique à base de micro-processeur, une tâche précise pour laquelle il a été conçu dans le domaine industriel, scientifique, militaire ou domestique* ». Le terme, issu du slave signifiant travail, apparaît dans une pièce de théâtre en 1920. De plus en plus présents dans le quotidien, le robot-ménager, le robot-assistant en usine ou médical, le robot-automate bancaire ou commercial, tous sont destinés à soulager l'individu dans les tâches répétitives, éprouvantes, toxiques, minutieuses. En 1942, Isaac Asimov introduit dans ses œuvres le terme « robotique » qui renvoie à la conception et à la réalisation des robots. Le directeur de Robopolis et fondateur d'infogrames, Bruno Bonnell, évoque pour sa part la « *robolution* » qui est en train de se dérouler. Danger pour les uns auxquels ils prendraient leurs emplois voire machine qui échapperait à son maître (tel le golem hébraïque), opportunité extraordinaire pour les autres permettant d'imaginer un avenir heureux dans lequel les humains seraient libérés de toutes les contraintes, le robot est-il « l'avenir de l'homme » ? Il est l'humain avancé de *Terminator*, le robot doté de conscience de *I, Robot*. Objet de beaucoup de fantasmes dans la littérature et le cinéma, il pose des questions philosophiques, sociales, commerciales (cible d'OPA), éthiques et juridiques. À la frontière avec l'humain, peut-il être considéré comme tel ? Est-il responsable de ses actes, ou est-ce son constructeur, son propriétaire ? Peut-il être citoyen, ainsi que l'est devenu le robot Sophia, en 2017, qui a obtenu la nationalité saoudienne ? Est-il, en conséquence, apte à se marier, à voter, à être responsable de ses crimes ? Relève-t-il du droit international humanitaire s'il fait la guerre ? Relève-t-il de la bioéthique quand il est un bio-nanorobot ? Comme pour les drones, les juristes utilisent le droit existant. En 2014, le projet « *RoboLaw* », mené et publié par Erica Palmerini, présente un état des lieux sur la question des robots afin de déterminer si le droit existant est suffisant ou, si, dans le cas contraire, il est nécessaire de créer un nouveau statut juridique pour cet objet robotique non identifié (ORNI), à la frontière de la personne. Ce projet conclu qu'il faudra leur reconnaître une personnalité juridique, avec des droits et devoirs, et développer un droit de la responsabilité spécifique.

Plus proche de la fiction et de l'humain, le clone présente des enjeux juridiques semblables. Le mot est utilisé en 1903 au sujet des plantes par le botaniste H. J. Webber. Un siècle plus tard, la reproduction d'être humain à l'identique à partir de son génome sur le modèle du « bouturage » est possible grâce au développement de la science. Permis pour les végétaux, les animaux (Dolly), les cellules humaines et les gènes à des fins médicales en biologie, le clonage humain est interdit par l'ONU depuis 1997, dans l'article 11 de la Déclaration Universelle sur le Génome Humain et les droits de l'homme : « *le clonage à des fins de reproduction d'êtres humains ne doit pas être permis* ». En décembre 2000, la Charte des droits fondamentaux de l'Union Européenne interdit le clonage reproductif des êtres humains et le 8 mars 2005, l'ONU interdit le clonage humain à des fins thérapeutiques. En France, l'article 16-4 du Code civil proscrit tout clonage, reproductif ou thérapeutique : « *nul ne peut porter atteinte à l'intégrité de l'espèce humaine. Toute pratique eugénique tendant à l'organisation de la sélection des personnes est interdite. Est interdite toute intervention ayant pour but de faire naître un enfant génétiquement identique à une autre personne vivante ou décédée. Sans préjudice des recherches tendant à la prévention et au traitement des maladies génétiques, aucune transformation ne peut être apportée aux caractères génétiques dans le but de modifier la descendance de la personne»*. Ces pratiques sont punissables de la réclusion à perpétuité. Pour autant, la recherche avance et les projets – voire les réalisations – de clonages de cellules d'embryons humains (en Corée, au Royaume Uni, aux États-Unis) ouvrent le débat sur un statut juridique des clones en ce début du XXIe siècle. Assimilable à l'être humain, pourrait-on lui appliquer le droit commun ou lui faudra-t-il une législation propre? Pourrait-il avoir les mêmes droits et devoirs que les citoyens? Serait-il être humain ou sous être humain, au service de l'individu? Destiné à la destruction s'il est à usage thérapeutique? Le droit devra immanquablement se saisir de la question, il ne peut rester hors des sciences.

Le droit, science humaine, science sociale, science «molle ou douce», ne s'oppose pas aux sciences «dures», naturelles, formelles. Au contraire, il en est le cœur. C'est par lui qu'elles peuvent vivre et se développer. Comme un père, il les accompagne, les encadre, cherche à éviter leurs excès et leurs folies.

Pour aller plus loin sur la doctrine juridique médiévale ou le «droit scientifique»

La renaissance juridique du XIIe siècle et l'émergence des universités ravivent la réflexion sur le droit, ou doctrine, qui avait disparu à la chute de l'empire romain d'Occident. L'essor de la pensée analytique des légistes civilistes (glossateurs et post-glossateurs) et canonistes (décrétistes et décrétalistes) aboutit au renouvellement des conceptions juridiques sur le modèle de l'élaboration scientifique du droit par les romains. Appliquant la glose et la scolastique à de nombreuses notions pour une application contemporaine, ces juristes constituent une pensée originale au fondement de la rationalité juridique occidentale. À titre d'exemple, citons les notions de personne morale, élection, hiérarchie des normes ou encore celle de consentement.

L'appréhension de la notion de personne morale est complexe. Elle allie romanistes et canonistes. Les premiers établissent une distinction entre personne physique et personne «morale» ou corporation / *universitas*. La doctrine distingue tout d'abord, d'une part, un groupe de personnes associées dans un but, *universistas personnarum*, d'autre part, un ensemble de biens destinés à une œuvre, *universitas rerum*. Ces groupes constituent une personne juridique fictive. Les glossateurs s'interrogent ensuite sur sa capacité juridique, sa faculté d'ester en justice, de posséder, de commettre des délits. L'*universitas* n'a pas d'existence propre, elle ne peut posséder que par l'intermédiaire d'un tuteur. Elle ne peut pas être accusée de crimes mais peut faire l'objet d'une action judiciaire. Elle ne peut être punie que par la dissolution. Les canonistes poursuivent la réflexion. Innocent IV précise que l'*universitas*, constituant une personne fictive, se distingue de la *societas*, société anonyme ayant qualité de sujet juridique. Les canonistes s'interrogent sur l'établissement de cette personne fictive (sa reconnaissance officielle), sa durée, sa capacité à être dépositaire de prérogatives de «droit public», à exercer ces prérogatives, à la qualité de ses membres et à sa personnification. Cette théorie corporatiste apporte des éléments juridiques à la doctrine de l'État et de l'Église et ouvre la réflexion sur l'idée d'institution ou *officium*. La théorie de l'office, charge publique exercée par une personne mandatée, pousse les canonistes à s'intéresser au mandat, à l'élection et à la représentation. Si le peuple, le monastère ou le chapitre ecclésiastique forment une *universitas*, représentée, dirigée par un élu, *quid* de son élection et de son mandat ? Le décrétiste bolonais Huguccio (v. 1140-1210), s'interroge sur la possibilité pour le peuple, membre de cette *civitas*, de collaborer au gouvernement et d'intervenir par la voix des élections (pape, évêques, abbés…). Il reprend l'exemple de la *lex de imperio* par laquelle le peuple transfère son pouvoir à l'empereur. Le canon 24 du concile de Latran IV, en 1215, développe ces questions d'élection par scrutin et compromis.

Concile de Latran, 1215, canon 24 (extrait de B. Basdevant-Gaudemet et V. Goutal-Arnal, *Histoire du droit et des institutions*, corrigés d'examen, LGDJ, 1997, p. 137-138)

« En raison de la diversité des formes d'élection que certains s'efforcent de trouver, de nombreuses difficultés se présentent et de grands dangers menacent les églises devenues veuves. Aussi statuons-nous que, lorsqu'il faudra procéder à une élection, en présence de tous ceux qui doivent, veulent et peuvent facilement être là, on prendra dans ce collège trois hommes dignes de foi. Ceux-ci recueilleront soigneusement, secrètement et un par un les votes de tous et, après les avoir notés par écrit, ils les proclameront publiquement devant tous. Tout empêchement d'appel supprimé, après collation des votes, sera élu celui sur lequel tous sont tombés d'accord ou bien la majorité ou la partie la plus saine du chapitre. Ou bien le pouvoir d'élire sera remis à quelques hommes idoines qui, à la place de tous, pourvoiront d'un pasteur l'église devenue veuve. Une élection faite autrement ne serait pas valide, à moins qu'elle n'ait été faite par tous ensemble, sans vice de forme et comme sous l'inspiration de Dieu. Ceux qui prendraient l'initiative de faire une élection à l'encontre des formes susdites seraient privés cette fois du pouvoir d'élire. Nous interdisons absolument que quelqu'un constitue un procureur dans une élection, sauf s'il est absent du lieu d'où il doit être convoqué et que, retenu par un empêchement légitime, il ne puisse venir ; sur quoi, s'il en est besoin, il prêtera serment et, s'il le veut, il se fera remplacer par quelqu'un du même collège. Nous réprouvons aussi les élections clandestines, statuant que, dès qu'une élection aura été faite, elle sera solennellement proclamée ».

Cela influence l'organisation politique urbaine ou encore la réunion des États généraux et oblige à réfléchir sur l'étendue du mandat et de la représentation. Burchard de Worms, déjà en 1008 dans son *Décret*, Grégoire VII, dans ses *Dictatus papae* en 1075, Gratien, dans son *Décret* en 1140, Huguccio dans ses commentaires du *Décret* ou encore Innocent IV, pape de 1243 à 1254, qui commente le *liber extra* (*Décrétales* de Grégoire IX de 1234) en 1251, se penchent sur ces mêmes questions. Tous s'accordent sur le fait que le pape, puisqu'il est élu, est dépositaire légitime de l'autorité par cette élection. Il possède le pouvoir législatif suprême et le pouvoir judiciaire souverain. Ainsi, la décrétale pontificale prime sur le canon (Huguccio) et personne ne peut en appeler du jugement pontifical. Cela rend l'élu responsable, ce qui induit la possibilité de le juger, voire le déposer en cas d'abus (Huguccio). En découle aussi la notion de hiérocratie (terme introduit par

Max Weber), ou suprématie pontificale sur les puissances temporelles, qui vient compléter la théocratie, du fait de cette même élection, théorisée par Innocent IV. Investi par Dieu, le pape investit à son tour les puissances temporelles par le couronnement impérial et le sacre.

Si la notion de hiérarchie des sources du droit canonique commence à être posée dans ce débat, entre canon conciliaire et décrétale pontificale, elle s'enrichit d'une analyse sur les coutumes au XIIIe siècle. La coutume doit-elle être fondée sur la vérité ou la raison ? Sur la raison, pour Urbain III (pape de 1185 à 1187), qui ajoute qu'un long usage, au moins quarante ans, doit être constaté. Il précise qu'une telle coutume doit être reconnue par une autorité supérieure et qu'elle ne peut avoir qu'un rôle supplétif. Le décrétaliste Hostiensis (v. 1200-1271), dans sa *Summa aurea*, en 1260, en donne une définition précise. Il poursuit également les réflexions de Gratien et d'Huguccio sur les notions de droit naturel, les lois et les coutumes, ainsi que sur les rapports entre la nature de la loi et le droit naturel.

Autre objet de la réflexion juridique, la question du consentement. La doctrine canoniste doit trancher un débat complexe au sujet de ce qui fait le mariage. Est-ce le consentement, *matrimonium initiatum*, ou la consommation, *matrimonium ratum* ? Gratien et Huguccio tentent de résoudre ce problème. En effet, le mariage par rapt est un héritage de la société germanique qui consiste, en cas de non consentement des parents à un mariage, à enlever l'élue et à consommer le mariage, cette consommation valant mariage. Huguccio tranche en reconnaissant les deux, entendu que la consommation présume un consentement. Cela conduit le concile de Latran IV de 1215 à ériger la théorie des vices du consentement dans le mariage (dol, violence et folie). Les canonistes s'intéressent aussi aux cas des « filles séduites » par des promesses de fiançailles qui auraient consommé (par union charnelle) avant les fiançailles (qui engagent dans le mariage) et qui se trouveraient enceintes hors mariage. Le droit canonique leur donne trois actions en justice pour contraindre le père à indemniser la jeune fille, voire à l'épouser. Cela implique aussi que le droit canonique se penche sur les questions de présomptions de paternité et de désavœu de paternité. Hostiensis permet enfin le mariage pour concubinage non entaché d'empêchement.

La vigueur de cette pensée juridique et la complexité des acceptions proposées en font un « droit scientifique », selon J. Krynen, un droit objet de toute l'attention des spécialistes, les légistes. Ces conceptions élaborées sont autant de réponses aux nouveaux besoins de la société médiévale, l'objet juridique est scientifiquement examiné pour améliorer le droit existant.

Pour en savoir plus, consulter : J. Gaudemet, L*a doctrine canonique médiévale*; P. Gillet, *La personnalité juridique en droit ecclésiastique spécialement chez les décrétistes et décrétalistes et dans le code de droit canonique*, Malines, 1927 ; Fl. Demoulin-Auzary, *Les actions d'État en droit romano-canonique : mariage et filiation (XIIe-XVe).*

Exercice

Exercice d'application, bibliographie & corrigé

Exercice : Élaborez une notice bibliographique sur le sujet suivant : Le débat entre Sciences « dures » et sciences « molles »

A. Réaliser une notice bibliographique

La notice doit être classée (par ordre alphabétique et par type de document) et contenir :

- Les sources juridiques : textes de droit, doctrine, jurisprudence
- La bibliographie : Ouvrages, articles, revues en ligne

  La forme est importante. Les règles de bibliographies sont normalisées (Norme Afnor Z 44-005 et Norme ISO 690-2), mais une certaine souplesse est laissée sur la ponctuation, la typographie, le classement. Vous pouvez ajouter le nombre de pages pour un ouvrage (517 p.). Pour un article, il est impératif d'indiquer les pages (p. 22-35) pour pouvoir retrouver rapidement la référence citée.
- Une référence doit comporter :

  NOM DE L'AUTEUR, Initiale du prénom OU Prénom, *Titre*, n° édition, lieu, éditeur, année de publication, page concernée et n° référence ou lien URL.

  Ou

  Juridiction et date de l'arrêt, n° de pourvoi, référence du commentaire doctrinal, n° référence ou lien URL.

Exercices

■ Ouvrages

MÉTHIVIER, H., *L'Ancien Régime*, 14e édition, Paris, Presses universitaires de France, coll. « Que sais-je ? », n° 925, 2001.

■ Articles de doctrine

DINH E., « Le régime de l'intégration fiscale et le droit de l'Union européenne », *J.-C.P E.* 2016, 1230.

■ Jurisprudence commentée

Com. 8 mars 2017, n° 15-15132, *Revue des contrats*, 2017, p. 408, note P. Chauviré.

Pour vous aider, de nombreux exemples de notices bibliographiques sont disponibles sur internet :

- http://masterdroit.unimes.fr/2015/04/13/bibliographie-et-references-dans-une-these-de-doctorat-en-droit/
- http://www1.montpellier.inra.fr/bartoli/moisa/bartoli/download/moisa2011_pdf/regles.pdf
- https://jurisguide.fr/fiches-pedagogiques/reference-bibliographique/
- http://referencesbibliographiques.insa-lyon.fr/

B. Corrige

1. Conseils

Pour élaborer une notice bibliographique sur un sujet, il convient de définir le sujet, identifier ses enjeux juridiques, puis chercher de la documentation afin d'étayer le développement, pour trouver la problématisation et le plan.

Le plus difficile consiste à trier et hiérarchiser les documents par ordre de pertinence et de véracité. On placera toujours en premier les sources officielles (loi, jurisprudence), puis les commentaires de la doctrine, traités et articles d'enseignants chercheurs de la discipline, puis ouvrages de non spécialistes, puis articles de journaux.

- Définition du sujet :

  Sciences : ensemble de connaissances caractérisées par un objet d'étude et une méthode répondant à des lois objectives et véritables par l'expérimentation, pouvant conduire à une théorie. Gilles-Gaston Granger propose de définir la science « *comme une connaissance par objet et par concepts, elle-même générée par un travail qui obéit à l'objectif de représenter toute chose associée à la « réalité » sous une forme distincte de sa nature propre* ». Sous ce chef, la science exige le découpage de la réalité en un objet dans le but de le « manipuler » pour en isoler les éléments et tenter de reproduire leur imbrication et leur fonctionnement grâce à une représentation expressément et uniquement façonnée par le moyen de symboles et de concepts.

  Les sciences dites « exactes » ou « expérimentales », les sciences « dures », sont les sciences de la nature, démontrables grâce des expérimentations : mathématiques, physique, chimie, biologie.

  Les sciences humaines ou sociales, douces ou « molles » sont les sciences qui étudient la société : sociologie, psychologie, science politique, philosophie, économie, droit.

- L'origine de la distinction serait à trouver « au XVIIe siècle, [quand] les sciences physiques commencent à se mathématiser (Galilée) » et se dégagent ainsi de la philosophie (Jean-Marc Lévy-Leblond). La séparation des sciences les unes des autres apparaît. Puis, le décret de Napoléon de 1808 crée les disciplines, cinq à l'origine (théologie, droit, médecine, sciences mathématiques et physiques, lettres), vingt-huit aujourd'hui, segmentant le savoir autour de spécialités. Auguste Comte au XIXe écrit : « *les sciences humaines se heurtent à une limite infranchissable, car les réalités qu'elles aspirent à connaître sont de même ordre de complexité que les moyens intellectuels qu'elles mettent en œuvre. De ce fait, elles sont et elles seront incapables de maîtriser leur objet* ». Cette polémique est ravivée par Claude Lévi-Strauss dans son livre *Histoire de Lynx* : « *Les sciences humaines ne sont des sciences que par une flatteuse imposture* ». Philippe Cibois fait remonter la distinction sciences dures et sciences molles à l'arrivée de l'informatique et la distinction entre hardware et software qui passe aux hard sciences et soft sciences (cité par Jean Ferrette). Pour Léna Soler, la distinction repose « *sur un jugement de valeur* », la référence à des sciences « molles », étant péjorative.

  Dans quel champ des sciences le droit se situe-t-il ? La science juridique est construite par les romains dans l'Antiquité sur la base de raisonnements, méthodologies et terminologies. Au XIXe siècle, le droit est qualifié de science sociale par les juristes comme Duvergier, une « science morale entre philosophie et histoire » selon Lerminier, mais une science sociale « singulière » et autonome, d'après Bourdieu (Audren & Halpérin). Au XXe siècle, Hans Kelsen veut construire une science du droit sur le modèle des sciences empiriques pour en faire une science « dure ». Le droit est objet d'une science qui s'efforce de le décrire, sans jugement de valeur, fondée sur les normes existantes. Le droit serait-il une science à la fois « molle » et « dure » ?

- Notions et évolutions : ce qui définit une science est sa méthode (statistiques, expériences renouvelées avec même résultat), ses questionnements et ses résultats et l'élaboration de théories. Les points communs entre toutes les sciences sont les méthodes, ce même point les distingue aussi car sciences « dures » ou « molles » ont des méthodes et des terminologies propres. Ces dernières font l'objet d'échanges, de méthodes et de modèles, entre les sciences (Thierry Rogel) ce qui met en cause leur cloisonnement. Le débat depuis un siècle se situe autant dans la revendication de chaque science à être une science, que dans le champ de l'épistémologie (Thierry Rogel). Théorie de la science ou de la connaissance, l'épistémologie est une philosophie qui vise à proposer une étude critique des sciences, de leur origine, valeur et portée. La dichotomie « dur / mou » est une construction sociale qui a eu son utilité, mais qui est moins utile aujourd'hui (Thierry Rogel). Depuis les années 1990, il existe une volonté pédagogique de rassembler les sciences « dures » et « molles » par la pluridisciplinarité (Centre Michel Serres pour l'interdisciplinarité aux Arts et métiers et CIRET d'Edgar Morin, dans la lignée des savants de l'Ancien Régime, Descartes ou Leibniz).

- Enjeux ou problématisation du sujet : Sur quoi porte le débat entre sciences dures et sciences molles ? Sont-elles distinctes, doivent-elles l'être ? Les sciences dures sont-elles « inhumaines » face aux sciences humaines ? Les sciences humaines seraient-elles inexactes face aux sciences exactes ? Le débat porte aussi sur la revendication des sciences « molles » à être aussi dures que les sciences dures. Toutes ces questions concernent la matière juridique : le droit est-il une science ? Quelle science (dure ou molle ou les deux) ? Le droit, érigé en science juridique, revendique une scientificité par ses méthodes et sa terminologie : est-ce une science dure ou molle ?

- Idées de Plan autour du sujet proposé :

  Premier Plan : Points communs entres les deux sciences humaines et expérimentales (I) mais existence de nombreuses différences (II).

  Second Plan : De la séparation et reconnaissance des sciences expérimentales et humaines (I), à la réconciliation des sciences « molles » et « dures dans l'interdisciplinarité » (II).

  Troisième plan : Le droit est à la croisée des sciences : à la fois science « dure » (I) et science humaine « molle » (II).

2. Notice Bibliographique

Remarques :

- Ce sujet ne se prête ni à la recherche dans des sources officielles, ni dans la jurisprudence mais plus dans la doctrine juridique, la philosophie, la philosophie des sciences, les sciences de l'éducation…
- La notice n'est pas un travail fini et exhaustif, il peut être toujours complété et dépend de l'orientation de recherche donné au sujet.

- La présentation doit faire l'objet d'un classement : par catégorie quand la notice est longue (sources, bibliographie, articles...) et alphabétique. Le corrigé est alphabétique car la notice proposée est courte, mais il peut être divisé en catégorie.

- ALLIEU-MARY, Nicole, *L'interdisciplinarité pédagogique*. INRP, février 2010. http://ecehg.ens-lyon.fr/ECEHG/interdisciplinarite/l2019interdisciplinarite-pedagogique-nicole-allieu-mary
- AUDREN, Frédéric et HALPERIN, Jean-Louis, « La science juridique entre politique et sciences humaines (XIXe-XXe siècles) », *Revue d'histoire des sciences humaines*, 2001/1, n° 4, p. 3-7.
- BALIBAR, Françoise et DURING, Élie (dir.), « Sciences dures ? », *Revue Critique*, numéro spécial, n° 661-662, 2002.
- BOUVERESSE, Jacques, *Prodiges et vertiges de l'ressemblance. De l'abus des belles-lettres dans la pensée*, éd. Raison d'agir, 1999.
- CASTELLI, Mirelle, « Sciences et droit : relation et rapports de force », *Les Cahiers de droit*, *37*(1), 1996, p. 93-119. https://doi.org/10.7202/043380ar
- DE CERTAINES, Jacques, « Les sciences molles sont plus dures que molles ! », *Réseau, Mensuel de l'innovation en Bretagne*, CCSTI, janvier 1992, n° 74, p. 1-2.
- DUBOIS, Jean, « Sciences dures, sciences molles, la bataille continue », *Les Echos*, 21/11/1997.
- HALPERIN, Jean-Louis, « L'histoire du droit constituée en discipline : consécration ou repli identitaire ? », *Revue d'histoire des sciences humaines*, 2001/1, n° 4, p. 9-32.
- HAMEL, Jacques, « La pédagogie comme pivot de l'interdisciplinarité », *Revue internationale d'éducation de Sèvres*, 2002, n° 30, p. 143-151. https://journals.openedition.org/ries/1969
- LEVY-LEBLOND, Jean-Marc, « Sciences dures et traduction », Entretien réalisé par Michaël Oustinoff, *Hermès, la Revue*, 2007/3, n° 49, p. 205-211, https://www.cairn.info/revue-hermes-la-revue-2007-3-page-205.htm ; *La Pierre de touche*, Paris, Gallimard, Folio, 1996 ; *La vitesse de l'ombre*, Seuil, 2006 ; « Faut-il faire sa fête à la science ? », *Alliage*, n° 59, 2007.
- LILENSTEN, Jean, *Les sens du mot science*, Les Ulis, EDP sciences, 2018.
- MORIN, Edgar, « Sur l'interdisciplinarité », *Carrefour des sciences*, Actes du Colloque du Comité National de la Recherche Scientifique *Interdisciplinarité*, Éditions du CNRS, 1990.
- REGE COLET, Nicole, *Enseignement universitaire et interdisciplinarité. Un cadre pour analyser, agir et évaluer*, Bruxelles, De Boeck, 2002.
- ROGEL, Thierry, « Durcir les « sciences molles », mollir les « sciences dures », 31 mai 2016, http://www.aix-mrs.iufm.fr/formations/filieres/ses/didactique/rogel.pdf
- SOKAL, Alan et BRICMONT, Jean, *Impostures intellectuelles*, Odile Jacob, 1999.
- SOLER, Léna, *Introduction à l'épistémologie*, Ellipses, 2000, rééd. 2009 ; « Transformer l'idée de science et l'idéologie liée à la science ? », *Rue Descartes*, 2003/3, n° 41, p. 30-40, https://www.cairn.info/revue-rue-descartes-2003-3-page-30.html

Droit et libertés

Mes essentiels

- Antiquité : la citoyenneté gréco-romaine donne les premiers droits civiques et politiques aux hommes libres. Le christianisme reconnaît la liberté et l'égalité dans la foi.
- Moyen Âge : Les collectivités urbaines, universitaires et religieuses possèdent des statuts reconnaissant leurs droits et libertés (droit de vote, droit de grève), inscrits dans des chartes de franchises et dans les règles canoniques au XIIe siècle.
- Ancien Régime : Reconnaissance des libertés « internationales » des individus et des États par le truchement du droit naturel et de la raison : liberté de circulation, liberté du commerce au XVIIe siècle.
- 26 août 1789 : la DDHC reconnaît les libertés consacrées dans les Constitutions postérieures.
- IIIe République, entre 1880-1905 : reconnaissance des droits et libertés collectives en matière d'enseignement en 1880-1886, de presse en 1881, d'association en 1901 et séparation de l'Église et de l'État en 1905.
- XXe siècle : apparition des droits de l'humanité et reconnaissance constitutionnelle des droits et libertés en France (1946 et 1958 et décisions du Conseil Constitutionnel)
- XXIe siècle : nouveaux droits et libertés en gestation et en débat, droits des minorités, droit à l'environnement, droits liés à l'internet, libertés dans la mort…

L'Essentiel au sujet de l'autonomie du droit et des libertés

Dans toutes les périodes historiques, il apparaît nettement que les libertés ont absolument besoin du droit pour être reconnues, énoncées et garanties. Pourtant, paradoxalement, les libertés veulent être libres et les citoyens voient dans le droit la contrainte et dans la liberté, la possibilité de se libérer de cette contrainte.

« *La liberté consiste à pouvoir faire ce qui ne nuit pas à autrui* » et ce qui n'est pas contre la loi, en vertu de l'article 4 de la Déclaration des Droits de l'Homme et du Citoyen. Il semble dès lors que droit et liberté s'excluent l'un l'autre et occupent deux champs différents, détachés et autonomes. Or, le Droit et la Loi accordent des Libertés et les protègent. Les deux matières s'interpénètrent souvent, se détachent, voire s'opposent, parfois.

Le terme « Liberté » couvre un grand nombre de réalités et de notions : la liberté, au sens de l'article 4 de la DDHC, peut être entendue comme une faculté d'autodétermination, un exercice individuel, à la différence du droit qui est une obligation de respecter la règle qui s'impose à tous. Dans un État libéral, la liberté recouvre tout ce qui n'est pas interdit par la loi. Par exemple, le droit à la mort n'existe pas, mais la liberté de mourir (suicide) existe et n'est pas sanctionnée. La rencontre de ces deux notions se trouve dans le débat sur le droit au suicide assisté, ou euthanasie. Une liberté est dite fondamentale quant elle est inscrite dans la Constitution, cela signifiant qu'aucune loi ne peut y déroger. Une liberté est publique quand elle fait partie des droits subjectifs, c'est-à-dire les droits que l'État accorde à tous les nationaux. Cette classification établit une hiérarchie nécessaire en cas de confrontation entre diverses libertés et divers droits. Si la Liberté est une faculté personnelle, certaines libertés, individuelles et / ou collectives, sont inscrites dans le droit interne – la Constitution, les lois, les chartes – dans le droit européen (Convention Européenne de Sauvegarde des Droits de l'Homme de 1950) et dans le droit international (Charte des Nations Unies de 1945, Déclaration Universelle des Droits de l'Homme de 1948 et Convention de Genève de 1951).

La question de l'autonomie et des relations entre droit et liberté est posée depuis l'Antiquité et trouve des réponses variées selon les périodes historiques, antique, médiévale, moderne (I). La Révolution française transforme radicalement les acceptions antérieures en fixant les libertés dans la loi et la Constitution (II), mais au détriment des libertés collectives qui ne seront officiellement reconnues que sous la IIIe République (III). Au XXe siècle, les bouleversements internationaux et nationaux appellent à la reconnaissance juridique des grandes libertés alors même que les revendications sociales appellent à plus de libertés dans l'État, visant à dégager certaines libertés de la contrainte législative (IV). Les problématiques contemporaines touchant les rapports entre Droit et Liberté soulèvent des paradoxes et critiques dont il convient de faire état (V).

I Droits & libertés de l'Antiquité à la Révolution

Pendant plus de deux millénaires, les relations entre Droit et Liberté ont fait l'objet de la réflexion des philosophes, des juristes et des politiques afin de parvenir à leur expression et à leur reconnaissance. Les Grecs et les Romains associent les droits et libertés à la citoyenneté (A). Le christianisme reconnaît des libertés distinctes des droits et hors du droit (B). Les mutations sociétales du bas Moyen Âge font émerger des droits et des libertés très novateurs (C). Le jusnaturalisme prône des libertés fondamentales et internationales à l'heure des grandes découvertes (D).

A Le respect de la loi ou la liberté pour les citoyens de l'Antiquité

L'Antiquité gréco romaine est caractérisée par l'esclavage, c'est-à-dire le refus d'accorder la liberté à une certaine catégorie de personnes. Pour les esclaves, point de liberté et point de droits car l'esclave est juridiquement considéré comme une chose. À l'inverse, les citoyens (10 % de la population en moyenne), les hommes qui habitent la cité, nés de parents citoyens, doivent le service militaire et l'impôt en contrepartie des droits civiques et politiques qu'ils possèdent. Libres d'aller et venir, libres d'exercer des fonctions politiques dans les institutions de la démocratie grecque (ecclesia, boulê, héliée, magistrature) ou de la république et l'empire à Rome (sénat, concile, comices, magistratures), ils peuvent participer à la gestion des affaires publiques. Les lois, celles de Solon (594 av. J.-C.) ou de Clisthène (507 av. J.-C.), garantissent à Athènes la liberté et l'égalité de tous les citoyens dont la vraie liberté est d'obéir à la loi. Faire la guerre permet de garantir la liberté de la cité, éviter qu'elle ne tombe en esclavage, et participer au pouvoir politique permet d'exprimer sa liberté d'opinion. C'est donc la cité, et ses lois votées librement par les citoyens, qui octroie la liberté. À l'identique, à Rome, la *libertas* est attachée à la citoyenneté et acquise par le *jus civile*. Pour Cicéron, la liberté est constituée de tous les droits civils garantis par les lois républicaines. Ces libertés sont semblables à celles des Grecs. L'essor du christianisme dans l'Empire romain et sa reconnaissance comme religion d'État par l'édit de Thessalonique en 380 ap. J.-C. fait apparaître de nouvelles libertés en dehors du droit.

B La liberté hors du droit : la reconnaissance de la liberté dans le christianisme

C'est dans le christianisme que se retrouvent les notions d'égalité et de liberté de l'homme devant Dieu, dans la foi, et non dans le droit. L'autonomie des deux matières est affirmée par le fameux « *Rendez à César ce qui est à César [la monnaie et l'impôt] et à Dieu ce qui est à Dieu [la foi]* ». Dès sa fondation, l'Église chrétienne attire à elle tous les individus, hommes et femmes, libres et esclaves, riches ou pauvres, tous frères et sœurs, égaux devant Dieu. Dans le *Nouveau Testament*, saint Paul affirme que « *tous sont égaux aux yeux de Dieu* » (Cor, VII, 21) et qu'« *il n'y a plus ni esclave ni homme libre* [...] *vous n'êtes tous qu'un dans le Christ Jésus* » (Galates, III, 28). La liberté de tous les hommes est le corollaire naturel de cette égalité. Saint Paul affirme que « *c'est pour jouir de cette liberté que le christ vous a affranchis* » (Galates, V, 1), en réponse à l'esclavage sous l'empire romain. La foi affranchit dans le for interne, et non dans le droit, comme le rappelle saint Jean : « *Si vous demeurez dans ma Parole [J.-C.], vous êtes vraiment mes disciples ; vous connaîtrez la vérité et la vérité vous rendra libres* » (Jean VIII, 31-32). « *Si donc le Fils vous affranchit, vous serez réellement libres* » (Jean VIII, 36). Dieu accorde aux hommes le libre arbitre de leur volonté. Les hommes ont donc librement la capacité de déterminer le chemin de vie que leur propose Dieu. Pour autant, ces hommes et ces femmes, esclaves dans l'empire romain, n'ont pas de droits, alors qu'ils sont libres devant Dieu. Par ailleurs, les Romains, même citoyens, convertis au christianisme, sont persécutés pendant trois siècles sur le fondement du droit romain, qui ne protège plus alors leur liberté de conscience et de culte. Les juristes inventent même la procédure extraordinaire – ou inquisitoire – qui permet de se saisir, sans accusateur, d'une personne et de la condamner sur le fondement d'un crime : celui d'être chrétien. C'est ce que prescrit l'empereur Trajan, en 111, à son gouverneur de province Pline.

Les libertés accordées par le christianisme persistent à la chute de l'empire romain en 476, toujours dans la foi plus que dans le droit. Pour autant, les mutations de la société entre l'an mil et le XIIe siècle font apparaître de nouveaux droits, dont certains accordent de nouvelles libertés.

C Droit et liberté dans un Moyen Âge inattendu

Les nouvelles communautés émergentes au XIIe siècle, villes et universités, se démarquent considérablement dans le paysage féodal. Le droit existant ne répond pas à leurs besoins spécifiques de libre travail et de libre commerce pour les premières, de libre enseignement pour les secondes. Ces « *universitas* », ou corporations, revendiquent alors la reconnaissance de leurs droits et libertés à l'encontre du seigneur local. Elles obtiennent, pacifiquement ou de longue lutte, leurs «*franchises*» (libertés) qui se trouvent inscrites et garanties dans des chartes. Parmi les articles contenus dans ces documents juridiques, se trouvent le droit individuel de vote dans les villes (1) et le droit collectif de grève dans les universités (2).

1 Liberté politique et droit de vote

Au Moyen Âge, à partir du XIIe siècle, un essor démographique et économique touche l'Europe, faisant renaître les villes. En rupture avec la féodalité, elles revendiquent et obtiennent leur indépendance. Dans les chartes de libertés qui leur sont octroyées par les seigneurs ou les rois, ces villes gagnent de nouveaux droits et de nouvelles libertés. Parmi ces dernières, les bourgeois – et les bourgeoises d'après les chartes de Belfort en 1302 et Provins en 1350 – gagnent des libertés et droits politiques tels ceux d'élire leurs représentants politiques. Les villes de communes, autonomes, s'administrent par l'intermédiaire d'échevins (sorte de maires), élus pour trois à cinq ans et assistés d'un conseil. Ces organes politiques sont chargés de la police administrative (gestion de la ville) et exercent des prérogatives judiciaires et fiscales. Les habitants des villes se voient également reconnaître des libertés et droits privés comme l'égalité successorale et la liberté d'exercer des métiers, à égalité pour les hommes et les femmes, à la condition de respecter la charte de corporation de leur métier. Un adage veut même que «*l'air de la ville rend libre*», cela signifie que les serfs (non libres) peuvent, s'ils fuient leur seigneur et leur tenure servile (terre) paysanne, se réfugier en ville. S'ils y restent un an et un jour, ils sont réputés libres et peuvent prêter le serment de bourgeoisie et acquérir les droits et libertés précités.

Cette liberté politique dans les villes est copiée sur le modèle de gestion des monastères et abbayes qui se développent depuis le VIe siècle (abbayes bénédictines depuis 529, clunisiennes depuis 910 et ordres mendiants des franciscains et dominicains au XIIIe siècle). Leur règle, accordée par le pape, leur permet d'élire à vie leur abbé ou abbesse, pour s'administrer, comme les évêques sont élus pour la gestion de leur évêché. Par exemple, Fontevraud, abbaye bénédictine mixte fondée en 1101, fut presque exclusivement administrée par des abbesses jusqu'en 1792. On retrouve encore cette liberté politique au sein des États généraux qui, entre 1302 et 1484, accueillent des hommes et des femmes, élus et représentants des trois ordres. Les femmes sont définitivement exclues des États généraux par l'assemblée constituante le 22 décembre 1789, exclues généralement des instances politiques par la Constitution du 3 septembre 1791.

Ces chartes de villes et règles d'abbayes ouvrent très largement la liberté politique, ce qui peut paraître paradoxal ou antinomique dans un État monarchique. Cela s'explique surtout par le fait que les légistes, qui réfléchissent à donner leurs statuts à ces communautés, se sont inspirés du droit canonique mais aussi de l'antique droit romain qui accordait la liberté politique aux citoyens. L'absence du statut de citoyen au Moyen Âge n'empêche pas les légistes d'utiliser, fonction des besoins, du droit romain – certes tronqué – pour remplir les vides juridiques du moment. Le droit renaissant accorde des libertés nouvelles aux nouvelles communautés, urbaines mais aussi universitaires.

2 Liberté universitaire et droit de grève

À l'instar des villes, les universités voient le jour en Italie, partant de Bologne pour essaimer en France, Angleterre, Allemagne, Espagne... à partir du XIe siècle. Sous la dépendance de l'évêque local, elles revendiquent également leur liberté et l'obtiennent des rois, tels Philippe Auguste qui l'accorde en 1200 à l'université de Paris, ou encore de l'empereur Frédéric Barberousse qui l'accorde en 1158, à l'université de Bologne... À l'instar des villes, leurs franchises sont inscrites dans des chartes qui contiennent, parmi les privilèges octroyés, un droit que l'on imagine bien souvent beaucoup plus récent : le droit de grève et de sécession pour la défense de leurs droits. L'université de Paris y recoure en 1229 quand, après une rixe d'étudiants dans une auberge qui tourne mal, la royauté envoie ses sergents pour les saisir et les juger, portant atteinte à leur privilège de for (ils ne peuvent être jugés que par la curie pontificale, cour de justice du pape). La grève dure jusqu'en 1231. Une autre grève eut lieu à l'université de Paris entre 1443 et 1446 quand leur exemption fiscale fut bafouée par les autorités temporelles.

Légal pour les universités, ce droit de grève est utilisé, illégalement, par les bourgeois dans les villes pour lutter en faveur de la promotion professionnelle et de l'amélioration des conditions de travail, dès les années 1250, comme la grève de bouchers de Paris (1250) ou celle des tisserands à Arras (1253). Il faut attendre la Constitution de 1946 pour qu'il soit officiellement reconnu pour tous les travailleurs.

La fin du Moyen Âge connaît la montée en puissance des libertés et leur reconnaissance ponctuelle dans certaines sources, les chartes. Les deux sphères du droit et des libertés se rencontrent à nouveau dans les temps modernes à la faveur de l'humanisme et du jusnaturalisme.

D Jusnaturalisme et liberté sous l'Ancien Régime

La Liberté est une notion chère aux légistes humanistes de la Renaissance. Le célèbre jusnaturaliste hollandais, Grotius (1584-1645), est sollicité par son gouvernement et la Compagnie des Indes, en 1608, pour une consultation au sujet de la libre navigation sur les mers. En ce début du XVIIe siècle, un principe tacite de libre navigation sur les mers est admis, et ce depuis la fin du Moyen Âge. En 1493, quand le pape Alexandre VI partage le monde à découvrir entre l'Espagne et le Portugal dans la bulle *Inter Caetera*, cette liberté de navigation permit aux autres États européens de concurrencer ces deux pays dans la conquête du monde et la colonisation. Mais au XVIe siècle, l'Angleterre change d'attitude et veut imposer sa souveraineté exclusive sur les mers du nord, limitant ainsi cette liberté de circulation sur les mers pour des motifs économiques. Le gouvernement hollandais demande donc à Grotius de produire une argumentation juridique pour défendre officiellement le principe de la mer libre. En réponse, il écrit, en 1609, le *De mare liberum*, (De la mer libre), dans lequel il expose qu'en vertu du droit naturel et de la nature même de la mer, (mobilité, fluidité, courants, impossibilité d'établissement, caractère inépuisable de ses ressources), il était impossible de se l'approprier. En conséquence, on peut y naviguer dans toutes les directions car les vents y soufflent dans tous les sens. De plus, toujours en vertu du droit naturel, ce droit de la mer libre est le corollaire nécessaire à la liberté du commerce international, des communications et des échanges. L'anglais Selden lui répond, pour le gouvernement anglais, en 1635 au travers du *De mare clausum* (De la mer fermée). Il y invoque pour sa part l'ancienneté des pouvoirs de police exercés sur les mers du nord et de l'Atlantique par l'Angleterre, celle-ci ayant une souveraineté sur ces eaux en vertu de la coutume. De cette « bataille des livres », de cette confrontation entre libertés naturelles et droit coutumier, il ressort que le choix à faire est déterminé par les considérations économiques. L'enjeu est celui de la colonisation, de la domination économique, de l'expansion du capitalisme et de la guerre d'influence que se livrent les États européens. Pour cette raison, et encore une fois tacitement, les États choisissent de reconnaître la liberté des mers, qui sera développée par Pufendorf (1632-1694) au XVIIe siècle. Quand, en 1625, Grotius rédige son traité *Du droit de la guerre et la paix*, il y rappelle les droits fondamentaux des États qui sont le droit à l'égalité, à la liberté de circulation sur les mers, à l'indépendance, à la conservation et au respect des États et à la liberté du commerce international. Le droit naturel sert à reconnaître les libertés des États, permettant la rencontre nécessaire de ces deux disciplines, avec une nuance toutefois, il s'agit d'une reconnaissance doctrinale et non législative.

Le philosophe Emmanuel Kant, en 1795, se penche également sur la question de la libre circulation des personnes, dans son œuvre *Pour la paix perpétuelle*. Il s'interroge sur le droit d'asile et propose la théorie de l'hospitalité fondée sur cette libre circulation des personnes : l'« *Hospitalité signifie le droit qu'a un étranger arrivant sur le sol d'un autre de ne pas être traité en ennemi sur ce dernier* [...]. *Le droit qui revient à tout être humain de se proposer comme membre d'une société, en vertu du droit à la commune possession de la surface de la terre, laquelle étant une sphère ne permet pas aux hommes de se disperser à l'infini, mais les contraint à supporter malgré tout leur propre coexistence, personne à l'origine n'ayant plus qu'un autre le droit de se trouver en un endroit quelconque de la terre* » (A. Le Pors, *Le droit d'asile*).

Ainsi la libre circulation des personnes sur la terre et sur les mers relèvent de la nature des mers et de la terre, et non des lois. Toutefois, il est impossible de conclure à une séparation entre liberté et droit car ces libertés reposent sur le droit naturel. La Révolution française, en se fondant aussi sur le droit naturel, réconcilie Liberté et Droit dans la Déclaration des Droits de l'Homme et du Citoyen.

II DDHC : quand le droit reconnaît la liberté

Le concept de liberté, porté par droit naturel et la philosophie des Lumières, est renouvelé aux XVIIe et XVIIIe siècle. Spinoza (1632-1677), dans son *Traité théologico-politique* de 1670, expose que, quand « *la loi suprême est le salut de tout le peuple* » et fondée sur la droite raison, le respect de cette loi ne rend pas esclave mais libre. Elle permet de « *vivre de son entier consentement sous la conduite de la Raison* ». Rousseau, dans *Du contrat social*, en 1762, reprend cette même acception grecque selon laquelle « *l'obéissance à la loi qu'on s'est prescrite est liberté* ». Il explique que par le contrat social, l'homme aliène et perd sa liberté naturelle mais il y gagne sa liberté civile, limitée par la volonté générale. Il précise même que la liberté est « *le premier de tous les biens* » dans l'*Émile* de 1762.

Mais ce concept de liberté met en avant la loi fondée sur la droite raison et / ou la volonté générale et non le droit en vigueur, fait de coutumes et d'ordonnances royales. Cette liberté « moderne » accompagne les revendications de liberté économique des physiocrates qui prônent le « laisser faire, laisser passer ». Elle met également en avant la tolérance religieuse avec les revendications des protestants qui trouvent un aboutissement dans la liberté de divorcer accordée par Louis XVI en 1787. Elle revendique la liberté individuelle contre le cloisonnement en ordres et les contraintes des corporations de métiers dans la réforme de Turgot en 1776 et les cahiers de doléances des États généraux. Elle réclame enfin la liberté politique contre l'absolutisme.

La Révolution cristallise ces diverses attentes. Le 5 mai s'ouvrent les États généraux, convoqués par Louis XVI pour l'aider à sortir de la crise financière et l'aider à établir « *un ordre invariable du gouvernement* », soit une Constitution. Après le serment du jeu de paume et la nuit du 4 août 1789 qui abolit tous les privilèges, les français attendent un acte fort. Or, les députés aux États généraux savent déjà qu'établir une constitution demandera du temps, alors ils forment un comité de cinq membres chargés d'examiner les différents projets de Déclaration des Droits de l'Homme et d'en présenter une synthèse le 17 août. Après de vifs débats et critiques, un texte est voté par l'Assemblée le 26 août 1789, qui affirme les principes obligatoires, imprescriptibles, inaliénables et sacrés sur lesquels la monarchie ne pourra plus revenir : l'égalité, la liberté, la laïcité et la propriété. Ces principes s'imposent à tous, et personne ne peut y renoncer. Fondé sur le droit naturel, le texte présente un aspect universel, « *tous les hommes* ». Mais, ces nouvelles libertés ne sont ni publiques, ni fondamentales car il ne s'agit ici, en l'état, « que » d'une « Déclaration ». Les députés des États généraux n'étaient pas mandatés pour faire des lois, reconnaître des libertés, mais pour conseiller le roi afin de trouver une solution à la crise financière et établir une Constitution. Néanmoins, ce texte sera intégré dans le préambule de la première Constitution du 3 septembre 1791, fixant le régime de la monarchie constitutionnelle. De ce fait, les libertés reconnues dans la DDHC deviennent des droits et sont désormais des libertés fondamentales.

> « Les représentants du peuple français, constitués en Assemblée nationale, considérant que l'ignorance, l'oubli ou le mépris des droits de l'homme sont les seules causes des malheurs publics et de la corruption des gouvernements, ont résolu d'exposer, dans une déclaration solennelle, les droits naturels, inaliénables et sacrés de l'homme, afin que cette déclaration, constamment présente à tous les membres du corps social, leur rappelle sans cesse leurs droits et leurs devoirs ; afin que les actes du pouvoir législatif et ceux du pouvoir exécutif, pouvant être à chaque instant comparés avec le but de toute institution politique, en soient plus respectés ; afin que les réclamations des citoyens, fondées désormais sur des principes simples et incontestables, tournent toujours au maintien de la Constitution et au bonheur de tous.
>
> En conséquence, l'Assemblée nationale reconnaît et déclare, en présence et sous les auspices de l'Être Suprême, les droits suivants de l'homme et du citoyen.
>
> **Article premier** – Les hommes naissent et demeurent libres et égaux en droits. Les distinctions sociales ne peuvent être fondées que sur l'utilité commune.

Article 2 – Le but de toute association politique est la conservation des droits naturels et imprescriptibles de l'homme. Ces droits sont la liberté, la propriété, la sûreté et la résistance à l'oppression.

Article 3 – Le principe de toute souveraineté réside essentiellement dans la Nation. Nul corps, nul individu ne peut exercer d'autorité qui n'en émane expressément.

Article 4 – La liberté consiste à pouvoir faire tout ce qui ne nuit pas à autrui : ainsi, l'exercice des droits naturels de chaque homme n'a de bornes que celles qui assurent aux autres membres de la société la jouissance de ces mêmes droits. Ces bornes ne peuvent être déterminées que par la loi.

Article 5 – La loi n'a le droit de défendre que les actions nuisibles à la société. Tout ce qui n'est pas défendu par la loi ne peut être empêché, et nul ne peut être contraint à faire ce qu'elle n'ordonne pas.

Article 6 – La loi est l'expression de la volonté générale. Tous les citoyens ont droit de concourir personnellement ou par leurs représentants à sa formation. Elle doit être la même pour tous, soit qu'elle protège, soit qu'elle punisse. Tous les citoyens, étant égaux à ses yeux, sont également admissibles à toutes dignités, places et emplois publics, selon leur capacité et sans autre distinction que celle de leurs vertus et de leurs talents.

Article 7 – Nul homme ne peut être accusé, arrêté ou détenu que dans les cas déterminés par la loi et selon les formes qu'elle a prescrites. Ceux qui sollicitent, expédient, exécutent ou font exécuter des ordres arbitraires doivent être punis ; mais tout citoyen appelé ou saisi en vertu de la loi doit obéir à l'instant ; il se rend coupable par la résistance.

Article 8 – La loi ne doit établir que des peines strictement et évidemment nécessaires, et nul ne peut être puni qu'en vertu d'une loi établie et promulguée antérieurement au délit, et légalement appliquée.

Article 9 – Tout homme étant présumé innocent jusqu'à ce qu'il ait été déclaré coupable, s'il est jugé indispensable de l'arrêter, toute rigueur qui ne serait pas nécessaire pour s'assurer de sa personne doit être sévèrement réprimée par la loi.

Article 10 – Nul ne doit être inquiété pour ses opinions, mêmes religieuses, pourvu que leur manifestation ne trouble pas l'ordre public établi par la loi.

Article 11 – La libre communication des pensées et des opinions est un des droits les plus précieux de l'homme ; tout citoyen peut donc parler, écrire, imprimer librement, sauf à répondre de l'abus de cette liberté dans les cas déterminés par la loi.

Article 12 – La garantie des droits de l'homme et du citoyen nécessite une force publique ; cette force est donc instituée pour l'avantage de tous, et non pour l'utilité particulière de ceux à qui elle est confiée.

Article 13 – Pour l'entretien de la force publique, et pour les dépenses d'administration, une contribution commune est indispensable ; elle doit être également répartie entre les citoyens, en raison de leurs facultés.

Article 14 – Les citoyens ont le droit de constater, par eux-mêmes ou par leurs représentants, la nécessité de la contribution publique, de la consentir librement, d'en suivre l'emploi, et d'en déterminer la quotité, l'assiette, le recouvrement et la durée.

Article 15 – La société a le droit de demander compte à tout agent public de son administration.

Article 16 – Toute société dans laquelle la garantie des droits n'est pas assurée ni la séparation des pouvoirs déterminée, n'a point de Constitution.

Article 17 – La propriété étant un droit inviolable et sacré, nul ne peut en être privé, si ce n'est lorsque la nécessité publique, légalement constatée, l'exige évidemment, et sous la condition d'une juste et préalable indemnité. »

Pour quelques pistes d'analyses sur ce texte : il faut noter la répétition du mot « loi », signifiant la reconnaissance du légicentrisme. Le règne de la loi commence. Cette loi doit être la même pour tous et l'expression de la volonté générale (article 6). Les droits naturels, quant à eux, sont la liberté, la propriété, la sûreté et la résistance à l'oppression (article 2). Comme pour l'article 1 reconnaissant les hommes « *libres et égaux* » en droit, la liberté est placée en premier dans l'énoncé des droits reconnus. Il faut préciser toutefois que cette liberté est « en droit / droit naturel » et non absolue. La sûreté est définie aux articles 7, 8 et 9 en vertu desquels toute arrestation et condamnation ne pourra se faire qu'en vertu d'une loi antérieure, c'est la légalité des délits et des peines. Toute atteinte à la liberté pour des questions judiciaires (sûreté) ne peut être fondée que sur la loi. Quant à la propriété, « *droit inviolable et sacré* » en vertu de l'article 17, elle apparaît, semble-t-il, comme supérieure aux autres droits étant, selon le préambule « *naturels, inaliénables et sacrés* », mais pas inviolables. Il est établi que tous les citoyens peuvent participer aux institutions, à la formation de la loi, aux services publics et demander des comptes à l'État. En contrepartie de ces droits politiques et civiques, ils doivent payer l'impôt (« *contribution commune* ») et participer au financement de l'armée (« *force publique* »). L'antiquité gréco-romaine et le jusnaturalisme marquent clairement ce texte. La véritable révolution est dans la transformation de la souveraineté qui passe des mains du roi à la Nation (article 3). Le but de l'État est redéfini : c'est « *la conservation des droits naturels et imprescriptibles de l'homme* », alors que c'était le sacre qui précisait les missions du roi (*ministerium regis*) jusque-là. La suite de la révolution est dans l'article 16 : une constitution doit garantir les droits et la séparation des pouvoirs, ce qui est contraire à la concentration des pouvoirs qui caractérise l'absolutisme toujours en vigueur le 26 août 1789.

Pour relativiser les effets immédiats de la DDHC : les coutumes et ordonnances antérieures, contenant de lourdes inégalités, restent en vigueur jusqu'au Code civil de 1804 et jusqu'au Code pénal de 1810 pour la sûreté. Le suffrage censitaire écarte les plus modestes du droit de vote jusqu'en 1848. Les femmes ne votent pas, les femmes mariées n'ont pas de capacité juridique donc pas d'égalité des droits. L'esclavage, aboli en 1794, est rétabli par Napoléon Bonaparte en 1802. Des textes et lois viennent néanmoins concrétiser les changements et les nouvelles libertés, non sans parfois les concilier difficilement. La liberté de divorcer est inscrite dans la loi de 1792, l'égalité de succession est reconnue dans la loi de 1794, mais au détriment de la liberté testamentaire qui est abolie en 1793. La liberté d'expression se heurte à la justice politique de la Terreur. La liberté religieuse de l'article 10 a pour contrepartie la soumission du clergé français à l'État avec la Constitution civile du clergé de 1790, puis la déchristianisation forcée de la Terreur. Le légicentrisme proscrit toute liberté pour le juge d'interpréter la loi, il devient un simple exécutant. La liberté individuelle se réalise de surcroît au détriment des libertés collectives : le décret d'Allarde et la loi Le Chapelier de mars et juin 1791 interdisent la liberté d'association.

Il faudra mener une autre lutte, un siècle après la Révolution, pour obtenir la reconnaissance des libertés collectives qui étaient devenues illégales.

III Les libertés publiques collectives sous la IIIe république

Lors de la nuit du 4 août 1789, comme les privilèges, toutes les corporations sont abolies au profit de la liberté du commerce. La loi Le Chapelier, des 14-17 juin 1791, dispose en son article premier : « *L'anéantissement de toutes les espèces de corporations des citoyens du même état et profession étant une des bases fondamentales de la Constitution française, il est défendu de les rétablir de fait sous quelque prétexte et quelque forme que ce soit* ». La Constitution du 3 septembre 1791 le rappelle dans son préambule : « *Il n'y a plus ni jurande, ni corporation de professions, ni maîtrises* ». Autant de textes pour empêcher la libre association, donc contraires à la liberté, mais au profit de l'unité nationale et de la reconnaissance des droits individuels. Il faut y voir un moyen pour l'État de contrôler, dans la période révolutionnaire agitée, des groupes qui pourraient être opposés à ces nouvelles idées politiques. Il faut encore y voir, en matière économique, au sujet de la disparition des corporations de métiers, un moyen pour l'État de percevoir une nouvelle taxe, la patente, instituée par l'article premier du décret d'Allarde du 2-17 mars 1791, sous couvert de la liberté du commerce : « *À compter du 1er avril prochain, il sera libre à toute personne de faire tel négoce ou d'exercer telle profession, art ou métier qu'elle trouvera bon ; mais elle sera tenue de se pourvoir auparavant d'une patente, d'en acquitter le prix* [...] *et de se conformer aux règlements de police qui sont ou pourront être faits* ». Cette fois encore, la conciliation des libertés est délicate, le choix des révolutionnaires se porte sur la liberté individuelle au détriment de la liberté collective d'association. Le Chapelier déclare que les relations de travail sont régies par des conventions librement consenties d'individu à individu et que l'État n'a pas à intervenir dans ces contrats. Au nom de la liberté du travail, il n'y a plus réglementation du travail ! La liberté sort du droit, les deux sphères se séparent.

Dès avril 1791, les ouvriers se coalisent contre ces textes et demandent des augmentations de salaires, la baisse du temps de travail, de meilleures conditions de travail et des droits politiques (en raison du suffrage censitaire, ils n'ont pas de droit vote). Des grèves de charpentiers (1791), de canuts (Lyon, 1830 et 1834) sont réprimées par l'armée. Le Barreau, dissout en septembre 1790, et les Devoirs (confréries d'entraide des corporations de métiers) abolis en 1776 déjà par Turgot, persistent dans l'illégalité. La loi du 29 septembre 1791 limite la liberté des sociétés populaires (préambule) : « *L'Assemblée Nationale, considérant que nulle société, club, association de citoyens ne peuvent avoir sous aucune forme une existence politique, ni exercer aucune action ni inspection sur les actes des pouvoirs constitués et des autorités légales : que sous aucun prétexte, ils ne pourront paraître sous un nom collectif, soit pour former des pétitions ou des députations, pour assister à des cérémonies publiques, soit pour tout autre objet, décrète ce qui suit...* ». Les partis politiques n'ont pas le droit d'exister, leurs réunions se tiennent dans le secret. Par conséquent, se réunir est un délit, le délit de coalition est inscrit dans la loi Le Chapelier et la loi du 11 juillet 1791 sur la police correctionnelle. Les lois pénales de juillet 1791 répriment les attroupements séditieux contre la liberté du travail et de l'industrie. Le délit de coalition est dans le Code Pénal de 1810 aux articles 414, 415 et 416, et ne sera supprimé qu'en 1864 par Napoléon III.

Ces dispositions, qui visaient à mettre fin au poids des corporations de métiers de l'Ancien Régime au nom de la société moderne et de la liberté de l'industrie, ont eu pour conséquence un appauvrissement général de la classe ouvrière et une dégradation des conditions de travail au XIXe siècle. Les ouvriers trop pauvres ne pouvaient pas voter, ne pouvaient même plus payer le timbre fiscal pour se marier (le concubinage s'est développé par la force des choses de ce fait) et les enfants dès le plus jeune âge devaient travailler, aux mêmes conditions que les adultes, pour que leur famille survive. L'appauvrissement des paysans provoque l'exode rural et le prolétariat s'oppose de plus en plus à la classe bourgeoise et capitaliste. Le désengagement du législateur et de l'État atteint dans ce domaine ses limites.

Le mouvement républicain émerge dans les années 1840 et les prisons, peuplées d'ouvriers séditieux, deviennent des foyers de propagande. Une élite d'artisans, instruits et organisés, diffuse par voie de presse, dans le journal ouvrier *L'Atelier*, les doctrines républicaines, et revendique un héritage démocratique dans lequel l'ouvrier est un citoyen et un homme libre. Les républicains préconisent l'intervention de l'État pour protéger le travailleur qui veut aussi l'éducation. La loi de 1841 sur le travail des enfants est une première victoire, mais insuffisante. En 1848, les ouvriers se mobilisent contre la fermeture des ateliers nationaux (crées par l'État pour fournir de l'emploi) et le militantisme politique rejoint l'activisme professionnel. Les républicains montent dans les élections sous le Second Empire à partir des années 1860 et font entendre leur programme politique de plus en plus fortement. Lors des élections législatives du 24 mai 1869, Léon Gambetta réclame, dans le « programme de Belleville », l'instruction primaire gratuite, la séparation de l'Église et de l'État, la liberté de la presse, la liberté d'association et de réunion et l'emporte. Napoléon III, alors sous la pression des républicains, libéralise l'Empire par le senatus consulte du 20 avril 1870. La défaite de Sedan, du 2 septembre 1870, à raison de l'empire, la IIIe République est proclamée le 4 septembre. Les républicains, qui peinent néanmoins à s'imposer, peuvent édicter des lois sur les libertés collectives conformément à leur programme, à partir des années 1880. Ces lois sur l'instruction (A), la presse (B), les associations (C) et la séparation de l'Église et de l'État (D), sont toujours en vigueur aujourd'hui et forment la seconde génération des droits de l'homme.

A L'enseignement

L'enseignement sous l'Ancien Régime était pris en charge par l'Église. L'idée des révolutionnaires est de soustraire l'enseignement à cette mainmise. Privée de locaux (les biens des églises deviennent des biens nationaux en 1789), l'Église est dans l'incapacité d'exercer cette mission après la Révolution. Les projets de réforme de l'instruction de 1793 n'aboutissent pas et il faut attendre le Premier Empire pour un réaménagement de l'enseignement. Le décret du 17 mars 1808 réorganise l'enseignement d'État confié à l'Université, composée des facultés de droit médecine, théologie, sciences, lettres. Ce décret établit le régime des lycées, collèges, écoles privées, pensionnats, écoles primaires et fixe les diplômes de baccalauréat, licence et doctorat. Guizot, ministre de l'instruction publique sous la Monarchie de Juillet, fait voter la loi du 28 juin 1833 sur l'enseignement primaire des garçons, qui reconnaît la liberté d'enseigner et impose à toute commune de plus de 500 habitants d'entretenir une école primaire. Cette loi précise en son article 1 le contenu de l'enseignement primaire : « *l'instruction morale et religieuse, la lecture, l'écriture, les éléments de la langue française et du calcul, le système légal des poids et mesures* ». Guizot échoue à étendre ce projet aux filles qui ne peuvent recevoir un enseignement qu'auprès des congrégations religieuses. Néanmoins, la mise en œuvre de la loi Guizot contribuera à développer grandement l'alphabétisation de la France : en 1848, les deux tiers des conscrits savent lire, écrire et compter.

Le programme républicain de 1869 défend l'enseignement laïc, gratuit, égal pour tous les enfants. Dans l'esprit des républicains des années 1880, la consolidation du régime politique, né en 1875, passe par l'instruction publique, car, pour que tous les citoyens maintiennent la République par l'usage du suffrage universel, il faut qu'ils soient éduqués par la République.

En laïcisant l'école, ils veulent affranchir les consciences de l'emprise de l'Église et fortifier la patrie en formant les citoyens, toutes classes confondues, sur les mêmes bancs. Un mouvement intellectuel porté par Taine, Littré, Renau qui se réclament de Kant, Condorcet, Comte, Spencer, Renouvier, Quinet, inspirent la pensée de Jules Ferry (1832-1893) pour une régénération française par l'éducation. Cette position est partagée par l'élite intellectuelle protestante et maçonnique. Jules Ferry, juriste, libéral, jacobin, libre penseur, positiviste comtien, franc-maçon, mariée à une protestante, rassemble en lui tous ces courants. Il est l'homme de la réforme de l'enseignement. Il fait une promesse à Paris le 10 avril 1870: «*Je me suis fait un serment: entre toutes les nécessités du temps présent, entre tous les problèmes, j'en choisirai un auquel je consacrerai tout ce que j'ai d'intelligence, tout ce que j'ai d'âme, de cœur, de puissance physique et morale, c'est le problème de l'éducation du peuple*». Il commence à mettre en œuvre ce projet à partir de 1879, alors qu'il est ministre de l'instruction publique. Par une série de lois, il rend l'école primaire laïque, obligatoire (loi du 28 mars 1882) et gratuite (loi du 16 juin 1881) pour les garçons comme pour les filles de 6 à 13 ans. Les filles gagnent également l'accès aux collèges, lycées et École Normale (loi du 21 décembre 1880). Il libère l'enseignement de l'influence du religieux en retirant la collation de grades universitaires à l'enseignement privé (loi du 12 mars 1880) et en dispersant les congrégations religieuses d'enseignement non autorisées (loi du 29 mars 1880). La loi du 30 octobre 1886, impose que tout le personnel des écoles publiques soit laïc. L'œuvre de Jules Ferry a ancré durablement l'esprit républicain. Néanmoins ses lois sur l'instruction ont reçu un accueil mitigé dans le monde ouvrier. Le prolétariat était favorable certes à l'éducation, mais l'école primaire obligatoire le privait des revenus des enfants qui travaillaient jusqu'alors. Pour les républicains, les libertés collectives doivent être inscrites dans les lois. Les deux matières, loi et liberté, se retrouvent également dans la reconnaissance juridique de la liberté de la presse.

B La loi du 29 juillet 1881 sur la liberté de la presse

Selon l'article 11 de la DDHC: «*La libre communication des pensées et des opinions est un des droits les plus précieux de l'homme; tout citoyen peut donc parler, écrire, imprimer librement, sauf à répondre de l'abus de cette liberté dans les cas déterminés par la loi*». Pourtant, la Terreur des années 1793 et 1794 et la justice politique empêchent une telle liberté de s'exercer. Une première loi du 21-23 octobre 1814 vient réglementer la Presse. Elle prévoit la censure seulement pour les écrits de plus de vingt pages et les journaux ne peuvent être imprimés qu'avec autorisation du roi. La Charte Constitutionnelle des 14-24 août 1830 reconnaît en son article 7: «*Les français ont le droit de publier et de faire imprimer leurs opinions en se conformant aux lois. La censure ne pourra jamais être rétablie*».

Les républicains veulent aller encore plus loin en proposant la liberté complète sur les publications avec pour garde-fou la sanction *a posteriori*. Cela signifie que l'autorisation préalable (censure), qui était un régime de prévention, disparaît au profit d'un régime de répression par le moyen du délit de presse. La loi du 29 juillet 1881, toujours en vigueur, fixe définitivement la liberté de la presse qui s'articule autour de quatre grandes spécificités:

- Un régime administratif de la presse écrite exempt de tout contrôle préalable comportant une obligation de déclaration auprès du Procureur de la République et des formalités de dépôt des publications périodiques.
- La définition de diverses infractions (diffamation, délits) institue un équilibre entre la liberté d'expression et la protection des personnes, quelque soit le support et le

moyen de l'expression (aujourd'hui : écrit, parole ou image sur la voie publique, presse, télévision…). La qualification de délit de presse concerne la provocation aux crimes ou aux délits (pillage, meurtre, incendie). Le délit contre la chose publique est l'offense au président de la République et la publication de fausses nouvelles. Le délit contre les personnes, ou diffamation, est défini à l'article 29 de la loi de 1881 comme « *allégation ou imputation d'un fait qui porte atteinte à l'honneur ou à la considération de la personne ou du corps auquel le fait est imputé* », que le fait soit réel ou non.

- L'établissement d'un régime de responsabilité pénale spécifique instituant une présomption de responsabilité du directeur de la publication. La responsabilité est individuelle et collective, depuis le distributeur jusqu'à l'éditeur.
- La mise en place d'un régime procédural particulier, dérogeant au droit commun, avec des règles contraignantes limitant les poursuites, notamment une prescription des infractions réduite à trois mois, afin de protéger la liberté de la presse, tout en protégeant les personnes.

Alors que la liberté de la presse avait fait l'objet de débats et d'avancées ponctuelles depuis presque un siècle, la question de la liberté d'association est restée longuement en suspens tant elle rappelait le conservatisme et les contraintes de l'Ancien Régime.

C La loi du 1er juillet 1901 sur la liberté d'association

L'abolition des corporations la nuit du 4 août 1789 et par les textes postérieurs de confirmation suppriment définitivement les associations et groupements au nom de la liberté individuelle. Quelques tentatives vers une restauration de la libre association voient le jour au XIXe siècle. La Constitution française de 1848 autorise la création d'associations, mais cette liberté disparaît un an après. Une loi de 1875 permet la création d'associations en vue de l'organisation de l'enseignement supérieur. Une autre loi de 1898 permet, quant à elle, la création des associations de secours mutuel pour les ouvriers. Ces reconnaissances de la liberté d'association sont trop restreintes et les républicains avaient promis une loi générale sur cette question. Leur objectif est tout à la fois de reconnaître la liberté d'association pour répondre à l'attente sociale, mais aussi – et surtout ? – de contrôler les associations religieuses.

Suite à un débat passionné sur la question, la loi de 1901 ou loi Waldeck-Rousseau, établit :

> « *Article 1. L'association est la convention par laquelle deux ou plusieurs personnes mettent en commun d'une façon permanente leurs connaissances ou leur activité dans un but autre que de partager des bénéfices. Elle est régie quant à sa validité, par les principes généraux du droit applicable aux contrats et obligations. Article 2. Les associations de personnes pourront se former librement sans autorisation ni déclaration préalable, mais elles ne jouiront de la capacité juridique que si elles se sont conformées aux dispositions de l'article 5. Article 3. Toute association fondée sur une cause ou en vue d'un objet illicite, contraire aux lois, aux bonnes mœurs, ou qui aurait pour but de porter atteinte à l'intégrité du territoire national et à la forme républicaine du Gouvernement est nulle et de nul effet. Article 4. Tout membre d'une association qui n'est pas formée pour un temps déterminé peut s'en retirer en tout temps, après paiement des cotisations échues et de l'année courante, nonobstant toute clause contraire. Article 5. Toute association qui voudra obtenir la capacité juridique prévue par l'article 6 devra être rendue publique par les soins de ses fondateurs* ».

Cette loi a permis, entre autres, la création des syndicats et du premier parti politique en 1901 : le parti radical. Très libérale pour toutes les formes d'associations civiles, la loi établit un régime très strict *a contrario* pour les associations religieuses. Les congrégations religieuses, particulièrement visées comme contre révolutionnaires (Waldeck-Rousseau), anti libérales, opposées à l'organisation politique et sociale (Combes), doivent obtenir une autorisation par décret en Conseil d'État. Elles doivent avoir un objet strictement cultuel et ont un régime comptable spécifique. Ainsi, dans la lignée des lois sur l'instruction, elle constitue un jalon supplémentaire dans la stratégie de rupture désirée par les républicains entre l'Église et l'État, qui trouve son aboutissement dans la loi de 1905.

D La loi du 9 décembre 1905 : la liberté de culte

La DDHC reconnaît la liberté de culte et de conscience, mais une partie des révolutionnaires veut aller plus loin. L'Assemblée nationale supprime les privilèges du clergé et les dîmes (source de revenus du clergé) lors de la nuit du 4 août, et décide le 3 novembre 1789 de mettre les biens du clergé à la disposition de la Nation. Le 12 juillet 1790, les révolutionnaires contraignent le roi à signer la Constitution civile du clergé qui a pour objectif de placer le clergé sous l'autorité directe de l'État : il s'agit de la première tentative de sécularisation dans l'État. Les clercs doivent prêter serment à la Constitution et l'État rémunère les ministres du culte. Ce texte est condamné en mars et avril 1791 par le pape Pie VI qui est le seul chef du clergé et le seul capable de légiférer sur le clergé. Cela cause la fuite de Varenne ! La période de la Terreur grève dramatiquement les relations avec le Vatican en imposant la répression des prêtres réfractaires (n'ayant pas prêté serment à la Constitution civile du clergé) et la déchristianisation forcée. En 1801, dans un souci de pacification avec l'église de Rome, Napoléon Bonaparte signe un concordat de trente-neuf articles avec le pape Pie VII, ratifié le 15 août 1801 et promulgué en France le 8 avril 1802. Le pape est restauré dans son autorité sur le clergé français, ce qui met définitivement fin au gallicanisme. Texte de compromis, le concordat affirme dès l'article 1 : « *la religion catholique, apostolique et romaine sera librement exercée en France* ». Archevêques et évêques sont nommés par le gouvernement mais reçoivent l'institution canonique du pape. En échange de l'abandon des biens ecclésiastiques vendus depuis 1790, le « *gouvernement assurera un traitement convenable aux évêques et aux curés* » (article 14). Les bonnes relations entre l'État et le Vatican sont maintenues sous l'Empire et les deux Restaurations monarchiques. La montée de républicains sous le Second Empire fait renaître les velléités de séparation entre l'Église et l'État. Le bloc des gauches mène une politique fermement anticléricale à partir de la IIIe république. Léon Gambetta déclare dans un discours du 4 mai 1877 : « *le cléricalisme, voilà l'ennemi* » alors que le pape Léon XIII appelle à la conciliation. Les lois sur l'enseignement et les associations inquiètent son successeur Pie X, à juste titre car Émile Combes nomme les évêques sans consulter le pape. Un projet de loi sur les relations avec l'Église catholique arrive à une solution de conciliation, celle de la séparation, ou neutralité de l'État vis-à-vis de l'Église pour une « laïcité à la française ». La loi du 9 décembre 1905 garantit la liberté de conscience et de culte (article 1) et établit que « *la république ne reconnaît, ni ne salarie, ni ne subventionne aucun culte* » (article 2). L'État affirme sa neutralité, calme ainsi l'anticléricalisme tout en garantissant à chacun le libre exercice du culte.

Lorsque le législateur, sous la IIIe République, prend sous son aile les libertés collectives, il affirme, dans la succession de la DDHC, qu'il appartient au droit d'énoncer et de protéger les libertés, elles ne peuvent plus rester hors de sa sphère. Pour cette raison, il continue tout au long du XXe siècle à ajouter et reconnaître officiellement de nouvelles libertés.

IV État des droits et libertés : les évolutions récentes

Au XXe siècle, les évolutions technologiques et médicales obligent un encadrement plus strict de certaines libertés alors même que les revendications sociales appellent à plus de libertés dans l'État, visant à dégager certaines libertés de la contrainte législative. Quelles sont les bornes actuelles des libertés ?

Sommes-nous libres ? La DDHC, en ses articles 10 et 11 nous garantit la liberté de conscience, de culte et de parole. Ces libertés sont à valeur constitutionnelle puisqu'inscrites dans la Constitution de 1958 et dans les articles 2, 9, 10 et 11 de la CESDH, mais dans la limite de la loi (article 4 DDHC), de l'ordre public, de la santé publique, de la diffamation. Les nouvelles technologies et internet créent de nouveaux dangers en la matière (le footballeur Aurier a été suspendu le 15 février 2016 pour diffamation parce qu'il a posté une vidéo dans laquelle il insulte l'arbitre). L'État a dû limiter ces libertés avec la loi du 6 janvier 1978, relative à l'informatique, aux fichiers et libertés, qui instaure la CNIL. Élargie par la loi du 6 août 2004, elle vient protéger la liberté, le respect de la vie privée, le traitement des données personnelles, la liberté sexuelle et l'intimité des personnes. Les lois sur la dérive sectaire de 2001 et sur le port de signes ostentatoire de 2004 encadrent plus strictement la liberté religieuse.

Sommes-nous libres de disposer de notre corps ? Le Code civil en son article 16 répond par la négative de la manière suivante : « *la loi assure la primauté de la personne, interdit toute atteinte à la dignité de celle-ci et garantit le respect de l'être humain dès le commencement de sa vie* ». L'article 16-1 ajoute « *chacun a droit au respect de son corps. Le corps humain est inviolable. Le corps humain, ses éléments et ses produits ne peuvent faire l'objet d'un droit patrimonial* […] ». L'article 16-9 précise « *Toutes ces mesures sont d'ordre public* ». Au titre de la non patrimonialité du corps humain, il est interdit de vendre son corps (prostitution, mère porteuse), ses organes, seuls les dons d'organes ou de sang sont autorisés. Le scandale de l'hôpital de Saint-Vincent-de-Paul en 1994 – la découverte de recherches médicales illégales sur des fœtus sans l'accord et la connaissance des parents – a obligé l'État à édicter une loi de bioéthique le 29 juillet 1994, dont sont issus les tirets de l'article 16 du Code civil. Une loi bioéthique de 2004 la complète par la création d'une Agence de Biomédecine et l'interdiction du clonage, entre autres. La loi du 7 juillet 2011 révise la précédente au sujet des dons croisés d'organes et d'assistance médicale à la procréation. Enfin la loi du 6 août 2013 sur les expérimentations sur le corps humain, prévoit de passer du régime d'interdiction de recherche sur l'embryon à un régime dérogatoire encadré par une autorisation et dans l'objectif de permettre des progrès thérapeutiques.

Sommes-nous libres de disposer de notre corps après notre mort ? Non répondent le Code civil, article 16-1-1 : « *le respect du corps humain ne cesse pas après la mort* » et le Code de santé publique qui définit les conditions de transport, de thanatopraxie et d'inhumation des cadavres. Il est interdit de conserver le corps d'un défunt aimé, de l'enterrer dans le jardin, de le faire plastiner ou de le faire cryogéniser. Le corps mort est hors commerce, il doit être traité avec dignité et le respect est dû aux trépassés. Le Code pénal, à l'article 225-17, sanctionne la profanation de sépulture. En 2008 et 2009, l'exposition *Our Body* a contraint les juridictions françaises à se prononcer et interpréter les lois de bioéthique sur la dignité après la mort, la non patrimonialité du corps humain, le défaut de consentement, afin d'interdire cette exposition en France (auparavant autorisée en Amérique du Nord, à des fins artistiques et scientifiques). Concernant le don d'organe, le décret du 1er janvier 2017 impose de s'inscrire sur le registre national des refus pour refuser le prélèvement.

Sommes-nous libres de et dans notre domicile ? En vertu de l'article 17 de la DDHC, la propriété est un droit inviolable et sacré, naturel et imprescriptible, hormis l'expropriation pour utilité publique. Par conséquent, le domicile est réputé inviolable (article 7 de la Constitution de 1946), hors perquisition pénale ou fiscale ordonnée par le juge. Par conséquent aussi, tout individu peut choisir librement son domicile et en avoir la libre utilisation dans les limites de la loi, c'est-à-dire dans la limite des troubles du voisinage.

Sommes-nous libres de et dans notre correspondance ? Le secret des correspondances pour tous est affirmé à l'article 8 de la Constitution de 1946. La loi du 31 décembre 1971 garantit le secret de correspondance pour les avocats. La loi du 10 juillet 1991, sur la liberté de correspondance manuscrite, s'applique aussi au courrier électronique (sauf pour les détenus) et prévoit un meilleur encadrement des écoutes téléphoniques, après que la France a été condamnée par CEDH. L'article 1er de la loi de 1991 dispose ainsi que : « *Le secret des correspondances émises par la voie des communications électroniques est garanti par la loi. Il ne peut être porté atteinte à ce secret que par l'autorité publique, dans les seuls cas de nécessité d'intérêt public prévus par la loi et dans les limites fixées par celle-ci* ». Le secret des correspondances (sur papier ou support numérique, article 9 du Code civil sur le respect de la vie privée et article 1336 du Code civil) est limité par le droit de la preuve, comme le montre de récentes jurisprudences, qui reçoivent le texto en matière de preuve dans les cas de divorce, par exemple.

Sommes-nous libres d'aller et venir ? Le Conseil Constitutionnel, le 12 juillet 1979, reconnaît à la liberté d'aller et venir la valeur constitutionnelle. Cela signifie le droit de circuler librement sur le territoire national, d'en sortir et d'y revenir librement. Ce principe a été ouvert à l'Europe avec les accords de Schengen du 26 mars 1995. En matière de détention, l'article 66 de la Constitution de 1958 garantit contre toute arrestation arbitraire qui priverait de cette liberté d'aller et venir. Mais ce principe connaît des limites comme pour les SDF, les mendiants, les mineurs la nuit, ou encore les contrôles d'identité. Cette liberté est beaucoup plus restreinte pour les réfugiés et demandeurs d'asile qui sont régis par les lois Pasqua de 1993, Debré de 1997, Chevènement 1998, Sarkozy 2003, Hortefeux 2007... Le code de l'entrée et du séjour des étrangers et du droit d'asile (CESEDA, 2004) regroupe la législation en la matière. La loi du 1er janvier 2013 assouplit le régime antérieur : les étrangers peuvent demander un interprète, un avocat, un médecin, ont le droit de prévenir leur famille et leur consulat et l'aide au séjour – quand elle est humanitaire – n'est plus un délit. Mais cela n'empêche pas que les réfugiés soient maintenus dans des camps (migrants de Calais), sans liberté d'aller et venir. Paradoxalement, pour pouvoir demander le droit d'asile, il faut avoir la liberté de circuler pour franchir les frontières et cette liberté est garantie par l'article 12-2 du pacte de l'ONU de 1966 relatif aux droits civils et politiques. Paradoxalement encore, le permis de conduire, autorisation préalable, peut être vu comme une atteinte à la liberté d'aller et venir. Les bornes à la liberté d'aller et venir sont relativement nombreuses mais ne touchent pas également toutes les catégories de personnes.

Sommes-nous libres de diffuser et recevoir l'information ? La loi sur la liberté de presse du 29 juillet 1991 interdit la censure et garantit la liberté de l'information et la liberté de créer une entreprise de presse. En matière de diffusion par les ondes, alors que la radio ORTF était un service public monopolistique, ce qui pouvait poser la question de la libre diffusion des informations, la loi de 1881, réformée le 9 novembre 1981, autorise les radios libres, créant ainsi une véritable « révolution » des ondes. La loi du 29 juillet 1982 ajoute la liberté de communication audiovisuelle et la loi du 30 septembre 1986 affirme la liberté de communication générale. La première télévision libre est M6 créée en 1986. Cette liberté reste encadrée par le Conseil Supérieur de l'Audiovisuel crée par la loi du 17 janvier 1989 et les conditions d'autorisation pour les radios, télévisions et distribution par câble sont une autre forme d'encadrement. Autre limite, les lois du 1er août 2000 et 8 mars 2009 donnent pouvoir à l'État sur les chaînes publiques France TV, dont il détient le capital et la possibilité de nommer les présidents de chaînes. En matière d'information et de diffusion, les spectacles sont également réglementés : la loi du 18 mars 1999 libère les spectacles de théâtre, music hall, cirques… de l'autorisation préalable, il n'y a donc plus de censure, seul un visa du ministère de la culture reste obligatoire pour les films cinématographiques. Une plus grande liberté dans les lois s'accompagne de contrôles de l'État.

Sommes-nous libres d'organiser et de participer à des réunions, publiques ou privées ? La loi du 30 juin 1881 répond par l'affirmative. Cette liberté est également reconnue dans l'article 11 de la Convention Européenne de Sauvegarde des Droits de l'Homme et des Libertés fondamentales (CESDH) de 1950. La liberté de manifester sur la voie publique, qui est une expression de notre liberté d'opinion est soumise à déclaration préalable. Il est toujours possible au maire ou au préfet de l'interdire en cas de risques de troubles à l'ordre public. Cette liberté est ainsi rattachée et dépendante de l'ordre public.

Sommes-nous libres dans notre travail ? La liberté du commerce et de l'industrie et le libre jeu de la concurrence sont des principes à valeur constitutionnelle depuis le 16 janvier 1982. Mais le Conseil constitutionnel précise que l'État peut limiter ces libertés au nom de l'intérêt général. Par exemple, l'État contrôle certaines entreprises sur la délivrance ou non d'une autorisation Licence IV (débits de boisson) et les primes à certains salariés, (les parachutes dorés sont réglementés par la loi du 21 août 2001). Par ailleurs, chacun est aujourd'hui libre de choisir son travail et de le quitter par les procédures de démission ou rupture conventionnelle en vertu de la loi du 25 juin 2008. L'inspection du travail et la HALDE (créée par la loi du 30 décembre 2004) veillent respectivement au respect des droits et libertés dans le travail et luttent contre les discriminations. La liberté dans le travail implique également le respect de la vie privée et personnelle au travail : un employeur n'a pas le droit de fouiller le sac d'un salarié, d'installer un GPS sur la voiture de fonction sans avertir l'employé qui l'utilise, il doit aussi respecter la liberté d'expression, de domicile, de religion… La liberté au travail garantit également la liberté syndicale qui existe depuis la loi du 24 mars 1884 et la liberté de constituer un syndicat depuis la loi de 1901 sur les associations. Cette liberté est à valeur constitutionnelle depuis la Constitution de 1946 pour tous les travailleurs et étendue aux fonctionnaires. Chacun a le droit d'adhérer ou non et de quitter librement un syndicat, depuis la décision du Conseil Constitutionnel du 25 juin 1989. Enfin, la liberté de faire grève, le droit de grève, est inscrit dans la Constitution de 1946 et à l'article 11 de la CESDH. Il est à valeur constitutionnelle depuis la décision du Conseil Constitutionnel du 25 juillet 1979. Néanmoins, au nom de la continuité des services publics, la loi du 13 juillet 1983 interdit aux policiers, militaires, CRS, magistrats, personnels de l'administration pénitentiaire et aux agents du service de transmission du ministère des affaires étrangères de faire grève. La loi du 21 août 2007, quant à elle, prévoit le service minimum dans les services publics de transports terrestres réguliers de voyageurs, cela signifie, non pas qu'elle interdit de faire grève aux personnels, mais qu'elle impose une obligation pour ces salariés d'indiquer 48 h à l'avance qu'ils ont l'intention de faire grève, permettant aux collectivités locales de réorganiser le service de desserte. À l'identique, en 2007, puis dans une loi du 23 juillet 2008, l'État instaure le service minimum d'accueil à l'école.

Un constat s'impose : nous sommes libres, dans le cadre de la loi et dans la limite de l'ordre public, de la santé publique et l'intérêt général. Ainsi droit et liberté se rejoignent. Point d'autonomie ici, au contraire l'un garantit l'autre. Cela caractérise la démocratie libérale, protectrice des libertés. Pour autant, des revendications contemporaines visent à dégager certaines libertés de la gangue juridique pour une meilleure et plus complète expression.

V Réflexions sur le droit & les libertés : quels enjeux contemporains ?

Le paradoxe de l'autonomie, ou le comble de l'autonomie ici, est que les libertés veulent être libres mais aussi protégées. Certaines libertés se trouvent en effet au carrefour entre non-reconnaissance et reconnaissance officielle et conduisent à une confrontation qui révèle les limites de cette relation entre droit et libertés (A). Par ailleurs, certains des rapports entre droit et liberté génèrent de lourdes critiques (B), ouvrant à des réflexions innovantes au sujet des nouveaux défis du XXIe siècle (C).

A Les limites de la relation droit – libertés

Le 11 septembre 2001, au-delà du bouleversement international, a porté un coup, fatal peut-être, à l'exercice de certaines libertés, au nom de l'ordre public et de la sécurité des personnes. Pour lutter contre le terrorisme, la liberté d'aller et venir est limitée par les contrôles d'identité. La loi du 13 novembre 2014 renforçant les dispositions relatives à la lutte contre le terrorisme, encadre les entrées et sorties du territoire pour certaines personnes. La création de fichiers, nationaux, européens et internationaux (le fichier Éloi de 2007 pour l'immigration, le fichier Christina de 2008 contre l'espionnage et le terrorisme et le fichier Cassiopée du décret du 11 mai 2009 pour aider la justice sous contrôle d'un magistrat du parquet) limite – voire porte atteinte – à la liberté de disposer de nos données personnelles. Lorsque l'état d'urgence, institué le 13 novembre 2015, a cessé en France le 1er novembre 2017, la loi antiterroriste reprend une partie des mesures pour la protection des citoyens, la restriction exceptionnelle de certaines libertés se pérennise ainsi. La liberté individuelle doit céder devant la sécurité, justement pour la protection de la Liberté.

Moins polémique, la question de la liberté des salaires est néanmoins vive quand l'État fixe le salaire minimum (Charte du travail du 4 octobre 1941, SMIG en 1950 et SMIC en 1968, fixé annuellement par décret), les horaires de travail (Loi du 29 janvier 2000 sur les 35 h), interdit et condamne les clauses abusives des contrats. La discrimination dite positive qui contraint l'employeur à embaucher des travailleurs handicapés en vertu de la loi du 11 février 2005 pour l'égalité des droits et des chances, fait de l'égalité un principe qui s'impose à celui de la liberté de l'employeur dans ses recrutements. La protection des individus dans le travail, et leur égalité dans le travail, passe par la nécessaire limite de la liberté individuelle.

Délicate est aussi la question de la liberté du domicile quand elle est confronté au droit au logement qui existe dans les textes internationaux (article 11 du Pacte international relatif aux droits économiques, sociaux et culturels du 3 janvier 1976), européens (Charte sociale européenne révisée en 1999) et français (préambule de la Constitution de 1946). La loi DALO (Droit Au Logement Opposable) du 5 mars 2007 créée un droit opposable au logement, obligeant l'État à imposer à toutes les communes de France qu'elles fassent construire ou garantissent un parc immobilier à hauteur de 25 % pour l'attribution de ces logements (actuellement de 8 à 9 %) et la mobilisation du parc privé. Pourrait-on imaginer à l'avenir la saisie des résidences secondaires pour faire valoir ce droit au logement? Pourrait-on contraindre le propriétaire d'un logement vacant à le louer? Ce serait là une atteinte au droit de propriété inviolable et sacré, au nom de l'égalité et du droit pour tous d'avoir un logement

Certaines libertés priment sur les autres, et au détriment de ces autres; certaines libertés s'effacent ou s'écartent devant l'égalité et devant d'autres droits, faisant ainsi l'objet de mise en cause. D'autres critiques, plus larges, plus théoriques aussi, agitent les penseurs.

B Les critiques

Dès leur apparition, à la fin du XVIIIe siècle, les libertés font l'objet de critiques. Nées officiellement en France dans la DDHC, ces libertés relèvent de la doctrine libérale européenne. À ce titre, les empiristes, comme Burke (1790), les utilitaristes comme Bentham (1795), les communautaristes comme Bonald (1796), les catholiques, les nationalistes et les marxistes critiquent ces libertés. Les premiers opposent à la reconnaissance artificielle de la DDHC, accusée d'être une spéculation métaphysique, l'empirisme du passé qui seul construit le droit. Les seconds, les utilitaristes, dénoncent le droit naturel de la DDHC en ce qu'il invite à se dresser contre des lois existantes qui s'adaptent au contraire utilement aux besoins de la société. Les troisièmes dénoncent la montée de l'individualisme de la DDHC au détriment de la communauté. L'Église catholique dénonce les droits de l'Homme, issus de la raison, comme négation de la loi divine. Les nationalistes, comme Maurras (1868-1952) condamnent aussi l'individualisme de la DDHC qui s'oppose à la vision traditionnaliste et organiciste de la société. Marx (1843) dénonce l'égoïsme des droits de l'homme, en contradiction avec la nouvelle communauté politique que ces nouveaux citoyens entendent construire (D. LOCHAK, *Les droits de l'Homme*).

Lorsque la DDHC devient la Déclaration Universelle des Droits de l'Homme en 1948, on invoque la vocation universaliste du texte au nom des droits et libertés naturels qu'il reconnaît. Les systèmes totalitaires, à l'opposé de l'État libéral selon la définition de Mussolini (dans *Le fascisme*, 1929), dans le monde dénoncent et nient l'existence des droits subjectifs et cette DUDH que l'Occident voudrait imposer à tous. La Chine condamne une vision néocolonialiste des droits et libertés, une conception européenne et ethnocentriste qui voudrait s'imposer comme un impérialisme occidental.

Une autre critique est celle de l'inachèvement des droits et libertés: à la première génération de 1789 s'ajoute la deuxième génération des libertés collectives sous la IIIe République. Puis, le XXe siècle reconnaît les droits de l'humanité (avec l'affirmation après la Seconde Guerre mondiale du crime contre l'humanité) formant une troisième génération des droits et libertés de l'homme. Les droits de l'humanité, ou « droits de la solidarité » sont les droits à la paix, à un environnement sain, au partage du patrimoine commun de l'humanité, à la liberté de l'information et de la bioéthique. Pour une grande part d'entre eux, ils sont encore en gestation, au stade déclaratif, sans reconnaissance juridique et sans garantie en cas de violation. Depuis 2015, une Déclaration des Droits de l'Humanité (DDH) vise à en obtenir la reconnaissance internationale officielle. Le XXIe siècle se penche lui sur une quatrième génération, celle des droits et libertés des minorités (ethniques, sexuelles – le genre neutre ou troisième sexe – d'autres minorités composées des migrants, des handicapés…) qui revendiquent un droit à la différence. Cette quatrième génération s'intéresse aussi aux technologies (accès internet, accès aux évolutions médicales : procréation post mortem, cryogénisation, mutations génétiques, droit à la santé) et à l'environnement. Peut-on concevoir à la fois des droits et libertés pour tous les individus (universalisme), au nom de l'égalité de tous les hommes, et un droit à la différence pour les minorités (à l'interne ou à l'international), comme une sorte de discrimination positive pour une autre égalité/équité supérieure ?

Les droits et libertés ne seraient donc pas une réalité éternelle et inaltérable tels des droits naturels, mais des droits « positifs », dépendants du contexte international, des nouvelles technologies, des nouvelles revendications… Ils seraient donc inachevés et voués à être toujours inachevés. Ils ne constitueraient qu'un équilibre précaire et variable. De plus, chaque État peut s'opposer à leur universalisme au nom de sa souveraineté, la « crise des migrants » du début du millénaire en est un exemple… L'évolution garantit que les libertés s'accordent avec les nécessités sociétales mais, dans le même temps, peut être une source d'insécurité du fait de l'impression d'inachèvement qu'elle génère.

Une critique plus politique et plus philosophique est celle de la confrontation, voire de l'opposition entre les libertés – la Liberté – et l'État, dans le sens ou l'immixtion de l'État limite les libertés individuelles pour défendre les libertés publiques par la loi. Ce même État institue une hiérarchie entre les libertés à valeur constitutionnelle et les autres. L'État et ses lois auraient ainsi une influence négative en restreignant les Libertés. Mais c'est la question des « libertés négatives » qui est plus largement débattue : peut-on agir absolument librement sans ingérence d'autrui, en ne réclamant rien non plus à autrui ou à l'État ? Peut-on ne pas participer aux libertés politiques quand dans certains pays une amende sanctionne le citoyen qui ne vote pas ? Peut-on dénoncer la démocratie – sorte d'oppression démocratique – comme le poids de la majorité sur une minorité et sur les libertés individuelles de cette minorité ? Comment affirmer alors son droit à la résistance à l'oppression de l'article 2 de la DDHC ou réclamer son droit à l'insurrection de la Constitution de 1793 ? Comment dénoncer une loi injuste ? Peut-on en appeler à la désobéissance civile évoquée déjà par La Boétie au XVIe siècle dans son *Discours de la servitude volontaire*, et définie par Henry David Thoreau dans la *Désobéissance civile*, en 1849, puis par John Rawls en 1971, dans son ouvrage *Théorie de la justice*. Cette désobéissance civile existe dans la théorie des baïonnettes intelligentes, revendiquée dans l'administration à la fin du XIXe siècle pour refuser d'appliquer un ordre manifestement illégal (pour des soldats initialement, d'où le nom). Par exemple, Maurice Papon a été condamné le 23 janvier 1997 au motif que « *l'illégalité d'un ordre de l'autorité légitime en matière de crime contre l'humanité [est] toujours manifeste* », en vertu de l'article 122-4 du Code pénal selon lequel : « *n'est pas pénalement responsable la personne qui accomplit un acte commandé par l'autorité légitime sauf si cet acte est manifestement illégal* ». Elle s'exprime aussi par la non violence de Gandhi ou Martin Luther King au XXe siècle, par les mouvements de pacifistes, d'objecteurs de conscience, ou encore par les manifestations plus récentes des indignés (S. Hessel, *Indignez-vous*, 2010), des *anomymous* ou des lanceurs d'alerte du XXIe siècle.

Au delà des limites et critiques opposées aux libertés existantes, reconnues ou non par des textes juridiques, des enjeux et problématiques récents posent de nouvelles questions sur la relation entre droit et liberté, sur leur association ou leur séparation, renouvelant le débat sur l'autonomie.

C Réflexions sur les nouveaux défis

Les nouvelles menaces mondiales – épidémies mondiales (Ebola, H1N1), terrorisme – les nouvelles technologies de l'internet et de la recherche médicale, l'environnement, la globalisation de l'économie, sont autant de nouveaux défis à relever pour la Liberté, la protection des données, l'inviolabilité du corps humain, la dignité, la liberté économique... La question de la liberté prend une dimension planétaire face à la mondialisation et obligera certainement le droit international à se saisir de ces questions pour peut-être une cinquième génération des droits et libertés ?

Sur un champ plus national et très actuel, la liberté dans son rapport avec la mort, fait couler beaucoup d'encre, celle des législateurs, des tribunaux, de la doctrine, des spécialistes autour de cette épineuse question : est-on libre de mourir ? (Voir *Dialogues entre le droit et la mort*, M. Lacroix, A. Mazouz, V. Ménès-Redorat (dir.)). La réponse des lois et des tribunaux (affaire Vincent Lambert) est négative. On n'est pas libre d'être aidé à mourir. Mais devant la pression sociale, le droit apporte des nuances et des permissions. Si la question du suicide est déjà réglée, celle du suicide assisté est toujours vivement débattue. Le suicide était un crime jusqu'à la Révolution, les tribunaux pouvaient condamner à la pendaison un suicidé (déjà mort) pour rappeler l'interdiction et sanctionner la violation par une sentence de pendaison, déshonorante pour le corps et pour la famille du suicidé. Il reste un crime en Grande-Bretagne jusqu'en 1961... En France, même s'il n'est pas mentionné comme une liberté, il n'est pas sanctionné en droit pénal, donc ce que la loi ne sanctionne pas est permis en vertu de l'article 4 de la DDHC. Néanmoins, la loi du 30 décembre 1987 condamne l'incitation au suicide suite au livre paru en 1982 : *Suicide Mode d'emploi* (l'article 223.14 CP punit cela de trois ans prison et 45 000 euros amende).

Mais *quid* du suicide assisté ? Ou euthanasie ? Il est toléré en Suisse, dont le Code pénal punit, en ces articles 114 et 115, respectivement le meurtre sur demande et l'incitation et l'assistance au suicide, mais les autorités fédérales de la Confédération Suisse admettent « l'homicide atténué ». En France, devant la pression sociétale pour mourir dans la dignité, le Comité Consultatif National d'Éthique a rendu plusieurs rapports – contre le « faire mourir », pour le « laisser mourir » – permettant l'édiction de la loi Léonetti le 12 avril 2005 puis sa révision pour en faciliter la mise en œuvre le 2 février 2016 par la loi Léonetti-Claeys. Ces lois, sous de très strictes conditions (expression des dernières volontés et tiers de confiance, comité médical...) admettent l'euthanasie passive, c'est-à-dire l'arrêt des traitements pouvant conduire au décès du patient. Cette très épineuse question incite certains à proposer que le droit, comme pour le suicide, laisse cette liberté de choix hors de la législation... Si l'on considère que tuer est interdit, une loi peut-elle donner un « permis de tuer » ? Mais si le droit ne réglemente pas, l'assistance au suicide est un homicide puni par la loi...

Ces questionnements rejoignent la notion de dignité – « mourir dans la dignité, dignité après la mort » – qui est également posée par une autre problématique, celle de la peine de mort. Cette dernière a été abolie en France en 1850 pour les crimes politiques, puis pour tous les crimes par la loi Badinter du 9 octobre 1981 et même pour les cas de guerre, avec la loi constitutionnelle du 23 février 2007 (article 66.1 de la Constitution). Elle a, pour autant, jusqu'en 1981, posé le problème du droit à la sépulture, car le corps d'un condamné à mort devait être réclamé par la famille et ne pouvait être inhumé avec la mention de son nom. Le condamné à mort était voué à l'oubli. La dignité dans la peine de mort est aujourd'hui une question essentielle quand, aux États Unis, les laboratoires ne fabriquent presque plus les produits létaux et certaines prisons utilisent, pour appliquer la sentence, des produits vétérinaires, inadaptés et provoquant une mort longue et douloureuse…

Autre question sur la mort : peut-on librement décider de « sa vie » après sa mort ? Le débat, ancien en Amérique du Nord qui admet la procréation ou insémination post-mortem (avec un premier cas en 1976), s'engage en France, alors que des lois de 1988 en Espagne et de 1990 en Grande Bretagne l'autorisent, comme aux Pays Bas et en Belgique. La question de la congélation des ovocytes et spermatozoïdes pour une insémination après la mort par PMA est délicate. Le Conseil d'État s'est prononcé le 31 mai 2016 pour autoriser une requérante, espagnole, à y faire procéder en Espagne en vertu de l'article 8 CEDSH (droit au respect de la vie privée et familiale) alors que le Code de santé publique l'interdit en France et que le Comité Consultatif National d'Éthique s'y oppose dans un rapport de 2011. La condition pour y recourir est d'avoir exprimé ses volontés en la matière dans un testament ou dans des dispositions de fin de vie. Le problème qui se pose est celui de la liberté d'exprimer ses dispositions de fin de vie et la législation en vigueur sur la question dans le pays.

La cryogénisation, quant à elle, est autorisée aux États Unis et en Chine, et pratiquée en Russie. Environ 2000 personnes dans le monde ont signé une convention de cryogénisation en prévision de leur mort et 250 le sont déjà aux États Unis dont le premier cas remonte à 1967. Le procédé consiste, après le constat de la mort légale, à conserver, ou vitrifier, le corps à -196 degrés en prévision d'un « réveil » quand les avancées scientifiques permettront de ramener une personne à la vie. Le scepticisme de la communauté scientifique rend sa reconnaissance juridique très faible. En France, la cryonie, ou cryogénisation, est considérée comme un mode d'inhumation et interdite comme contrevenant à l'ordre public par le Conseil d'État en 2006. La loi du 15 novembre 1987 permet de choisir ses funérailles mais n'autorise que l'inhumation et la crémation.

Ces deux propositions de vie après la mort, la première existant médicalement et mise en pratique, la seconde mise en pratique mais hypothétique médicalement, posent la question de la confrontation entre la liberté de prendre des dispositions *post mortem* par convention ou testament et les interdictions du droit. La réflexion philosophique, religieuse, juridique, et les avancées médicales laissent le débat ouvert.

Si les enjeux relevés dans ce chapitre ne sont pas exhaustifs, ils permettent d'appréhender combien la tension entre Droit et Liberté est forte, combien les propositions de solutions sont diverses fonction de l'espace et du temps concernés. Cette tension n'est pas non plus propre à l'histoire contemporaine, mais plutôt à celle de l'histoire et de l'humanité en général. Les deux champs sont destinés à se rencontrer et à se repousser, sans jamais rester indifférents l'un à l'autre. « *Je t'aime… moi non plus* », ainsi que le chantaient Serge Gainsbourg et Jane Birkin.

Pour aller plus loin : colbertisme *versus* libéralisme

La pensée économique dominante, du XVIe jusqu'au XVIIIe siècle, est le mercantilisme, doctrine économique qui prône le protectionnisme, l'interventionnisme de l'État et fait de l'économie la science de l'enrichissement du Prince. Pour ce faire, le roi doit favoriser les marchands et encourager financièrement l'industrie pour enrichir la nation. Les privilèges accordés, les exemptions fiscales, les protections douanières et la création des manufactures monopolistiques par les Valois puis les Bourbons sont l'expression de cette idéologie nouvelle. Sous Richelieu (1585-1642), le mercantilisme prend une dimension internationale et inclut le développement économique dans les colonies. Avec Colbert (1619-1683), il devient une recherche de progrès industriel pour la qualité et le luxe en vue de l'exportation. Cette variante du mercantilisme prend le nom de « colbertisme ».

Au début du XVIIIe siècle, une nouvelle doctrine émerge, celle de la physiocratie, aux origines du libéralisme. Ce « gouvernement par la nature » qualifie le courant des « Économistes » dont le grand représentant est le médecin et économiste François Quesnay (1694-1774). Il théorise cette idéologie dans son *Tableau économique* en 1758. L'idée novatrice est de faire reposer la source de la richesse sur la capacité « miraculeuse » de la terre à produire. Elle consiste dès lors à promouvoir les progrès de l'agriculture dans une période où la production agricole est encore archaïque et limitée par le contrôle de l'État. Sa modernisation aiderait à résoudre les disettes et famines qui jalonnent le siècle. La physiocratie, pensée laïque et jusnaturaliste, prône la liberté individuelle, la propriété terrienne ainsi que la mise en place d'outils de création et de distribution optimisées des richesses issues de la production agricole modernisée et augmentée par la mise en place de grands domaines propices à l'innovation technique. Les physiocrates s'opposent à la doctrine mercantilisme pour laquelle la richesse se trouve dans le travail car pour eux la richesse est dans la terre, l'industrie ne venant que transformer les matières premières qui en sont issues. Par ailleurs, autre opposition, si le mercantilisme défend l'interventionnisme de l'État, les physiocrates développent le « *laisser faire, laisser passer* », précurseur du libéralisme, selon la formule de l'intendant du commerce Gournay.

L'écossais David Hume (1711-1776) est un des premiers auteurs à vanter le libre échange. Sa pensée libérale économique et politique est formalisée, en 1776, dans *Recherches sur la nature et les causes de la richesse de nations*, par un autre écossais, Adam Smith (1723-1790). Cet ouvrage de référence pour la science économique préconise le non interventionnisme de l'État au profit de la liberté du travail. Il applique les principes philosophiques et politiques libéraux qui découlent de la primauté de la liberté individuelle (contre le corporatisme) à l'économie. Pour Adam Smith, la « *main invisible du marché* » est plus à même que l'État de réguler l'activité économique. Le libre jeu des intérêts individuels et leur conjonction aboutit à l'intérêt général. Montesquieu exprime cette idée selon laquelle « *chacun va au bien public, croyant aller à ses intérêts particuliers* ». L'économie est un domaine dans lequel l'État ne doit pas intervenir. Le seul rôle de l'État consiste à faire respecter les droits des citoyens et protéger les libertés individuelles, idée pour le moins révolutionnaire. Le droit de la fin du XVIIIe siècle se saisit et transpose ces nouvelles idées économiques. Le « laisser passer » est reconnu pour la libre circulation des grains de 1763 à 1769, puis de 1774 à 1775 et, à nouveau, le 29 août 1789. Les obstacles ainsi levés facilitent le marché, non sans effets nocifs pour les plus démunis, provoquant des famines de 1769 et la guerre des farines de 1775, qui obligent le roi à faire marche arrière. L'édit du Contrôleur général des finances Turgot (1727-1781), de février 1776, bien que rapidement abrogé lui aussi, illustre ce « laisser faire », ou laisser entreprendre, en supprimant les communautés professionnelles comme contraires à l'ordre et au droit naturel et reconnaissant le droit de travailler comme la plus sacrée des propriétés. Liberté et propriété sont parmi les quatre droits fondamentaux reconnus par l'article 2 de la DDHC, puis le décret d'Allarde et la loi Le Chapelier des 2-17 mars et 14-17 juin 1791 proclament la suppression des corporations et la liberté du travail. Philosophes et économistes révolutionnaires considèrent la liberté du travail et du contrat de travail – dans lequel les protagonistes sont des contractants vertueux et responsables – comme la condition de la prospérité dans un grand élan optimiste. Le libéralisme est ainsi officiellement reconnu après la Révolution. Il devient utopique quand il consiste à croire en l'autorégulation spontanée de la société et la neutralité de l'État et il se dissipe au cours du XIXe siècle au gré des nécessités sociales et politiques.

Exercice

Exercice, bibliographie indicative & corrigé

A. Exercice

Écrivez la DDHC du XXIe siècle (Droits et libertés de la quatrième génération).

Vous devez lire la DDHC de 1789 et, sur le même modèle, proposez pour le XXIe siècle, un préambule et 17 articles contenant des droits et libertés actuellement en cours de réflexion pour leur donner une reconnaissance officielle.

B. Bibliographie indicative

– B. BASDEVANT-GAUDEMET & J.GAUDEMET, *Introduction historique au droit, XIIIe-XXe siècles*, LGDJ, Paris, 2000.
– J.-J. CHEVALLIER, *Histoire des institutions et des régimes politiques de la France de 1789 à 1958*, Armand Colin, Paris, 2001.
– J. HILAIRE, *Histoire du droit*, 14e éd, Memento Dalloz, Paris, 2017.
– D. LOCHAK, *Les droits de l'Homme*, La découverte, Paris, 2009.
– C. LOVISI, *Introduction historique au droit*, Paris, « Cours Dalloz, série droit public », Dalloz, 5e éd., 2016.

C. Corrigé

« Les représentants du peuple français, constitués en Congrès du Parlement, considérant que les transformations sociétales, les évolutions technologiques et les menaces internationales sont causes de troubles et d'insécurité, ont résolu d'exposer, dans une déclaration solennelle, les nouveaux droits et libertés fondamentales, publiques, individuelles et collectives, des personnes, afin que cette déclaration, constamment présente à tous les membres du corps social, leur rappelle sans cesse leurs droits, leurs devoirs et leurs libertés ; afin que les actes du pouvoir législatif et ceux du pouvoir exécutif, pouvant être à chaque instant comparés avec le but de toute institution politique, en soient plus respectés ; afin que les réclamations des citoyens, fondées désormais sur des principes simples et incontestables, tournent toujours au maintien de la Constitution et au bonheur de tous. En conséquence, le Congrès du Parlement reconnaît et déclare l'égalité des droits, la liberté et l'adelphité. Le Congrès du Parlement énonce les droits et libertés suivants pour tous :

Art. 1. Tous les individus naissent et demeurent libres et égaux en droit. Les distinctions sociales ne peuvent être fondées que sur l'utilité commune, la discrimination positive ne peut être fondée que sur l'équité pour tous.

Article 2. Le but de toute association politique démocratique est de protéger les droits et libertés des citoyens et des citoyennes et d'assurer la continuité des institutions et des services publics. Ces droits et libertés sont la sûreté, l'égalité et la dignité.

Article 3. Le principe de toute souveraineté réside dans la Nation qui s'exprime par la voie du suffrage universel, du référendum et du droit de pétition. Nul corps, nul individu ne peut exercer d'autorité qui n'en émane expressément. Toute personne est libre de participer ou ne pas participer à la vie politique, ses droits politiques lui appartiennent pour un usage libre.

Article 4. La liberté consiste à pouvoir faire tout ce qui ne nuit pas à autrui. Le Droit consiste à reconnaître et garantir les droits civiques et politiques et les libertés à tous. Ainsi, l'exercice des droits et libertés n'a de bornes que celles qui assurent aux autres membres de la société la jouissance de ces mêmes droits et libertés. Ces bornes ne peuvent être déterminées que par la loi.

Article 5. La loi n'a le droit de défendre que les actions nuisibles à la société, aux personnes, à l'ordre public, à l'environnement, à la sécurité et à la santé. Tout ce qui n'est pas défendu par la loi ne peut être empêché, et nul ne peut être contraint à faire ce qu'elle n'ordonne pas.

Article 6. La loi est l'expression de la volonté générale. Tous les citoyens et les citoyennes ont droit de concourir personnellement ou par leurs représentants à sa formation. Elle doit être la même pour tous, soit qu'elle protège, soit qu'elle punisse. Tous les citoyens et les citoyennes, étant égaux à ses yeux, sont également admissibles à toutes dignités, places et emplois publics, selon leur capacité et sans autre distinction que celle de leurs vertus et de leurs talents.

Article 7. Nul individu ne peut être accusé, arrêté ou détenu que dans les cas déterminés par la loi et selon les formes qu'elle a préalablement prescrites. La loi ne doit établir que des peines strictement et évidemment nécessaires, et nul ne peut être puni qu'en vertu d'une loi établie et promulguée antérieurement au délit, et légalement appliquée. Tout homme étant présumé innocent jusqu'à ce qu'il ait été déclaré coupable, s'il est jugé indispensable de l'arrêter, toute rigueur qui ne serait pas nécessaire pour s'assurer de sa personne doit être sévèrement réprimée par la loi, toute résistance à la loi est punie.

Article 8. Toute personne, où qu'elle se trouve, doit avoir un droit d'accès et de connexion à internet au nom de l'égalité numérique. Toute personne à droit à la neutralité du net et à la protection de ses données personnelles. Toute personne a la liberté de déconnexion.

Article 9. Toute personne est libre de diffuser et de recevoir l'enseignement et l'information dans le respect de l'ordre public et dans le respect de la loi. Toute personne dispose de la liberté d'expression, de conscience et de culte.

Article 10. Toute personne a le droit d'aller et venir librement dans le territoire national, européen et international, de quitter et rentrer dans son pays, de demander l'asile dans un autre pays. Toute personne a la liberté de vivre dans un lieu de son choix et a le droit de ne pas être déplacée.

Article 11. Toute personne a le droit de vivre en famille, est libre de rejoindre sa famille ou de se faire rejoindre par sa famille, dans le respect de l'ordre public et des lois.

Article 12. Toute personne a droit à un environnement sain, a le droit à la protection de la faune et de la flore, et est libre d'invoquer le principe de précaution devant les instances de l'État et les institutions judiciaires nationales, européennes et internationales.

Article 13. Toute personne a le droit à la reconnaissance de la diversité, de sa minorité d'appartenance, qu'elle soit ethnique, religieuse, sexuelle, ou autre, dans le respect de l'égalité de tous les individus devant la loi.

Article 14. Toute personne a droit à l'égal accès aux soins, à la protection de son génome, aux innovations médicales, à la protection du secret médical et au droit à l'oubli.

Article 15. La garantie des droits et libertés nécessite une force publique et des services publics; institués pour l'avantage de tous, et non pour l'utilité particulière de ceux à qui elle est confiée. Toutes les personnes ont droit à la garantie de la continuité des services publics. Pour l'entretien de cette force publique et des services publics, une contribution commune est indispensable, également répartie entre tous les citoyens et citoyennes, en raison de leurs facultés.

Article 16. Toute société dans laquelle la garantie des droits et des libertés n'est pas assurée, ni le régime démocratique déterminé, n'a point de Constitution.

Article 17. Toute personne sur la planète a droit au respect de sa dignité, de son vivant et dans la mort.

Bibliographie générale

ADER, H. & DAMIEN, A., *Règles de la profession d'avocat*, Paris, Dalloz, 2010.

ALLAN, D. & RIALS, S., *Dictionnaire de la culture juridique*, Paris, PUF, 2003.

AMBRIERE, M., (dir.), *Dictionnaire du XIXe siècle européen 1800-1900*, Paris, PUF, 1997.

ANDRIEUX, J.-P., *Introduction historique au droit*, Paris, Vuibert, 2008.

ANTONETTI, G., *Histoire contemporaine politique et sociale*, Paris, PUF, 1998

AUBIN, G. & BOUVERESSE, J., *Introduction historique au droit du travail*, Paris, PUF, 1995.

Abbé BANDEL, *Opuscules de Saint Thomas d'Aquin*, t. III, Paris, Vivès, 1857, éd. Vrin Reprise, 1984.

BART, J., *Histoire du droit privé, de la chute de l'empire romain au XIXe siècle*, Paris, Montchrestien, 1998 ; *Histoire du droit*, Paris, Dalloz, 1999

BASDEVANT-GAUDEMET, B. & GAUDEMET, J., *Introduction historique au droit, XIIIe-XXe siècles*, Paris, LGDJ, 2000.

BASDEVANT-GAUDEMET, B. & GOUTAL-ARNAL, V., *Histoire du droit et des institutions. Corrigés d'examens*, Paris, LGDJ, 1997

BÉLY, L., (dir.), *Dictionnaire de l'Ancien Régime*, Paris, PUF, 1996.

BLOCH, M., *La société féodale*, Paris, Albin Michel, 1994.

BLUCHE, F., (dir.), *Dictionnaire du Grand Siècle*, Paris, Fayard, 1990.

BRUSSORIO-AILLAUD, M., *Droit des personnes et de la famille*, Orléans, Paradigme, 2011.

BURNS, J. H., (dir.), *Histoire de la pensée politique médiévale. 350-1450*, Paris, PUF, 1993.

CABRILLAC, R., (dir.), *Dictionnaire du vocabulaire juridique*, Paris, Litec, 2002.

CARBASSE, J.-M., *Introduction historique au droit*, 2e éd., Paris, PUF, 1999 ; *Histoire du droit pénal et de la justice criminelle*, Paris, PUF, 2014.

CASTALDO, A. & LEVY, J.-P., *Histoire du droit civil*, Paris, Dalloz, 2002.

CASTALDO, A., *Introduction historique au droit*, 4e édition, Paris, Dalloz, 2013.

CHAUMET, P.-O., *Histoire du droit et des institutions, 1750-1914*, Paris, Ellipses, 2016.

CHENE, C., DURAND, B., LECA, A., *Introduction historique au droit*, Paris, Montchrestien, 2004.

CHEVALLIER, J.-J., *Histoire des institutions et des régimes politiques de la France de 1789 à 1958*, Paris, Armand Colin, 2001 ; *L'État de droit*, 6e édition, Paris, Dalloz, 2017.

CHEVREAU, E., MAUSEN, Y., BOUGLE, C., *Histoire du droit des obligations*, 2e éd., Paris, LexisNexis, 2011.

CORNU, G., *Vocabulaire juridique*, 7e éd., Paris, PUF, 2005.

COURBE, P., BERGE, J.-S., *Introduction générale au droit*, 14e éd., Paris, Dalloz, 2015.

CUBERTAFOND, B., *La création du droit*, Paris, Ellipses, 1999.

DELBREL, Y., *L'essentiel de l'histoire du droit social*, Paris, Gualino, 2006.

DELORME, J., *Les grandes dates de l'Antiquité*, 8e éd., Paris, PUF, QSJ ?, 1994.

DEYRA, M., *Droit international public*, 3e éd., Paris, Gualino, 2012.

DEMOULIN-AUZARY, Fl., *Les actions d'État en droit romano-canonique : mariage et filiation (XIIe-XVe)*, Paris, LGDJ Thèses, 2004.

DUBOUIS, L., PEISER, G., *Droit public*, Paris, Dalloz, 2013.

DUBREUIL, R., *Saint Thomas d'Aquin. Petite somme politique*, Paris, Pierre Téqui éd., 1997.

FABRE-MAGNAN, M., *Introduction au droit*, 2e éd, Paris, PUF, QSJ ?, 2014.

FAGES, B., *Droit des obligations*, 3e éd., Paris, LGDJ, 2011.

FRANCOIS, E. & SERRIER, Th., (dir.), *Europa, Notre histoire. L'héritage européen depuis Homère*, Paris, Les Arènes, 2017.

FRICERO, N., *L'essentiel des Institutions judiciaires*, 3e éd., Paris, Gualino, Lextenso éd., 2008.

GANSHOF, F.-L., *Qu'est-ce que la féodalité ?*, 5e éd., Paris, Tallandier, 1982.

GAUDEMET, J., *Les naissances du droit. Le temps, le pouvoir et la science au service du droit*, Paris, Montchrestien, 1997 ; *Les institutions de l'Antiquité*, 5e éd., Paris, Montchrestien, 1998 ; *Droit privé romain*, Paris, Montchrestien, 2000 ; *Sociologie historique. Les Maîtres du pouvoir*, Paris, Montchrestien, 1994 ; L*a doctrine canonique médiévale*, Aldershot, Variorum, 1994.

GAUVARD, A., DE LIBERA, A., ZINK, M., (dir.), *Dictionnaire du Moyen âge*, Paris, PUF, 2002.

GILLET, P., *La personnalité juridique en droit ecclésiastique spécialement chez les décrétistes et décrétalistes et dans le code de droit canonique*, Malines, 1927.

HAROUEL, J.-L., BARBEY, J., BOURNAZEL, E. & THIBAUT-PAYEN, J., *Histoire des institutions de l'Époque franque à la Révolution*, 9e éd., Paris, PUF, 2001.

HILAIRE, J., *Histoire du droit*, 14e éd, Paris, Dalloz, 2017.

HUMBERT, M., *Institutions politiques et sociales de l'Antiquité*, 6e éd., Paris, Dalloz, 1997.

IMBERT, J., *Le droit antique*, Paris, PUF, QSJ ?, 1961.

IMBERT, J., SAUTEL, G. & BOULET-SAUTEL, M., *Histoire des institutions et des faits sociaux (Xe-XIXe siècle)*, Paris, PUF, 1956.

JACOB, R., *Images de la justice. Essai sur l'iconographie judiciaire du Moyen Âge à l'âge classique*, Paris, Le léopard d'or, 1994.

KRYNEN, J., *L'Empire du roi. Idées et croyances politiques en France (XIIIe-XVe siècle)*, Paris, Gallimard, 1993 et *Le droit saisi par la morale*, Ed. IFR Toulouse I, 2005.

LE BRAS, G., (dir.), *Histoire du droit et des institutions de l'Église en Occident*, Paris, Sirey, 1955-1965.

LE PORS, A., *Le droit d'asile*, Paris, PUF, 2005.

LECA, A., *La genèse du droit. Essai d'introduction historique au droit*, Presses universitaires d'Aix-Marseille, 1998.

LEFEBVRE-TEILLARD, A., *Introduction historique au droit des personnes et de la famille*, Paris, PUF, 1998.

LEMARIGNIER, J.-F., *La France médiévale. Institutions et société*, Paris, Armand Colin, 2000.

LOCHAK, D., *Les droits de l'Homme*, Paris, La découverte, 2009.

LOVISI, C., *Introduction historique au droit*, 5e éd., Paris, Dalloz, 2016.

LOBRY, A., MAZOUZ, A. & WEIL, E., (dir.), *Drones et droit*, LEJEP, Lextenso, 2018.

MENES-REDORAT, V., *Histoire du droit en Europe jusque 1815*, Bruxelles, Larcier, 2014 ; *Histoire du Barreau du Val d'Oise*, Paris, LexisNexis, 2016, (Publication pour l'Ordre, disponible au Barreau du Val d'Oise et à la Bibliothèque universitaire de l'Université de Cergy-Pontoise) ; *Dialogues entre le droit et la mort*, LACROIX, M., MAZOUZ, A. & MENES-REDORAT, V., (dir.), Montréal, Yvon Blais, 2017.

MORABITO, M., *Histoire constitutionnelle de la France (1789-1958)*, 6e éd. Paris, Montchrestion, 2000.

NAY, O., *Histoire des idées politiques*, Paris, Armand Colin, 2004.

NAY, O., MICHEL, J. & ROGER, A., *Dictionnaire de la pensée politique. Idées, doctrines et philosophes*, Paris, Armand Colin, Dalloz, 2005.

B. OPPETIT, *Philosophie du droit*, Paris, Dalloz, 1999.

OLSZAK, N., *Histoire du droit du travail*, Paris, PUF, QSJ ?, 1999 ; *Histoire du droit du travail*, Paris, Economica, 2011.

OURLIAC, P. et GAZZANIGA, J.-L., *Histoire du droit privé français de l'An mil au Code civil*, Paris, Albin Michel, 1985.

PACTET, P., *Institutions politiques et droit constitutionnel*, 21e éd., Paris, Armand Colin, Dalloz, 2002.

PASTOUREAU, M., *Une histoire symbolique du Moyen Âge occidental*, Paris, Seuil, 2004.

RAYNAUD, P. & RIALS, S., *Dictionnaire de la philosophie politique*, Paris, PUF, 1996.

RICHÉ, P., *Éducation et culture dans l'Occident barbare, VIe-VIIIe siècle*, 4e éd., Paris, Seuil, 1995.

RIGAUDIERE, A., *Introduction historique au droit*, Paris, Litec, 1998.

ROCHE, C., *L'essentiel du droit international*, 6e éd., Paris, Gualino, 2014.

ROULAND, N., *Introduction historique au droit*, Paris, PUF, 1998.

ROYER, J.-P., *Histoire de la justice en France*, Paris, PUF, 1996.

SAUTEL, G. & HAROUEL, J.-L., *Histoire des institutions publiques depuis la Révolution*, 8e éd. Paris, Dalloz, 1997.

SOLEIL, S., *Introduction historique aux institutions, IVe-XVIIIe siècle*, Paris, Flammarion, 2002.

TAISNE, J.-J., *La déontologie de l'avocat*, Paris, Dalloz, 1997.

TANGHE, F., *Le droit du travail entre histoire et utopie*, Bruxelles, Facultés Universitaires Saint-Louis Florence, 1989.

J.-L. THIREAU, *Introduction historique au droit*, Paris, Flammarion, 2001.

TOTO, F., SIMONETTA, L. & BOTTINI, G., (dir.), *Entre nature et histoire. Mœurs et coutumes dans la philosophie moderne*, Paris, Classiques Garnier, 2017.

TROPER, M., *La philosophie du droit*, Paris, PUF, QSJ ?, 2003.

VAN CAENEGEM, R. C., *Introduction historique au droit privé*, Bruxelles, E. Storia-Scientia, 1988.

VILLEY, M., *Philosophie du droit*, Paris, Dalloz, 1978-1979 ; *La formation de la pensée juridique moderne*, Paris, Montchrestien, 1975.

VERGER, J., *Les gens de savoir en Europe à la fin du Moyen Âge*, Paris, PUF, 1997 ; *La renaissance du XIIe siècle*, Paris, Cerf, 1996.

ZARKA, J.-C., *L'essentiel des institutions de l'Union Européenne*, 16e éd., Paris, Gualino, 2014.

Articles

BOUDET, J.-P., « Le modèle du roi sage aux XIIIe et XIVe siècles : Salomon, Alphonse X et Charles V », *Revue historique*, 2008/3 (n° 647), p. 545-566.

DOI : 10.3917/rhis.083.0545. URL : https ://www.cairn.info/revue-historique-2008-3-page-545.htm

CHAZAL, J.-P., « Philosophie du droit et théorie du droit, ou l'illusion scientifique », *Archives de philosophie du droit*, Dalloz, 2001, 45, pp. 303-333.

URL : https ://hal-sciencespo.archives-ouvertes.fr/file/index/docid/1016933/filename/philosophie-et-theorie-du-droit-ou-l-illusion-scientifique.pdf

CHAPUT, E., « Hegel, la propriété et le libéralisme », *Phares*, 16, p. 219-238.

URL : http://revuephares.com/wp-content/uploads/2016/04/Phares-XVIa-10-Emmanuel-Chaput.pdf

V.-P. COMITI, « Histoire des universités de médecine : quelques jalons », *Les Tribunes de la santé* 2007/3 (n° 16), pages 19 à 24.

URL : https://www.cairn.info/revue-les-tribunes-de-la-sante-2007-3-page-19.htm

HERRERA, C.-M., « Quelques remarques à propos de la notion d'État de droit », *L'homme et la société*, 1994, n° 113, p. 89-103.

URL : https://www.persee.fr/doc/homso_0018-4306_1994_num_113_3_2754

JACOB, R., « La coutume, les mœurs et le rite. Regards croisés sur les catégories occidentales de la norme non écrite », dans *La coutume et la norme en Chine et au Japon, Extrême-Orient, Extrême-Occident*, n° 23, 2001, p. 145-166.

URL : https://www.persee.fr/doc/oroc_0754-5010_2001_num_23_23_1142

JONSSON, E. M., « Les « miroirs aux princes » sont-ils un genre littéraire ? », *Médiévales* [En ligne], 51 | automne 2006. URL : http://medievales.revues.org/1461 ; DOI : 10.4000/medievales.1461

MENES-REDORAT, V., « Conseil et Conseillers chez Digulleville ou la préoccupation du gouvernement par conseil dans la littérature médiévale », Actes du colloque « *Le Pèlerinage de l'âme* de Guillaume de Digulleville », 29-30 mars 2012, Université de Paris V Descartes, M. Basssano, E. Dehoux, C. Vincent, éd. Brepols, Turnhout, Belgium, 2014, p. 61-69 ; « Consultation et débat populaire au cœur de la création de l'acte juridique dans l'histoire : souci d'efficacité ou leurre politique ? » et « Efficacité de l'acte juridique : quelques approches médiévales », dans *L'efficacité de l'acte normatif, nouvelles normes, nouvelles normativités,* Actes du colloque du 8 décembre 2011, Université de Cergy-Pontoise, LEJEP, Lextenso, Mayenne, 2013, p. 39-44 et p. 51-61.

POUCET, B., *De l'enseignement de la philosophie. Charles Bénard philosophe et pédagogue,* Paris, Hatier, 1999 ; *Enseigner la philosophie. Histoire d'une discipline scolaire 1860-1990,* Paris, CNRS, 1999.

Index

A

B

C

D

K

L

M

N

O

P

Q

R

S

T

U

V

Table des matières

Cet ouvrage a été achevé d'imprimer en juillet 2019
dans les ateliers de Normandie Roto Impression s.a.s.
61250 Lonrai (Orne)
N° d'impression : 1902614
Dépôt légal : juillet 2019

Imprimé en France